Burghardt   Einführung in Projektmanagement

Einführung in Projektmanagement

Definition, Planung, Kontrolle, Abschluß

Von Manfred Burghardt

2., überarbeitete und erweiterte Auflage, 1999

Publicis MCD Verlag

Die Deutsche Bibliothek – CIP-Einheitsaufnahme

Burghardt, Manfred:
Einführung in Projektmanagement: Definition, Planung, Kontrolle, Abschluss/
von Manfred Burghardt, [Hrsg.: Siemens-Aktiengesellschaft, Berlin und München]. –
München ; Erlangen : Publicis-MCD-Verl., 1999
    ISBN 3-89578-121-5

ISBN 3-89578-121-5

Herausgeber: Siemens Aktiengesellschaft, Berlin und München
Verlag: Publicis MCD Verlag, Erlangen
© 1999 by Publicis MCD Werbeagentur GmbH, Verlag, München

Printed in Germany

Vorwort zur 2. Auflage

Projektmanagement ist heute im Rahmen der Planung und Steuerung von Entwicklungsvorhaben bereits wichtige Realität geworden. Steigende Produktivität und kürzere Durchlaufzeit sind die Prämissen. Projektmanagement ist daher nicht allein der ausführenden Ebene vorbehalten, sondern es ist zu einer wichtigen Führungsaufgabe im gesamten Unternehmen geworden.

Insgesamt muß Projektmanagement ernsthafter, konsequenter und sorgfältiger wahrgenommen werden, um die erfolgsbestimmenden Projektparameter Leistung, Kosten und Zeit in ihrem Optimum zu erreichen. Beachtliche Termin- und Kostenüberschreitungen bei Projekten liefern immer wieder den Beweis für mangelhaftes Projektmanagement.

Projektmanagement stellt allerdings keine abgeschlossene „Lehre" dar, die − angelesen − nur angewendet zu werden braucht. Dazu ist der methodische Unterbau heute noch zu lückenhaft und sein Definitionsrahmen noch zu kontrovers. In einigen Teilbereichen, wie z. B. bei der Termin- und Einsatzmittelplanung, bieten sich in Form der Netzplantechnik erprobte Werkzeuge an; in anderen Bereichen, wie z. B. auf dem Gebiet der Erfahrungssicherung, mangelt es an wirkungsvollen Hilfsmitteln. Hinsichtlich Einsatztiefe und Einsatzbreite des Projektmanagements bestehen zudem divergierende Meinungen; so wird teilweise die zentrale, teilweise die dezentrale Projektführung betont, oder aber das Projektmanagement bleibt allein Großprojekten vorbehalten. Auch muß zwangsläufig Projektmanagement bei einer Geräteentwicklung anders aussehen als bei einer Betriebssystementwicklung, weil reine HW-Projekte andere PM-Hilfsmittel erfordern als reine SW-Projekte.

Die Kapitelfolge des Buches ist entsprechend einem „Idealdurchlauf" eines Projekts gewählt. Am Anfang eines Projekts steht die Projektdefinition mit dem Festlegen des Projektziels, der Wirtschaftlichkeitsbetrachtung sowie der Projekt- und der Prozeßorganisation. In der anschließenden Projektplanung muß nach der Strukturplanung eine Aufwandsschätzung mit entsprechender Aufgaben-, Termin- und Kostenplanung durchgeführt werden. Die Projektkontrolle umfaßt dann die Überwachung der Termine, der Aufwände, der Kosten und des Sachfortschritts. Bei eventuellen Abweichungen sind geeignete Maßnahmen vorzunehmen, die den Projekterfolg sichern helfen. Voraussetzung hierfür ist eine projektbegleitende Qualitätssicherung und Projektdokumentation. Zum Abschluß eines Projekts sind eine offizielle Produktabnahme, eine Projektabschlußanalyse zur Erfahrungssicherung und eine formelle Projektauflösung vorzunehmen. Im letzten Kapitel werden einige Beispiele von PM-Verfahren sowie PM-Arbeitstechniken kurz vorgestellt.

Immer wieder gab es Anfragen, ob aus dem erstmals 1988 veröffentlichten und inzwischen in der 4. Auflage vorliegenden Standardwerk „Projektmanagement" nicht eine „abgespeckte Version" als PM-Einführung gemacht werden könne: Diesem Wunsch trägt das vorliegende Buch Rechnung. Es wendet sich an alle, die unmittelbar als Projektleiter und Projektplaner oder mittelbar als Projektmitarbeiter mit dem Projektmanagement in Berührung kommen. Vor allem soll das Buch aber auch für Studenten der Ingenieur- und Wirtschaftswissenschaften ein Hilfsmittel sein, um sich die Grundkenntnisse und Methoden des Projektmanagements anzueignen. In Anbetracht der Verschiedenartigkeit der Entwicklungen und der Vielfalt der Führungsformen muß das Buch sich auf das Grundsätzliche und auf die generellen Abläufe beschränken, kann also nicht Kochrezept für jede Art von Entwicklungsvorhaben sein. In der Praxis müssen die in diesem Buch erläuterten Methoden und Vorgehensweisen auf das jeweilige Projekt angepaßt werden.

Für die vorliegende zweite Auflage wurde das Buch in Teilbereichen überarbeitet bzw. erweitert, zudem wurden die Kapitel Produkt-/ Systemdefinition, Beispiel eines KM-Tools, Netzplanverfahren MS-Project, SAP-Projektsystem PS und das Kapitel Arbeiten im Team neu aufgenommen.

München, im Juni 1999

Manfred Burghardt

Inhaltsverzeichnis

1	**Einführung**	9
1.1	Projektmanagement als Aufgabe	9
1.2	Projektablauf	11
1.3	Produkt – Projekt – Prozeß	17
1.4	Charakterisierung von Projekten	20
1.5	Grundparameter eines Projekts	23
2	**Projektdefinition**	27
2.1	Festlegung des Projektziels	27
2.1.1	Projektauftrag	27
2.1.2	Produkt-/Systemdefinition	30
2.1.3	Änderungsverfahren	36
2.2	Wirtschaftlichkeitsbetrachtung	38
2.2.1	Methodenüberblick	38
2.2.2	Wirtschaftliche Produktplanung	41
2.2.3	Marginalrenditerechnung	42
2.2.4	Nutzwertanalyse	45
2.3	Projektorganisation	48
2.3.1	Organisationsstrukturen	49
2.3.2	Projektgremien	54
2.3.3	Projektleiter	58
2.4	Prozeßorganisation	60
2.4.1	Gliederung des Entwicklungsprozesses	60
2.4.2	Arten von Prozeßorganisationen	65
2.4.3	Beispiele von Prozeßorganisationsplänen	67
3	**Projektplanung**	68
3.1	Strukturplanung	68
3.1.1	Produktstruktur	70
3.1.2	Projektstruktur	72
3.1.3	Kontenstruktur	76
3.2	Aufwandsschätzung	79
3.2.1	Methodenüberblick	79
3.2.2	Methode COCOMO	93
3.2.3	Prozentsatzmethoden	97
3.2.4	Expertenbefragungen	101
3.3	Netzplantechnik	106
3.3.1	Methodenüberblick	106
3.3.2	Vorgangspfeil-Netzplan (CPM)	110
3.3.3	Ereignisknoten-Netzplan (PERT)	111
3.3.4	Vorgangsknoten-Netzplan (MPM)	113
3.3.5	Termindurchrechnung	116
3.4	Arbeitsplanung	122
3.4.1	Aufgabenplanung	122
3.4.2	Terminplanung	124
3.4.3	Einsatzmittelplanung	126
3.5	Kostenplanung	132
3.5.1	Kostenrechnung im Rechnungswesen	133
3.5.2	FuE-Planung	139
3.5.3	Lebenszykluskosten	141
3.6	Projektpläne	144
4	**Projektkontrolle**	148
4.1	Terminkontrolle	149
4.1.1	Terminrückmeldung	149
4.1.2	Terminlicher Plan/Ist-Vergleich	152
4.1.3	Termintrendanalysen	154
4.2	Aufwands- und Kostenkontrolle	157
4.2.1	Aufwandserfassung	158
4.2.2	Kostenerfassung	160
4.2.3	Weiterverrechnung von Kosten	164

4.2.4 Plan/Ist-Vergleich für
Aufwand/Kosten 166
4.2.5 Trendanalysen für
Aufwand/Kosten 172
4.3 Sachfortschrittskontrolle . . . 174
4.3.1 Produktfortschritt 174
4.3.2 Projektfortschritt 175
4.3.3 Restschätzungen 179
4.4 Qualitätssicherung 184
4.4.1 Qualitätsplanung und
-lenkung 184
4.4.2 Qualitätsprüfung 187
4.4.3 Überprüfung der
Qualitätssicherung 192
4.4.4 Qualitätskosten 198
4.5 Projektdokumentation 200
4.5.1 Entwicklungsdokumentation . 200
4.5.2 Projektakte 202
4.5.3 PM-Berichtswesen 204
4.5.4 Projektberichte 206

5 Projektabschluß 210
5.1 Produktabnahme 210
5.1.1 Abnahmetest 210
5.1.2 Produktabnahmebericht . . . 214
5.1.3 Technische Betreuung 217
5.2 Projektabschlußanalyse 219
5.2.1 Nachkalkulation 220
5.2.2 Abweichungsanalyse 221
5.2.3 Wirtschaftlichkeitsanalyse . . 223

5.3 Erfahrungssicherung 226
5.3.1 Erfahrungsdaten 226
5.3.2 Kennzahlensysteme 234
5.4 Projektauflösung 238

6 Projektunterstützung 242
6.1 Projektmanagement-
Verfahren 242
6.1.1 Konfigurationsmanagement . 242
6.1.2 Beispiel eines KM-Tools . . . 246
6.1.3 Projektkostenverfahren 248
6.1.4 Netzplanverfahren 255
6.1.5 SAP-Projektsystem PS 260
6.1.6 Tabellenkalkulationsprogramme 264
6.1.7 Aufwandsschätzverfahren . . 265
6.1.8 Arbeitsrechtliches Umfeld . . 267
6.2 Arbeitstechniken 270
6.2.1 Kreativitätstechniken 270
6.2.2 Istanalysetechniken 275
6.2.3 Problemlösungstechniken . . . 277
6.2.4 Entscheidungstechniken . . . 281
6.2.5 Kommunikationstechniken . . 289
6.2.6 Zeitplanungstechniken 293
6.3 Arbeiten im Team 295

Literaturverzeichnis 299

Stichwortverzeichnus 303

1 Einführung

1.1 Projektmanagement als Aufgabe

Die Entwicklung in fast allen elektrotechnischen Bereichen unterliegt einem tiefgreifenden Wandel; er ist sowohl technisch als auch marktwirtschaftlich bedingt. Einerseits werden die Produkte immer komplexer, d. h. ihre Leistungsvielfalt nimmt zu, die erforderliche Regelungs- und Steuerungslogik wird komplizierter und insgesamt wird die eingesetzte Physik mehr ausgereizt. Andererseits müssen die Produkte qualitativ besser sein sowie schneller und preisgünstiger auf den Markt kommen. Diese Anforderungen an die Produktentwicklung stellen die Verantwortlichen vor Probleme, die neue Methoden in der Projektführung erfordern.

Projektmanagement als Führungskonzept

Im Rahmen des Projektmanagements werden die vielfältigen Aufgaben in einem Entwicklungsbereich nicht gemäß ihrem funktionalen Inhalt den einzelnen Entwicklungsstellen zugeordnet und dort in einer zeitlichen Reihenfolge abgearbeitet, sondern ganzheitlich in einem Projekt eingebettet und unter Berücksichtigung entsprechender Kosten-, Termin- und Qualitätsparameter zielorientiert beplant und durchgeführt.

Von herkömmlichen Führungskonzepten unterscheidet sich das moderne Projektmanagement erheblich. Hervorzuheben sind die folgenden fünf Merkmale:

▷ Projektadäquate Organisation
▷ Exakte Entwicklungsvorgaben
▷ Projektbezogene Planung
▷ Laufender Soll-/Ist-Vergleich
▷ Definiertes Entwicklungsende.

Voraussetzung für ein Projektmanagement ist die selbständige Projektorganisation, die neben oder in der bestehenden Linienorganisation für die Dauer des jeweiligen Projekts eingerichtet wird und alle am Projekt Beteiligten − unabhängig von fortbestehenden disziplinarischen Abhängigkeiten − temporär organisatorisch zusammenfaßt. So kann man in relativ kurzer Zeit ohne besondere Versetzungen ein effizientes Projektteam interdisziplinär zusammenstellen und dadurch einen optimalen Personaleinsatz erreichen.

Projektmanage-
ment steigert die
Effizienz in einem
Entwicklungs-
bereich

Ein PM-geführtes Entwicklungsvorhaben verlangt exakte Entwicklungsvorgaben sowohl hinsichtlich der geforderten Leistungsmerkmale (einschließlich der gewünschten Qualität), des einzusetzenden
Personals, der benötigten Sach- und Geldmittel sowie der zur Verfügung stehenden Zeit. Diese Vorgaben bilden die Basis für eine projektbezogene Planung, die einerseits aufgabenorientiert (Projektstruktur) und andererseits ablauforientiert (Prozeßstruktur) mit Definition entsprechender Meilensteine vorgenommen wird.

Tragendes Element des Projektmanagements ist während der Projektdurchführung die Projektkontrolle, bei der durch einen laufenden
Soll/Ist-Vergleich möglichst frühzeitig Abweichungen von Planvorgaben erkannt werden sollen. Je früher dabei der Zeitpunkt des Erkennens ist, desto geringfügiger kann meist der notwendige Korrekturauf-
wand sein. Gegenüber herkömmlichen Führungsprinzipien wird diese
Kontrolle nicht allein personenbezogen, sondern vor allem sachbezogen vorgenommen, wobei das primäre Ziel das Aufzeigen möglicher
Hilfeleistungen im Entwicklungsablauf ist. Schließlich sichert das Projektmanagement auch das definierte Ende eines Entwicklungsvorhabens, was ein unkontrolliertes Weiterentwickeln verhindert.

In der personellen Abdeckung PM-geführter Projekte existiert allerdings auch ein Grundkonflikt zwischen Linienorganisation und Projektorganisation, da die wirklichen Know-how-Träger rar sind und
z. T. gleichzeitig in mehreren Projekten mitwirken sollen.

In Unternehmen wird die Einführung des Projektmanagements im
besonderen Maße von der obersten Führungsebene bestimmt; ohne
sie ist ein effektives Durchhalten dieses Führungskonzepts nicht möglich − Projektmanagement wird damit zu einer bedeutenden Führungsaufgabe der Linie.

Umfeld des Projektmanagements

Projektmanage-
ment hat integrie-
rende Wirkung in
einem Entwick-
lungsbereich

Zum Projektmanagement gehören alle Aktivitäten für Definition,
Planung, Kontrolle und Abschluß eines Projekts; es ist damit ganz
auf das zielorientierte Abwickeln der einzelnen Projektarbeiten ausgerichtet; trotzdem steht Projektmanagement nicht für sich allein da,
sondern muß auch in seiner Einbettung im gesamten Entwicklungsbereich gesehen werden (Bild 1.1).

Über dem Projektmanagement (eines Projekts) ist nämlich im allgemeinen das *Entwicklungsmanagement* des Gesamtbereichs angeordnet, welches hierfür die Entwicklungsplanung und -steuerung nach
(projekt-)übergeordneten Gesichtspunkten vornimmt. Das einzelne
Projektmanagement erhält aus diesem entwicklungsbereichsbezoge-
nen Management die bereichsentscheidenden Eckparameter, so wie
umgekehrt das Entwicklungsmanagement aus dem Projektmanagement seine Basisdaten bezieht.

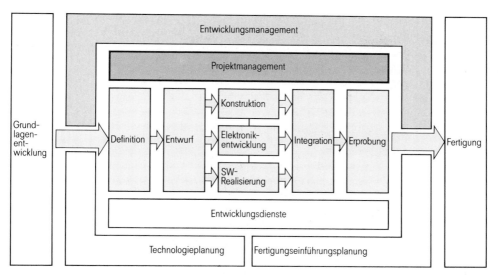

Bild 1.1 Umfeld des Projektmanagements

Beiden Managementebenen stehen Entwicklungsdienste zur Seite, wie Qualitätssicherung, Bauunterlagenerstellung, Konfigurations- und Dokumentationsverwaltung, die i. allg. projektübergreifend arbeiten. Flankiert wird das Entwicklungs- und Projektmanagement zu Beginn von der Technologieplanung und am Ende von der Fertigungseinführungsplanung. Die Technologieplanung gewinnt innerhalb der strategischen Planung zum Untersuchen von Technologiepositionen und Definieren von FuE-Programmen verstärkt an Bedeutung. Die Fertigungseinführungsplanung soll schließlich den reibungslosen Übergang von der Entwicklung zur Fertigung sicherstellen.

Projekt- und Entwicklungsmanagement ergänzen sich bei dem gemeinsamen Ziel der Effizienzsteigerung und der Durchlaufzeitverkürzung im Entwicklungsbereich.

1.2 Projektablauf

Projektmanagement als Methode einer effizienten Projektführung umfaßt alle Aktivitäten, die für eine

▷ sachgerechte,
▷ termingerechte und
▷ kostengerechte

Abwicklung von Projekten erforderlich sind. Um dies zu erreichen, muß das Projektmanagement in vielfältiger Weise auf den Projektablauf „regelnd" einwirken. Einerseits werden für die Entwicklung Planvorgaben gemacht, auf deren Basis steuernde Maßnahmen auf den Ablauf einwirken; andererseits müssen an definierten Stellen des

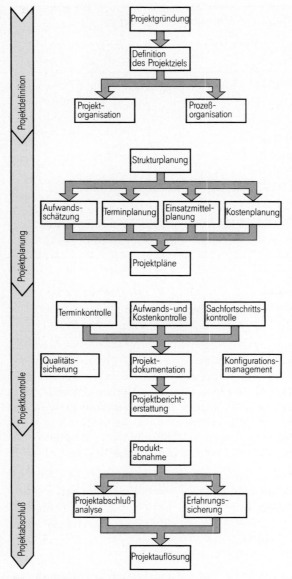

Bild 1.2 PM-Aufgaben im Projektablauf

Entwicklungsprozesses projektbewertende Meßgrößen zur Projekt-
beurteilung ermittelt und ausgewertet werden.

Die vier Hauptabschnitte eines Projektablaufs sind:

▷ Projektdefinition
▷ Projektplanung
▷ Projektkontrolle
▷ Projektabschluß.

Diesen Projektabschnitten zugeordnet zeigt Bild 1.2 die einzelnen während des Projektablaufs durchzuführenden PM-Aufgaben.

Projektdefinition

Die Projektdefinition bildet die Projektgrundlage; hier werden die Vorgaben für die nachfolgende Projektplanung gemacht. Zur Projektdefinition gehören:

> Gründung des Projekts
> Festlegung des Projektziels
> Organisation des Projekts
> Organisation des Prozesses.

Die Projektdefinition legt die Grundlagen des Projekts fest

Am Anfang eines Projekts steht der Projekt*antrag,* der alle relevanten Angaben, wie Aufgabenbeschreibung, Kosten- und Terminziele sowie Verantwortlichkeiten aufnimmt. Mit seiner Verabschiedung wandelt sich der Antrag zum offiziellen Projekt*auftrag.* Das Projekt ist damit gegründet.

Die erste Aufgabe im Rahmen eines Projekts ist das eindeutige und vollständige Definieren des Projektziels. Hierzu muß zusammen mit dem Auftraggeber ein Anforderungskatalog bzw. Pflichtenheft für das zu erstellende Produkt erarbeitet werden, wobei auch die künftige Produktevolution zu berücksichtigen und das spätere Änderungsverfahren vorzusehen sind.

Zur fachlichen, organisatorischen und wirtschaftlichen Absicherung des Projektantrags empfehlen sich eine Problemfeldanalyse und eine Wirtschaftlichkeitsbetrachtung. Ohne genaue Kenntnis des Problemumfeldes des Projekts sowie ohne Ermittlung der zu erwartenden Wirtschaftlichkeit des zu entwickelnden Produkts sollte kein Projekt begonnen werden.

Außerdem sind die organisatorischen Voraussetzungen für das Projekt zu schaffen. Der Projektleiter und die Projektgremien müssen ernannt sowie eine passende Projektorganisation muß gewählt werden. Auch sollte man möglichst ein (projektadäquates) Projektbüro für die notwendige PM-Unterstützung einrichten.

Schließlich ist die gesamte Ablauforganisation des Entwicklungsprozesses zu bestimmen. Hierzu gehören das Festlegen von Entwicklungsphasen, Zäsurpunkten (Pflichtmeilensteinen), Entwicklungslinien (Baselines) und Tätigkeitsarten; vorhandene Entwicklungshandbücher und -richtlinien bilden dabei die notwendige Grundlage.

Projektplanung

Der unterschriebene Projektauftrag mit den das Projekt definierenden Eckdaten eröffnet den nächsten Projektabschnitt, die Projektplanung; er enthält die Aufgabenbereiche:

Mit der Projekt-
planung werden
die Rahmendaten
des Projekts
vorgegeben

▷ Strukturplanung
▷ Aufwandsschätzung
▷ Arbeitsplanung
▷ Kostenplanung.

Die Projektplanung beginnt mit der *Strukturplanung*. Aufbauend auf dem Anforderungskatalog wird das Entwicklungsvorhaben technisch, aufgabenmäßig und kaufmännisch strukturiert. Die sich hierbei ergebenden Strukturen (Produktstruktur, Projektstruktur und Kontenstruktur) stellen die Grundpfeiler einer zielorientierten Entwicklung dar; auf sie setzen alle weiteren Planungsschritte auf.

Aus dem Projektstrukturplan werden die Aufgabenpakete abgeleitet, für die dann eine *Aufwandsschätzung* durchzuführen ist. Außer dem eigenen Erfahrungspotential sollten die Erfahrungen außenstehender Experten sowie die Möglichkeiten von Aufwandsschätzverfahren genutzt werden. Aufwandsschätzverfahren und Expertenbefragungen sind hierbei sich gegenseitig befruchtende Vorgehensweisen.

Mit den Ergebnissen der Aufwandsschätzung wird nun für die einzelnen Arbeitspakete bzw. Teilaufgaben eine *Arbeitsplanung* vorgenommen. Häufig empfiehlt sich hier zur Aufgaben- und Terminplanung der Einsatz eines Netzplans, entweder rechnerunterstützt oder manuell. Die Netzplantechnik ist − trotz aller Kritik − eines der leistungsfähigsten PM-Hilfsmittel, wenn sie richtig eingesetzt wird.

Die *Einsatzmittelplanung* soll einen optimalen Einsatz des vorhandenen Personals und der verfügbaren Betriebs- und Sachmittel gewährleisten. Engpässe und Leerläufe, z. B. an Testanlagen und Prüfsystemen kann man dadurch vermeiden. Auch der Abgleich der Einsatzmittel bezüglich anderer, benachbarter Projekte muß in Form einer Multiprojektplanung in diese Überlegungen einbezogen werden.

Eine „ganzheitliche" *Kostenplanung* in Form einer detaillierten Projektkalkulation ist Voraussetzung für jedes wirtschaftliche Entwickeln. Ohne sie ist auch eine richtige Preisbildung nicht möglich. Klares Aufgliedern der Kostenarten und -elemente ist für eine erfolgreiche Kostenkontrolle unerläßlich.

Alle Ergebnisse der Projektplanung münden in entsprechende *Projektpläne*. Hierzu gehören sowohl die Pläne für die Organisation, Strukturierung und Durchführung des Projekts als auch die Projektpläne über die Termine, die geplanten Aufwände und Kosten.

Projektkontrolle

Die Projekt-
kontrolle soll früh-
zeitig Plan-
abweichungen
aufzeigen

Nach Erstellen aller Planungsunterlagen beginnt die eigentliche Projektdurchführung, die von der Projektkontrolle begleitet wird. Hier steht an erster Stelle der Plan/Ist-Vergleich der vorgegebenen Projektparameter. Durch den laufenden Plan/Ist-Vergleich im Rahmen der Projektkontrolle erreicht man, daß Abweichungen von Planvorgaben frühzeitig erkannt werden. Planabweichungen führen entweder zu einer Änderung der Planvorgaben oder es werden innerhalb der Projektsteuerung entsprechend „geeignete" Maßnahmen − bei Einhalten der Planvorgaben − ergriffen.

Eine „elementare" und „zeitschnelle" Projektkontrolle umfaßt folgende Aufgabenbereiche:

▷ Terminkontrolle
▷ Aufwands- und Kostenkontrolle
▷ Sachfortschrittskontrolle
▷ Qualitätssicherung
▷ Projektdokumentation.

Die *Terminkontrolle* ist bei größeren Projekten nur mit der Netzplantechnik praktikabel durchführbar. Nur sie erlaubt einen Gesamtblick über die zahlreichen Einzelaufgaben mit ihren vielen Abhängigkeiten im Projekt. Das Durchrechnen der Termine zum Bestimmen des kritischen Pfads ist am einfachsten mit einem DV- oder PC-gestützten Netzplanverfahren möglich. Neben terminlichen Plan/Ist-Vergleichen sollte auch der Plan/Plan-Vergleich zum Ableiten von Termintrendanalysen genutzt werden, denn häufig ist nicht die einzelne Terminverschiebung eines Arbeitspakets ausschlaggebend, sondern der Trend von Terminaktualisierungen z. B. eines ausgewählten Meilensteins.

Stundenkontierung, Rechnungsschreibung und Bestellwertfortschreibung sind die wichtigsten Elemente einer zielorientierten *Aufwands- und Kostenkontrolle*. Wie bei der Terminkontrolle sollte man dabei Möglichkeiten von Trendanalysen einbeziehen.

Die *Sachfortschrittskontrolle* stellt für den Entwickler und Projektleiter wohl die wichtigste Kontrollaufgabe dar; sie ist aber auch die schwierigste. Da es normalerweise keine unmittelbaren Meßgrößen für den Sachfortschritt gibt, muß auf Ersatzgrößen zurückgegriffen werden, die nur einen indirekten Bezug haben und deshalb nur eingeschränkt eine Aussage über den Sachfortschritt zulassen. Grundsätzlich ist es empfehlenswert, während der Projektdurchführung in bestimmten Abständen Restaufwands- und Restzeitschätzungen vorzunehmen.

Projektbegleitend und entwicklungsunterstützend wirkt die *Qualitätssicherung* − sie gliedert sich in Qualitätsplanung, Qualitätslenkung und Qualitätsprüfung. Ziel der Qualitätssicherung ist das Hervorbringen qualitativ hochwertiger Produkte bei minimalen Entwicklungskosten, dazu ist eine sorgfältige Fehlerverhütung durch rechtzeitige Prüfung aller Entwurfsdokumente in den Planungsabschnitten des Entwicklungsvorhabens sowie eine gezielte Fehlerbehebung in den Realisierungsabschnitten erforderlich. Im Rahmen eines allgemeinen Qualitätsmanagements sollte eine regelmäßige Überprüfung der Qualitätssicherung (Audit) vorgesehen sein.

Wie bei der Produktdokumentation − sie enthält die vollständige Information über das zu entwickelnde Produkt bzw. System − fließen in die *Projektdokumentation* alle Informationen über das Projektgeschehen ein. Voraussetzung für eine transparente Projektdokumentation ist allerdings eine für den betreffenden Entwicklungsbereich verbindliche Dokumentationsordnung. Neben dem Einrichten einer nach dieser Ordnung aufgebauten Projektakte bietet sich vielfach auch das Führen eines Projekttagebuchs an, dessen Inhalt an keine Ordnungssystematik gebunden ist.

Das Ausarbeiten von Projektberichten, das Aufbauen einer Projektdatenbasis sowie das Durchführen von Projektbesprechungen sind Elemente der Projektberichterstattung.

Projektabschluß

Der letzte Projektabschnitt, der Projektabschluß, umfaßt die Schritte:

▷ Produktabnahme
▷ Projektabschlußanalyse
▷ Erfahrungssicherung
▷ Projektauflösung.

Die *Produktabnahme* leitet den Projektabschluß ein. Hierbei muß als erstes das Entwicklungsergebnis einen (vorgeplanten) Abnahmetest durchlaufen − und zwar am besten bei einer entwicklungsunabhängigen Stelle. Übergabe an den Auftraggeber und Übernahme durch denselben sind in einem Produktabnahmebericht festzuhalten. Auch sollte man bereits bei der Produktübergabe eine eventuell künftige technische Betreuung der erstellten Entwicklungsleistung regeln.

In der *Projektabschlußanalyse* wird die Nachkalkulation durchgeführt. Abweichungen bzgl. der Termine und Kosten sowie der Leistungs- und Qualitätsmerkmale sind hinsichtlich ihrer Ursachen und möglichen Abhilfen im Rahmen einer Abweichungsanalyse zu untersuchen. Auch eine ehemals gemachte Wirtschaftlichkeitsrechnung sollte in einer Nachanalyse auf ihre Einhaltung durchleuchtet werden.

Außerdem empfiehlt es sich, kein Projekt ohne eine systematische Sicherung der im Projekt gemachten Erfahrungen abzuschließen. Das Sammeln entsprechender Daten ist die Basis für das Bilden von Kennzahlen sowie den Aufbau eines Kennzahlensystems. Das Sammeln von Erfahrungsdaten stellt außerdem eine wichtige Voraussetzung für das Kalibrieren von Aufwandsschätzverfahren dar.

Letzter Schritt in der Projektabschlußphase und damit im gesamten Projektablauf ist die *Projektauflösung*. Jedes Projekt muß neben einem definierten Anfang auch ein eindeutiges Ende haben. Mit der Projektauflösung wird das Projektpersonal auf neue Aufgaben übergeleitet und die im Projekt gebundenen Ressourcen werden neuen Projekten zugeführt.

Der Projektabschluß sichert das korrekte Projektende

16

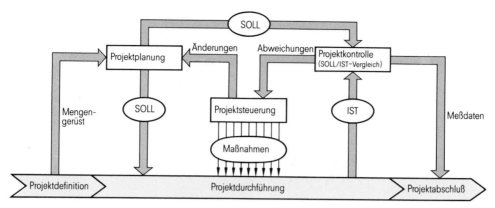

Bild 1.3 PM-Regelkreis

PM-Regelkreis

Die vorgenannten Aufgabenbereiche des Projektmanagements lassen sich in ihrem Zusammenwirken zur Projektsteuerung und Projektdurchführung als Regelkreis darstellen (Bild 1.3).

Projektmanagement wirkt wie ein Regelkreis

Wie das Bild zeigt, gibt die Projektplanung auf Basis der Projektdefinition die Planwerte als SOLL (Führungsgröße) für die Projektdurchführung vor. Durch die Projektkontrolle wird − möglichst häufig − das IST (Meßgröße) abgefragt und mit dem SOLL verglichen. Bei Abweichungen sind im Rahmen der Projektsteuerung entweder geeignete Maßnahmen vorzunehmen oder Planvorgaben zu ändern.

Entsprechend der Gesetzmäßigkeiten der Regelungstechnik gilt auch hier, daß der Regelabweichung um so früher entgegengewirkt werden kann, je genauer (feiner gestuft) die Regelgrößen zu messen sind.

1.3 Produkt − Projekt − Prozeß

Innerhalb des Projektmanagements stehen die drei Begriffe Produkt, Projekt und Prozeß wie eine „Trinität" zueinander, deren konsequentes Auseinanderhalten von größter Wichtigkeit für eine erfolgreiche Projektführung ist. Sowohl Planung als auch Überwachung müssen sich in ihrer Strukturierung und Organisation nach diesen grundlegenden Aspekten ausrichten.

Die inhaltliche Abgrenzung dieser Begriffe läßt sich anschaulich mit Bild 1.4 erklären. Zu Beginn eines Projekts steht die Idee mit der Formulierung des Projektziels, welches in der Erstellung eines auftragsgerechten Produkts besteht. Hierfür ist in einem (geordneten) Projektablauf, dem Prozeß, eine Fülle von Projektaufgaben zu bewältigen.

17

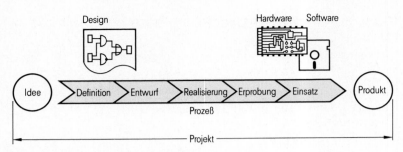

Bild 1.4 Trinität Produkt – Projekt – Prozeß

Produkt

Produkt als
Ergebnis eines
Vorhabens

Das Produkt wird im allgemeinen Sprachgebrauch verstanden als *Erzeugnis* oder *Ergebnis eines Tätigkeitsvorhabens;* es ist das Resultat der Entwicklungs- und Projektierungsanstrengungen und damit der „Output" der Entwicklung bzw. einer Projektierung. Ein Produkt muß kein körperlicher Gegenstand, d. h. nicht ausschließlich Hardware, sein. Produkt kann auch ein Schriftstück (z. B. wissenschaftliche Studie), ein Rechnerprogramm (z. B. Anwender-Software) oder eine beliebige Dienstleistung (z. B. Revision) sein.

Wichtig für ein erfolgreiches Produkt ist, daß es eine Beschaffenheit hat, die für den Anwender, d. h. den Kunden, nützlich ist – so nützlich nämlich, daß er bereit ist, es zu erwerben. Eine der wichtigsten Eigenschaften eines Produkts ist also seine *Vermarktbarkeit*.

Projekt

Projekt als
zielorientiertes
Vorhaben

Ein Projekt ist demgegenüber das zielorientierte *Vorhaben* zur Herstellung dieses Produkts im vorgenannten Sinne. Ein Projekt ist notwendigerweise immer in seinem zeitlichen Ablauf klar umgrenzt, d. h. es hat einen Anfangs- und Endtermin. In der DIN 69901 „Projektmanagement-Begriffe" [41] ist ein Projekt wie folgt definiert:

> Vorhaben, das im wesentlichen durch Einmaligkeit der Bedingungen in seiner Gesamtheit gekennzeichnet ist, wie z. B.
>
> Zielvorgabe,
> zeitliche, finanzielle, personelle oder andere Begrenzungen,
> Abgrenzung gegenüber anderen Vorhaben,
> projektspezifische Organisation.

Die *Einmaligkeit* in den Rahmenbedingungen eines Vorhabens ist wohl das entscheidende Merkmal eines Projekts. Eine Archivverwaltung oder eine Kantinenbewirtschaftung kann zwangsläufig nicht als Projekt angesehen werden. Es gibt aber Grenzbereiche, wie z. B. die Wartung von Anlagen oder die Pflege von DV-Verfahren, die häufig auch als „Projekt" durchgeführt werden. Hier fehlt wohl die Einmaligkeit und die fest umrissene Zielvorgabe, aber da die sonstigen Be-

18

grenzungen gegeben sind, ist eine Projektformulierung auch hier angebracht.

Die Hauptkriterien eines Projekts sind also:

▷ Eindeutigkeit der Aufgabenstellung,
▷ definierte Dauer mit festem Endtermin,
▷ abgestimmtes Kostenvolumen und
▷ klare Verantwortungen.

Ein Projekt umfaßt dabei alle Aktivitäten, die für das Erreichen des gesetzten Projektziels, d. h. das Erbringen eines Produkts erforderlich sind.

Prozeß

Der Prozeß kennzeichnet das eigentliche *Vorgehen* im Projekt zur Herstellung des Produkts; er beschreibt also den Planungs- und Realisierungsablauf. Im Prozeß werden die für die Zielerreichung notwendigen Aktivitäten − gemeinhin als Arbeitspakete bezeichnet − in definierte Abläufe eingeordnet, wobei die jeweils notwendigen Vorgaben sowie die zu erreichenden Ergebnisse bindend festgelegt sind. Weiterhin sind innerhalb dieser Prozeßstruktur die Entscheidungspunkte an den Phasenenden bzw. Meilensteinen allgemeingültig definiert. An diesen Zäsurpunkten wird der Entwicklungsprozeß beeinflußt, d. h. anhand einer Soll/Ist-Abfrage gesteuert.

Prozeß als Ablauf des Vorhabens

Der gesamte Prozeß ist üblicherweise in Abschnitte und Phasen unterteilt, die klar umgrenzte Arbeitsinhalte haben. Je größer das Projekt ist, um so detaillierter sollte der Prozeß unterteilt sein.

Die Trinität der genannten drei Begriffe spiegelt sich fast durchgehend für alle mit diesen formulierbaren Wortzusammensetzungen wider:

Die Begriffe Produkt, Projekt und Prozeß sind streng voneinander zu trennen

Produkt	*Projekt*	*Prozeß*
Produktplanung	Projektplanung	Prozeßplanung
Produktorganisation	Projektorganisation	Prozeßorganisation
Produkt-dokumentation	Projekt-dokumentation	Prozeß-dokumentation
Produktstruktur	Projektstruktur	Prozeßstruktur
Produktmanagement	Projektmanagement	Prozeßmanagement

Das Vermischen dieser drei Begriffsgruppen ist in jedem Fall zu vermeiden. Viele Mißverständnisse im Laufe der Projektdurchführung können dadurch verhindert werden.

19

1.4 Charakterisierung von Projekten

So allgemein man den Begriff Projekt auch definieren kann, so unterschiedlich können die einzelnen Projekte sein. Hierbei müssen Projekte unterschieden werden nach Projektdauer, Projektgröße und Projektart.

Projektdauer

Ein Projekt hat eine klare zeitliche Eingrenzung

Die Dauer von Entwicklungsprojekten bewegt sich in Zeiträumen von wenigen Monaten bis hin zu mehreren Jahren. Die Projektdefinition eines Entwicklungsvorhabens hängt nicht von der absoluten Länge des Vorhabens ab, sondern nur von dessen klarer zeitlicher Eingrenzung. Allerdings sollte ein Projekt nicht kürzer als zwei Monate und nicht länger als fünf Jahre dauern.

Projektgröße

Die Projektgröße bestimmt den PM-Aufwand

Entsprechend der unterschiedlichen Projektdauer variieren die einzelnen Projektgrößen, die entweder in den benötigten Entwicklungskosten oder in der eingebundenen Entwicklungsmannschaft ausgedrückt werden. Sehr kleine Projekte haben nur ein paar Mitarbeiter, sehr große Projekte dagegen können mehrere hundert Mitarbeiter umfassen.

Projektgröße und Projektdauer hängen voneinander ab; eine strenge Korrelation gibt es natürlich nicht.

Projektart

Die Projektart bestimmt die Durchdringung mit PM-Methoden

Unter der Projektart soll hier verstanden werden, in welcher Unternehmensfunktion das Projekt abläuft. Hierbei ist zu unterscheiden zwischen Forschungsprojekten, Entwicklungsprojekten, Rationalisierungsprojekten, Projektierungsprojekten, Vertriebsprojekten und Betreuungsprojekten.

Forschungsprojekte

Forschungsprojekte werden in den zentralen Forschungsabteilungen eines Unternehmens oder in Instituten zu bestimmten abgegrenzten Forschungsaufgaben (z. B. künstliche Intelligenz oder sensitive Robotersysteme) durchgeführt und umfassen sowohl exploratorische Grundlagenarbeiten als auch anwendungsorientierte Technologieforschungen. Da das Forschungsziel meist noch sehr unklar ist und die notwendige Kreativität der Mitarbeiter und deren Ideenfindung sich nicht streng vorausplanen lassen, enthalten die Rahmengrößen bei einem Forschungsprojekt natürlich mehr Unsicherheiten als bei einem „gewöhnlichen" Entwicklungsprojekt.

Entwicklungsprojekte

Entwicklungsprojekte haben im Gegensatz zu Forschungsprojekten immer ein klar definiertes Entwicklungsziel, welches entweder ein ausgetestetes SW-Programm oder ein für die Fertigung freizugebender HW-Prototyp oder ein ganzes HW/SW-System ist. Wegen der festumrissenen Planungsbasis sind die Unsicherheiten im Erreichen des Projektziels erheblich geringer.

Bei Entwicklungsprojekten ist auf das Projektmanagement besonderes Gewicht zu legen, da gerade im Entwicklungsbereich − wegen des marktbestimmenden Zwanges eines frühen Markteintritts − die Durchlaufzeiten verkürzt werden müssen.

Rationalisierungsprojekte

Rationalisierungsprojekte werden von den zuständigen OD- bzw. OI-Stellen eines Unternehmens durchgeführt. Ihre Aufgabe ist es, bestehende und geplante Abläufe und Prozeßketten möglichst optimal abzuwickeln. Dieses kann entweder durch Verbessern der Ablauforganisation erreicht werden oder durch Entwicklung und Einsatz DV-gestützter Verfahren.

Der Erfolg eines Rationalisierungsprojekts drückt sich nicht direkt in einem Gewinn am Markt aus, sondern in der kostengünstigeren Abwicklung unternehmensinterner Vorgänge. Dieser Gewinn wird mit der Ermittlung einer Marginalrendite ausgedrückt.

Projektierungsprojekte

Projektierungsprojekte werden innerhalb des System- und Anlagengeschäfts durchgeführt und auch als System-, Anlagen- oder Kundenprojekte bezeichnet. Im Gegensatz zu Entwicklungsprojekten sind die Bestandteile des an den Kunden auszuliefernden Systems bzw. der Anlage nicht alle neu zu entwickeln. Statt dessen wird das System bzw. die Anlage aus vorhandenen Produkten zusammengefügt, wobei fehlende Teile eigens entwickelt und andere eventuell angepaßt werden müssen. Diese Projektierung kann auch eine hohe Anzahl Fremdteile einbeziehen. Projektierungsprojekte haben daher weniger Probleme mit dem eigentlichen Entwickeln von Produkten, müssen aber erheblich stärker die Probleme mit internen und externen Schnittstellen sowohl technischer als auch organisatorischer Natur bewältigen.

Vertriebsprojekte

Vertriebsprojekte sind den Projektierungsprojekten sehr ähnlich. Auch bei ihnen wird gezielt ein (Groß-)Kunde mit einem System beliefert. Ist der Auftraggeber eine staatliche oder quasi-staatliche Institution eines Landes, so spricht man auch von Länderprojekten. Die einzelnen Systemteile werden bei diesen Projekten allerdings weitgehend aus bestehenden Fertigungen genommen, wobei der Fremdanteil aufgrund von Auflagen seitens des Auftraggeberlandes sehr hoch sein kann. Die eigenen Entwicklungsleistungen können hierbei verschwindend gering sein.

Betreuungsprojekte

Betreuungsprojekte — auch als Pflege- und Wartungsprojekte bezeichnet — berühren schon die Definitionsgrenze des Projektbegriffs, weil diese Projektform Dauercharakter erhalten kann. Das klare Ende ist hier meist nur durch die Laufzeit des Vertrags gegeben; ein absolutes Ende des Projektgegenstands ist selten vorgesehen. Im Rahmen von Betreuungsprojekten wird die Pflege (Wartung) und Anwenderunterstützung von DV-Verfahren, HW- und SW-Systemen und technischen Anlagen sichergestellt.

Sonderformen

Darüber hinaus gibt es noch Sonderformen von Projekten: Organisationsprojekte, Unternehmensprojekte, Planungsprojekte, Vorleistungsprojekte und Pionierprojekte.

Organisationsprojekte sollen die Ablauforganisation oder die Aufbauorganisation in einem Unternehmensbereich neu gestalten; sie haben meist das Ziel, durch organisatorische Maßnahmen einen Rationalisierungseffekt in der Abwicklung interner Prozesse zu erreichen.

Unternehmensprojekte werden gegründet, wenn zu bestimmten, im Unternehmen aufgetretenen Problemkomplexen bzw. Mängelzuständen Lösungskonzepte zur Situationsverbesserung erarbeitet werden sollen. Diese Projekte müssen meist in einer überbereichlichen Besetzung durchgeführt werden.

Planungsprojekte dienen der Klärung neuer und unbekannter Aktivitätsfelder. Solche Projekte können z. B. das Planungsvorfeld für ein eventuell nachfolgendes Entwicklungs- oder Rationalisierungsprojekt abdecken.

Bei einem *Vorleistungsprojekt* wird die Entwicklung eines Produkts oder eines Produktteils vorgenommen, für welches kein konkreter Kundenauftrag vorliegt; allerdings besteht die Absicht, die Vorleistungsergebnisse in spätere Kundenprojekte einzubringen.

Pionierprojekte sind eigentlich Forschungsabschnitte innerhalb eines Entwicklungsprojekts und haben die Aufgabe, im Rahmen des Entwicklungsvorhabens Modelle zu entwerfen und Funktionsmuster zu realisieren.

1.5 Grundparameter eines Projekts

Ein Entwicklungsvorhaben wird als Projekt in seiner Durchführung von drei Grundparametern eingerahmt. Diese sind

▷ geforderte *Leistung,*
▷ beanspruchte *Einsatzmittel* und
▷ benötigte *Zeit.*

Leistung, Einsatzmittel und Zeit stehen in enger Wechselwirkung zueinander

Diese Grundparameter stehen als Zielgrößen in einer gegenseitigen Wechselwirkung, so daß man auch beim Projektmanagement von einem „magischen Dreieck" sprechen kann (Bild 1.5).

Das durch dieses PM-Dreieck dargestellte Zielsystem verdeutlicht eine grundsätzliche Abfolge in einem Projektgeschehen: Durch Einsatz bestimmter Einsatzmittel (Geld, Personal, Maschinen etc.) und mit Verbrauch an Zeit soll eine bestimmte Leistung erbracht werden. Das Projektmanagement hat dabei die zentrale Aufgabe, das Projektziel, d. h. das Erbringen der geforderten Leistung möglichst in einem optimalen Verhältnis zu den beiden anderen Grundparametern zu erreichen.

Die Zielrichtung dieser „Optimierung" kann allerdings sehr unterschiedlich sein. In dem einen Fall wird ein Höchstmaß an Leistung angestrebt − gleichgültig, in welcher Höhe Kosten anfallen und wie lange es dauert. In einem anderen Fall ist ein kürzest möglicher Termin anzustreben, ohne daß eine enge Begrenzung des Budgets vorgegeben ist. Oder aber die Kosten sollen möglichst niedrig sein, auch wenn Abstriche im Leistungsumfang (und in der Qualität) gemacht werden müssen.

Leistungs- und Lastgrößen

Die drei genannten Grundparameter stellen eigentlich Oberbegriffe dar für weitere Projektparameter, die in Leistungsgrößen und Lastgrößen eingeteilt werden können (Bild 1.6).

Als Lastgrößen wirken das eingesetzte Personal und alle Betriebsmittel sowie die benötigte Zeit. Lastgrößen stellen den Mitteleinsatz, den „Input", für das Projekt dar und sind daher so weit wie möglich zu minimieren.

Lastgrößen sind möglichst klein zu halten

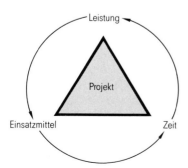

Bild 1.5 PM-Dreieck

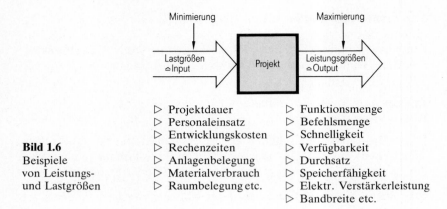

Bild 1.6
Beispiele
von Leistungs-
und Lastgrößen

▷ Projektdauer
▷ Personaleinsatz
▷ Entwicklungskosten
▷ Rechenzeiten
▷ Anlagenbelegung
▷ Materialverbrauch
▷ Raumbelegung etc.

▷ Funktionsmenge
▷ Befehlsmenge
▷ Schnelligkeit
▷ Verfügbarkeit
▷ Durchsatz
▷ Speicherfähigkeit
▷ Elektr. Verstärkerleistung
▷ Bandbreite etc.

Leistungsgrößen sollen möglichst groß sein

Zu den Leistungsgrößen gehören alle meßbaren Ergebnisgrößen; sie kennzeichnen den „Output" einer Projektdurchführung. Normalerweise ist für die Leistungsgrößen insgesamt eine Maximierung anzustreben. Auch das „Verringern" von Produktgrößen, wie z. B. der Verlustleistung eines elektrischen Geräts ist in diesem Sinne als eine Maximierung, nämlich der Wirkleistung, anzusetzen.

Parameterausrichtung

Drei grundsätzlich unterschiedliche Vorgehensweisen zum Bestimmen der Projektparameter sind möglich:

▷ Kostenfixierte Parameterausrichtung
▷ Terminfixierte Parameterausrichtung
▷ Leistungsfixierte Parameterausrichtung.

Kostenfixierte Vorgehensweise

Bei der *kostenfixierten Vorgehensweise* wird von einem geforderten Leistungsvolumen ausgegangen und für ein vorgegebenes Budget der mögliche Fertigstellungstermin ermittelt. Ergibt sich dabei ein nicht akzeptierbarer später Termin, so kann dieser nur aufgrund einer Rücknahme des Leistungsvolumens oder der zugehörigen Qualitätsanforderungen verkürzt werden, da ein Ausweiten des Budgets nicht möglich ist. Solche Kostenfixierungen liegen meist vor, wenn für ein zu entwickelndes Produkt ein vorgegebener Marktpreis aus Wettbewerbsgründen auf keinen Fall überschritten werden darf; dies ist z. B. gegeben bei Entwicklungsprodukten aus der Installations- und Beleuchtungstechnik, also bei Produkten mit hohen Stückzahlen in einem Markt mit vielen Mitbewerbern.

Terminfixierte Vorgehensweise

Bei einer *terminfixierten Vorgehensweise* geht man ebenfalls von einem geforderten Leistungsvolumen aus; hierfür werden allerdings auf der Basis eines fixen Fertigstellungstermins die notwendigen Kosten ermittelt. Sind diese zu hoch, so können diese ebenso nur durch Reduzieren einzelner Leistungsmerkmale gesenkt werden, da hier ja eine Terminüberschreitung nicht erlaubt ist. Eine solche Terminfixierung liegt entweder dann vor, wenn der Einsatztermin durch äußere Gege-

24

benheiten prinzipiell nicht verschiebbar ist (z. B. Messetermin, Termin mit Konventionalstrafe), oder wenn aufgrund der Marktsituation eine Terminverschiebung zu äußerst schwerwiegenden Markteinbußen führen würde, wie es z. B. auf dem Gebiet der Entwicklung von PC der Fall sein kann.

Ein *leistungsfixiertes Vorgehen* wird dann beschritten, wenn keine Kompromisse, d. h. Abstriche bzgl. des aufgestellten Anforderungskatalogs erlaubt sind. Termin und Kosten ergeben sich daher aus einem fest vorgegebenen Leistungsvolumen mit definierten Qualitätsanforderungen; höchstens eine geringe Verschiebung zwischen den ersten beiden Projektparametern selbst ist noch denkbar. Beispiele für solche Leistungsfixierungen finden sich besonders in sicherungstechnisch-sensiblen Bereichen, z. B. im Kernkraftwerksbau oder in der Raumfahrttechnik.

Leistungsfixierte Vorgehensweise

Bereits bei der Projektgründung müssen sich alle Beteiligten im klaren sein, um welche der drei Arten von Parameterausrichtung es sich bei dem vorliegenden Projekt handelt. Andernfalls kann das Optimieren der Leistungs- und Lastgrößen in eine falsche Richtung gehen − so daß z. B. ein überzogen funktionsstarkes Gerät zu teuer oder ein funktionsschwaches Produkt unnötig früh auf den Markt kommt.

Produktivität

Im Gegensatz zum Einsatzmittel Geld bzw. zu anderen Sachmitteln stellt das Einsatzmittel Personal keine singuläre Größe dar, da dieses unter zwei getrennten Aspekten zu sehen ist, und zwar

Produktivität beeinflußt die Resultierende aus Personal und Zeit ganz wesentlich

▷ der Kopfzahl ($\hat{=}$ Personalstärke) sowie
▷ der Qualifikation.

Diesem allgemein bekannten Umstand wird allerdings oft zu wenig Rechnung getragen, wenn beim Einplanen des Einsatzmittels Personal allein von der bloßen Kopfzahl ausgegangen wird und die Qualifikation nur am Rande in die Festlegung dieses Projektparameters einfließt. Dabei kann die jeweilige Produktivität des eingesetzten Personals von viel ausschlaggebenderer Bedeutung sein als die Anzahl Personen.

Qualität

Eine Leistung kann bekanntlich „gut" oder „schlecht", also in unterschiedlicher Qualitätsausprägung erbracht werden. Die Qualität bildet damit einen weiteren, sehr wichtigen Projektparameter, der als integraler Bestandteil der zu erbringenden Leistung anzusehen ist. Leistung umfaßt neben einer bestimmten Anzahl Leistungsmerkmale auch die zugehörigen Qualitätsanforderungen.

Qualität ist integraler Teil einer zu erbringenden Leistung

Bei DIN wird der Begriff Qualität definiert als:

Beschaffenheit einer Einheit bezüglich ihrer Eignung, festgelegte und vorausgesetzte Erfordernisse zu erfüllen.

Alle Produkteigenschaften und -merkmale, die die Eignung des Produkts betreffen, stellen im engeren Sinne Qualitätsmerkmale dar. Zu diesen gehören je nach HW- und SW-Ausprägung z. B.:

- Funktionserfüllung,
- Zuverlässigkeit,
- Benutzungsfreundlichkeit,
- Wartungsfreundlichkeit,
- Instandhaltbarkeit,
- Umweltfreundlichkeit,
- Übertragbarkeit,
- Zeitverhalten,
- Verbrauchsverhalten,
- Fertigungsfreundlichkeit.

Qualität heißt, vereinfacht ausgedrückt – das „richtige" Erfüllen der Anforderungen des Kunden – nicht mehr und nicht weniger; das bedeutet auch, daß eine zu gute Qualität vom Markt nicht honoriert wird („Überperfektionierung"), wohingegen zu niedrige Qualitätsvorgaben i. allg. zu erheblichen Mehrkosten führen.

Je früher Qualitätsmängel im Entwicklungsablauf erkannt werden, desto geringer sind die Fehlerbehebungskosten; wird ein Fehler etwa erst beim Einsatz aufgedeckt, so kann dessen Beseitigung ein Vielfaches der Kosten betragen, die anzusetzen sind, wenn der Fehler bereits in der Entwurfsphase beseitigt worden wäre (siehe auch Bild 4.20).

2 Projektdefinition

In dem ersten Prozeßabschnitt, der Projektdefinition, wird die Grundlage für das gesamte künftige Projekt festgelegt. Einerseits sind das Projektziel festzulegen und eine Wirtschaftlichkeitsbetrachtung durchzuführen, andererseits sind die Projektorganisation zu vereinbaren und eine geeignete Prozeßorganisation auszuwählen.

2.1 Festlegung des Projektziels

2.1.1 Projektauftrag

Bei Gründung eines Projekts ist der Projektauftrag stets schriftlich zu fixieren. Erst durch ein „Dokument", das die wichtigsten Eckdaten der geplanten Entwicklung als Zielvereinbarung zum Gegenstand hat, wird ein Entwicklungsvorhaben zu einem Projekt. Dieses Dokument hat Vertragscharakter für Auftraggeber und Auftragnehmer.

Der Projektauftrag dokumentiert die Zielvorgaben eines Projekts

Inhalt eines Projektauftrags

Ein Projektauftrag sollte folgende Angaben umfassen:

- Name des Projekts
- Kurzbeschreibung des Vorhabens
- Identifikationsbegriff
- Projektleiter, Teilprojektleiter
- Mit-/Unterauftragnehmer
- geplanter Personalaufwand (eigen, fremd)
- Einsatzmittelkosten (Rechenzeit, Musterbau etc.)
- Meilensteine, Zäsurtermine
- Fertigstellungstermin(e)
- Risikobetrachtung
- Unterschrift(en) Auftraggeber
- Unterschrift(en) Auftragnehmer.

Sollten sich im Lauf der Projektdurchführung Abweichungen von den Angaben im Projektauftrag ergeben, z. B. Änderungen im Aufgabenumfang, im Kostenvolumen oder in den Terminzielen, so müssen diese ebenfalls schriftlich festgehalten und dem Projektauftrag beigefügt werden.

Projektauftrag	Projektnummer:	4 5 C 4 7 1 2

Verteiler:	Einzelprojekt (X)	Rahmenprojekt ○
	Neuentwicklung (X)	Weiterentwicklung ○
	Pflege ○	Anwenderunterstützung ○
	Entwicklungsweg	bis DM 250. ○
		über DM 250. (X)

Benennung des Auftrages:	Projektkurzbezeichnung:
Planungs- und Optimierungssystem zur Frequenzbandverteilung in Hochspannungsnetzen	POFIN

Erläuterung des Auftrages: Erstellung eines fachlichen Grobkonzeptes sowie Entwurf und Realisierung eines Planungs- und Optimierungsverfahrens, welches die Aufteilung von Frequenzbändern auf Hochspannungsleitungen in Netzen vornimmt. Eingabe und Steuerung des Verfahrens geschieht dialoggeführt, die Ausgabe erfolgt in Listenform (spätere Version mit Grafikausgabe). Unter Berücksichtigung eines Stufenkonzepts soll eine Marginalrenditerechnung vorgenommen werden.

Auftrag gilt für OA-PP-Phase (ankreuzen)	Projektvorschlag		Planung 1 (Grobplanung) [X]		Planung 2 (Feinplanung) [X]		Realisierung 1 [X]		Realisierung 2 (Einführung) [X]	
Beginn			3/85							
Ende									1/87	
Abteilung	MM	TDM	MM	TDM	MM	TDM	MM	TDM	MM	TDM
M OA 13			1	15	3	45	5	75	1	15
M OA 34			-		2	30	3	45	-	
Testkosten						8		16		4
Sonstiger Aufwand										
Gesamtaufwand je Phase			1	15	5	83	8	136	1	19

Gesamtaufwand TDM __253__ davon Personalaufwand MM __15__ , TDM __225__ Test TDM __28__

Kostenverteilung __60__ % __F__   ____ % ____
                __40__ % __S__   ____ % ____
                ____ %   ____ % ____

	Abteilung	Name	Unterschrift	Datum
Entscheidungsinstanz	F EA	Hr. Meyer		
	F KAE	Hr. Schulze		
	S EB	Hr. Weber		
	S KAE	Hr. Herrmann		
	M OA 1	Hr. Müller		
Projektleiter	M OA 13	Hr. Schreier		
Org. Realisierung	F EA 21	Hr. Bergmann		
DV-techn. Realisierung	M OA 13	Hr. Brosig		

Bild 2.1 Formular für Projektauftrag

Bild 2.1 zeigt als Beispiel den Vordruck eines Projektauftrags.

Der abgebildete Projektauftrag enthält neben einer Projektidentifikation und einer Projektklassifikation eine kurze Erläuterung der Entwicklungsaufgabe. Weiterhin sind die geschätzten Entwicklungskosten phasenorientiert angegeben, wobei eine Zuordnung zu den beteiligten Entwicklungsstellen und weiteren Unterauftragnehmern möglich ist.

Häufig werden die Entwicklungskosten von mehreren Stellen getragen. Entsprechend dem Nutzungsanteil legt man dann einen *Kostenverteilungsschlüssel* fest.

Ist es nicht möglich, einen Gesamtverantwortlichen für die Auftraggeberseite zu benennen, dann muß gemäß der vereinbarten Kostenverteilung eine Entscheidungsinstanz besetzt werden, die in ihrer Gesamtheit als Auftraggeber für das Projekt fungiert.

Unterauftragsvergabe

Ist im Rahmen eines Projektauftrags eine Vergabe bestimmter Arbeitspakete an fremde Stellen erforderlich, so übernimmt der Auftragnehmer für diese Unterauftragnehmer die Rolle des Auftraggebers; er muß also mit diesen ebenfalls eine schriftliche Zielvereinbarung treffen. Gegenüber Fremdfirmen, also Stellen außerhalb des Unternehmens, ist dies eine Selbstverständlichkeit; aber auch mit anderen unternehmensinternen Entwicklungsstellen sollte die Auftragsvergabe möglichst in der Schriftform geschehen. Hierfür können Teilauftragsformulare ähnlich dem in Bild 2.1 angegebenen Projektauftrag verwendet werden. Ein solches Teilauftragsformblatt enthält die wesentlichen Daten des zu vergebenden Unterauftrags, wie:

Auch bei Unteraufträgen sind die wesentlichen Daten schriftlich zu fixieren

– Detaillierte Beschreibung des Unterauftrags,
– fachliche und zeitliche Schnittstellen,
– verantwortliche Organisationseinheit,
– Aufwands- und Kostenplanwerte,
– Kontrollzwischentermine,
– Übergabetermine,
– Qualitätsangaben und
– Genehmigungsunterschriften.

Risikomanagement

Handelt es sich um einen externen Projektauftrag, also um einen Auftrag von einem externen Auftraggeber, so gelten erheblich strengere Vorschriften für den Vertrag; häufig enthalten diese sogar Gewährleistungs-Verpflichtungen, die neben der unentgeltlichen Bereinigung von Fehlern und Mängeln nach Fertigstellung und Auslieferung sogar die Zahlung von Konventionalstrafen nach sich ziehen können. Um derartige Risiken rechtzeitig abzuwenden, ist ein vorausschauendes Risikomanagement zentrales Element einer Vertragsprüfung.

Kein Vertrag ohne eine vorherige Risikoabschätzung

Ein Risikomanagement besteht aus zwei Arbeitsabschnitten: der Risikoabschätzung und der Erstellung eines Maßnahmenkatalogs zur Risikominderung.

Im Rahmen der *Risikoabschätzung* werden zuerst alle möglichen Risiken, die das Projekt in irgendeiner Weise gefährden könnten, aufgelistet. Jedes einzelne Risiko wird daraufhin untersucht, ob es kosten-, termin- oder qualitätswirksam sein würde und zu welchem Zeitpunkt im Projektablauf und mit welcher Wahrscheinlichkeit es auftreten könnte. Des weiteren muß ermittelt werden, welche Kosten bei Eintreten des Risikofalles entstehen würden (potentielle Risikokosten). Die wahrscheinlichen Risikokosten erhält man durch Multiplikation der potentiellen Risikokosten mit der Risikowahrscheinlichkeit; sie sind ein Maßstab für die Risikopriorität: hohe wahrscheinliche Risikokosten entsprechen einer hohen Risikopriorität und vice versa.

Nach Ermittlung aller möglichen Risiken muß eine Strategie zur *Risikominderung* gefunden werden, d.h. man muß einen Maßnahmenkatalog erarbeiten, dessen Maßnahmen auf die Minimierung der potentiellen negativen Auswirkungen von Risiken auf den Projekterfolg zielen. In einem derartigen Risikominderungsplan werden alle priorisierten Risiken mit den vorgesehenen Maßnahmen zur Risikominderung sowie den zuständigen Personen und den geplanten Zielterminen zur Risikobeseitigung aufgeführt. Weiterhin sollte der Risikominderungsplan auch die durchgeführten Schritte und Ergebnisse der Risikominderung aufnehmen.

2.1.2 Produkt-/Systemdefinition

Die Aufgabendefinition eines Projekts ist durch die Produkt- bzw. die Systemdefinition gegeben; sie wird gemeinhin in mehreren aufeinander folgenden Planungsschritten mit zunehmender Detaillierung (Dekomposition) und größer werdender inhaltlicher Genauigkeit vorgenommen. Am Anfang einer Produkt- bzw. Systemdefinition steht ein *Anforderungskatalog;* dieser stellt die grundsätzliche Aufgabenstellung des Auftraggebers dar und ist die Basis für das *Pflichtenheft,* welches wiederum die Grundlage für die *Leistungsbeschreibung* bildet. Erst mit der Leistungsbeschreibung [7] wird der Projektinhalt verbindlich festgeschrieben.

Anforderungskatalog

Der Anforderungskatalog erläutert die Aufgabenstellung des Auftraggebers

Der Anforderungskatalog soll als erste Planungsunterlage so genau wie möglich das Projektziel festlegen. Die Detaillierung der Anforderungen kann aber entsprechend der Problemstellung und des Kenntnisstandes unterschiedlich tief sein.

Für eine zu entwickelnde Software sollte z. B. ein Anforderungskatalog folgende Themen ansprechen:

▷ Anwendungs- bzw. Einsatzumgebung
▷ geforderte Funktionen und Eigenschaften
▷ Benutzeroberfläche
▷ Benutzerschnittstellen
▷ Datenbasis
▷ Mengengerüst
▷ Qualitätsanforderungen
▷ Realisierungsvorgaben
▷ Dokumentationsanforderungen
▷ Zeit- und Kostenrahmen.

Für eine HW-Entwicklung kann der Anforderungskatalog ähnlich aufgebaut werden.

Die aufgeführten Anforderungen sollen festlegen, was erreicht werden soll, dabei aber spätere Realisierungslösungen nicht unnötig einschränken. Anhand des Anforderungskatalogs wird eine erste Aufwandsschätzung vorgenommen, die aber wegen der erheblichen Unsicherheiten in der Leistungsdefinition noch nicht als verbindlich angesehen werden darf. Erst die spätere Leistungsbeschreibung wird diese Grobschätzung verifizieren.

Pflichtenheft

Das Pflichtenheft baut auf den Anforderungskatalog auf, detailliert und verfeinert die dort festgelegten Anforderungen und enthält neben dem fachlichen Grobkonzept weitere allgemeine Angaben zum geplanten Produkt bzw. System.

Aus Sicht des Anwenders beschreibt das Pflichtenheft,

– welche Funktionen das Produkt/System zu erfüllen hat,
– welche Daten und Informationen verarbeitet werden sollen,
– welche Ein- und Ausgaben vorgesehen sind,
– welche Schnittstellen berücksichtigt werden müssen und
– welche sonstigen Produkt-/Systemeigenschaften gefordert werden.

Das Pflichtenheft ist die Vereinbarungsgrundlage zwischen Auftraggeber und Auftragnehmer

Das Pflichtenheft muß vollständig und widerspruchsfrei sein, da es die Vereinbarungsgrundlage zwischen Auftraggeber und Auftragnehmer für das weitere Vorgehen im Projekt bildet (Anforderungs-Baseline). Die Vollständigkeit des Pflichtenhefts ist also wichtige Voraussetzung für das zielgerichtete Erstellen der anschließenden Leistungsbeschreibung. Mängel und Unterlassungen in diesem Planungsschritt müssen später meist mit erheblichen Mehraufwendungen bezahlt werden.

Die fachliche Beschreibung der Funktionen des geplanten Produkts bzw. Systems in Form des fachlichen Grobkonzepts nimmt den Hauptanteil des Pflichtenhefts ein. Entsprechend der Vorgehensweise bei der fachlichen Dekomposition wird das zu realisierende System bis auf die Komponentenebene weiter zerlegt und auf allen Detaillierungsebenen kurz beschrieben.

31

Weitere Inhalte sind die allgemeine Beschreibung der Daten, die Aufstellung aller vorgesehenen Ein- und Ausgaben, die Auflistung der zu berücksichtigenden Schnittstellen sowie die Festlegung von allgemeinen Systemangaben.

Ein Pflichtenheft z. B. für eine Verfahrensentwicklung im DV-Bereich umfaßt im wesentlichen folgende Komplexe:

Gesamtsystem
- Systemumgebung
- Systemdarstellung
- Systembeschreibung

Teilsysteme
- Teilsystemdarstellungen
- Kurzbeschreibungen der Teilsysteme
- Komponentenfestlegung
- Beschreibung der Ein-/Ausgabedaten
- Darstellung der Benutzeroberfläche
- geforderte Dialogauskünfte und Auswertungen
- verfahrensinterne Schnittstellen

Datendefinition
- Stammdaten
- Bewegungsdaten
- Verwaltungsdaten

Schnittstellen
- Schnittstellen zu vor-/nachgelagerten Verfahren
- Standard-Eingabeschnittstellen
- Standard-Ausgabeschnittstellen

Allgemeine Systemangaben
- Qualitätsanforderungen
- Auflagen/Restriktionen
- Mengengerüst
- Arbeitsabläufe, vorhandene/geplante Ablauforganisation
- sonstige Anforderungen

Leistungsbeschreibung

Die Leistungsbeschreibung legt technischen Aufbau und fachlichen Inhalt des Produkts/Systems verbindlich fest

Die Leistungsbeschreibung bildet die Gesamtheit der Produkt-/Systemdefinition und legt damit die fachliche und technische Basis des geplanten Produkts bzw. Systems vollständig fest.

In Abstimmung mit der Produktplanung bzw. dem künftigen Anwender legt die Leistungsbeschreibung fest,

- welche Teilsysteme und Komponenten das Produkt/System umfassen soll,
- welche Fachprozesse zu erfüllen sind,
- wie die Benutzeroberfläche zu gestalten ist,

- welche Ausgaben in welcher Form zu realisieren sind,
- wie die Datenbasis aussehen wird,
- welche Schnittstellen vorhanden sein werden,
- welche Realisierungsanforderungen gelten und
- welche allgemeinen Systemeigenschaften gefordert werden.

Die Leistungsbeschreibung muß eindeutig und widerspruchsfrei sein, da sie die Vereinbarungsgrundlage zwischen Auftraggeber und Auftragnehmer für die anschließende Realisierung ist; sie stellt die einzig verbindliche Aufgabenstellung des geplanten Produkts/Systems für beide Seiten dar. Auch muß die Leistungsbeschreibung in ihren Darstellungen und Beschreibungen vollständig und präzise sein, da nicht immer davon ausgegangen werden kann, daß das Planungsteam auch die anschließende Realisierung durchführen wird.

Die Leistungsbeschreibung ist somit die Basis

- für das Management   zur Realisierungsentscheidung,
- für die Qualitätssicherung   zur Vollständigkeitskontrolle,
- für die Planung   zur Durchführungsplanung und
- für die Realisierung   zum Erstellen des technischen Feinkonzepts.

Im allgemeinen umfaßt die Leistungsbeschreibung das fachliche Feinkonzept, welches eine Verfeinerung des fachlichen Grobkonzepts aus dem Pflichtenheft ist, das technische Grobkonzept und die allgemeinen Realisierungsanforderungen.

Da das fachliche Feinkonzept im wesentlichen eine Detaillierung des fachlichen Grobkonzepts darstellt, weist das fachliche Feinkonzept einen ähnlichen Dokumentationsaufbau auf, der allerdings sowohl bei den Funktionen als auch bei den Daten um weitere Beschreibungsebenen verfeinert wird. Auf allen Funktionsebenen, d.h. Teilsystemebene, Komponentenebene und Fachprozeßebene, sind die Funktionen kurz zu beschreiben; hierbei greift man auf die Beschreibungen für die Teilsysteme und Komponenten aus dem fachlichen Grobkonzept zurück.

Das technische Grobkonzept ist eigentlich schon der erste Schritt in die Realisierung; hier wird der Übergang von der fachlichen zur technischen Struktur, welche zwangsläufig nicht deckungsgleich sein müssen, vorgenommen (Bild 2.2).

Eine Leistungsbeschreibung z. B. für eine Verfahrensentwicklung im DV-Bereich enthält im wesentlichen folgende Komplexe:

Fachliches Feinkonzept

Fachliches Gesamtsystem
- Systemumgebung
- Systemdarstellung und -beschreibung

Beschreibung der Teilsysteme
- Teilsystemdarstellung

Hauptbestandteile der Leistungsbeschreibung sind fachliches Feinkonzept und technisches Grobkonzept

33

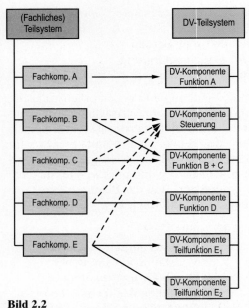

Bild 2.2
Übergang von der fachlichen zur technischen Struktur (Beispiel DV-System)

– Kurzbeschreibungen der Teilsysteme
– Verzeichnisse der zugehörigen Datenbereiche, Komponenten und
  Schnittstellen

Beschreibung der Komponenten
– Beschreibung
– zugehörige Datensätze
– Masken und Listen

Beschreibung der Masken
– Funktion, Aufgabe
– Feldbeschreibungen
– Ansprungsmöglichkeiten, Meldungen
– Maskendarstellung

Beschreibung der Auswertungslisten
– Aufgabenbeschreibung
– Listendarstellung

Schnittstellen
– Schnittstellen zu vor-/nachgelagerten Verfahren
– Standard-Ein- und -Ausgabeschnittstellen

Technisches Grobkonzept

Beschreibung des DV-Systems
– DV-Systemdarstellung
– Beschreibung des DV-Systems
– DV-Systemdatenfluß
– Zuordnung Fachprozeß zu DV-Teilsystemen bzw. -Komponenten

Beschreibung der DV-Teilsysteme
- DV-Teilsystem-Beschreibung
- Strukturbäume teilspezifischer und zentraler DV-Komponenten
- Abhängigkeiten zu anderen DV-Komponenten

Beschreibung der DV-Komponenten
- Funktionsbeschreibung
- Verarbeitungsschritte
- Anzahl Satzarten

Fremdsoftware
- Verzeichnis der Fremdsoftware
- Kurzbeschreibungen

Speicherkonzept
- Datenbankschema
- Verzeichnis der Daten
- Datenbeschreibungen

Datenkatalog
- Name der Datenelemente und Synonyme
- Kurzbeschreibungen
- Angaben zu Format, Länge, Default-Wert
- Wertebereiche

Allgemeine Realisierungsanforderungen

Regeln und Konventionen
- Dialogführung (Guideline)
- generelle Plausibilitätsprüfungen
- Aufbau der Masken, Listen und Meldungen
- Toolkonzept (Methoden, Werkzeuge)
- Sonstige Festlegungen

Qualitätsanforderungen
- Funktionserfüllung
- Benutzerfreundlichkeit
- Zuverlässigkeit
- Effizienz
- Wartungsfreundlichkeit
- Übertragbarkeit

Testkonzept
- Aufgabenstellung
- Testplanung, Testdaten, Testfälle
- Testberichte und Fehlermeldungen
- Testdurchführung und Prüflisten

Auflagen/Restriktionen
- Auflagen im Verfahrensumfeld
- DV-spezifische Auflagen
- Arbeitsabläufe
- Mengengerüst

Dokumentation
– Benutzerdokumentation
– Anwendungsdokumentation

Einführungs- und Versionenplanung
– Installations- und Wartungskonzept
– Schulungsplan
– Versionskonzept

Der thematische Aufbau einer Leistungsbeschreibung hängt stark von der Art der Entwicklung ab, da die Schwerpunkte bei der Produkt-/Systemdefinition von Hardware und Software sehr unterschiedlich sind.

2.1.3 Änderungsverfahren

Spätere
Änderungsanfor-
derungen treten
im Projektablauf
immer auf

Wegen der grundsätzlichen Bedeutung des Änderungsverfahrens für ein Projekt muß es stets zu Projektbeginn mit allen Beteiligten verabredet werden. Nachfolgend werden drei für wichtig erachtete Verfahren vorgestellt, die auf unterschiedlichen Vorgehensweisen im Änderungsprozeß beruhen (Bild 2.3).

Kontinuierlicher Änderungsprozeß

In einem kontinuierlichen Änderungsprozeß fließen die Änderungsanforderungen laufend in den Entwicklungsprozeß ein. Die Änderungen werden in die betroffenen Entwicklungsergebnisse schritthaltend mit dem Projektablauf eingearbeitet. Hiermit ist zwangsläufig eine Verlangsamung des Projektablaufs verbunden, die bereits frühzeitig zu berücksichtigen ist.

Der kontinuierliche Änderungsprozeß bildet das typische Änderungsverfahren, das für Fehlerkorrekturen im laufenden Entwicklungsprozeß – besonders in den Phasen Systemintegration und Systemtest – angewendet wird; auch in frühen Planungsphasen eines Projektes ist es nutzbar. Als allgemeines Verfahren für den gesamten Projektablauf sollte es nicht eingesetzt werden, da die Vollständigkeit aller Änderungsnotwendigkeiten mit wachsender Menge der Entwicklungsergebnisse und der Änderungsanforderungen kaum mehr zu beherrschen ist.

Eingeschobener Änderungsprozeß

Das Änderungsverfahren, das auf eingeschobenen Änderungsprozessen beruht, führt zu temporären Unterbrechungen des geplanten Entwicklungsablaufs. Während der Unterbrechungen werden die ausge-

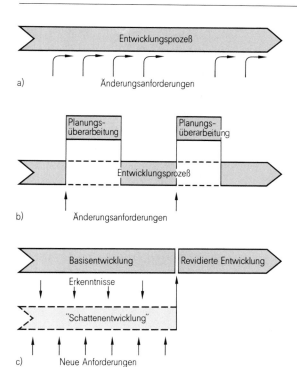

Bild 2.3
Vorgehensweisen bei Änderungsprozessen
a) Kontinuierlicher Änderungsprozeß
b) Eingeschobener Änderungsprozeß
c) Begleitender Änderungsprozeß

wählten Änderungsanforderungen vollständig in die bereits vorliegenden Entwicklungsergebnisse eingearbeitet. Erst, wenn wieder ein konsistenter Entwicklungsstand erreicht ist, wird das Projekt nach aktualisiertem Plan fortgesetzt.

Durch die Entwicklungsunterbrechung vermeidet man die Unsicherheit bezüglich der Aktualität von Entwicklungsergebnissen.

Das Verfahren mit eingeschobenen Änderungsprozessen ist ein übliches Standardverfahren. Es sichert vor allem die Ordnung in einem komplexen Entwicklungsvorhaben, verlängert aber u. U. die Projektdauer erheblich.

Begleitender Änderungsprozeß

Der begleitende Änderungsprozeß kennzeichnet eine außergewöhnliche Variante der Änderungsverfahren, die für hochinnovative und äußerst zeitkritische Projekte Anwendung findet, z. B. in der Luft- und Raumfahrttechnik. Der Grundgedanke dieses Änderungsverfahrens ist, die geplante Entwicklung von Störungen, die durch Ände-

37

rungsaktivitäten ausgelöst werden, freizuhalten und die entstehenden Änderungsanforderungen in einer parallelen „Schattenentwicklung" aufzunehmen. In getrennt geplanten Entwicklungsphasen werden die parallel gewonnenen Entwicklungsergebnisse in einer gemeinsamen Entwicklung zusammengeführt.

Der große Vorteil dieses Änderungsverfahrens liegt darin, daß die Basisentwicklung durch das Fernhalten von Störungen zielstrebig vorangetrieben werden kann; sie liefert somit frühzeitig weitreichende Erkenntnisse, die im weiteren Projektverlauf unbedingt benötigt werden. Die Schattenentwicklung bleibt weitgehend frei von Projektzwängen, die durch die Änderungsanforderungen im Normalfall entstehen würden; sie kann sich dadurch für technische Lösungen entscheiden, die das technisch beste Produkt erwarten lassen.

Ein Konfigurationsmanagement sichert den Änderungsprozeß

Ein Konfigurationsmanagement (Kap. 6.1.1) ist für die hier vorgestellten Änderungsverfahren unverzichtbar; es bietet Methoden, Werkzeuge und darauf aufbauende Verfahren, die das kontrollierte Behandeln von Änderungsanforderungen zum Ziel haben.

2.2 Wirtschaftlichkeitsbetrachtung

2.2.1 Methodenüberblick

Jedes Entwicklungsvorhaben dient einem meßbaren Gewinn oder Nutzen

Mit jedem Entwicklungsvorhaben will man erreichen, daß mit dem zu realisierenden Gerät, System oder Verfahren ein meßbarer Gewinn oder Nutzen erzielt wird, sei es durch einen Verkaufserlös oder durch einen entsprechenden Rationalisierungserfolg im internen Einsatz. Ein Entwicklungsvorhaben ist damit immer auch ein Investitionsvorhaben, welches unter dem Gesichtspunkt der Wirtschaftlichkeit zu sehen ist.

Bereits in der Definitionsphase eines Entwicklungsprojekts sollte daher eine umfassende Wirtschaftlichkeitsbetrachtung vorgenommen werden. Entsprechend den unterschiedlichen Zielrichtungen von Vorhaben (Grundlagenentwicklung, Produktentwicklung, Rationalisierungsvorhaben etc.) bieten sich hier mehrere Instrumentarien an.

Umsatzorientierte Methoden

Als Beispiele für monetär bewertende Wirtschaftlichkeitsbetrachtungen, die umsatzorientiert sind, sind die FuE-Projektdeckungsrechnung und die Wirtschaftliche Produktplanung zu nennen. Sie finden im wesentlichen bei Geräte- und Systementwicklungen Anwendung.

FuE-Projektdeckungsrechnung

Die *FuE-Projektdeckungsrechnung* ist eine auf die wesentlichen Komponenten einer Entwicklung reduzierte „Wirtschaftliche Produktplanung", die im zeitlichen Ablauf von Projekten durch zusätzliche Informationen und durch gewonnene Erfahrungen immer sicherer werdende Aussagen über die für eine Erfolgsbeurteilung wichtigen Daten gewinnt.

Im Rahmen der *Wirtschaftlichen Produktplanung* (WPP) soll der voraussichtliche wirtschaftliche Produkterfolg durch Errechnen des Produkt-Ergebnisses aufgezeigt werden (siehe Kap. 2.2.2).

Wirtschaftliche Produktplanung

Kostenorientierte Methoden

Monetär bewertende Wirtschaftlichkeitsbetrachtungen, die an den Kosten des einzelnen Entwicklungsvorhabens orientiert sind, werden vor allem bei Verfahrensentwicklungen für Rationalisierungsmaßnahmen bzw. bei allgemeinen Rationalisierungsinvestitionen eingesetzt.

Man unterscheidet hier zwischen *statischen* und *dynamischen* Rechenmethoden. Während die dynamischen Methoden (Geldflußrechnungen) die zeitlichen Unterschiede im Anfall der Ausgaben und Einnahmen berücksichtigen und eine Geldwertumrechnung auf den Gegenwartswert (Barwert) mit Hilfe der Zinseszinsrechnung vornehmen, geschieht dies bei den statischen nicht.

Bei der *Kostenvergleichsrechnung* werden die Kosten verschiedener Vorhaben miteinander verglichen. Es wird die Alternative gewählt, deren jährliche Kosten am niedrigsten sind. Die Kostenvergleichsrechnung hat zur Voraussetzung, daß die Erträge der verglichenen Vorhaben gleich hoch sind; nur in diesem Fall ist Kostenminimierung gleichbedeutend mit Gewinnmaximierung.

Statistische Rechenmethoden

Die *Amortisationsrechnung,* auch als Kapitalrückflußrechnung bezeichnet, ermittelt den Zeitraum, in welchem der Kapitaleinsatz über die Erlöse wieder zurückgeflossen ist. Ein Vorhaben ist nach dieser Methode wirtschaftlich, wenn die errechnete Amortisationszeit kleiner als die geforderte ist.

Die statische *Rentabilitätsrechnung* (Return-on-Investment-Methode) ermittelt die Rentabilität des investierten Kaptals aus dem Quotienten von durchschnittlichem Gewinn zu durchschnittlich gebundenem Kapital. Nach dieser Methode ist ein Vorhaben rentabel, wenn eine vorgegebene Mindestrentabilität erfüllt ist.

Bei der *Kapitalwertmethode* gilt als Beurteilungsmaßstab für die Wirtschaftlichkeit der Kapitalwert einer Investition, der sich als Differenz aller auf den Bezugszeitpunkt abgezinsten Ausgaben und Einnahmen ergibt. Eine Investition ist nach dieser Methode wirtschaftlich, wenn der Kapitalwert größer als Null ist.

Dynamische Rechenmethoden

Bei der *Annuitätenmethode* wird die Annuität als Wirtschaftlichkeitsmaßstab bestimmt; sie entspricht dem durchschnittlichen, auf den Bezugszeitpunkt abgezinsten Jahreseinnahmeüberschuß. Das Vorhaben ist dann wirtschaftlich, wenn der durchschnittliche Rückfluß pro Jahr größer als die Annuität des Kapitaleinsatzes ist.

Mit der *internen Zinsfußmethode* bzw. *Marginalrenditerechnung* wird die tatsächliche Verzinsung des eingesetzten Kapitals errechnet. Der interne Zinsfuß einer Investition entspricht demjenigen Grenzzinssatz (Marginalrendite), bei dem der Barwert der Ausgaben gleich dem Barwert der Einnahmen ist. Ein Vorhaben ist dann wirtschaftlich, wenn die Marginalrendite größer als die Mindestverzinsung ist. Kap. 2.2.3 geht auf diese Methode ausführlicher ein.

Ergebnisorientierte Methoden

Als eine sehr aktuelle Methode zur Wirtschaftlichkeitsbetrachtung einer Unternehmensaktivität ist die *Beurteilung des Geschäftswertbeitrags* zu nennen; sie wird angewandt zur Wirtschaftlichkeitsbetrachtung eines ganzen Unternehmensbereichs, eines vollständigen Geschäftsfeldes, eines einzelnen Projekts oder eines besonderen Investitionsvorhabens.

Der GWB ist eine Kenngröße für den Marktwertzuwachs eines Unternehmens

Heute legt ein interner oder externer Investor besonderes Augenmerk auf den *Marktwertzuwachs* eines Vorhabens, der *über* dem des Geschäftsvermögens liegen muß. Dieser Marktwertzuwachs eignet sich allerdings nicht unmittelbar als interne Steuerungsgröße, da sich dieser nur für börsennotierte Unternehmen ermitteln läßt, nicht aber für deren Einheiten, z. B. Bereiche und Geschäftsgebiete. Auch fehlt der unmittelbare Bezug zu den jeweiligen Management-Entscheidungen bzw. den operativen Steuergrößen des Geschäfts. Es wird daher als ergebnisorientierte Steuerungsgröße der Geschäftswertbeitrag (GWB) herangezogen, da die Summe der Barwerte der erwarteten künftigen Geschäftswertbeiträge dem Marktzuwachs des Unternehmens entspricht.

Der Geschäftswertbeitrag entspricht dem über dem Wert der Kapitalkosten liegenden Geschäftsergebnis; er zeigt den Periodenerfolg einer Einheit, eines Projekts oder einer Investition und ist wie folgt definiert:

GWB = Geschäftsergebnis − Kapitalkosten

mit Geschäftsergebnis = Umsatz − Kosten

Kapitalkosten = Kapitalkostensatz · Geschäftsvermögen

Die Kapitalkosten entsprechen den Forderungen der Eigen- und Fremdkapitalgeber. Ein positiver Geschäftswertbeitrag wird also erst erreicht, wenn auch deren Renditeanforderungen erfüllt sind. Ziel eines Unternehmens muß es daher sein, die Summe aller Geschäftswertbeiträge kontinuierlich zu steigern.

Die Betrachtung des Geschäftswertbeitrages eines geplanten Investitionsvorhabens wird ähnlich einer Marginalrenditerechnung (siehe Kap. 2.2.3) vorgenommen: Zwei Alternativen (Variante mit und Variante ohne Investition) werden für einen bestimmten Zeitraum

40

(z. B. 5 Jahre) in den vorgenannten Größen (Umsatz, Kosten, Kapitalkostensatz, Geschäftsvermögen) gegenübergestellt und in ihrem jeweiligen Geschäftswertbeitrag beurteilt. Die Alternative mit dem größten Geschäftswertbeitrag erhält den Zuschlag.

Nutzenorientierte Methoden

Während die Methoden mit monetärer Bewertung sowohl für Einzel- als auch Vergleichsbetrachtungen geeignet sind, ist die Methode der Nutzwertanalyse nur sinnvoll einsetzbar, wenn mindestens eine Vorhabensalternative existiert. Sie wird herangezogen, wenn keine quantifizierbaren Merkmale vorliegen, die als Voraussetzung für eine monetäre Bewertung notwendig wären; stattdessen betrachtet man Bewertungskriterien, die eine rein qualitative Aussage enthalten. Auf Basis einer Gewichtung dieser Kriterien wird mit Hilfe der Multifaktorenrechnung eine Rangfolge der betrachteten Alternativen ermittelt.

Die Nutzwertanalyse bietet den großen Vorteil, neben wirtschaftlichen auch fachliche, ergonomische und soziale Aspekte einbeziehen zu können.

In Kap. 2.2.4 wird auf die Nutzwertanalyse kurz eingegangen.

2.2.2 Wirtschaftliche Produktplanung

Die entscheidende Wirtschaftlichkeitsaussage wird bei der Wirtschaftlichen Produktplanung durch das Bestimmen der *Umsatzrendite,* die sich auf das gesamte Produktleben bezieht, gemacht.

Im Wirtschaftlichen Produktplan (siehe Prinzipdarstellung in Bild 2.4) werden die mit dem Produkt zu erzielenden Leistungen und Gesamtkosten – nach Jahresscheiben unterteilt – für die Produktlebensdauer festgestellt. Hierbei ergibt sich der Umsatz aus der Multiplikation der geplanten Stückzahl des Produkts mit dem Kundenpreis (Listenpreis minus Rabatt). Die erwarteten Kosten setzen sich aus

- Entwicklungskosten,
- Herstellkosten,
- Vertriebskosten,
- Wagniskosten,
- allgemeine Verwaltungskosten und
- Sondereinzelkosten

zusammen und entsprechen damit den Selbstkosten der gesamten Produktmenge. Die den wirtschaftlichen Erfolg des Produkts kennzeichnende Umsatzrendite bildet sich aus den Quotienten Ergebnis zu Umsatz, wobei das Ergebnis sich aus dem Umsatz plus etwaiger Lizenzeinnahmen, vermindert um die Selbstkosten, errechnet.

Produkt			Nr.						

Nr.	Geschäftsjahr		aufgelaufen bis 91/92	Vorjahr 91/92	92/93	93/94	94/95	95/96	96/97
1	Absatz-Stückzahl	In-/Ausland							
2		Gesamt							
3	Rabatt [%]	In-/Ausland							
4		Gesamt							
5	Listenpreis								
6	Preisindex								
7	Umsatz [2 × (5 – 4)]								
8	Lizenzeinnahmen und sonst. Erlöse								
9	Herstellkosten								
10	Entwicklungskosten								
11	Wagniskosten								
12	Allgemeine Verwaltungskosten								
13	Vertriebskosten								
14	Sondereinzelkosten								
15	Selbstkosten [Σ 9 bis 14]								
16	Ergebnis [7 + 8 – 15]								
17	Ergebnis aufgelaufen								
18	Produktspez. gebundenes Kapital								

Kennzahlen

19	Umsatzrendite [16:7]							
20	Teilkapitalrendite [16:18]							

Bild 2.4 Wirtschaftlicher Produktplan

Wirtschaftlicher Produktplan als Business Plan

Zusätzlich ist als Kennzahl auch die Teilkapitalrendite interessant, die sich aus Produktergebnis und produktspezifisch gebundenem Kapital errechnen läßt.

Ein Wirtschaftlicher Produktplan stellt einen Business Plan dar und wird bevorzugt dann verwendet, wenn man den mit einem einzelnen Produkt verbundenen Finanzmittelbedarf nicht tätigkeitsspezifisch genug ermitteln kann.

2.2.3 Marginalrenditerechnung

Bei dieser Methode stellt man die gesamten Kosten für die Entwicklung sowie für den späteren Einsatz eines „geplanten Verfahrens" den gesamten Kosten eines „Vergleichsverfahrens" gegenüber. Hierbei kann das Vergleichsverfahren das bestehende Altverfahren oder ein alternativ zu entwickelndes Verfahren sein. Als Verfahren sind in diesem Zusammenhang nicht nur reine DV-Verfahren, sondern auch organisatorische Lösungen (bzw. beide kombiniert) zu verstehen.

Mit der Berechnung der Marginalrendite wird festgestellt, zu welchem Zinssatz sich das für das geplante Verfahren (bzw. Rationalisierungsvorhaben) investierte Geld durch den entstehenden Ratioeffekt amortisiert. Man stellt also den Finanzmittelbedarf, d. h. das eingesetzte Investment, den Finanzmittelrückflüssen gegenüber; hierbei müssen die Rückflüsse, die ja erst in der Zukunft anfallen werden, mit einem bestimmten Zinssatz, eben der Marginalrendite, auf die Gegenwart abgezinst werden.

Finanzmittelbedarf und Finanzmittelrückfluß

Bei einer Marginalrendite-Berechnung werden alle „bisherigen Kosten", welche im wesentlichen dem für ein geplantes Vorhaben investierten Finanzmittelbedarf entsprechen, den „zukünftigen Rückflüssen" zu einem bestimmten Betrachtungszeitpunkt (Jahr 0, lfd. GJ) gegenübergestellt. Die künftigen Rückflüsse umfassen den zu erwartenden Finanzmittelrückfluß, der sich wiederum aus den Mehr- und Minderkosten gegenüber einem Vergleichszustand (bisheriges Verfahren oder Alternativlösung) zusammensetzt, sowie einen eventuell entstehenden Finanzmittelbedarf, der für Weiterentwicklung des Vorhabens noch erforderlich sein wird.

Gegenüberstellung von Finanzmittelbedarf und Finanzmittelrückfluß

Zu den *bisherigen* Kosten gehören Kosten für Planungsaktivitäten, Realisierungsarbeiten, Ausbildungsmaßnahmen, Einführungsmaßnahmen, Test-Rechenzeiten und Sachanlageninvestitionen.

Finanzmittelbedarf

Zu den *künftigen* Rückflüssen gehören die durch das geplante Verfahren zu erwartenden *Minderkosten* durch Personaleinsparungen (aufgrund Produktivitätssteigerung), Materialeinsparungen (wie Papiereinsparung durch Grafikeinsatz), RZ-Einsparungen (wegen PC-Einsatz) und sonstige Kosteneinsparungen (aufgrund kürzerer Durchlaufzeiten).

Diese Rückflüsse vermindern sich durch einen zusätzlichen Finanzmittelbedarf oder durch verfahrensbedingte *Mehrkosten* wie weitere Entwicklungskosten, zusätzliche Sachanlageninvestitionen, Produktiv-Rechenzeiten, Schulungsmaßnahmen und Verfahrenspflege.

Finanzmittelrückfluß

Als reine Geldflußrechnung berücksichtigt die Marginalrenditerechnung nur unmittelbare Ausgaben und Einnahmen für das geplante Vorhaben; es sind also nur *ausgabewirksame*, keine „Sowieso"-Kosten in die Rechnung einzubeziehen, ebenfalls werden alle *kalkulatorischen* Kosten wie Abschreibung oder kalkulatorische Zinsen außer acht gelassen.

Betrachtungszeitpunkt einer Marginalrendite

Die Berechnung einer Marginalrendite kann zu unterschiedlichen Zeitpunkten eines Vorhabens angebracht sein:

▷ Vor Beginn eines Vorhabens,
▷ während eines Vorhabens und
▷ nach Abschluß eines Vorhabens.

Entsprechend diesen drei Fällen unterscheiden sich auch die Vorgehensweisen bei der zinslichen Bewertung der einzelnen Finanzmittelpositionen.

Eine Marginalrenditerechnung nach Abschluß eines Vorhabens ist allein für die nachträgliche Wirtschaftlichkeitsanalyse (siehe Kap. 5.2.3) interessant. In diesem Fall sollte man es so sehen, als würde man am Anfang des Vorhabens stehen, d. h. das Jahr 0 wird in die Vergangenheit an den Vorhabensanfang gelegt. Alle eingetretenen Finanzmittel werden mit der zu errechnenden Marginalrendite auf dieses Jahr abgezinst.

Bildung der Marginalrendite

Damit nun bisherige und künftige Geldbeträge miteinander verglichen werden können, muß man sie durch eine entsprechende Aufzinsung bzw. Abzinsung auf denselben Betrachtungszeitpunkt (Jahr 0) umrechnen. Hierbei werden bisherige Kosten, die zeitlich weiter zurückliegen und in die Marginalrenditerechnung eingehen sollen, meist mit einem banküblichen Zinssatz aufgezinst. Die zukünftigen Rückflüsse sind demgegenüber mit einem noch unbekannten Zinssatz abzuzinsen. Der Zinssatz wird dabei so gewählt, daß die abgezinsten zukünftigen Rückflüsse den bisherigen Kosten entsprechen; dieser Zinssatz wird als *Marginalrendite* bezeichnet (Bild 2.5).

Allgemein kann damit die Marginalrendite wie folgt definiert werden:

Die Marginalrendite ist der Zinssatz, mit dem die Abzinsung des zukünftigen Finanzmittelrückflusses (eventuell vermindert um einen noch aufzuwendenden Finanzmittelbedarf) einen Wert gleich dem bisherigen Finanzmittelbedarf ergibt.

Die Marginalrendite sollte größer als 30 % sein

Die Marginalrendite sollte hierbei erheblich höher sein als ein banküblicher Zinssatz, damit sich ein geplantes Vorhaben auch wirklich „lohnt". Ein banküblicher Zinssatz ist nämlich ein sehr sicherer Wert; der durch die Marginalrenditerechnung bestimmte Zinssatz enthält dagegen erhebliche Unsicherheiten und Risiken in den Annahmen für das geplante Vorhaben. Eine geringe Verschätzung kann z. B. eine kleine Marginalrendite leicht unter den Wert eines banküblichen

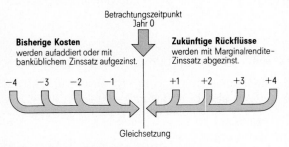

Bild 2.5 Bildung der Marginalrendite

44

Zinssatzes drücken – das neue Vorhaben würde sich dann als reines „Verlustgeschäft" erweisen, welches nicht wieder rückgängig gemacht werden kann.

Die Marginalrendite sollte daher möglichst einen Mindestwert von 30% annehmen, um einen ausreichenden Sicherheitsabstand zu gewährleisten. Nur in besonderen Fällen, in denen das Vorhaben von grundsätzlicher Bedeutung für das Unternehmen ist oder aufgrund einer Nutzwertanalyse (siehe Kap. 2.2.4) ein entscheidender, nicht quantifizierbarer Nutzen nachgewiesen wurde, kann dieser Wert unterschritten werden.

In Bild 2.6 ist der wertverändernde Effekt der Abzinsung an einem Beispiel grafisch dargestellt. So entspricht z. B. der im fünften Jahr anfallende Wert von 590 TDM bei einer Marginalrendite von 46% etwa einem abgezinsten Barwert von 90 TDM.

In [9] ist die Durchrechnung eines ausführlichen Beispiels näher erläutert.

2.2.4 Nutzwertanalyse

Die Nutzwertanalyse – auch als Punktwertverfahren bezeichnet – stellt ebenfalls eine Methode zur Wirtschaftlichkeitsbetrachtung von Entwicklungs- und Investitionsvorhaben dar, aber mehr unter dem Aspekt der funktionalen Nützlichkeit als allein unter monetären Gesichtspunkten. Man setzt sie besonders dann ein, wenn in Geldeinheiten meßbare Kriterien für die Wirtschaftlichkeitsbeurteilung fehlen

Die Nutzwertanalyse betrachtet die nicht quantifizierbaren Wirtschaftlichkeitsfaktoren

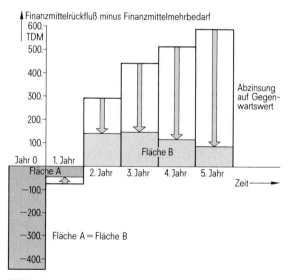

Bild 2.6 Abzinsung des Finanzmittelrückflusses (Beispiel)

45

oder nur sehr schwer formulierbar sind. Bewertungskriterien für eine qualitative Projektbewertung sind z. B.:

- Ergonomie der Benutzeroberfläche,
- Pflege- und Wartungsfreundlichkeit,
- Zukunftssicherheit, Marktaussichten,
- Beschleunigung des Informationsflusses,
- ablauforganisatorische Transparenz,
- Flexibilität in der Funktionsanpassung,
- Beschleunigung von Durchlaufzeiten,
- Umweltfreundlichkeit.

Im Rahmen einer Nutzwertanalyse stellt man meist mehrere Vorhabenalternativen gegenüber; hierbei kann eine auch den bestehenden Zustand darstellen. Nach Aufstellen der in die Betrachtung einzubeziehenden Bewertungskriterien werden diesen entsprechende Gewichtungsfaktoren zugeordnet, mit denen man für die einzelnen Alternativen „Zielerreichungsfaktoren" ermitteln kann (Multifaktorenmethode). In einem abschließenden Analysevorgang wird dann eine Rangfolge der Alternativen aufgestellt. Eine Nutzwertanalyse läuft in folgenden Schritten ab:

▷ Vorhabenalternativen festlegen,
▷ Bewertungskriterien definieren,
▷ Gewichtungsfaktoren bestimmen,
▷ Zielerreichungsfaktoren ermitteln,
▷ Nutzwerte der einzelnen Bewertungskriterien (Teilnutzwerte) festlegen,
▷ Gesamtnutzwerte der Alternativen errechnen,
▷ Rangfolge der Alternativen aufstellen.

Der REFA-Verband hat für diese einzelnen Vorgehensschritte drei Formulare vorgeschlagen [49].

Wirtschaftlichkeitskoeffizient

Grundsätzlich kann man die Multifaktorenmethode zum Bestimmen des Nutzwerts auch als „qualitative" Ergänzung zu einer Marginalrenditerechnung oder Projektdeckungsrechnung sehen, die ja häufig der Vorwurf der einseitigen Ausrichtung auf rein ökonomische Beurteilungskriterien trifft. Daher wurde z. B. das Formular in Bild 2.7 als Zusatz zu einer normalen Marginalrenditerechnung verwendet; hier sind die nichtquantifizierbaren Bewertungskriterien für die Wirtschaftlichkeitsbetrachtung von DV-Verfahren bereits explizit ausgeführt. Durch Bewerten und Gewichten dieser Kriterien wird ein „Wirtschaftlichkeitskoeffizient" für das Vorhaben errechnet.

Für die in Bild 2.7 vorgegebenen nichtquantifizierbaren Merkmale werden Gewichtungsfaktoren (Spalte B) in einer Punktbreite von 1 bis 3 für geringfügige bis große Bedeutung sowie Zielerreichungsfaktoren (Spalte A) in einer Punktbreite von −3 bis +3 für erhebliche

Nicht-quantifizierbare Kriterien

Wirtschaftlichkeitsprüfung
des DV-Verfahrens
BEDI (Bedarfermittlung und Disposition)

Formular-Nr. 11/3
UB / Z Abt:
GB / H Abt:
Antrags-Nr.:
Datum: *13. 4. 88*

	Beschreibung	A	B	C
0	Bewertung des geplanten Verfahrens im Vergleich zum derzeitigen Verfahren/ Vergleichsverfahren im Hinblick auf die Erfüllung der genannten Kriterien anhand folgender Punkteskala: ± 3 = erhebliche ± 2 = deutliche } Veränderung (Verbesserung, Verschlechterung) ± 1 = geringfügige 0 = keine Veränderung	Punkte	Gewichtungs-faktoren	Punkte × Gewichtungsfaktoren

Nicht-quantifizierbare Kriterien

		A	B	C
1	Schnelligkeit der Informationsauslieferung (rasches Zurverfügungstellen)	3	3	9
2	Aktualität der gewonnenen Informationen	3	3	9
3	Rechtzeitiges Zurverfügungstellen der Informationen	2	2	4
4	Zusätzliche Informationen (z. B. durch statistische Auswertungsmöglichkeiten, Erweiterung des Berichtswesens)	2	3	6
5	Genauigkeit der Informationen (z. B. Rechengenauigkeit)	1	1	1
6	Relevanz (Qualität) der Informationen (Aussagekraft und Übersichtlichkeit der Informationen, Auswahl und Aufbereitung der Informationen)	0	1	0
7	Sicherheit (Ablaufsicherheit, Fehlerwahrscheinlichkeit, Datenfehleranfälligkeit)	3	2	6
8	Möglichkeit von Terminverkürzungen im Anwenderbereich	2	2	4
9	Anwenderfreundlichkeit (z. B. Vereinfachung durch Datenabbau)	1	1	1
10	Bedienungs- und Pflegefreundlichkeit	2	1	2
11	Flexibilität (z. B. Änderungsfreundlichkeit gegenüber Veränderung von Organisation, Datenvolumen, Datenstruktur; Sonderfälle)	1	2	2
12	Kontroll-, Abstimm- und Überwachungsmöglichkeiten	2	3	6
13	Korrekturmöglichkeiten und -aufwand	0	2	0
14	Transparenz des Verfahrensablaufs (Übersichtlichkeit)	2	1	2
15	Transparenz und Straffheit der Organisation	0	1	0
16	Kapazitätsreserven (Auffangbereitschaft bei Arbeitsspitzen oder Beschäftigungszunahme)	2	3	6
17	Abhängigkeit von Fachpersonal	−1	2	−2
18	Umstellungsrisiko (langfristige Bindung an das Verfahren, Starrheit der Organisation)	−1	1	−1
19				
20				
21	Summen		34	55

Koeffizient für nicht-quantifizierbare Faktoren (Wirtschaftlichkeitskoeffizient)

22	Koeffizient der nicht-quantifizierbaren Vor- und Nachteile des geplanten DV-Verfahrens (Pos. 21, Summe C : Summe B)	*1,6*
23	Verbale Bedeutung des Koeffizienten gemäß Punkteskala (Pos. 0; ggf. Interpolation) *geringfügige bis deutliche Verbesserung gegenüber dem derzeitigen Verfahren*	

Best.-Nr. ZBO 32/11/3/71

Bild 2.7 Nutzwertanalyse bei DV-Verfahren (mit Zahlenbeispiel)

Verschlechterung bis erhebliche Verbesserung vergeben. Der Quotient des Gesamtnutzwerts (Zeile 21, Spalte C) zur Summe der Gewichtungsfaktoren (Zeile 21, Spalte B) ergibt dann den Wirtschaftlich-

keitskoeffizienten; er nimmt denselben Wertebereich wie die Zielerreichungsfaktoren ein:

+3 Erhebliche Verbesserung,
+2 deutliche Verbesserung,
+1 geringfügige Verbesserung,
 0 keine Veränderung,
−1 geringfügige Verschlechterung,
−2 deutliche Verschlechterung,
−3 erhebliche Verschlechterung.

Auch hier sollten mehrere Personen die Bewertung und Gewichtung
durchführen, wobei besonders bei der Bewertung möglichst „unpar-
teiische", d. h. projektneutrale Personen mitwirken sollten.

2.3 Projektorganisation

Ein Projekt bedingt neue Formen der Organisation

Wegen der Kriterien eines Projekts − zeitliche Begrenzung, einmali-
ger Inhalt, interdisziplinäre Durchführung, schnelle Ressourcen-Bil-
dung − sind neue Formen der Organisation notwendig. Erreicht wird
dies durch das Bilden von *Projektorganisationen.*

Unter Projektorganisation versteht man nach DIN 69 901 [41]:

> Gesamtheit der Organisationseinheiten und der aufbau- und
> ablauforganisatorischen Regelungen zur Abwicklung eines be-
> stimmten Projekts.

Alle Projektbeteiligten und damit alle involvierten Stellen müssen in
einem (temporären) Organisationsplan ·eingebunden sein. Hierbei
sollte die Struktur der Projektorganisation auf die Besonderheiten
des jeweiligen Projekts abgestimmt sein; meist müssen auch gewisse
Gegebenheiten aus der bestehenden Linienorganisation berücksichtigt werden, um das Konfliktpotential zwischen Linie und Projekt so
niedrig wie möglich zu halten.

Darüber hinaus müssen zum Festlegen der Entscheidungs- und Kom-
munikationswege Projektgremien installiert werden; hier gibt es
ebenfalls eine große Anzahl unterschiedlicher Möglichkeiten − vom
reinen Informationsgremium bis hin zum unmittelbar auf das Projekt
einwirkenden Steuerungs- oder Entscheidungsgremium.

Außerdem muß die Stellung des Projektleiters (und eventueller Teilprojektleiter) klar und unmißverständlich definiert sein, so daß Kompetenz und Weisungsbefugnis eindeutig geregelt sind. Ziel muß insgesamt sein, eine „Personifizierung" der Verantwortungen auf allen
Ebenen des Projekts zu erreichen.

2.3.1 Organisationsstrukturen

Linienorganisationen

Die statische Aufbauorganisation eines Industrieunternehmens wird herkömmlicherweise als Linienorganisation (LO) bezeichnet; sie ist gemeinhin entweder divisional oder funktional ausgerichtet. Hierbei ist die Einbindung der Entwicklungsbereiche, die für sich wiederum produkt- oder aufgabenorientiert organisiert sind, auf zwei Arten möglich:

> Linienorganisation ist die statische Organisation eines Unternehmens

▷ Betriebe-Organisation
▷ Werke-Organisation.

Wird der Entwicklungsbereich mit dem Vertrieb zu einem eigenen Geschäftsbereich zusammengefaßt und steht er damit der Fertigung als getrennter Partner gegenüber, so spricht man von einer *Betriebe-Organisation*. Hier ist das Unternehmen divisional in Geschäftsbereiche unterteilt mit gemeinsamen oder separaten Fertigungsstätten. Die kaufmännischen Leitungen sind − disziplinarisch unabhängig − den Geschäftsbereichen zugeordnet. Werden dagegen die produktnahen Entwicklungen den Fertigungen unmittelbar zugeordnet und bleibt gemeinsam nur noch eine zentrale systemtechnische Entwicklung, so spricht man von einer *Werke-Organisation*.

Bei der Betriebe-Organisation stellt der Vertrieb zusammen mit der Entwicklung ein *Ertragszentrum* dar (welches damit auch rote Zahlen machen kann) und der Betrieb, der nur die reine Fertigung enthält, fungiert als *Kostenzentrum* (welches weder schwarze noch rote Zahlen machen kann). Im Rahmen der Werke-Organisation existiert dagegen das Wechselspiel zwischen zwei Ertragszentren, auf der einen Seite der Vertrieb und auf der anderen Seite das Werk. Hier kann jeder Unternehmensteil für sich einen Gewinn oder einen Verlust erwirtschaften.

Bei einer Betriebe-Organisation ist die Entwicklung über den Vertrieb näher am Markt und damit auch den hier auftretenden Kundenwünschen und -anforderungen. Sie ist aber von der Fertigung viel weiter entfernt als bei einer Werke-Organisation; dies führt häufig zu Problemen beim Serienreifmachen der entwickelten Prototypen. Demgegenüber ist bei einer Werke-Organisation eine fertigungsgerechtere Entwicklung möglich. Die Gewichtung der Vor- und Nachteile dieser beiden Formen einer Linienorganisation hängt vor allem von den jeweiligen Produktfeldern des Unternehmens ab.

Zum optimalen Arbeiten in einer Linienorganisation gehört eine flache Struktur, d. h. nicht zu viele Hierarchieebenen, aber auch nicht zu viele Mitarbeiter je Vorgesetzter (Lean Management). Die Größe einer organisatorischen Einheit muß so gewählt werden, daß einerseits der Führungsaufwand gerechtfertigt ist (also nicht zu klein) und andererseits die Kontrollspanne ausreichend wahrgenommen werden kann (also nicht zu groß).

Projektorganisationen

Projektorganisation ist die temporäre Organisation eines Projekts

Sollen im Rahmen eines zeitlich begrenzten Entwicklungsvorhabens Fachkräfte aus mehreren Dienststellen und Abteilungen vorübergehend zusammengefaßt werden (weil das entsprechende Entwicklungsvorhaben nicht innerhalb einer Organisationseinheit abgewickelt werden kann), so haben sich herkömmliche Linienorganisationen häufig als zu starr und unbeweglich gezeigt. Daher sind für das Management von Entwicklungen, die als „Projekt" durchgeführt werden sollen, eigene Formen von Projektorganisationen (PO) entstanden, deren Lebensdauer derjenigen des jeweils durchzuführenden Projekts entspricht. Als Projektorganisation bezeichnet man die projektspezifische, hierarchische Anordnung von Mitarbeitern, die für die Dauer des Projekts der Weisungsbefugnis des Projektleiters unterstellt sind. Projektorganisationen sollen aber die bestehenden Linienorganisationen nicht ersetzen, sondern nur ergänzen.

Entsprechend dem Grad der Bereichsüberschreitung der einzubindenden Projektmitarbeiter sowie der Bedeutung des Projekts und der Projektgröße können fünf Formen von Projektorganisationen unterschieden werden:

▷ Reine Projektorganisation
▷ Einfluß-Projektorganisation
▷ Matrix-Projektorganisation
▷ Auftrags-Projektorganisation
▷ Projektmanagement in der Linie.

Reine Projektorganisation

Bei der reinen Projektorganisation trägt der Projektleiter die Gesamtverantwortung und hat volle Weisungsbefugnis

In dieser Organisationsform (Bild 2.8) sind alle an der Durchführung des Projekts beteiligten Mitarbeiter unter einem Projektleiter, der Linienautorität hat, zusammengefaßt. Sie wird teilweise auch als „Task-Force-Gruppe" oder als *autonome* Projektorganisation bezeichnet.

Der Projektleiter hat in einer reinen Projektorganisation die gesamte Weisungs- und Entscheidungsbefugnis und trägt damit die alleinige Verantwortung für das Projekt. Nur beim Beschaffen des Personals und bei dessen Rückgliedern am Projektende ist er auf die Führung der Linienorganisation angewiesen.

Einfluß-Projektorganisation

Bei der Einfluß-Projektorganisation ist der Projektleiter nur Projektkoordinator

Im Gegensatz zur reinen Projektorganisation gibt es bei einer Einfluß-Projektorganisation (Bild 2.9) keinen echten Projektleiter, sondern einen *Projektkoordinator,* der kaum Kompetenzen hat und nur koordinierend und lenkend wirken kann; er ist ausschließlich Verfolger

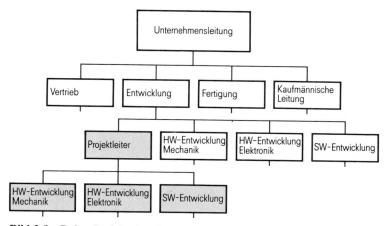

Bild 2.8 Reine Projektorganisation

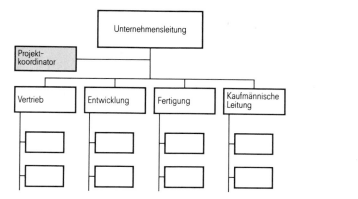

Bild 2.9 Einfluß-Projektorganisation

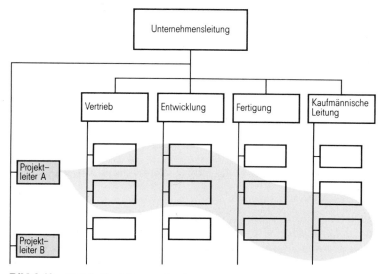

Bild 2.10 Matrix-Projektorganisation

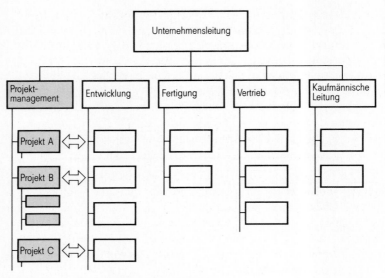

Bild 2.11   Auftrags-Projektorganisation

des Projektgeschehens und Informant für die Lineninstanzen. Die Entscheidungen werden allein in der Linie getroffen, so daß dieser Projektkoordinator für den Erfolg oder Mißerfolg des Projekts nicht verantwortlich gemacht werden kann; er kann allerdings großen Einfluß ausüben, wenn seine Autorität von der obersten Führung der Linienorganisation entsprechend getragen wird.

Matrix-Projektorganisation

Bei der Matrix-Projektorganisation hat der Projektleiter die Projektverantwortung, aber nicht volle Weisungsbefugnis

In dieser Organisationsform (Bild 2.10) trägt der Projektleiter wohl die gesamte Verantwortung für das Projekt, hat aber nicht die volle Weisungsbefugnis für die am Projekt beteiligten Mitarbeiter. Die Matrix-Projektorganisation hat eine zweidimensionale Weisungsstruktur und nimmt bezüglich der Kompetenzabgrenzung zwischen Projekt und Linie eine Mittelstellung ein. Die Projektmitarbeiter stammen aus unterschiedlichen Organisationseinheiten und sind temporär zu einer Projektgruppe zusammengefaßt; sie unterliegen aber nur der fachlichen Weisungsbefugnis des Projektleiters, die disziplinarische bleibt weiterhin beim Vorgesetzten in der Linienorganisation. Der Mitarbeiter dient quasi zwei Vorgesetzten: der eine sagt, wo es *langgeht,* und der andere *bestimmt das Gehalt.* Und dies ist bereits der entscheidende Nachteil einer Matrix-Projektorganisation.

Auftrags-Projektorganisation

Auch diese Organisationsform (Bild 2.11) ist matrixorientiert; es gibt aber bei ihr keine Doppelunterstellung der Projektmitarbeiter. Projektleiter und Projektstammmannschaft sind hier nicht in der Linienorganisation eingebettet, sondern bilden eine eigene Organisationseinheit *Projektmanagement.*

Der Projektleiter ist nicht nur zuständig und verantwortlich für die Projektplanung, -kontrolle und -steuerung, sondern auch für die fachtechnische Durchführung des Projekts, d. h. die ihm unterstellte Projektgruppe erarbeitet entsprechend den z. B. vom Vertrieb definierten Vorgaben die Spezifikation der Einzelprodukte bzw. der Systemkomponenten in eigener Sachkompetenz und vergibt diese als Unteraufträge an die entsprechenden Entwicklungsstellen der Linienorganisation oder auch an unternehmensexterne Stellen. Häufig übernimmt die Projektgruppe in den Abschlußphasen wie Systemintegration und -test auch eigene systemtechnische Aufgaben.

Bei der Auftrags-Projektorganisation hat der Projektleiter die Projektverantwortung und fungiert als Auftraggeber

Das Projektmanagement hat hier also die organisatorische *und* fachliche Gesamtverantwortung für das Projekt; es ist sowohl Auftraggeber für Entwicklung und Fertigung als auch Auftragnehmer des Vertriebs. Zwischen dem Projektmanagement und den durchführenden Stellen in der Linienorganisation bestehen damit klare Zuständigkeiten im Rahmen eines Auftraggeber-Auftragnehmer-Verhältnisses; deshalb auch die Bezeichnung Auftrags-Projektorganisation.

Projektmanagement in der Linie

Das Durchführen einer Entwicklungsaufgabe in Form eines Projekts erfordert nicht grundsätzlich das Einrichten einer (neuen) eigenen Projektorganisation. Die üblichen Aufgaben in den Entwicklungsstellen einer Linienorganisation können natürlich auch als Projekt mit expliziter Nennung eines Projektleiters sowie Fixierung eines Termins und eines Kostenvolumens durchgeführt werden. Der Projektleiter ist dann meist der zuständige Gruppenführer, Laborleiter, Dienststellenleiter oder Abteilungsleiter. Es sind dabei sicherlich auch gruppenintern temporäre Umordnungen der Mitarbeiter notwendig, die aber nicht den Charakter einer Versetzung oder einer Änderung der generellen Weisungsbindung an den Linienvorgesetzten zur Folge haben.

Beim PM in der Linie trägt der Projektleiter die Gesamtverantwortung und hat volle Weisungsbefugnis

Unternehmensüberschreitende Projektorganisationen

Bei *inter-industriellen* Projekten ist eine gute Zusammenarbeit der beteiligten Firmen unerläßlich. Diese kann aber nicht mehr allein durch die Benennung eines einzigen Projektleiters gewährleistet werden. Hier sind im Rahmen einer unternehmensüberschreitenden Projektorganisation klare Vertragsbeziehungen zwischen den einzelnen, rechtlich und wirtschaftlich unabhängigen Projektpartnern notwendig.

Für derartige unternehmensüberschreitende Projektorganisationen haben sich folgende Formen bewährt:

▷ Einzelauftragsorganisation
▷ Konsortialorganisation
▷ Generalunternehmerorganisation.

Bei einer *Einzelauftragsorganisation* behält der Auftraggeber die Verantwortung für das Gesamtvorhaben und vergibt für klar umgrenzte

Teilvorhaben entsprechende Aufträge an die einzelnen Unternehmen. Die Gesamtverantwortung für das Projekt verbleibt damit beim Auftraggeber. Diese Organisationsform ist nur möglich, wenn der Auftraggeber einerseits über das notwendige Fachwissen verfügt und andererseits die Integration der einzelnen Komponenten keine besonderen Probleme aufwirft.

Bei einer *Konsortialorganisation* bilden die beteiligten Unternehmen ein Konsortium, welchem die Gesamtverantwortung für das Vorhaben übertragen wird. Projektverantwortung, Arbeitsteilung und Haftung werden in einem Konsortialvertrag festgelegt. Die einzelnen Unternehmen sind häufig mit abgeordneten Personen in diesem temporären „Projektunternehmen" vertreten, wobei im allgemeinen ein Mitglied den Konsortialführer stellt. Für den Auftraggeber fungiert das Konsortium als selbständiger Auftragnehmer, mit dem alle entsprechenden Entwicklungsverträge geschlossen werden.

Die *Generalunternehmerorganisation* ist mit der Auftrags-Projektorganisation auf unternehmensüberschreitender Ebene vergleichbar. Ein einzelnes Unternehmen übernimmt als Generalunternehmer die volle wirtschaftliche und fachliche Verantwortung. Die anderen Firmen sind nur über Unteraufträge für in sich abgeschlossene Aufgabenteile an dem Gesamtvorhaben beteiligt.

Vor- und Nachteile

In Tabelle 2.1 sind die wesentlichen Vor- und Nachteile der einzelnen Formen einer Projektorganisation zusammengefaßt.

Die Wahl der „richtigen" Projektorganisation hängt von sehr unterschiedlichen Faktoren ab. Außer der Bereitschaft zur Gründung einer eigenen Projektorganisation neben der bestehenden Linienorganisation sowie eventueller Forderungen seitens der Auftraggeber und Projektpartner bzgl. der Projektorganisation sind zum einen der „Grad der Überbereichlichkeit" und zum anderen die „Projektgröße" bestimmende Kriterien für das Festlegen der geeigneten Form einer Projektorganisation. Generell kann die Aussage gemacht werden, daß die reine Projektorganisation und die Auftrags-Projektorganisation für große Projekte, dagegen die Einfluß-Projektorganisation und das Projektmanagement in der Linie für kleinere Projekte geeignet sind. Die Matrix-Projektorganisation findet besonders bei überbereichlichen und mittelgroßen Projekten Anwendung.

2.3.2 Projektgremien

Zum strategischen Planen und Steuern eines Projekts sowie zum Sicherstellen eines umfassenden Informationsflusses und einer vollständigen Kommunikation bedarf es organisationsübergreifender und projektbegleitender Gremien.

54

Tabelle 2.1 Vor und Nachteile der einzelnen Projektorganisationen

Art der Projektorganisation	Vorteile	Nachteile
Reine Projektorganisation	▷ PL hat volle Kompetenz ▷ Kürzeste Kommunikationswege und geringster „Overhead" ▷ Optimale Ausrichtung auf das Projektziel	▷ Gefahr des Etablierens der Projektgruppe nach Projektende ▷ Versetzungsprobleme nach Projektende ▷ Gefahr von Parallelentwicklungen in Projekt und benachbarter Linie
Einfluß-Projektorganisation	▷ Getrennt aufgehängte Entwicklungsbereiche können zu einer gesteuerten Kooperation veranlaßt werden ▷ Geringste Veränderungen in der bestehenden Organisation	▷ PL hat kaum Weisungsbefugnis ▷ Keine personifizierte Verantwortung ▷ Hoher Koordinierungsaufwand
Matrix-Projektorganisation	▷ Schnelle Zusammenfassung von interdisziplinären Gruppen ▷ Keine Versetzungsprobleme bei Projektbeginn und -ende ▷ Förderung des Synergieeffekts	▷ Projektmitarbeiter dienen „zwei Herren" ▷ Hohe Konfliktträchtigkeit zwischen Projekt und Linie
Auftrags-Projektorganisation	▷ Klare Kompetenzabgrenzung zwischen Projekt und Linie ▷ Leichte Einbindung beliebiger Unterauftragnehmer (auch außerhalb des eigenen Unternehmens) ▷ Große Flexibilität bei Multiprojekten	▷ Notwendigkeit einer eigenen Organisationssäule ▷ Konkurrenzdenken der Organisationssäulen ▷ Gefahr einer „Bürokratisierung" des Projektmanagements
Projektmanagement in der Linie	▷ Alle Vorteile der reinen Projektorganisation ▷ Keine Notwendigkeit von Personalversetzung	▷ Nur kleinere Entwicklungsaufgaben möglich ▷ Nicht immer das fachlich und qualitativ richtige Personal verfügbar

Planungsgremien

Planungsteams und *Planungsgruppen* sind Arbeitsgruppen, die mit Fachleuten aus unterschiedlichen Bereichen (Entwicklung, Fertigung, Vertrieb, Kaufmannschaft etc.) besetzt werden und über eine längere Zeit gemeinsam die Erstplanung eines Projekts (fachliches und technisches Konzept) vorantreiben. Hierbei tagen sie häufig nach der (4+1)-Tagungsregel, d. h. vier Tage der Woche im Team und einen Tag in der Heimat-Dienststelle. Demgegenüber sind die Mitglieder eines *Planungsausschusses* oder eines *Planungskollegiums* nur in unregelmäßiger und auch geringerer Folge beisammen. Als *Produktarbeitskreise* bezeichnet man produktbezogene Teams, die temporär zur Lösung eines speziellen Problems innerhalb einer Produktentwicklung gebildet und nach Erbringen des Ergebnisses wieder aufgelöst werden.

Planungsteam

Planungsausschuß

Produktarbeitskreis

Stets sollte offiziell ein Teamsprecher ernannt werden, der als Moderator kraft seiner Persönlichkeit und Fachkompetenz eine Führung des Teams erreichen muß. Bei allem kooperativen Verhalten der Teammitglieder bleiben auch in der Planungsphase Meinungsverschiedenheiten nicht aus, die nur mit einer klaren Entscheidung überwunden werden können.

Beratungsgremien

Ist das Wissensumfeld eines Projekts sehr groß, so kann es angebracht sein, ein Beratungsgremium zu gründen, das den Informationsfluß in beide Richtungen — aus den Nachbarbereichen in das Projekt und vom Projekt wieder zurück — gewährleisten und unterstützen soll. Dieser gesteuerte Informationsfluß ist notwendig, um z. B. eventuelle Parallelentwicklungen in voneinander entfernten Entwicklungsstellen möglichst von vornherein zu vermeiden oder wenigstens in sich gegenseitig befruchtende Bahnen zu lenken.

Beratungs-
ausschuß

Hierzu dienen die „klassischen" *Beratungsausschüsse, Anwenderkreise* und *Nutzergremien*. Ein beratender Ausschuß wird bei einem Projekt eingerichtet, wenn es überbereichlich durchgeführt und das Projektergebnis (Gerät, System, Verfahren) breit eingesetzt werden soll. Dieses Gremium soll sicherstellen, daß alle fachlichen Anforderungen bzgl. des geplanten Leistungsumfangs und der Qualität an das Entwicklungsvorhaben aus allen zuständigen Bereichen berücksichtigt werden; es umfaßt vor allem Fachleute, Anwender und sonstige Wissensträger.

Die zeitliche Beanspruchung in diesen Beratungsgremien ist normalerweise nicht sehr groß, da sie meist in größeren Zeitabständen tagen. Die Personenzahl darf etwas größer als bei einem Planungsgremium sein, sollte aber 15 nicht überschreiten; denn die Gefahr des Entstehens eines „Debattierklubs" ist doch sehr groß. Auch bei einem Beratungsgremium ist es sinnvoll, einen Sprecher zu ernennen, der die Gruppenmeinung gegenüber Projektleitung und Umwelt artikuliert und vertritt.

Steuerungsgremien

Sind in die Erzeugnisentwicklung innerhalb eines ganzen Produkt- und Systemgeschäfts unterschiedliche Linienbereiche, wie Geräteentwicklung, Systemtechnik, Fertigung und Vertrieb eingebunden, so werden im Rahmen bestimmter Prozeßorganisationen produkt- bzw. systemorientierte Steuerungsgremien installiert, die über die reine Beratung hinaus eine direkte fachliche Steuerung der Entwicklungsabläufe zu übernehmen haben.

Produktentwick-
lungsgruppe

Produktentwicklungsgruppen sollen ein bestimmtes Entwicklungsvorhaben zur Realisierung eines Produkts oder einer Systemkomponente gezielt unterstützen; sie haben aber keine Entscheidungskompetenz. Neben den Aufgaben eines Fachpartnergremiums zum Ermitteln und Koordinieren der an das Erzeugnis gestellten technischen und preislichen Anforderungen ist die Produktentwicklungsgruppe auch zuständig für grundsätzliche PM-Aufgaben, wie Ermitteln und Verfolgen der Wirtschaftlichkeit, Ergreifen von Maßnahmen zur Terminplanung, Schulung und Dokumentation, Klären der Kundendienstbelange und Nachbaufragen sowie — falls vorhanden — ein laufendes Abstimmen zur Systementwicklungsgruppe. Die Produktentwicklungsgruppe wird i. allg. aus Mitarbeitern der Entwicklung, Selbst-kostenbüro, Fertigungsvorbereitung, Abwicklungszentrum und Pro-duktvertrieb gebildet.

Systementwicklungsgruppen werden eingesetzt, wenn darüber hinaus besondere systemtechnische Aspekte bei mehreren Entwicklungsvor-haben eine Rolle spielen. Neben Vertretern der Entwicklung und der Fertigung sind in einer Systementwicklungsgruppe auch Vertreter des Produktvertriebs und ggf. des zuständigen Anlagenvertreters sowie der systemtechnischen Entwicklung. Der Systementwicklungsgruppe obliegt das allgemeine Koordinieren und Überwachen der Systeman-forderungen, das Erstellen des Systemlastenhefts, das Planen und Überwachen der Realisierungsschritte sowie das Koordinieren aller systemtechnischen Belange für die einzelnen Komponenten.

> Systementwick-lungsgruppe

Als weitere Steuerungsgremien können je nach Bedarf *Produkt-Arbeitsgruppen* (sie haben im Gegensatz zu den Produktentwicklungs-gruppen ein ganzes Produktfeld zu betreuen) oder *Anwender- und Nutzergremien* installiert werden.

Das *Change Control Board* (CCB) ist ein Steuerungsgremium, das im Rahmen des Konfigurationsmanagements eingerichtet wird. Seine Hauptaufgabe ist die Änderungssteuerung; d. h., es entscheidet über die Durchführung notwendig gewordener Änderungsprozesse. In die-sem Gremium sollten Mitarbeiter aus allen Entwicklungsfunktionen (Systemplanung, Systemrealisierung, Systemabnahme) sowie mög-lichst auch die Auftraggeberseite vertreten sein. Die Leitung obliegt i. allg. dem Projektleiter.

> Change Control Board

Entscheidungsgremien

Wenn ein großes Projekt besonders wichtig für ein Unternehmen ist oder wenn ein Projekt von unterschiedlichen Bereichen finanziert wird, so ist es häufig notwendig, dem Projektleiter ein Entscheidungs-gremium beizuordnen.

Typische Entscheidungsgremien sind z. B. Entscheidungsausschüsse, die entweder in unregelmäßiger Folge zu relevanten Phasenabschnit-ten des Entwicklungsprozesses zusammentreten (z. B. Projektbeginn, Definitionsabschluß, Realisierungsbeginn, Projektabschluß) oder auch in einem festen Zeitrhythmus tagen (z. B. Beginn und Mitte des Geschäftsjahres). Die Ernennung eines „Primus-inter-pares" ist hier empfehlenswert, da von ihm Impulse ausgehen können, die ein kraft-volles Wirken des Entscheidungsausschusses während der gesamten Projektzeit gewährleisten.

> Entscheidungs-ausschuß

Aufgabenfestlegung

Die Aufgaben eines Projektgremiums − egal welcher Ausprägung − sollten schriftlich festgehalten werden. Die Beschreibung sollte hier-bei folgende Punkte enthalten:

– Projektname,
– Bezeichnung des Gremiums,
– Leiter des Gremiums und Stellvertreter,
– Aufgabenbeschreibung,
– Lebensdauer,
– Mitglieder,
– Tagungs- bzw. Sitzungsfolge,
– Abstimmregeln,
– Form der Dokumentation und Information,
– Unterschriften der „Gründer".

Mit einer solchen Aufgabenbeschreibung werden für alle Projektbeteiligten die Ziele und Aufgaben des betreffenden Gremiums gleichermaßen dokumentiert.

2.3.3 Projektleiter

Der Erfolg eines Projekts hängt entscheidend von der *Qualität* der Projektleiter-Besetzung ab. Einerseits muß der Projektleiter über das entsprechende fachliche Know-how sowie über ausgeprägte Fähigkeiten hinsichtlich Menschenführung und Kooperation verfügen. Unerläßlich für den Projektleiter ist aber auch eine klar umrissene Weisungs- und Entscheidungsbefugnis. Wenn in der Bewertung dieser beiden Punkte in der Phase der Projektgründung Fehler gemacht werden, ist das Projekt häufig bereits von Anfang an zum Scheitern verurteilt.

Projektleiter = Personifizierung der Verantwortung

Mit dem Einsetzen eines Projektleiters soll vor allem erreicht werden, daß für das Projekt durch *Personifizierung der Verantwortung* klare und eindeutige Informations- und Entscheidungswege geschaffen werden. Die Erfahrung zeigt, daß man aber gerade hierin immer wieder zu große Kompromisse eingeht.

Aufgaben

Die Aufgabe des Projektleiters ist das Erreichen des definierten Projektziels unter Einhaltung des Kosten- und Terminrahmens bei voller Erfüllung des geforderten Leistungsumfangs und der geforderten Qualität. Der Projektleiter bestimmt hierbei vornehmlich den spezifizierenden und planenden Projektanteil, wogegen die Fachverantwortlichen den realisierenden Anteil übernehmen.

Zum Aufgabenspektrum eines Projektleiters zählen:

▷ Organisieren der Projektgruppen,
▷ Definieren und Strukturieren der technischen Aufgabenstellung,
▷ Planen und Kontrollieren der Projektaufgabe,
▷ Führen der Projektmitarbeiter,
▷ Koordinieren der Partnerstellen,
▷ Informieren der zuständigen Leitungsgremien,
▷ Durchführen des Projektabschlusses sowie
▷ Moderieren von Beratungs- und Steuerungsgremien.

Zur Unterstützung der kaufmännischen Belange sollte bei größeren Projekten dem Projektleiter ein „Projektkaufmann" zur Seite stehen, dem die gesamte Kostenplanung und Kostenverfolgung obliegt.

Weisungs- und Entscheidungskompetenz

Der Projektleiter hat neben der Leitung und Verantwortung auch die Repräsentanz und Personalführung des Projekts; er muß das Projekt gegenüber dem Leitungskreis, den Auftraggebern sowie den Unterauftragnehmern vertreten, hinzu kommt die personelle und fachliche Betreuung der Mitarbeiter (Coaching). Vom Projektleiter wird auf sehr unterschiedlichen Gebieten viel verlangt, daher müssen ihm auch – wie bereits erwähnt – ausreichende Weisungs- und Entscheidungsbefugnisse übertragen werden. Zu diesen sollten gehören:

Der Projektleiter muß Weisungs- und Entscheidungskompetenz besitzen

▷ Arbeitsverteilung in den Projektgruppen,
▷ Auftragsvergabe an fremde Stellen,
▷ Kontrolle und Steuerung aller Projektarbeiten,
▷ Einberufung der installierten Projektgremien sowie
▷ Mitspracherecht bei Personalentscheidungen (Versetzung, Einstellung, Gehaltslesung, Beurteilung etc.).

Natürlich hängt der Kompetenzumfang des Projektleiters von der Art der Projektorganisation und damit der Ein- bzw. Anbindung an die Linienorganisation ab.

Im Bild 2.12 ist schematisch der Umfang der Weisungs- und Entscheidungskompetenzen des Projektleiters in der jeweiligen Form einer Projektorganisation dargestellt. Sowohl in der reinen Projektorganisation, bei der ein informeller Einfluß durch die Nachbarbereiche besteht, als auch beim Projektmanagement in der Linie ist eine wirk-

Die Form der Projektorganisation bestimmt die Kompetenzen des Projektleiters

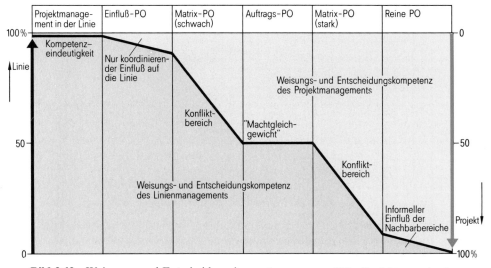

Bild 2.12 Weisungs- und Entscheidungskompetenz   PO   Projektorganisation

59

liche Kompetenz-Eindeutigkeit vorhanden. Bei der Einfluß-Projektorganisation hat der Projektleiter nur einen koordinierenden Einfluß auf die in der Linie etablierten Entwicklungsstellen. Bei der Auftrags-Projektorganisation gibt es durch das klare Auftraggeber-Auftragnehmer-Verhältnis zwischen Linie und Projekt ein „Machtgleichgewicht". Nur bei der starken sowie bei der schwachen Matrix-Projektorganisation gibt es einen breiten Konfliktbereich entweder mit Schwerpunkt bei der Linie oder beim Projekt.

2.4 Prozeßorganisation

Die Prozeßorganisation gliedert den Projektablauf

Signifikantes Merkmal eines Projekts ist bekanntlich der definierte Anfang und das definierte Ende. Für ein zielgerichtetes Abwickeln des Entwicklungsvorhabens ist es erforderlich, zwischen diesen beiden Eckterminen weitere, klar vorgegebene Zeitabschnitte einzufügen. Erst hierdurch wird eine über einen längeren Zeitraum laufende Entwicklung für das Projektmanagement überschaubar und damit kontrollierbar. In den Entwicklungsbereichen der meisten Unternehmen hat es sich daher durchgesetzt, die jeweiligen Entwicklungsabläufe in fest vorgegebene Entwicklungsphasen zu gliedern.

2.4.1 Gliederung des Entwicklungsprozesses

Definitionsrahmen von Prozeßplänen

Der Entwicklungsprozeß wird durch den „Prozeßorganisationsplan", kurz Prozeßplan, beschrieben; er ist durch spezielle Richtlinien oder durch das Entwicklungshandbuch definiert und bestimmt

▷ Phasenziele,
▷ produkt- und projektbezogene Phasenergebnisse,
▷ Phasenabschlüsse und
▷ Kontrollinstanzen.

Phasenziele

Das Phasenziel definiert das geplante Ergebnis einer Prozeßphase

Das Festlegen des jeweiligen Phasenziels umfaßt die fachliche Beschreibung der Teilaufgaben, die in der betreffenden Entwicklungsphase durchgeführt bzw. realisiert werden müssen. Phasenziele sind z. B. das Festlegen der HW/FW/SW-Funktionsteilung, das Erstellen eines HW-Funktionsmusters oder das Austesten eines SW-Moduls.

Produkt- und projektbezogene Phasenergebnisse

Das Phasenergebnis ist das erreichte Ergebnis einer Prozeßphase

Produktbezogene Phasenergebnisse sind „anfaßbare" Zwischenprodukte, wie Leistungsbeschreibungen, Source-Programme, Prinzipmuster, Test- und Prüfberichte; sie liegen entweder als Hardware, als Software oder als Dokumentation vor.

60

Zu den *projektbezogenen* Phasenergebnissen gehören vor allem die Projektpläne und Projektberichte, also Pläne wie Projektstrukturplan, Einsatzmittelplan und Kostenplan sowie Berichte, wie Reviewprotokoll, QS-Bericht und Phasenabschlußbericht.

Gemeinsam ist diesen Phasenergebnissen, daß sie innerhalb der vorliegenden Prozeßorganisation inhaltlich eindeutig beschrieben sind, so daß keine Unklarheit darüber besteht, *was* und mit *welchem Inhalt* bei Abschluß einer bestimmten Entwicklungsphase vorliegen muß.

Phasenabschlüsse

Phasenabschlüsse haben einen offiziellen Charakter im Projektablauf; sie regeln die Abnahmeprozedur für Entwicklungszwischenergebnisse und stellen damit die Entscheidungszäsuren für den gesamten Projektablauf dar. Phasenabschlüsse werden bei kleineren Projekten durch den Projektleiter selbst, bei größeren Projekten durch besondere Kontrollinstanzen wahrgenommen. In Phasenentscheidungssitzungen (PES) werden die einzelnen Phasenergebnisse der abzuschließenden Entwicklungsphase eingehend geprüft und begutachtet. Ist dies positiv verlaufen, wird die Entscheidung zum weiteren Fortführen der Entwicklung und damit zur Eröffnung der nächsten Phase getroffen. Fällt die Beurteilung der Phasenergebnisse dagegen negativ aus, so kann die Phasenentscheidungsinstanz die Wiederholung einzelner Phasenabschnitte fordern oder auch den Abbruch des gesamten Projekts veranlassen.

Der Phasenabschluß regelt die Abnahmeprozedur

Kontrollinstanzen

Neben einer Phasenentscheidungsinstanz können in einer Prozeßorganisation noch weitere Kontrollinstanzen festgelegt und deren Arbeitsweise geregelt werden. Zu solchen Kontrollinstanzen zählen z. B. Qualitätssicherungsstellen, Review-Gruppen, Prüfstellen; aber auch das Projektbüro stellt eine Kontrollinstanz dar. Kontrollinstanzen sollten organisatorisch möglichst unabhängig von den Entwicklungsstellen sein, um jegliche Beeinflussung zu vermeiden.

Kontrollinstanzen wirken für die Qualitätssicherung

Bei größeren, vor allem bei überbereichlichen Projekten empfiehlt es sich, *Phasenverantwortliche* zu ernennen, die in besonderem Maß für die erarbeiteten Ergebnisse der jeweiligen Phase zuständig sind und die qualitative, wirtschaftliche und termingerechte Ausführung der technischen Planungsvorgaben sowie die Richtigkeit des angegebenen Mengengerüsts für die Projektpläne und -berichte zu verantworten haben.

Bei größeren Projekten empfiehlt sich das Ernennen von Phasenverantwortlichen

Unterteilung des Entwicklungsprozesses

Ein Entwicklungsablauf kann aufgrund prozeßbedingter Abhängigkeiten unterschiedlich gestaltet und gegliedert werden. Bild 2.13 zeigt schematisch die Möglichkeiten der Prozeßunterteilung.

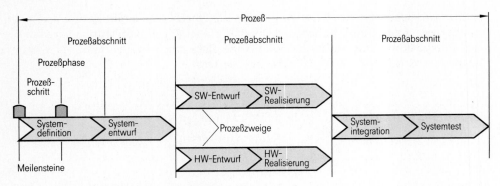

Bild 2.13 Unterteilung des Entwicklungsprozesses

Ein Prozeßorganisationsplan kann hierarchisch aufgebaut sein; d. h. es gibt mehrere Ebenen der Beschreibung von Entwicklungsabschnitten, wie

1. Ebene: Prozeßabschnitte,   z. B. Planung
2. Ebene: Prozeßphasen,   z. B. Systementwurf
3. Ebene: Prozeßschritte,   z. B. Prüfmittel-,
             (≙ Meilenstein),   Leistungsbeschreibung.

Gemäß diesen Prozeßebenen sind dann natürlich auch die Zäsurpunkte festgelegt. Entwicklungsabschlüsse der 1. Ebene sind von besonderer Relevanz für die Bereichsleitung, die der 2. Ebene für die Projektleitung und die der 3. Ebene für den einzelnen Entwickler.

Darüber hinaus können ganz bestimmte Entwicklungsabschlüsse, die für die Projektaußenwelt, also für den Auftraggeber, für den Kunden bzw. für den Vertrieb, von ausschlaggebender Bedeutung sind, als besondere Entwicklungseckpfeiler definiert werden. Diese Entwicklungszwischenstände bezeichnet man auch als *Entwicklungs-Schlußstriche* oder *Baselines;* sie charakterisieren einen Entwicklungsstand, der im Entwicklungsauftrag vertraglich festgehalten ist. Leistungsumfang, Kosten und Termin sind zu diesen Fixpunkten eindeutig festgelegt worden.

Prozeßunterteilung nur so weit wie notwendig

Ein Prozeßorganisationsplan sollte nur soviel Phasen umfassen, wie dies für die Größe und Art des Entwicklungsvorhabens adäquat ist. Jede zusätzliche Prozeßunterteilung führt zwangsläufig zu einem größeren Planungs- und Überwachungsaufwand. Eine „Flexibilisierung" der Phasenanzahl in Entwicklungsbereichen mit einheitlicher Prozeßorganisation wird dadurch erreicht, daß man bei kleineren Projekten mehrere Phasen zu einem einzigen Entwicklungsabschnitt zusammenfaßt, wogegen bei größeren Projekten alle Phasen explizit durchlaufen werden.

Prozeßgliederung mit Meilensteinen

Der in einzelne Prozeßschritte gegliederte Entwicklungsprozeß besteht häufig nicht aus einer sequentiellen Folge dieser Einzelschritte, sondern wird bestimmt durch eine z. T. große Überlappung der einzelnen Entwicklungsabschnitte. Es handelt sich — wie in Bild 2.14 anhand eines Beispiels aus der SW-Entwicklung gezeigt — nicht mehr um eine reine (serielle) *Prozeßkette*, sondern um ein *Prozeßnetz*. Der Grund liegt darin, daß viele Entwicklungsaufgaben in ihrer Durchführung über lange Strecken unabhängig voneinander sind und diese deshalb zeitlich parallel vorangetrieben werden können. Ein zwanghaftes Synchronisieren zu einem gemeinsamen Phasenabschluß wäre abwegig. Aus rein formellen Gründen müßten dann eventuell bestimmte Entwicklungsaufgaben auf andere warten, obwohl sie — ohne negative technische Auswirkungen auf das Gesamtprojekt — bereits fortgesetzt werden könnten. Die Möglichkeit eines früheren Fertigstellungstermins würde man hierdurch vergeben.

In der Prozeßorganisation Parallelisierung nutzen

Der Entwicklungsprozeß muß als ganzes betrachtet werden; es ist deshalb sinnvoller, mehr Augenmerk auf die *Meilensteine* eines Entwicklungsablaufs zu legen. Die Entscheidungszäsur liegt dann nicht mehr bei dem (zwanghaft) gemeinsamen Ende einer Phase für alle

Meilensteine bilden Entscheidungszäsuren

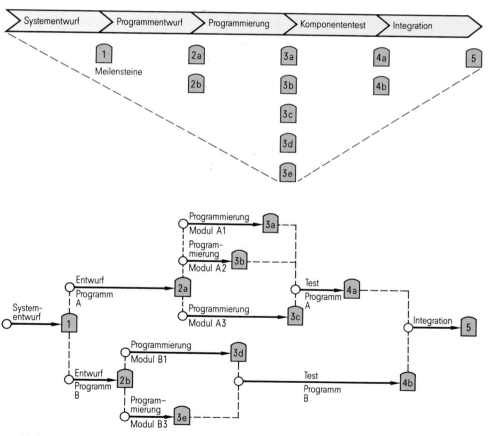

Bild 2.14
Prozeßgliederung mit Meilensteinen (am Beispiel einer SW-Entwicklung)

63

Arbeitspakete, sondern an einzelnen Fertigstellungspunkten besonders wichtiger Tätigkeitsabschnitte, den Meilensteinen. Die einzelnen
Entwicklungsaufgaben durchlaufen dann nur noch jeweils für sich die
vorgegebenen Phasen des Prozeßorganisationsplans.

Meilensteinkennzeichnung

Wie erwähnt, wird ein Prozeßschritt i. allg. von zwei Meilensteinen
eingerahmt. Der „Start-Meilenstein" legt die fachliche Ausgangsbasis
für den zu durchlaufenden Prozeßschritt fest (z. B. Vorliegen des
Pflichtenhefts), und der „Ziel-Meilenstein" bestimmt das zu errei-
chende Ergebnis (z. B. die Leistungsbeschreibung).

Standardisierte Bezeichnung der Meilensteine fördert einheitliches Prozeßdenken

Zum eindeutigen Identifizieren
der einzelnen Meilensteine hat
es sich z. B. in vielen Bereichen
von Siemens bewährt, alle Meilensteine einer Prozeßorganisation nach dem Muster im neben-
stehenden Bild zu kennzeichnen.

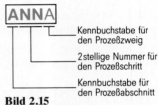

Bild 2.15
Meilensteinkennzeichnung

Als Prozeßabschnitte werden hier die vier grundsätzlichen Abschnitte
im Produktlebenszyklus gesehen:

▷ Prozeßabschnitt **P**roblemanalyse
▷ Prozeßabschnitt **A**ufgabendefinition
▷ Prozeßabschnitt **T**echnische Realisierung
▷ Prozeßabschnitt **B**etreuung/Einsatz.

Für einen Entwicklungsprozeß bieten sich folgende Standard-Meilensteine an:

Problemanalyse

P 10   Problemstellung
P 20   Ist-Analyse
P 30   Soll-Konzept.

Aufgabendefinition

A 10   Anforderungskatalog
       ($\hat{=}$ P 30)
A 20   Pflichtenheft
A 30   Leistungsbeschreibung.

Technische Realisierung

T 10   Entwicklungsbeginn ($\hat{=}$ A 30)
T 20   Spezifikation
T 30   Integriertes Produkt
T 40   Systemgetestetes Produkt
T 50   Endgeprüftes Produkt
T 60   Entwicklungsende.

Betreuung/Einsatz

B 30   Abgenommenes
       (Vorserien-)Produkt ($\hat{=}$ T 60)
B 40   (frei)
B 50   Feldgetestetes (Vorserien-)Produkt
B 60   (frei)
B 70   Lieferfreigabe (Serien-)Produkt
B 80   Fertigungsende
B 90   Betreuungsende.

64

Meilensteinergebnisse

Für jeden Meilenstein sind die notwendigen Voraussetzungen zum Beginn und die abzunehmenden Ergebnisse zum Abschluß des zugehörigen Prozeßschrittes definiert. Hierbei kann man die Meilensteinergebnisse wie folgt gliedern:

▷ Produktergebnisse,
▷ Testsystemergebnisse,
▷ Dokumentationsergebnisse und
▷ projektbezogene Ergebnisse.

Für bestimmte Pflichtmeilensteine, die „Meilensteine zur Ergebniskontrolle" (MEK), sind Entscheidungssitzungen abzuhalten, bei denen über die Abnahme der vorgelegten Ergebnisse beraten und über die Freigabe des weiteren Projektablaufs entschieden wird; sie übernehmen damit die Funktion der oben erwähnten Phasenentscheidungssitzungen. Es empfiehlt sich, im gesamten Produktlebenszyklus für folgende Entscheidungszäsuren solche MEK einzurichten:

> Für „Meilensteine zur Ergebniskontrolle" sind Entscheidungssitzungen abzuhalten

▷ Planungsfreigabe,
▷ Projektierungsfreigabe,
▷ Entwurfsfreigabe,
▷ Realisierungsfreigabe,
▷ Erprobungsfreigabe,
▷ Entwicklungsabnahme,
▷ Fertigungsfreigabe,
▷ Lieferfreigabe,
▷ Fertigungsende,
▷ Betreuungsende.

2.4.2 Arten von Prozeßorganisationen

Die einzelnen Entwicklungsphasen sind in einem Prozeßorganisationsplan generell festgelegt; er bestimmt damit die Organisation des gesamten Entwicklungsprozesses. Da die einzelnen Entwicklungsbereiche in der Elektrotechnik sehr verschiedenartig sind — die Entwicklungen reichen von der Grundlagenforschung bis hin zum Großanlagenbau —, liegen zwangsläufig spezifische Entwicklungsprozesse vor; damit sind für diese unterschiedlichen Entwicklungen auch spezifische Prozeßorganisationen erforderlich. Es gibt immer wieder Verfechter der Theorie, daß man für alle Entwicklungen einen *einheitlichen* Prozeßablauf definieren könne. Die Praxis zeigt aber, daß dieses Anliegen unsinnig ist. Jeder arteigenen Entwicklung muß eine eigene, ablauf- und aufgabenoptimierte Prozeßorganisation zugestanden werden.

> Die Prozeßorganisation muß die Besonderheiten der jeweiligen Entwicklung berücksichtigen

Ganz besonders unterscheiden sich die HW- und SW-Entwicklungsprozesse voneinander, da es sich hier um so völlig andersartige Entwicklungsobjekte handelt — auf der einen Seite die Herstellung materieller Ware und auf der anderen Seite die Herstellung immaterieller

Ware (z. B. in Form eines Rechnerprogramms). Allerdings ist heute eine isolierte HW- oder SW-Entwicklung nur noch selten möglich, da auch HW-Produkte meist einen gehörigen Anteil an SW enthalten oder zumindest ihre Herstellung oder Distribution nur mit SW realisierbar ist. Der HW-Prozeß muß daher in vielen Fällen in enger Abstimmung mit dem SW-Prozeß durchgeführt werden. Auch muß die Anbindung der HW-Entwicklung an den nachfolgenden Fertigungsprozeß klar definiert sein; anderenfalls treten erhebliche Schwierigkeiten beim Anlauf der Serienfertigung auf.

Man kann von drei Formen einer Prozeßorganisation sprechen, die sich im Ausmaß der Prozeßkoordination zwischen Hardware und Software unterscheiden:

▷ Entkoppelte Prozeßorganisation
▷ Koordinierte Prozeßorganisation
▷ Integrierte Prozeßorganisation.

Entkoppelte Prozeßorganisation

Vollständige
Unabhängigkeit
von HW- und SW-
Entwicklung

Bei einer entkoppelten Prozeßorganisation läuft die SW-Entwicklung völlig unabhängig von der HW-Entwicklung ab. In solchen Prozeßorganisationen wird z. B. die Entwicklung von Anwendersoftware durchgeführt. Ein Abstimmen zwischen HW- und SW-Entwicklung ist hier nicht notwendig, da exakte Schnittstellenkonventionen eine besondere Abstimmung überflüssig machen.

Produktentwicklungen, die überhaupt keine Software umfassen, wie z. B. Haushaltsgeräte oder klassische Produkte des Elektromaschinenbaus, werden ebenfalls in entkoppelten Prozeßorganisationen durchgeführt.

Koordinierte Prozeßorganisation

Koordinations-
punkte zwischen
HW- und SW-
Entwicklung

Von einer koordinierten Prozeßorganisation spricht man, wenn die SW-Entwicklung weitestgehend selbständig betrieben und nur an bestimmten Meilensteinen eine Koordination zur HW-Entwicklung erforderlich wird.

Darüber hinaus können bei koordinierten Prozeßorganisationen bestimmte Prozeßabschnitte für Hardware und Software sogar gemeinsam verlaufen, wie z. B. die Systemplanung am Prozeßanfang und der Systemtest am Prozeßende.

Integrierte Prozeßorganisation

Enge Verflechtung
zwischen HW- und
SW-Entwicklung

Eine integrierte Prozeßorganisation ist angebracht, wenn die HW-Entwicklung während des gesamten Entwicklungsprozesses so eng mit der SW-Entwicklung zusammenwirken muß, daß eine ununterbrochene Abstimmung zwischen diesen beiden Entwicklungszweigen für den Realisierungserfolg unabdingbar ist.

2.4.3 Beispiele von Prozeßorganisationsplänen

In Tabelle 2.2 sind für einige typische Entwicklungsbereiche Beispiele (linearer) Prozeßorganisationspläne gegenübergestellt, wobei die Phasenabgrenzung nur angedeutet sein kann. Exaktes Zuordnen ist wegen der unterschiedlichen Entwicklungsinhalte der einzelnen Phasen nicht möglich. Die Übersicht unterstreicht damit auch, daß es einen „Einheits-Prozeßplan" für alle elektrotechnischen Entwicklungsbereiche nicht geben kann.

Bei Standard-Software wird vom Hersteller oft eine Standard-Prozeßorganisation für die Einführung vorgegeben, wie z. B. das Vorgehensmodell von SAP R/3. Hier gliedert sich der Einführungsprozeß in die vier Phasen mit folgenden Phasenergebnissen:

▷ Phase: Organisation und Konzeption Ergebnis: Sollkonzept
▷ Phase: Detaillierung und Realisierung Ergebnis: Anwendungssystem
▷ Phase: Produktionsvorbereitung Ergebnis: Produktivsystem
▷ Phase: Produktivbetrieb Ergebnis: Betrieb.

Innerhalb dieser Phasen sind Standard-Arbeitspakete vorgegeben, die wiederum Standard-Aktivitäten mit genauen Checklisten umfassen. Parallel zu diesem Phasenablauf sind als projektbegleitende Arbeitspakete Projektadministration und Projektcontrolling sowie Systemwartung und Release-Wechsel definiert.

Tabelle 2.2 Beispiele von Prozeßorganisationsplänen in unterschiedlichen Entwicklungen

Entwicklungsbereich / Entwicklungsabschnitt	SW-Verfahrensentwicklung	HW/SW-Systementwicklung		Geräteentwicklung	Grundlagenentwicklung
Definition	Idee	Analyse		Produktstudie	Anstoß
	Voruntersuchung				
	Istaufnahme				Studie
	Fachl. Grobkonzept				
Entwurf	Fachl. Feinkonzept	Systementwurf		Spezifikation	Projektierung
	DV-Grobkonzept	Programmentwurf	Schaltungsentwurf	Prinzipmuster	Design
Realisierung	DV-Feinkonzept			Funktionsmuster	Implementierung
	Programmierung	SW-Implementierung	HW-		
Erprobung	Test	Verbundtest		Prototyp	Systemintegration/-test
Entwicklungsende	Pilotierung	Systemtest		Vorserie	
Einsatz	Übergabe	Systembetreuung		Serienfertigung	Abnahme
Produktende	Einsatz			Produktbetreuung	Betreuung

67

3 Projektplanung

Die Qualität der Projektplanung bestimmt den Projekterfolg

Nach Abschluß der Projektdefinition tritt das Projekt in seine erste entscheidende Phase ein, die *Projektplanung*. In diesem Projektabschnitt werden die Voraussetzungen für den Erfolg des künftigen Produkts geschaffen. Sowohl Termin- und Kosteneinhaltung als auch Leistungserfüllung hängen in entscheidendem Maß von der Qualität der Projektplanung ab.

Bild 3.1 zeigt deutlich, wie sehr hierbei das Kostenvolumen eines Entwicklungsprojekts von den in den Frühphasen getroffenen Entscheidungen bestimmt wird. Die unterschiedlichen Verläufe des bereits festgeschriebenen und des realen Kostenabflusses kann man als „Hysteresis" der Entwicklungskosten bezeichnen.

Wie später noch dargelegt werden wird, hängt auch die Höhe der – eigentlich unnötigen – Fehlerbehebungskosten von der Genauigkeit und Vollständigkeit der Projektplanung ab. Fehler, die erst in späten Phasen der Realisierung und Erprobung aufgedeckt werden, führen stets zu erheblich höheren Behebungskosten, als wenn man diese bereits in den frühen Phasen der Definition und Planung erkannt hätte.

Höherer Planungsaufwand senkt den Realisierungsaufwand

Da Intensität und Sorgfalt der Planung zu Projektbeginn maßgeblichen Einfluß auf den gesamten Projekterfolg haben, muß es das Ziel sein, einen ausreichend hohen Planungsaufwand zu betreiben. Bild 3.2 zeigt, welchen Effekt das Erhöhen des Planungsaufwands i. allg. hat: Einerseits kann man den Realisierungs- und Erprobungsaufwand sowie den nachfolgenden Wartungsaufwand erheblich senken; andererseits kann oft auch der Einsatzzeitpunkt des Produkts vorverlegt und dessen Lebenszyklus insgesamt verlängert werden.

3.1 Strukturplanung

Zentrale Aufgabe einer zielgerichteten Projektplanung und -steuerung ist die

▷ sachgerechte,
▷ termin- und aufwandsgerechte sowie
▷ kostengerechte

Abwicklung eines Projekts, Voraussetzung hierfür ist allerdings, daß das Projekt in für das Projektmanagement überschaubare und damit hantierbare „Portionen" zerlegt wird. Diese Portionierung ist wegen

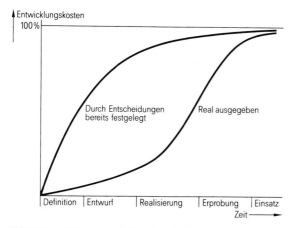

Bild 3.1 „Hysteresis" der Entwicklungskosten

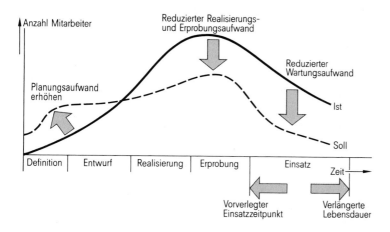

Bild 3.2 Wirkung der Erhöhung des Planungsaufwands

der Vielschichtigkeit der o. a. Zielsetzung nach mehreren Aspekten vorzunehmen.

Für das sachgerechte Abwickeln des Projekts ist eine technische Strukturierung des geplanten Produkts bzw. Systems notwendig; diese wird als *Produktstruktur* bezeichnet und enthält alle zu entwickelnden Produktteile; sie stellt damit den Architekturplan des Entwicklungsvorhabens dar.

Produktstrukturierung = technische Strukturierung des Produkts

Zur termin- und aufwandsgerechten Projektabwicklung ist als Basis eine vollständige aufgabenmäßige Strukturierung des Projekts erforderlich. Diese Aufgabengliederung wird als *Projektstruktur* des Projekts bezeichnet und umfaßt alle für das Realisieren des Entwicklungsvorhabens durchzuführenden Arbeitspakete; sie stellt den Aufgabenbaum des Projekts dar.

Projektstrukturierung = aufgabenmäßige Strukturierung des Projekts

69

Kontenstrukturie-
rung = kaufmänni-
sche Strukturie-
rung des Projekts

Für die kostengerechte Projektabwicklung ist schließlich eine detaillierte kaufmännische *Kontenstrukturierung* notwendig. Dieser Kontenrahmen stellt die Einteilung des „Haushaltsbuches" für das Projekt dar.

Alle Plandaten und Istdaten des Projekts müssen auf diese Strukturkomponenten beziehbar und ableitbar sein. Erst in der konsistenten Verknüpfung dieser drei Strukturierungsformen gelangt man zu einem *integrierten* Projektmanagement, welches das Projekt ganzheitlich plant und steuert.

3.1.1 Produktstruktur

Der Produktstruk-
turplan zeigt in
hierarchischer
Darstellung alle
Produkt-
bestandteile

Als Produktstruktur bezeichnet man die *technische* Gliederung des zu entwickelnden Produkts (bzw. Systems) in seine Produktteile; sie ist die „Realisierungsstruktur" des Produkts. Die listenmäßige oder grafische Darstellung dieser Produktstruktur nennt man Produktstrukturplan (PdSP); er ist streng vom Projektstrukturplan (Kap. 3.1.2) zu trennen.

Der Produktstrukturplan enthält die Teileinheiten des Produkts in einer hierarchischen Anordnung, wobei diese Teileinheiten auf der untersten Ebene z. B. einzelne SW-Module oder HW-Baugruppen sind. Teileinheiten auf einer höheren Ebene wären z. B. ganze SW-Programmkomplexe oder HW-Baugruppenrahmen. Sind Produktteile identisch aufgebaut, so kann man zum Herausstellen dieses Sachverhalts statt einer monohierarchischen auch die polyhierarchische Darstellung wählen; bei dieser würden die betreffenden Teile nur einmal erscheinen, dafür mehrere Bezüge zur übergeordneten Ebene haben.

Bild 3.3 zeigt als Beispiel die vereinfachte Produktstruktur eines Vermittlungssystems für Nebenstellenanlagen.

Vor allem in Entwicklungsbereichen, in denen immer wieder ähnliche Produkte nach gleichem Grundmuster entwickelt werden, bietet es sich an, Standard-Produktstrukturpläne aufzustellen. Durch Streichen und Hinzufügen von Strukturelementen gelangt man zu einer an die speziellen Erfordernisse angepaßten Produktstruktur.

Wegen der sehr unterschiedlichen Entwicklungsobjekte findet man in einigen Entwicklungsbereichen unterschiedliche Begriffe für den Produktstrukturplan; z. T. haben diese Sonderformen auch etwas andere Inhalte:

Sonderformen des
Produktstruktur-
plans

▷ Systemstrukturplan   (SSP)
▷ Anlagenstrukturplan   (ASP)
▷ Objektstrukturplan   (OSP)
▷ Funktionsstrukturplan   (FSP).

System-
strukturplan

Von einem *Systemstrukturplan* spricht man bei der technischen Beschreibung und Strukturierung von Systementwicklungen, vor allem bei HW/SW-Systemen.

70

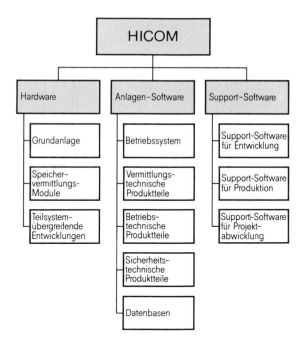

Bild 3.3 Produktstruktur eines Vermittlungssystems für Nebenstellenanlagen

Der Begriff *Anlagenstrukturplan* wird — wie die Bezeichnung es schon sagt — im (elektrotechnischen) Anlagenbau verwendet. Beide Strukturpläne zeigen die technischen Komponenten innerhalb einer System- bzw. Anlagenentwicklung auf, wobei die jeweiligen technischen Komponenten den einzelnen technologischen Abschnitten des Systems bzw. der Anlage zugeordnet werden.

Anlagen-strukturplan

Der *Objektstrukturplan* ist ein erweiterter Produktstrukturplan, der neben den Einzelteilen des künftigen Produkts auch noch die während der Projektdurchführung zusätzlich entwickelten und für die Entwicklung benötigten Teile umfaßt. Zu diesen Teilen, die später nicht mehr Bestandteil des Produkts sind, gehören z. B. Prinzip- und Funktionsmuster, Prüfaufbauten, aber auch Testprogramme und andere Entwicklungshilfsmittel (Support). Die Trennung zwischen Produktstruktur und Objektstruktur hat den Vorteil, daß klar unterschieden wird, was (letztendlicher) Bestandteil des Produkts ist und was nur temporär für die Entwicklung des Produkts notwendig ist.

Objekt-strukturplan

Die *Funktionsstruktur* bildet eine planerische Vorstufe der eigentlichen Produktstruktur; sie enthält die Funktionen des geplanten Produkts, ohne bereits Rücksicht auf die spätere technische Realisierung und die funktionale Zuordnung der einzelnen Produktteile machen zu müssen. Als solches ist das Erstellen eines Funktionsstrukturplans im Rahmen des logischen Entwurfs eines Produkts bzw. Systems von großem Vorteil, da er einen Produktstrukturplan auf funktioneller Ebene darstellt.

Funktions-strukturplan

Die Produktstruktur kann zu Projektbeginn meist nicht vollständig und endgültig definiert werden. Auch lebt die Produktstruktur in einem gewissen Maße und unterliegt während der Projektdurchführung partiellen Erweiterungen und Änderungen, die von dem verwendeten Nummernsystem verkraftet werden müssen. Das Nummernsystem muß für diese Fälle gewisse „Reserven" enthalten. Bei einem klassifizierenden Nummernsystem bietet es sich an, für die Benummerung der einzelnen Strukturteile vorhandene Sachnummernsysteme zu nutzen, falls diese produktspezifizierende Elemente enthalten. Das spätere Zuordnen zu Stücklistenstrukturen wird dadurch erheblich vereinfacht.

3.1.2 Projektstruktur

Der Projekt-
strukturplan zeigt
in hierarchischer
Darstellung alle
Projektaktivitäten

Die aufgabenmäßige Gliederung des Projekts wird im Projektstrukturplan (PjSP) festgelegt; er enthält alle Projektaktivitäten, die in den einzelnen Entwicklungsphasen durchzuführen sind. Nach DIN 69901 gilt als Definition für die Projektstruktur:

> Gesamtheit der wesentlichen Beziehungen zwischen den Elementen eines Projekts.

Strukturierungsablauf

Im Sinn eines Top-down-Vorgehens analysiert man – ausgehend von der vorbestimmten Prozeßstruktur – das Projekt auf seine Aufgabenstruktur (Strukturanalyse), wobei die einzelnen Aktivitäten in selbständig durchführbare und kontrollierbare Teilaufgaben zerlegt werden (Work Breakdown Structure). Die auf der untersten Ebene nicht weiter aufgeteilten Aufgaben, also die Endpunkte der Struktur, stellen die *Arbeitspakete* dar.

Die Aufgabenunterteilung des Projekts sollte so weit getrieben werden, bis man die Arbeitspakete eindeutig einer Entwicklungsgruppe bzw. einem Mitarbeiter zuordnen kann. Auch sollten die Arbeitspakete fachlich voneinander klar abgegrenzt sein, damit später keine ungewollten Parallelaktivitäten oder sogar Kompetenzstreitigkeiten auftreten. Jedem Arbeitspaket sollte eine genaue Aufgabenbeschreibung mit exakter Zielvorgabe beigegeben werden.

Typen von Projektstrukturplänen

Der Projektstrukturplan kann nach mehreren Gesichtspunkten aufgebaut sein; hierbei kann man drei Arten von Projektstrukturplänen unterscheiden:

▷ Objektorientierter Projektstrukturplan
▷ Funktionsorientierter Projektstrukturplan
▷ Ablauforientierter Projektstrukturplan.

Objektorientierter Projektstrukturplan

Bei einem objektorientierten Projektstrukturplan – häufig auch als erzeugnis- oder produktorientierter Plan bezeichnet – richtet sich die Definition der Aufgabenpakete nach der technischen Struktur des zu entwickelnden Objekts (Produkt, System, Anlage etc.).

Objektorientiert = entsprechend der technischen Struktur der Objekte

Bild 3.4 zeigt ein einfaches Beispiel für einen objektorientierten Projektstrukturplan; in diesem Beispiel wird das betreffende Produkt systmatisch in seine zu entwickelnden Einzelteile zerlegt.

Ein objektorientierter Projektstrukturplan hat große Ähnlichkeit mit einem Produktstrukturplan, so daß Projektplaner, die keine strenge Trennung zwischen den Begriffen Projekt und Produkt machen, diese beiden Strukturpläne leicht miteinander vermischen. Daher ist es empfehlenswert, keinen rein objektorientierten Projektstrukturplan zu verwenden.

Funktionsorientierter Projektstrukturplan

In einem funktionsorientierten Projektstrukturplan werden die durchzuführenden Arbeitspakete nach den Entwicklungsfunktionen, wie z. B. Konstruktion, Elektronikentwurf, Musterbau, Bauunterlagen-Erstellung etc. gegliedert; er orientiert sich also nicht nach den Einzelteilen des Produkts, sondern nach den Funktionsbereichen der Entwicklung. Bild 3.5 zeigt ein Beispiel hierfür.

Funktionsorientiert = entsprechend den Funktionsbereichen der Produktentwicklung

Diese Aufbauform einer Projektstruktur kann bei jedem Entwicklungsprojekt angewendet werden; sie ist daher wohl auch die verbreitetste Projektstrukturform.

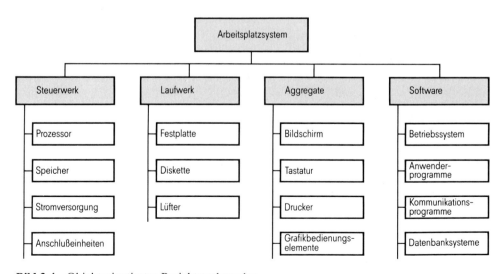

Bild 3.4 Objektorientierter Projektstrukturplan

73

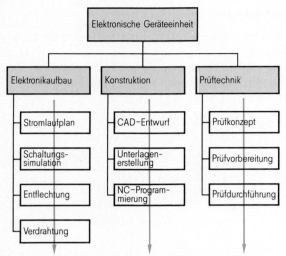

Bild 3.5 Funktionsorientierter Projektstrukturplan

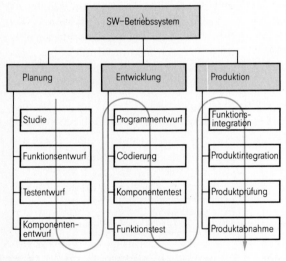

Bild 3.6 Ablauforientierter Projektstrukturplan

Ablauforientierter Projektstrukturplan

Ablauforientiert =
entsprechend dem
Entwicklungs-
prozeß

Die dritte Form eines Projektstrukturplans ist ablauforientiert (Bild 3.6). Die Arbeitspakete werden gemäß dem Entwicklungsprozeß bestimmt und strukturiert. Die oberste Ebene eines derartigen Projektstrukturplans spiegelt damit die Prozeßabschnitte der vorliegenden Prozeßorganisation wider, die unteren Ebenen die einzelnen Prozeßschritte.

Dieser Projektstrukturplan ist allerdings nur dort praktikabel, wo Entwicklungen nach einem streng sequentiellen Prozeßablauf durchgeführt werden.

Standard-Projektstrukturpläne

In einem „Vielprodukt"-Unternehmen oder dann, wenn häufig ähnliche Entwicklungen immer wieder durchgeführt werden, bietet es sich an, Standardstrukturen für gleichartige Entwicklungsprojekte zu entwerfen. Der eigentliche individuelle Projektstrukturplan entsteht aus dieser Standardstruktur als „erweiterte Untermenge", d. h. einerseits fehlen dem angepaßten Projektstrukturplan einige Arbeitspakete, andererseits sind ihm einige neue hinzugefügt worden.

Wenn Entwicklungsähnlichkeiten und Entwicklungswiederholungen es ermöglichen, sind solche Standardstrukturpläne eine große Arbeitserleichterung, besonders im ersten Planungsabschnitt der Projektstrukturierung.

Gliederungsgesichtspunkte

Der Projektstrukturplan sollte — unabhängig von der gewählten Aufbauform — so aussehen, daß möglichst wenige Überschneidungen und Abhängigkeiten zwischen den einzelnen Arbeitspaketen auftreten. Zur Definition der Arbeitspakete sind daher mehrere Gliederungsgesichtspunkte heranzuziehen:

▷ Organisatorische Zuständigkeit,
▷ zeitlicher Ablauf,
▷ kalkulatorische Vorgaben und
▷ technische Aspekte.

Soweit wie möglich sollten Arbeitspakete eindeutig einer einzigen organisatorischen Einheit zuordenbar sein, damit eine klare Verantwortung für das jeweilige Arbeitspaket existiert; anderenfalls besteht die Gefahr mangelnden Engagements oder unnötiger Kompetenzstreitigkeiten.

Auch muß bei der Arbeitspaketeinteilung der zeitliche Projektablauf beachtet werden. So ist es z. B. unsinnig, ein Arbeitspaket über die Grenze einer Entwicklungsphase hinweg zu bestimmen, da die Phasenentscheidung dann mitten in dem Arbeitspaket läge.

Weiterhin können kalkulatorische Vorgaben eine Ober- und Untergrenze für das Kostenvolumen von Arbeitspaketen abgeben. Wird nämlich das Kostenvolumen zu groß, so ist eine gezielte Kostenkontrolle nicht mehr möglich; ist es dagegen zu klein, so ist zwar eine gute Kostenkontrolle gewährleistet, aber der notwendige Überwachungsaufwand wird unzumutbar groß.

Schließlich sind, wie bereits erwähnt, die technischen Gliederungsaspekte der Produktstruktur zu berücksichtigen. Die Definition eines Arbeitspakets sollte sich — bis auf die wirklich notwendigen Fälle, wie z. B. bei projektbegleitenden Aktivitäten — nicht auf verschiedene Produktteile beziehen.

Anbindung an den Netzplan

Für die DV-unterstützte Behandlung eines Projektstrukturplans müssen alle Aufgaben im Strukturplan mit einer eindeutigen Identifikationsnummer versehen werden. Werden diese Nummern Vorgängen eines Netzplans beigefügt, so ist es möglich, aus dem Netzplan *automatisch* einen Projektstrukturplan zu generieren. Ein gesondertes Aktualisieren des Projektstrukturplans entfällt, da dies bereits implizit mit der Netzplanaktualisierung erreicht wird.

3.1.3 Kontenstruktur

Die Kontenstruktur enthält alle Projektkonten bzw. -unterkonten

Um Projekte und Teilprojekte für das Projektmanagement kostentransparent werden zu lassen, werden sie nach Konten und Unterkonten aufgeteilt. Die Gliederung dieser Konten nimmt man nach unterschiedlichen Gesichtspunkten vor; sie richtet sich nach dem Bedarf an bestimmten Auswertungen und Informationen, die für ein wirtschaftliches Management benötigt werden.

Gliederungsaspekte

Vor allem in großen Entwicklungsbereichen werden in den Kontennummern Daten verschlüsselt, die man als Ordnungs- und Sortierkriterien in der kaufmännischen Abwicklung verwendet. Allerdings hat jedes klassifizierende Nummernsystem seine Nachteile, besonders dann, wenn aufgrund nachträglich notwendig gewordener Erweiterungen das Klassifizierungsystem „gesprengt" wird. Deshalb bietet sich gerade im Hinblick auf moderne DV-Verfahren auch ein rein *identifizierendes* Nummernsystem für die Kontengliederung an.

Für die Gliederung von Konten sind im wesentlichen folgende Ziele zu beachten:
▷ Kostenverursacher erkennbar machen (Kostenherkunft),
▷ Kostenkomponenten darstellen (Kostenschwerpunkte),
▷ Konten auf den Terminplan ausrichten
  (zeitliche Synchronisierung),
▷ Konnex zur Projekt- und Produktstruktur herstellen
  (technische Synchronisierung),
▷ Kostenkalkulation und -kontrolle unterstützen
  (Kostenmanagement).

Wegen der leichteren Überschaubarkeit können Höchstgrenzen für die Größe der einzelnen Konten festgelegt werden. Auch die Anzahl der Konten und die weitere Unterteilung sind wichtige Kriterien für eine optimale Kontengliederung, da davon der Planungs- bzw. Kalkulationsaufwand abhängt. So wichtig eine detaillierte Kostenplanung ist, so darf doch der Verwaltungsaufwand dafür nicht zu groß werden.

Kleine Projekte sind in ihrer Kontenstruktur nahezu problemlos. Sie sind im allgemeinen auch dann gut überschaubar, wenn kaum strukturelle Überlegungen angestellt worden sind.

Grundsätzlich ist zu klären, ob die Kontenstrukturierung nach

▷ Kundenaufträgen (vertriebsorientiert) oder
▷ Arbeitsobjekten (entwicklungsorientiert)

ausgerichtet werden soll.

Bei Kundenprojekten ist klar, daß beispielsweise Projekte für Walzwerke oder Kraftwerke, deren Bearbeitung und Projektierung erst nach Auftragseingang beginnt, nach der Struktur des Kundenauftrags ausgerichtet sein müssen. Solche Projekte erhalten daher eine *vertriebsorientierte* Kontenstruktur.

Kundenprojekte erhalten eine vertriebsorientierte Kontenstruktur

Bei Vorleistungsprojekten sowie bei allen Projekten, die vor dem Eingang von Kundenaufträgen konzipiert und entwickelt werden, hat sich dagegen in der Praxis bewährt, daß eine Kontenstruktur gewählt wird, die der technischen Struktur entspricht, also *entwicklungsorientiert* ist. Dies gilt auch dann, wenn die durch Entwicklungsvorleistungen geschaffenen Produkte später über Kundenprojekte vermarktet werden, die oft zum Entwicklungszeitpunkt noch nicht bekannt sind.

Vorleistungsprojekte erhalten eine entwicklungsorientierte Kontenstruktur

Für ein Strukturieren nach Arbeitsobjekten spricht zudem der Umstand, daß die gewählte Struktur auch für das Erfassen der aufgelaufenen Projektkosten verwendet werden kann. Diese Kosten werden heute üblicherweise mit Hilfe der Stundenschreibung erfaßt. Es liegt nahe, daß der monatliche Stundenbericht am einfachsten zu erstellen ist, wenn der Bearbeiter sich nur darauf konzentrieren muß, an welchen Projektaufgaben er im abgelaufenen Monat gearbeitet hat. Dies ist für denjenigen, der den Stundennachweis erstellen muß, viel einfacher, als wenn er darüber nachdenken müßte, welchen vertriebsorientierten Konten die Arbeitsstunden des abgelaufenen Monats zuzuordnen wären.

Kostenarten

Unter Kostenarten versteht man im betrieblichen Rechnungswesen die Unterteilung der Kosten nach der Art des Verbrauchs von Ressourcen und Leistungen, z. B. Personal-, Sach- und Kapitaleinsatzkosten. Die Kostenarten-Verzeichnisse (Kontenrahmen) sind für bestimmte Industriezweige bereits vor Jahrzehnten standardisiert worden. Diese standardisierten Kontenrahmen werden von den Unternehmen meist als Grobstruktur verwendet. Sie entwerfen darauf aufbauend ihre eigenen Kontenrahmen, die auf die Erfordernisse der Unternehmen abgestimmt sind. Kostenarten werden beispielsweise zur Untergliederung von Kostenstellen verwendet.

Kostenarten gliedern die Kosten nach betriebswirtschaftlichen Gesichtspunkten

Wesentliche Kostenarten sind:

Personalkosten
▷ Gemeinkosten-Gehälter
▷ Gemeinkosten-Löhne

▷ Sozialkosten
▷ Erfolgsbeteiligung.

Personalabhängige Sachkosten

▷ Büromaterial
▷ Vervielfältigung
▷ Nachrichtenkosten (Telefon, Datenleitungen)
▷ Reisekosten Inland
▷ Reisekosten Ausland.

Übrige Sachkosten

▷ Instandhaltung
▷ Energiekosten
▷ Werbungskosten
▷ Bewirtung/Betreuung
▷ Dienstleistung von Fremdpersonal
▷ Übersetzungsarbeiten
▷ EDV-Kosten (Rechnernutzung)
▷ Kostenstellenumlagen.

Kapitaleinsatzkosten

▷ Zinsen/Abschreibung/geringwertige Wirtschaftsgüter
▷ Mieten für Gebäude
▷ Mieten für Inventar
▷ Steuern und Versicherung.

Die Kostenarten berücksichtigen vielfach die Anforderungen an die Gliederung und die Transparenz der Projekte nicht genügend. Daher wird auf die im betrieblichen Rechnungswesen übliche Gliederung nach Kostenarten bei der Kostenplanung von Projekten oft verzichtet.

Kostenelemente

Kostenelemente gliedern die Kosten nach projektbezogenen Gesichtspunkten

Unter Kostenelementen versteht man die Gliederung der Kosten von Projekten, die sich an technischen, arbeitsteiligen und/oder kalkulatorischen Gegebenheiten orientiert; sie ist sehr stark von der Art und dem Inhalt der Projekte geprägt.

Ein Kostenelement kann beispielsweise auch die Herkunft der Kosten umschreiben, d. h. man kann damit erkennen, woher die ausgewiesenen Kosten kommen. Diese Art der Kostengliederung ist für eine wirksame Kostenkontrolle unerläßlich.

Bei Projekten der Kommunikationstechnik wird beispielsweise im Entwicklungsbereich folgende Grobgliederung der Kostenelemente verwendet:

▷ Eigen- und Fremdpersonal,
▷ Nutzung von Rechen- und Testanlagen,

▷ Labormuster und Versuchsaufbauten,
▷ externe Dienstleistungen, Tools und Know-how,
▷ Schutzrechte (z. B. Patente),
▷ Anforderungsänderungen,
▷ Dokumentation und Marketing,
▷ Produktionshilfsmittel und -technologien,
▷ Forschung und Grundlagenentwicklung.

Eine solche Gliederung der Kostenelemente ist nicht immer frei gewählt; sie wird sich vielmehr den Kostenschwerpunkten der Projekte und der Aufbauorganisation des Unternehmens anpassen müssen.

Zusammenfassend ist festzuhalten, daß die Berichterstattung über die Kosten eines Projekts von der Güte und Tiefe seiner Strukturierung abhängt.

3.2 Aufwandsschätzung

3.2.1 Methodenüberblick

Im allgemeinen stellt eine Aufwandsschätzmethode einen funktionalen Zusammenhang zwischen bestimmten Produktgrößen und den zu schätzenden Aufwänden bzw. Kosten − unter Berücksichtigung von Einflußgrößen − her; hierbei ist „funktional" nicht im streng mathematischen Sinn zu verstehen. Vielmehr kann jede meßbare Entwicklungsgröße, die in irgendeiner Weise mit dem Entwicklungsaufwand korreliert, zu einer Quellgröße einer Aufwandsschätzmethode gemacht werden.

Jede meßbare Entwicklungsgröße kann zur Aufwandsschätzung herangezogen werden

In der Literatur werden die bestehenden Methoden teilweise sehr unterschiedlich klassifiziert. Trotzdem kann man sie drei grundlegenden Klassen entsprechend ihrer „inneren Funktionsweise" zuordnen:

I *Algorithmische Methoden*
   ▷ Parametrische Methoden
   ▷ Faktoren- bzw. Gewichtungsmethoden.

II *Vergleichsmethoden*
   ▷ Analogiemethoden
   ▷ Relationsmethoden.

III *Kennzahlenmethoden*
   ▷ Multiplikatormethoden
   ▷ Produktivitätsmethoden
   ▷ Prozentsatzmethoden.

I Algorithmische Methoden

Algorithmische Methoden bedienen sich zur Ergebnisermittlung immer einer Formel bzw. eines Formelgebildes, dessen Struktur und

Konstanten empirisch und teilweise mit mathematischen Methoden, wie z. B. der Regressionsanalyse, bestimmt worden sind.

Wie in Bild 3.7 angedeutet, wird aufgrund einer empirisch gefundenen Korrelation die Abhängigkeit des Aufwands (bzw. der Kosten) von einer bestimmten Ergebnisgröße als Kurvenverlauf dargestellt, aus dem dann für ein künftiges Entwicklungsvorhaben − unter Berücksichtigung bestimmter Einflußparameter − der zu erwartende Aufwand (bzw. die Kosten) abgeleitet werden kann.

$$A = f(M, E_i) \tag{1}$$

A Personalaufwand
M Menge einer Ergebnisgröße
E_i Einflußfaktoren

Zu den algorithmischen Methoden gehören die beiden Gruppen der *parametrischen Schätzmethoden* und der *Faktoren- bzw. Gewichtungsmethoden;* wobei die letzteren auch Elemente der Kennzahlenmethoden enthalten.

Parametrische Methoden

Parametrische
Schätzmethoden
anhand eines
formelmäßigen
Zusammenhangs

Bei parametrischen Methoden stellt man einen *formelmäßigen* Zusammenhang gemäß (1) zwischen einer meßbaren Produktgröße − wie z. B. Gewicht (in kg) bei HW oder Befehlsanzahl (in kloc) bei SW − und dem dafür erforderlichen Aufwand an Personal und Zeit her. Dieser Zusammenhang kann aufgrund der Untersuchung einer möglichst großen Anzahl abgeschlossener Entwicklungsprojekte − die repräsentativen Charakter haben − und unter Anwendung entsprechender Regressionsanalysen gefunden werden. Zur Unterscheidung der Verschiedenartigkeiten sind spezielle Parameter als Einflußgrößen zu definieren, die einen verringernden oder einen vergrößernden Effekt auf die Ergebnisgrößen des Algorithmus haben.

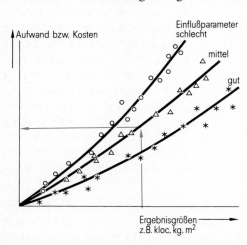

Bild 3.7   Algorithmische Methoden (Prinzipdarstellung)

Als die schon klassischen parametrischen Schätzmethoden sind hier die SW-Aufwandsschätzmethode COCOMO (Constructive Cost Model) sowie die HW- und SW-Aufwandsschätzmodelle von PRICE (Programmed Review of Information for Costing and Evaluation) zu nennen.

COCOMO-Methode

Die COCOMO-Methode [3, 5] von Boehm basiert auf der Untersuchung von SW-Projekten, für die mit Hilfe der Regressionsanalyse unter Berücksichtigung von 15 Einflußgrößen ein formelmäßiger Zusammenhang zwischen der Programmgröße in kloc und dem Personalaufwand in MM hergestellt wurde (siehe Kap. 3.2.2).

COCOMO

PRICE-Schätzmodelle

PRICE umfaßt eine ganze Familie von Kostenschätzmodellen für unterschiedliche Entwicklungsgebiete (HW- SW-, Chip-Entwicklung [51, 52, 53].

Mit PRICE H kann man für den HW-Bereich eine Schätzung der voraussichtlichen Entwicklungs- und der Produktionskosten auf der Basis quantitativer (z. B. Gewicht, Menge, Volumen) und qualitativer Ausgangsgrößen (z. B. Komplexität der Elektronik und Mechanik) vornehmen. Auch hier ist der algorithmische Zusammenhang mit Hilfe von Regressionsanalysen gefunden worden.

PRICE H

Das für den SW-Bereich vorgesehene PRICE S hat Ähnlichkeit mit der COCOMO-Methode. Abhängig von mehreren Einflußgrößen können hier die erforderlichen Entwicklungskosten phasenbezogen sowie die optimale Entwicklungsdauer aus der Programmgröße (gemessen in kloc) bestimmt werden.

PRICE S

SLIM-Methode

Bei der Methode SLIM (Software-Lifecycle-Management) von Putnam [23] wird der Lebenszyklus einer Entwicklung als Ganzes betrachtet, ohne daß auf die einzelnen Komponenten des zu entwickelnden Produkts näher einzugehen ist; sie wird deshalb auch als *Makroschätzmethode* bezeichnet.

SLIM

Die SLIM-Methode geht von empirisch gefundenen Verteilungskurven für den Personaleinsatz bei Forschungs- und Entwicklungsprojekten aus. Putnam hat diese empirische Analyse bei rund 200 SW-Entwicklungsprojekten aus dem militärischen Bereich fortgeführt und hat für den Personaleinsatzverlauf eine Funktion abgeleitet:

$$A = 0,4 \times M^3 \times T_e^{\frac{1}{4}} \times C^{\frac{1}{3}} \tag{2}$$

A Personalaufwand in MJ $\quad T_e$ Entwicklungszeitdauer in Jahren
M Befehlsanzahl in kloc $\quad C$ Technologiekonstante.

81

Diese Gleichung zeigt einen Zusammenhang zwischen dem Personalaufwand einerseits und der Befehlsmenge, der Entwicklungszeitdauer sowie einem Faktor für den Technologiestand andererseits. Die Technologiekonstante C drückt aus, wie intensiv moderne Programmiertechniken und höhere Programmiersprachen genutzt werden, wie umfangreich die Programmierung im Dialog vorgenommen wird und wie gut das verwendete Rechnersystem für die Entwicklung verfügbar ist.

Die SLIM-Methode hat den Vorteil, daß sie in der Frühphase eines Projekts eingesetzt werden kann. Die Unsicherheit im Bestimmen der Systemgröße zu diesem Zeitpunkt und im Festlegen des Technologiestands ermöglicht aber keine überzeugenden Aufwandsschätzungen. Zudem werden personenspezifische und qualitätsorientierte Einflußfaktoren nicht berücksichtigt.

Jensen-Methode

Jensen-Methode

Das SW-Schätzmodell von Randell W. Jensen baut auf dem Putnam-Modell auf, aber unter Einbeziehung von Einflußgrößen, ähnlich wie sie bei Boehm definiert worden sind. Abgeleitet aus dem SW-Produktlebenszyklus gemäß einer Rayleigh-Kurve wird ein formelmäßiger Zusammenhang zwischen dem Personalaufwand und der Befehlsmenge des geplanten SW-Produkts in Abhängigkeit einer Projekt/Problem-Komplexität und zweier Technologiekonstanten hergestellt:

$$A = 0{,}4 \cdot C_{\mathrm{D}}^{0{,}4} \cdot \left(\frac{M}{C_{\mathrm{te}}} \right)^{1{,}2} \tag{3}$$

$$\text{mit } C_{\mathrm{te}} = \frac{C_{\mathrm{tb}}}{\prod\limits_{1}^{13} E_{\mathrm{i}}} \ .$$

A Personalaufwand in MJ
M Befehlsanzahl in loc
C_{D} Projekt/Problem-Komplexität
E_{i} Einflußfaktoren
C_{te} eff. Entwickler-Technologiekonstante
C_{tb} Basis-Technologiekonstante.

Die Technologiekonstanten werden wiederum aus dem Faktorenprodukt mehrerer Einflußgrößen gebildet. Im Gegensatz zu den Boehmschen Faktoren variieren diese nicht um den Normalwert von Eins, sondern sind alle größer als Eins. Jensen geht also von einem Mindestaufwand für den Entwicklungsaufwand aus, macht aber für die Quantifizierung der Faktoren keine näheren Angaben.

Faktoren- bzw. Gewichtungsmethoden

Schätzmethoden anhand eines Gewichtungssystems

Basis aller Faktorenmethoden − häufig auch als Gewichtungsmethoden bezeichnet − ist ein Wertesystem von Faktoren und Gewichtungszahlen, die quantitativ den Einfluß bestimmter Kriterien auf den Aufwand bzw. die Kosten einer Entwicklungsaufgabe ausdrücken. Für das Bewerten dieser Einflußfaktoren werden sowohl subjektive (z. B. Komplexitätsgrad der Aufgabe) als auch objektive (z. B. Auswahl bestimmter Bedingungen) Kriterien herangezogen.

Faktoren- und Gewichtungsmethoden sind vornehmlich für SW-Entwicklungen formuliert worden, obwohl sie gleichermaßen auch für HW-Entwicklungen geeignet sind.

Hinsichtlich ihrer Klasseneinordnung stehen sie zwischen den algorithmischen Schätzmethoden und den Kennzahlenmethoden, denn sie arbeiten sowohl mit formelmäßigen Zusammenhängen als auch mit zu Kennzahlen verdichteten Erfahrungswerten.

IBM-Faktorenmethode

In dieser schon älteren Faktorenmethode [11] werden folgende entwicklungsbestimmende Gewichtungsfaktoren definiert:

IBM-Faktoren-
methode

Gewichtungsfaktor G_1: Anzahl Formate bei Eingabe, Ausgabe und Änderung einer Programmkomponente
Gewichtungsfaktor G_2: Art der Programmverarbeitung
Gewichtungsfaktor G_3: Problemkenntnisse der Programmierer
Gewichtungsfaktor G_4: Programmierfähigkeit der Programmierer
Gewichtungsfaktor G_5: Einfluß der projektintern und -extern verursachten Störungen auf den Arbeitsablauf.

Jeder dieser fünf Gewichtungsfaktoren wird in einer zweidimensionalen Auswahlmatrix für die jeweilige Programmkomponente bestimmt. Der Programmieraufwand in MT, der nicht den Aufwand für den fachlichen Entwurf umfaßt, wird ermittelt aus der Schätzgleichung

$$A = (G_1 + G_2) \times (G_3 + G_4). \tag{4}$$

Für die voraussichtliche Programmierzeit T (in Tagen) ergibt sich

$$T = \frac{1}{n} \times A \times (1 + G_5). \tag{5}$$

n Anzahl der Mitarbeiter

Besonders prozentuale Zuschläge zu diesem Wert sollen die Programmierzeit an die speziellen Projektgegebenheiten anpassen.

Surböck-Methode

Die Surböck-Methode stellt eine Erweiterung der vorgenannten Faktorenmethode für die dort nicht behandelten Frühphasen eines SW-Projekts dar; sie verwendet hierfür projektorientierte Faktorentabellen für das Bestimmen des Entwurfs- und Planungsaufwands.

Surböck-Methode

Mit Hilfe dieser Tabellen werden Aufwandsfaktoren für die Studie und die Systemplanung sowie Faktoren für die Parameter Komplexität und Vertrautheit mit dem Arbeitsplatz bestimmt. Durch diese Größen läßt sich dann der Aufwand für die Studie, die Systemplanung und die fachliche Realisierung ableiten. Der Aufwand für die DV-technische Realisierung wird dann nach der IBM-Faktorenmethode ermittelt.

ZKP-Methode

Zeit-Kosten-Planung

Die bei Siemens entwickelte Faktoren- und Gewichtungsmethode ZKP (Zeit-Kosten-Planung) [21] ist der Surböck-Methode sehr ähnlich; sie geht auch von zwei Aufwandsfaktoren für die verschiedenen Dateien und die Verarbeitungsfunktionen aus. Der benötigte Aufwand kann durch Problemkenntnis und Problemerfahrungsfaktoren verringert oder vergrößert werden. Weitere Zuschlagsfaktoren für organisationsbedingte Mehraufwände, für allgemeine Verlustzeiten und eventuell für Programmänderungen vergrößern den Entwicklungsaufwand. Für den engen Bereich der kommerziellen SW-Entwicklung ist die ZKP-Methode eine leistungsfähige SW-Aufwandsschätzmethode, welche nicht von der Befehlsanzahl, sondern von aufgaben- und funktionsorientierten Kriterien ausgeht.

Hauptnachteil aller Faktoren- und Gewichtungsmethoden ist, daß sie nicht in der Frühphase eines Projekts, sondern erst nach vollständiger Definition der Produktstruktur einsetzbar sind.

II Vergleichsmethoden

Vergleichsmethoden basieren nicht auf einem formel- bzw. zahlenmäßigen Zusammenhang zwischen geplanter Produktgröße und dafür notwendigem Entwicklungsaufwand; diese Methoden versuchen vielmehr, einen Bezug zwischen vergangenen Entwicklungen und der geplanten Entwicklung herzustellen. Hierzu bedienen sich die Vergleichsmethoden Erfahrungsdaten abgeschlossener Entwicklungsobjekte unter Verwendung entsprechender Vergleichskriterien. Daher benötigen alle Vergleichsmethoden eine irgendwie geartete Erfahrungsdatenbank, d.h. sie setzen das systematische Sammeln und Speichern von aussagekräftigen Erfahrungsdaten abgeschlossener Projekte voraus. Vergleichsmethoden sind sowohl für SW- als auch für HW-Entwicklungen einsetzbar und haben den großen Vorteil, daß sie bereits in der Frühphase eines Entwicklungsprojekts genutzt werden können.

Zu den Vergleichsmethoden zählen die *Analogie-* und die *Relations-methoden.*

Analogiemethoden

Schätzmethoden anhand von ähnlichen Projekten

Für den Vergleich mit abgeschlossenen Entwicklungsprojekten zieht man bei den Analogiemethoden Vergleichskriterien heran, mit denen eine entsprechende Aussage über die „Ähnlichkeit" von Entwicklungsobjekten möglich ist. Es soll aus einer Menge z.T. sehr unterschiedlicher Projekte dasjenige gefunden werden, dessen Leistungsprofil mit dem des geplanten Projekts am besten übereinstimmt. Anhand des so ausgewählten Projekts können dann Analogieschlüsse auf das künftige Projektvorhaben hinsichtlich Aufwand, Kosten und Zeit angestellt werden.

EDB-Methode

Für die Beschreibung eines solchen Leistungsprofils gibt es vielfältige Ansätze. Eine sehr gängige Methode ist der Aufbau einer Erfahrungsdatenbank (EDB), wobei die entscheidenden Merkmale abgeschlossener Projekte als Deskriptoren in einer Retrieval-Datenbank abgespeichert werden. Zusätzlich bietet sich eine formalisierte Beschreibung des Leistungsprofils anhand einer Merkmalsleiste an.

Erfahrungs-datenbank

Die Deskribierung kann sich sowohl auf das ganze Projekt als auch auf Teile eines Projekts beziehen. Im letzteren Fall steigt natürlich die „Trefferquote" ganz erheblich, da man ja mehr ähnliche Teilprodukte als ähnliche Gesamtprodukte hat. Die Wiedergewinnung wird über einen Suchdialog mit einer Booleschen Verknüpfung von Deskriptoren erreicht, mit der die zu einem geplanten Entwicklungsvorhaben „ähnlichsten" Projekte ausfindig gemacht werden. Der Projektleiter kann mit diesen einen Vergleichsschluß auf die voraussichtlichen Kosten und das erforderliche Personal machen.

Funktionswertmethode

In einem gewissen Maße muß auch die (bei IBM entwickelte) Funktionswertmethode (Function-Point-Method) zu den Analogiemethoden gezählt werden, da hier auf funktionaler Ebene eine Systematisierung im Beschreiben eines Anwendersoftware-Systems versucht wird, um so eine Vergleichbarkeit abgeschlossener SW-Projekte zu erreichen. Bei dieser Methode wird das zu realisierende System in seine Funktionsstruktur zerlegt und ein Funktionswert („function-points") durch eine detaillierte Zählung der Ein- und Ausgabedaten, der Abfragen, der Datenbestände sowie der Referenzdaten ermittelt. Die einzelnen Funktionsmengen werden entsprechend ihrem Schwierigkeitsgrad klassifiziert, gewichtet und summiert. Mit diesem Wert und unter Berücksichtigung bestimmter Einflußgrößen kann man dann in einer Funktionswertkurve den voraussichtlichen Entwicklungsaufwand ablesen. Die Funktionswertkurve muß auf der Basis von Erfahrungswerten aus vergangenen Projekten abgeleitet und aufgezeichnet werden. Von entscheidender Bedeutung bei dieser Methode ist natürlich die richtige Definition und Zählung der „Funktionen".

Funktions-wertmethode

Bild 3.8 veranschaulicht eine für den Bereich Anwendersoftware ermittelte Funktionswertkurve. Die Entwicklungsumgebung war hierbei charakterisiert durch DV-Verfahren für unternehmensinternen Einsatz, zentrale Projektorganisation, Programmiersprache PL/1, sehr gute SW-Technologie (Methoden, Tools) und durchschnittliche Personalqualifikation.

85

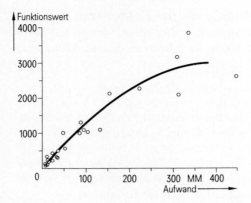

Bild 3.8 Funktionswertkurve für Anwendersoftware-Systeme (Quelle: IBM)

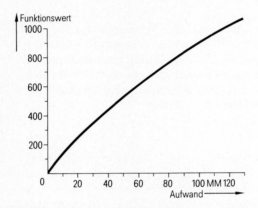

Bild 3.9 Funktionswertkurve für Rationalisierungsverfahren (Quelle: Siemens)

Bild 3.9 gibt eine Funktionswertkurve wieder, wie sie im Rahmen der Entwicklung von Rationalisierungsverfahren Anwendung findet, allerdings auf Basis anderer Einflußparameter.

Das Übertragen des Methodenprinzips auf funktionsorientierte Vergleichsverfahren zur Aufwandsschätzung bei HW-Entwicklungen ist denkbar. Man muß allerdings eine funktionsumfassende Definition von *Funktionsbereichen* in der spezifischen HW-Entwicklung erreichen.

Data-Point-Methode

Data-Point-
Methode

Für die Aufwandsschätzung von Softwareprodukten, die in Sprachen der 4. Generation (4Gl-Sprachen) geschrieben sind, wird von Harry M. Sneed eine Data-Point-Methode vorgeschlagen [26].

Im Gegensatz zur Function-Point-Methode, die vom Umfang des Datenflusses (Menge der Ein-/Ausgaben, Abfragen, Datenbestände etc.) und der Anzahl der Schnittstellen ausgeht, wird bei der Data-

86

Point-Methode der Aufwand allein von der Datenmenge, d. h. der Menge der einzelnen Datenelemente abgeleitet. Bei der Data-Point-Methode stehen nicht die Funktionen, sondern die Informations- und Nachrichtenobjekte im Vordergrund.

Informationsobjekte sind die einzelnen Datenobjekte, die in einer Datenobjekt-Tabelle nacheinander spezifiziert werden (Anzahl Attribute, Anzahl Schlüssel, Ein/Ausgabe-Kriterium, Integrationsgrad, Änderungsrate). Die Nachrichtenobjekte umfassen die Masken, Listen und Schnittstellen; auch sie werden in einer Nachrichtenobjekt-Tabelle nacheinander spezifiziert (Anzahl Felder, Anzahl Sichten, Ein/Ausgabe-Kriterium, Komplexität, Änderungsrate). Entsprechend ihrer Spezifizierung werden nach einem vorgegebenen Muster für die einzelnen Kriterien „Data-Points" vergeben. Die Summe dieser „Data-Points" wird dann − ähnlich wie bei der COCOMO-Methode − einer Qualitäts- und Einflußfaktorengewichtung unterzogen, so daß ein höherer oder kleinerer Wert herauskommt; mit diesem wird aus einer Produktivitätstabelle (ähnlich der Funktionswertkurve) der voraussichtliche Aufwandswert entnommen.

Relationsmethoden

Relationsmethoden sind den Analogiemethoden sehr ähnlich; wie bei diesen werden abgeschlossene Entwicklungsvorhaben mit dem neuen verglichen. Der Unterschied liegt in der Vorgehensweise beim Projektevergleich; dieser bleibt dem Aufwandsschätzer nicht mehr allein überlassen, sondern wird aufgrund relativierender Formalismen unterstützt.

Schätzmethoden anhand von relativen Vergleichen

Das oben erwähnte EDB-Verfahren bietet derartige Unterstützungen beim algorithmischen Vergleich von Indikatorenleisten, die Ähnlichkeitskriterien der gespeicherten Entwicklungsprojekte enthalten. Hierbei wird jedem Projekt eine längere Indikatorenleiste zugeordnet, in der mögliche Merkmalsausprägungen belegt oder nicht belegt sind. Diese Indikatoren werden mit Zusatzinformationen ebenfalls in der Datenbank gespeichert. Mit Hilfe von Mustererkennungsroutinen können dann bei Bedarf die „ähnlichsten" Projekte automatisch wieder herausgefiltert werden. Die Relevanz der so gefundenen Projekte zum Ableiten von Erkenntnissen für das neue Projekt kann auch hier letztendlich nur der Aufwandsschätzer beurteilen.

III Kennzahlenmethoden

Wie die Vergleichsmethoden erfordern die Kennzahlenmethoden das systematische Sammeln projekt- und produktspezifischer Meßdaten abgeschlossener Entwicklungsvorhaben. Diese Meßdaten werden allerdings nicht zum Vergleich von Projekten herangezogen, sondern aus ihnen leitet man aussagekräftige Kennzahlen ab, die zum Bewerten von Schätzgrößen geplanter Entwicklungsprojekte verwendet werden können.

Drei Methodengruppen sind hier von besonderer Bedeutung:

▷ Multiplikatormethoden
▷ Produktivitätsmethoden
▷ Prozentsatzmethoden.

Multiplikatormethoden

Schätzmethoden
anhand von
Produktgrößen-
Kennzahlen

Ähnlich den parametrischen Methoden gehen die Multiplikatorme-thoden von einer Produktgröße (z. B. loc) aus. Im Gegensatz zu jenen wird aber bei den Multiplikatormethoden eine einfache lineare Ab-hängigkeit zwischen den Schätzgrößen (z. B. Aufwand, Kosten) und der Produktgröße angenommen, so daß sich z. B. der Aufwand bzw. die Kosten eines Entwicklungsvorhabens durch die simple Multiplika-tion der Ergebnisgröße mit einer einzigen Kennzahl ergeben. Solche Kennzahlen sind:

▷ Gesamtkosten je Anweisungszeile,
▷ Testzeit je Anweisungszeile,
▷ RZ-Kosten je Mann-Monat,
▷ Entwicklungskosten je Gewichtseinheit,
▷ Aufwand je Logikfunktion.

Bereits die einfache Multiplikation des voraussichtlichen Personalauf-wands mit dem empirisch gefundenen Quotienten RZ-Kosten je Mann-Monat stellt eine Kennzahlenmethode zur Schätzung der Re-chenzeitkosten dar.

Abhängig von bestimmten Einflußparametern können die Werte die-ser Kennzahlen variieren (Bild 3.10); sie sind in einer speziellen Fak-torentabelle zusammengefaßt.

Wolverton-Methode

Wolverton-
Methode

Die von Wolverton vorgeschlagene Multiplikatormethode für SW-Entwicklungen [28] berücksichtigt den Neuigkeits- und Schwierig-keitsgrad der SW-Entwicklung sowie den Typ der zu entwickelnden Software.

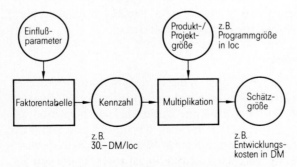

Bild 3.10   Multiplikatormethode (Prinzipdarstellung)

88

Einerseits wird unterschieden zwischen Modifikations- und Neuentwicklungen jeweils mit den drei Schwierigkeitseinstufungen leicht, mittel und schwierig. Andererseits kann man eine Einordnung in folgende SW-Kategorien vornehmen:

▷ Steuerprogramme,
▷ Eingabe-/Ausgabeprogramme,
▷ Programme zur Datenaufbereitung,
▷ Rechenprogramme (Algorithmen),
▷ Programme zur Datenverwaltung bzw.
▷ zeitkritische Programme.

Gemäß allen Kombinationen dieser beiden Einteilungen hat Wolverton empirisch die zugehörigen Kennzahlen „Kosten je Anweisung" ermittelt und in einer Matrix zusammengestellt. Sind nun die Kosten eines geplanten SW-Systems zu schätzen, so muß es in seine Bestandteile zerlegt und gemäß der Matrixeinteilung eingeordnet werden. Die jeweils für die einzelnen Programme bzw. Module zu schätzende Anweisungszahl multipliziert man mit dem zugehörigen Faktor. Die Summe ergibt dann die voraussichtlichen Personalkosten.

Für eine erste grobe Schätzung kann die Multiplikatormethode sicherlich einen guten Anhaltswert geben; für fundiertere Aufwandsschätzungen ist sie dagegen zu ungenau.

Produktivitätsmethoden

Produktivitätsmethoden zur Aufwandsschätzung sind den Multiplikatormethoden sehr ähnlich. Bei ihnen geht man allerdings nicht von den Kosten je Ergebniseinheit, sondern von der Produktivität aus. Diese „Produktivitätsfaktoren" ergeben sich aus dem erbrachten Ergebnis, dividiert durch den hierfür nötigen Aufwand (z. B. kloc/MM), und müssen ebenfalls aus den Projektdaten abgeschlossener Entwicklungsvorhaben als Durchschnittswerte abgeleitet werden.

Schätzmethoden anhand von Produktivitätskennzahlen

Auch bei den Produktivitätsmethoden gibt es einfache und komplexe Ausprägungen. Bei den einfachen Methoden wird durch Division der gemessenen Ergebnisgröße (z. B. Anweisungszahl, Dokumentationsseiten) mit einem entsprechenden Produktivitätsfaktor der erforderliche Entwicklungsaufwand ermittelt.

$$A = \frac{M}{P} \cdot \Pi E_i \qquad (6)$$

A Aufwand
M Ergebnismenge
P Produktivität
E_i Einflußfaktoren

Bei komplexeren Methoden stehen ganze Tabellen von Produktivitätsfaktoren zur Verfügung, aus denen unter besonderer Berücksichtigung der speziell vorliegenden Entwicklungsmerkmale der zutreffende Produktivitätsfaktor gewählt werden muß. Durch entsprechende Division der Ergebnisgröße ergibt sich auch hier der Entwicklungsaufwand, aus dem durch Umrechnen mit den aktuellen Stundensätzen die Personalkosten bestimmt werden können.

Walston-Felix-Methode

Walston-Felix-Methode

Als eine bekannte Produktivitätsmethode für die SW-Aufwandsschätzung ist die von Walston und Felix [27] zu nennen. Hier ist versucht worden, den unterschiedlichen Einfluß auf die Produktvität aufgrund spezieller Projektbedingungen und Produktanforderungen zu berücksichtigen. Anhand der Untersuchung von Vergangenheitsdaten und entsprechenden Regressionsanalysen wird der Verlauf eines Produktivitätsindex angegeben, der das Schätzen der voraussichtlichen Produktivität ermöglichen soll. Im einzelnen werden anhand von 29 Einflußgrößen mit Hilfe einer Produktivitätstabelle jeweils Produktivitätsvariable ($\hat{=}$ Differenz zwischen minimaler und maximaler Produktivität) bestimmt, die dann über eine Formel einen „Produktivitätsindex" festlegen; mit diesem kann in einem Produktivitätsdiagramm die anzunehmende Produktivität abgelesen werden. Teilt man nun die angenommene Anweisungszahl durch diese Produktivität, so erhält man den wahrscheinlichen Personalaufwand.

Boeing-Methode

Boeing-Methode

Bei der Boeing-Methode, welche ebenfalls eine Aufwandsschätzmethode für Software ist, wird von unterschiedlichen Produktivitätsfaktoren ausgegangen, die den einzelnen Programmieraktivitäten beim Erstellen eines SW-Programms zugeordnet sind. Je SW-Kategorie wird die Anweisungszahl geschätzt und mit der spezifischen Produktivität multipliziert. Den hieraus ermittelten Aufwand teilt man dann entsprechend einer Prozentsatzmethode auf die einzelnen Entwicklungsphasen auf. Mit Hilfe besonderer Korrekturfaktoren können schließlich diese Aufwandswerte an die im Einzelfall vorliegenden Projektspezifika angepaßt werden.

Aron-Methode

Aron-Methode

Auch der Methodenvorschlag von Aron [1] geht beim Bestimmen des Programmieraufwands von einer Produktivitätskennzahl aus. Die Größe dieser Produktivität hängt bei dieser Methode von der Programmierschwierigkeit und der Projektdauer ab. Besteht das zu entwickelnde SW-System aus Teilen unterschiedlichen Schwierigkeitsgrads, so werden die Teilmengen mit entsprechend unterschiedlichen Produktivitätsfaktoren multipliziert.

Die Qualität von Produktivitätsmethoden steht und fällt mit der Qualität der Produktivitätsdefinition und ihrer Meßbarkeit.

90

Prozentsatzmethoden

Prozentsatzmethoden sind keine eigenständigen Aufwandsschätzme- thoden, sondern übertragen im Rahmen einer *partiell* vorgenomme- nen Aufwandsschätzung gefundene Teilergebnisse auf noch nicht ge- schätzte Bereiche des Entwicklungsprozesses (Bild 3.11).

Schätzmethoden in Form von prozen- tualen Vergleichen

$$A_i = g \cdot A_j \tag{7}$$

A_i Aufwand der Phase i
A_j Aufwand der Phase j
g Prozentwert

Hierbei sind folgende Varianten möglich:

▷ Aufwände und Kosten, die durch eine Istdatenerfassung für die erste Phase des Entwicklungsprozesses ermittelt worden sind, wer- den auf die übrigen (künftigen) Entwicklungsphasen extrapoliert.

▷ Aufwände und Kosten, die in Summe durch ein anderes Schätzver- fahren ermittelt wurden, werden auf die einzelnen Entwicklungs- phasen verteilt.

▷ Übertragung von Kostenrelationen auf andere Kostenelemente aufgrund des Gesamtaufwands, der durch eine andere Schätzme- thode ermittelt worden ist.

Die verwendeten Prozentsatzreihen müssen sich allerdings auf ähnli- che Entwicklungsbereiche beziehen, weil sonst unsinnige Verteilun- gen abgeleitet werden würden.

Im Kap. 3.2.3 sind einige aus der Praxis empirisch abgeleitete Prozent- satzreihen für die SW-Entwicklung angegeben. Obwohl Prozentsatz- methoden sowohl für den SW- als auch für den HW-Entwicklungspro- zeß in gleicher Weise anwendbar sind, mangelt es bei der HW-Ent- wicklung häufig noch an einer systematischen Sammlung von Erfah- rungsdaten, so daß hier keine abgesicherten Prozentsatzreihen vor- liegen.

Schließlich sei noch erwähnt, daß Prozentsatzmethoden sich auch gut für die phasenbezogene Aufteilung der Entwicklungsdauer eignen (siehe auch Bild 3.13 in Kap. 3.2.3).

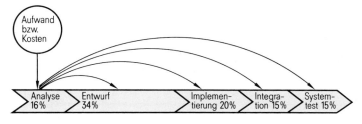

Bild 3.11
Prozentsatzmethode (Werte aus einer nachrichtentechnischen Entwicklung)

91

Einsatzzeitpunkt

Wegen der unterschiedlichen Arten der Ausgangs- und Einflußgrößen haben die einzelnen Aufwandsschätzmethoden (bzw. -verfahren) auch sehr verschiedene Einsatzzeitpunkte innerhalb des Entwicklungsprozesses.

In Bild 3.12 ist — bezogen auf den allgemeinen Entwicklungsablauf — der früheste Einsatzzeitpunkt der hier vorgestellten Aufwandsschätzmethoden bzw. zugehörigen Verfahren aufgezeigt. Viele Methoden setzen erst nach dem Systementwurf auf, zu einem Zeitpunkt also, zu dem bereits die gesamte Systemstruktur und deren Aufgliederung in die einzelnen HW- und SW-Teile festliegen.

Weitere Methoden

Vorgehensweisen bei Schätzmethoden

Neben den weiter oben beschriebenen Methoden gibt es noch Methoden, die mehr die Vorgehensweisen bei der Aufwands- und Kostenschätzung als eine generelle Methode kennzeichnen:

▷ Bottom-up-Methode,
▷ Top-down-Methode,
▷ Expertenbefragung.

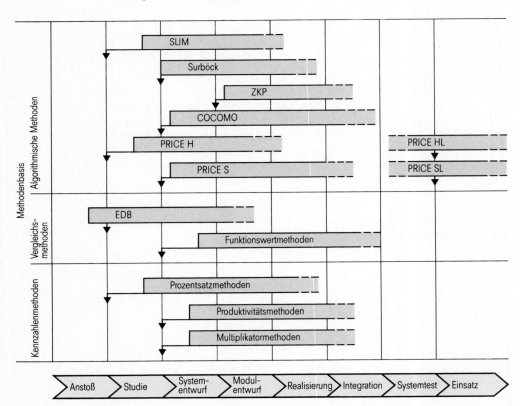

Bild 3.12 Einsatzzeitpunkte von Aufwandsschätzmethoden bzw. -verfahren

92

Bottom-up-Methode

Bei einer Bottom-up-Methode betrachtet man aus der gesamten Aufgabenmenge eines Entwicklungsvorhabens einen kleinen repräsentativen Ausschnitt, für den in einer ausführlichen Untersuchung eventuell mit Unterstützung einer speziellen Aufwandsschätzmethode der voraussichtliche Aufwand bstimmt wird. Durch Übertragen auf das gesamte Vorhaben wird der Gesamtaufwand extrapoliert. Die Methode von Aron ist hierfür ein sehr bekanntes Beispiel.

Bottom-up

Top-down-Methode

Entsprechend umgekehrt ist die Vorgehensweise bei einer Top-down-Methode, bei der man von einer Gesamtschätzung sukzessiv auf Einzelschätzungen übergeht. Ausgehend vom laufenden Verfeinern einer Produktstruktur wird die Kosten- und Aufwandsschätzung auf immer detailliertere Ebene vorangetrieben. Zuerst erstellt man für das Gesamtvorhaben eine grobe Pauschalschätzung, z. B. mit der Produktivitäts- oder Multiplikatormethode. Später, bei Vorliegen ausführlicherer Strukturkenntnisse können dann genauere Schätzungen mit anderen Aufwandsschätzmethoden durchgeführt werden.

Top-down

Expertenbefragung

Bei der Expertenbefragung führen Einzelschätzungen von Experten entweder über eine „arithmetische Durchschnittsbildung" oder eine „diskutierte Abstimmung" zu offiziellen Planwerten. Die Einzelschätzung des jeweiligen Experten sollte hierbei natürlich auch durch spezielle Aufwandsschätzmethoden unterstützt und nicht allein durch das „Gefühl" bestimmt werden. In Kapitel 3.2.4 wird auf diese Form der Aufwandsschätzung, zu der auch die *Schätzklausur* und die *Delphi-Methode* gehören, näher eingegangen.

Expertenbefragung

3.2.2 Methode COCOMO

Zentrale Ausgangsgröße bei der COCOMO-Methode ist die geschätzte Anzahl der „*Delivered Source Instructions*" (DSI), d. h. der „lines of code" (loc) eines SW-Produkts. Da der aufwandsbeeinflussende Effekt der verwendeten Programmiersprache implizit durch Einflußparameter berücksichtigt wird, bezieht sich die Zählung der DSI bzw. loc auf jede Art von Programmiersprachen; allerdings zählen zu diesen Quellcodezeilen nicht die Kommentar- und Dokumentationszeilen in einem Programm. Aus dieser vorzugebenden Produktgröße werden unter Berücksichtigung von 15 Einflußparametern, den „Kostentreibern", die drei Grundgrößen Aufwand, Kosten und Zeit ermittelt.

COCOMO ist eine parametrische Aufwandsschätzmethode

Modellvarianten

Abhängig von der Detaillierung einer Aufwandsschätzung gibt es drei Modellansätze:

▷ Grundmodell (Basic Model)
▷ Zwischenmodell (Intermediate Model)
▷ Detailmodell (Detail Model).

Grundmodell

Beim *Grundmodell* wird die zu entwickelnde Software als Block ohne irgendeine strukturelle und zeitliche Unterteilung betrachtet. Den Entwicklungsaufwand errechnet man über eine Grundgleichung, ohne daß irgendwelche Einflußparameter in die Aufwandsbestimmung miteinbezogen werden.

Zwischenmodell

Das *Zwischenmodell* berücksichtigt dagegen bereits die 15 von Boehm vorgeschlagenen Einflußparameter, allerdings ohne Differenzierung nach Entwicklungsphasen. In diesem Modellansatz ist eine Untergliederung der Software gemäß einer Produktstruktur nicht vorgesehen.

Detailmodell

Beim *Detailmodell* ist demgegenüber eine dreistufige Produktstrukturierung der geplanten Software möglich, so daß die Einflußparameter auf die einzelnen Komponenten einen unterschiedlichen Einfluß haben können. Zusätzlich sind die Einzelparameter phasenorientiert, d. h. ihre Zahlenwerte variieren in den einzelnen Entwicklungsphasen.

Rechenformeln

Der benötigte Entwicklungsaufwand A_{grund} in MM wird errechnet nach der Grundgleichung:

$$A_{grund} = C_1 \times M^{C_2}. \tag{8}$$

M Befehlsmenge in kloc
C_1, C_2 Konstanten

Bei COCOMO bilden 12 MM ein MJ mit 1824 Arbeitsstunden.

Die errechneten Werte werden beim Zwischen- und Detailmodell durch den Benutzer von COCOMO weiter verfeinert mit der optiona-

Tabelle 3.1 COCOMO-Konstanten

Entwicklungsmodus	C_1'	C_1''	C_2	C_3	C_4
Einfache SW-Entwicklung (organic mode)	2,40	3,20	1,05	2,50	0,38
Mittelschwere SW-Entwicklung (semidetached mode)	3,00	3,00	1,12	2,50	0,35
Komplexe SW-Entwicklung (embedded mode)	3,60	2,80	1,20	2,50	0,32

C_1' für Grundmodell
C_1'' für Zwischen- und Detailmodell

len Angabe von Einflußparametern, den „Kostentreibern", so daß
sich als „realer" Aufwand ergibt:

$$A_{\text{real}} = A_{\text{grund}} \times \prod_1^{15} E_i. \tag{9}$$

E_i Kostentreiber

Die benötigte Entwicklungszeit in Monaten ist:

Entwicklungszeit

$$T = C_3 \times A^{C_4}. \tag{10}$$

Die Faktoren C_1 und C_3 sowie die Exponenten C_2 und C_4 sind bei
COCOMO abhängig von der Modellvariante und dem Entwicklungsmodus vorgegeben (Tabelle 3.1).

Entwicklungsmodus

Die drei Entwicklungsmodi bestimmen den SW-Projekttyp und sagen
aus, inwieweit die Produkt- und die Produktionsumgebung bekannt,
teilweise bekannt bzw. unbekannt sind; sie können wie folgt charakterisiert werden:

Der Entwicklungs-
modus bestimmt
die Formel-
Konstanten

Einfache SW-Entwicklung

▷ Stabile Entwicklungsumgebung
▷ Minimale Innovation
▷ Kleines SW-Produkt
▷ Geringe und stabile Schnittstellen
▷ Kein Druck auf Fertigstellungstermin.

Mittelschwere SW-Entwicklung

▷ liegt zwischen einfach und komplex.

Komplexe SW-Entwicklung

▷ Ständige Innovation
▷ Inflexible Schnittstellen
▷ Hohe Anforderungen an Verfügbarkeit
▷ Enger Termin- und Kostenrahmen.

Entwicklungsphasen

Das COCOMO-Modell kennt 5 Phasen im SW- Entwicklungsprozeß:
▷ Studie　　　　　　　　　PR (Plans and requirements)
▷ Systementwurf　　　　　PD (Product design)
▷ Programmentwurf　　　　DD (Detailed design)
▷ Codierung und Einzeltest　CUT (Code and unit test)
▷ Integration und Systemtest　IT (Integration and test)

Da zur Aufwandsschätzung nach der COCOMO-Methode die Stu-
dienphase bereits abgeschlossen sein muß, liegt diese Phase außerhalb
des Modells, d. h. der für diese Phase notwendige Aufwand addiert
sich zu den nach COCOMO ermittelten Aufwänden der anderen vier
Phasen. Weiterhin werden bei der Zeitschätzung nach COCOMO die

beiden Phasen für Programmentwurf sowie Codierung und Einzeltest zu einer gemeinsamen Phase PG (Programming) zusammengefaßt.

Die von Boehm vorgenommene prozentuale Aufwandsverteilung auf die 5 Phasen PR, PD, DD, CUT und IT sowie die prozentuale Zeitaufteilung auf die 4 Phasen PR, PD, PG und IT sind in Tabelle 3.3 angegeben.

Kostentreiber

Kostentreiber verringern oder vergrößern den Entwicklungsaufwand

Als Einflußparameter definiert Boehm 15 Kostentreiber, die den Grundaufwand entsprechend ihrer Ausprägung entweder verringern oder vergrößern; sie werden in vier Attributklassen eingeordnet:

Produkt-Attribute

RELY   Benötigte SW-Zuverlässigkeit
DATA   Umfang der Datenbasis
CPLX   Komplexität des Produkts

Computer-Attribute

TIME   Nutzung der verfügbaren Ausführungszeit
STOR   Nutzung des verfügbaren Speicherplatzes
VIRT   Änderungshäufigkeit der Systembasis
TURN   Bearbeitungszyklus

Personal-Attribute

ACAP   Analysefähigkeit der Mitarbeiter
AEXP   Erfahrung der Mitarbeiter in dem Aufgabengebiet
PCAP   Programmierfähigkeit der Mitarbeiter
VEXP   Erfahrung der Mitarbeiter in der Systemumgebung
LEXP   Erfahrung der Mitarbeiter in der Programmiersprache

Projekt-Attribute

MODP   Verwendung moderner Entwicklungsmethoden
TOOL   Verwendung von SW-Tools
SCED   Anforderung an die Entwicklungszeit

Die Ausprägung dieser Attribute wird mit der Einstufung in eine der folgenden sechs Kategorien bestimmt:

▷ extrem hoch   (extra high)
▷ sehr hoch   (very high)
▷ hoch   (high)
▷ normal   (nominal)
▷ niedrig   (low)
▷ sehr niedrig   (very low)

Jedes Prädikat nimmt attribut- und phasenbezogen einen Wert kleiner/größer Eins an. Das Prädikat „normal" entspricht immer dem

Wert 1. Das rechnerische Produkt dieser 15 ausgewählten Werte geht dann in die Grundgleichung (8) ein. In [9] ist die von Boehm vorgeschlagene Wertebelegung dieser Kostentreiber aufgeführt; sie kann auf der Basis eigener Erfahrungsdaten und eines entsprechenden Kalibrierungsprogramms auf die eigene Entwicklungsumwelt angepaßt werden.

Nicht einbezogene Einflußparameter

Folgende Einflußparameter sind in das COCOMO-Modell nicht aufgenommen worden:

– SW-Anwendungsbereich,
– „Höhe" der Programmiersprache (Sprachniveau),
– Änderungshäufigkeit der Anforderungen,
– Personalfluktuation,
– Qualität des Projektmanagements,
– Qualität der Kundenkontakte,
– Umfang der Dokumentation,
– Hardware-Konfiguration,
– Restriktionen durch Datenschutz und Datensicherheit,
– Anzahl Funktionen.

Bei einigen dieser Einflußparameter hatte es sich ergeben, daß Überlappungen mit anderen Kostentreibern existieren; bei anderen, daß nur ein kleiner, zu vernachlässigender Kostentreiber-Effekt vorhanden ist. Einige sind dagegen von großer Bedeutung, wie z. B. die Management-Qualität, mußten aber wegen mangelnder Bewertungsmaßstäbe außerhalb der Modellbetrachtung bleiben.

3.2.3 Prozentsatzmethoden

Bei den Prozentsatzmethoden gibt es zwei Vorgehensweisen. Bei der ersten Vorgehensweise wird versucht, auf der Basis einer anderen Aufwandsschätzmethode den Aufwand für eine bestimmte Entwicklungsphase – die nicht eine Anfangsphase im Entwicklungsprozeß sein muß – zu schätzen. Der Schätzwert wird dann entsprechend einer vorliegenden Prozentverteilung auf die anderen Phasen übertragen.

Bei der zweiten Vorgehensweise wird mit der Entwicklung erst einmal begonnen und nach Abschluß der ersten Phase der angefallene Aufwand als Istwert festgestellt; dieser ist dann entsprechend der Prozentverteilung auf die nachfolgenden Phasen zu extrapolieren.

Phasenorientierte Aufwandsverteilungen

Prozentsatzmethoden sind vornehmlich für das phasenorientierte Aufteilen des Entwicklungsaufwands abgeleitet worden, und hier i. allg. nur für SW-Entwicklungsprozesse, obwohl die Methode auch für die HW-Entwicklung anwendbar ist.

Voraussetzung für Prozentsatzmethoden sind Erfahrungswerte vergleichbarer Projekte

Der Grund des Fehlens von Prozentwerten für Aufwandsverteilungen in der HW-Entwicklung liegt vor allem darin, daß dort die Stundenaufschreibung – trotz eingeführter HW-Prozeßorganisationen – selten *phasenbezogen* vorgenommen wird; dieses ist aber Voraussetzung zum Ableiten von Erfahrungswerten für phasenorientierte Aufwandsverteilungen.

Tabelle 3.2 zeigt einige Prozentverteilungen für SW-Entwicklungen in verschiedenen Unternehmen. Hier zeigen sich teilweise beachtliche Unterschiede – bedingt durch die unterschiedlichen Entwicklungsarten. So werden bei den ersten beiden Firmen für alle Testaktivitäten zusammen 50% bis 60% des Gesamtentwicklungsaufwands eingeplant, dagegen bei den beiden übrigen ein erheblich geringerer Anteil.

Wie die Aufwandsverteilungen verdeutlichen, hängt die phasenorientierte Aufteilung des Entwicklungsaufwands entscheidend

▷ vom Entwicklungsgebiet,
▷ vom Projekttyp und
▷ von der Größe des Entwicklungsvorhabens ab.

Daher hat Boehm im Rahmen des COCOMO-Modells [3] seine Untersuchungen zur Aufwandsverteilung bei SW-Projekten auch abhängig von Entwicklungsmodus (einfach, mittelschwer, komplex) und Programmgröße vorgenommen. Tabelle 3.3 enthält die hierbei gefundenen Prozentwerte, wobei für die Programmgröße fünf Klassen gebildet worden sind.

Tabelle 3.2 Aufwandsverteilungen für SW–Entwicklung

Unternehmen 1			Unternehmen 2		Unternehmen 3		Unternehmen 4	
Phase			Phase		Phase		Phase	
Anforderungsdefinition		8%	Anf.def.	5%	Pflichtenheft	8%	Voranalyse	5%
System design	extern	6%	Design und Spezifikation	25%	Leistungs-beschreibung	18%	Methoden und Verfahren	18%
	intern	6%						
Programm-entwicklung	Detail-entwurf	12%			Schnittst. u. Datenbeschr.	4%	System-spezifikation	27%
	Codierung	13%	Codierung	10%	Detail-spezifikation	16%		
	Komponententest	24%	Modultest	25%	Codierung und Formeltest	20%	Programmierung	30%
	Integra-tionstest	13%	Integration und Test	25%	Logik- und Integrationstest	21%		
Systemtest und Demonstration		12%			Abnahmetest u. Produktübergabe	13%	Benutzer-organisation	12%
Benutzerdokumentation		6%	Systemtest	10%			Einführung	8%

98

Tabelle 3.3 Aufwandsverteilung und Zeitverteilung nach Boehm

Entwicklungsmodus	Entwicklungs-phase	Aufwandsverteilung Programmgröße					Zeitverteilung Programmgröße				
		sehr klein	klein	mittel	groß	sehr groß	sehr klein	klein	mittel	groß	sehr groß
Einfache SW-Entwicklung	Studie	6	6	6	6	6	9	10	11	11	
	Systementwurf	15	15	15	15	15	17	17	17	17	
	Programm-entwurf	25	23	23	22	22					
	Codierung/Einzeltest	39	38	35	34	34	58	53	49	45	
	Systeminte-gration/-test	15	18	21	23	23	16	20	23	27	
Mittelschwere SW-Entwicklung	Studie	7	7	7	7	7	14	15	17	18	19
	Systementwurf	16	16	16	16	16	21	21	22	22	23
	Programm-entwurf	25	24	23	22	21					
	Codierung/Einzeltest	34	32	31	29	27	48	44	39	36	32
	Systeminte-gration/-test	18	21	23	26	29	17	20	22	24	26
Komplexe SW-Entwicklung	Studie	7	7	7	7	7	19	22	24	26	29
	Systementwurf	17	17	17	17	17	24	25	26	27	27
	Programm-entwurf	26	25	24	23	22					
	Codierung/Einzeltest	30	28	26	24	22	39	34	30	26	23
	Systeminte-gration/-test	20	23	26	29	32	18	19	20	21	21

Werte in % Programmgröße: sehr klein 2 kloc mittel 32 kloc sehr groß 512 kloc
klein 8 kloc groß 128 kloc

Phasenorientierte Aufteilung des Zeitbedarfs

Die Aufteilung der Zeitdauer für die jeweiligen Phasen ist normalerweise nicht deckungsgleich mit der Aufteilung des Personalaufwands oder auch der Projektkosten, da für die Planung und den Entwurf relativ mehr Zeit benötigt wird und erst in den Schlußphasen der Implementierung ein relativ höherer Aufwand anfällt, so daß in den Realisierungsphasen meist mehr Personal je Zeiteinheit involviert ist als in den Planungsphasen.

Diese Verschiebung der aufwandsbezogenen und der zeitbezogenen Prozentanteile ist im Bild 3.13 verdeutlicht. Als Beispiel ist hier die SW-Erstellung innerhalb der Entwicklung von Öffentlichen Vermittlungssystemen zugrundegelegt. Allerdings ist die Anteilsverschiebung zwischen Aufwand und Zeit in den Anfangsphasen bei vielen Projekten häufig viel größer als hier gezeigt, da die Projektplanung oft mit zu geringen Ressourcen begonnen wird und erst beim Projektfortschritt − wenn sich bereits terminliche Engpässe abzeichnen − ausreichende Personalkapazität zur Verfügung gestellt wird.

Die Aufwandsverteilung deckt sich im allgemeinen nicht mit der Zeitaufteilung

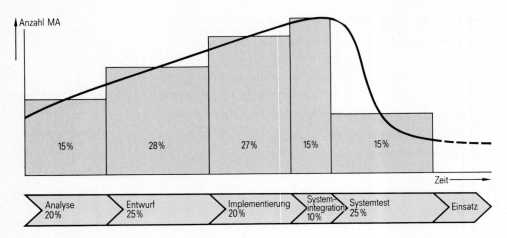

Bild 3.13
Prozentualer Aufwand und Zeitbedarf (Beispiel Vermittlungssysteme)

Analog zu den phasenorientierten Aufwands- und Kostenverteilungen innerhalb der COCOMO-Methode wurde für diese auch eine prozentuale Verteilung der Entwicklungszeit auf die Phasen abgeleitet, wiederum unter Berücksichtigung des Entwicklungsmodus und der Programmgröße (Tabelle 3.4).

Sowohl aus den Aufwandsverteilungen als auch den Zeitverteilungen (Tabelle 3.3) lassen sich folgende Aussagen ableiten:

▷ Je kleiner und einfacher das Entwicklungsvorhaben ist, destö höher ist der prozentuale Anteil an Zeit und Aufwand für Aktivitäten in den Realisierungsphasen (Programmierung, Integration und Test).

▷ Je größer und komplexer das Entwicklungsvorhaben ist, desto höher ist der prozentuale Anteil an Zeit und Aufwand für Aktivitäten in den Planungsphasen (Studie, Systementwurf).

▷ Die Schwankungsbreiten sind bei der Aufwandsverteilung geringer als bei der Zeitverteilung.

Gemittelte Aufwandsverteilungen

Als grobe Faustregel für das prozentuale Aufteilen des Personalaufwands auf die drei großen Entwicklungsabschnitte Entwurf, Programmierung und Test bei einer SW-Entwicklung ergibt sich in einer Mittelwertbildung über alle wichtigen Prozentsatzmethoden das Zahlentripel 40-20-40.

Für SW-Entwicklungen ist sicherlich ein entscheidendes Kriterium für eine Mittelwertbildung von verschiedenen Aufwandsverteilungen, inwieweit die zu entwickelnde Software den Charakter einer *Verfahrenssoftware,* einer *Produktsoftware* oder einer *Systemsoftware* hat.

100

Tabelle 3.4   Gemittelte Aufwandsverteilungen für SW-Entwicklungen

Phase	System-charakter	Produkt-charakter	Verfahrens-charakter
Studie	12	7	10
Systementwurf	18	14	16
Programmentwurf	14	21	20
Codierung	14	19	12
Einzeltest	13	21	19
Systemintegration	15	9	11
Systemtest	14	9	12

Dieses Merkmal ist deshalb auch für die Klassenbildung in der Tabelle 3.4 herangezogen worden; die Tabelle enthält eine grobe Mittelung über die verschiedenen vorliegenden prozentualen Verteilungen mit der Unterscheidung, ob die zu betrachtende Software mehr System-, Produkt- oder Verfahrenscharakter hat.

Zum Ableiten von Kennzahlen für eine Prozentsatzmethode ist Voraussetzung, daß die Aufwandserfassung, also die Stundenkontierung durch den Entwickler, *phasenorientiert* vorgenommen wird, indem man die Stundenangaben jeweils mit dem zutreffenden Phasenkennzeichen versieht.

3.2.4 Expertenbefragungen

Trotz der Bedeutung der analytischen Schätzmethoden und -verfahren ist und bleibt die Schätzung durch den Entwickler die ausschlaggebende Schätzaussage. Aufwands- und Kostenschätzverfahren können den Entwickler und den Projektleiter beim Festlegen der Planvorgaben für das Entwicklungsprojekt nur unterstützen.

Expertenbefragungen stellen – bei Vorhandensein eines ausreichenden Erfahrungsschatzes – für alle Arten von Entwicklungsprojekten eine adäquate Schätzmethode dar; besonders bei „inhomogenen" Entwicklungen, wie bei stark HW- und SW-gemischten Projekten oder bei Vertriebs- und Projektierungsprojekten, sind Expertenbefragungen (in systematisierter Vorgehensweise) häufig der einzig gangbare Weg, um zu gesicherten Schätzwerten zu kommen.

Expertenbefragungen zur Aufwandsschätzung sind meist aufgabenbezogen

Zum Befragen von Experten gibt es mehrere Möglichkeiten; sie unterscheiden sich in Systematik und Umfang der Einbindung von Experten. Die Formen von Expertenbefragungen sind (Bild 3.14):

▷ Einzelschätzung
▷ Mehrfachbefragung
▷ Delphi-Methode
▷ Schätzklausur.

101

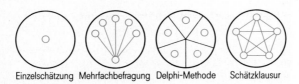

Einzelschätzung Mehrfachbefragung Delphi-Methode Schätzklausur

Bild 3.14 Formen der Expertenbefragungen

Einzelschätzung

Eine Einzelschätzung kann leicht sehr ungenau sein

Die Einzelschätzung ist immer noch die häufigste Form einer Expertenbefragung. Bei ihr legt ein einziger Entwickler, Entwicklungsgruppenleiter oder Projektleiter für ein bestimmtes Arbeitsvolumen allein die Schätzwerte hinsichtlich Aufwand, Dauer und Kosten fest. Handelt es sich um einen erfahrenen Fachmann – der bereits mehrere ähnliche Entwicklungsaktivitäten durchgeführt hat – dann haben die vorgeschlagenen Schätzwerte i. allg. eine hohe Genauigkeit. Sind die Schätzwerte ungenau, kommen dafür folgende Gründe in Frage:

▷ Mangelnde Fachkenntnisse,
▷ mangelnde Plandurchdringung,
▷ Übersehen von Aufgabenteilen,
▷ vergangenheitsbedingte „Vorurteile",
▷ Überschätzen der eigenen Produktivität,
▷ Unterschätzen der Schwierigkeiten und
▷ „opportune" Schätzungen.

Die Einzelschätzung leidet naturgemäß an einer gewissen Einseitigkeit beim Bestimmen der einzubeziehenden Randparameter; sie unterliegt keiner Kontrolle auf Richtigkeit.

Mehrfachbefragung

Die Mehrfachbefragung nutzt einen breiteren Erfahrungsschatz

Im Gegensatz zur Einzelschätzung wird bei einer Mehrfachbefragung – vor der endgültigen Abgabe eines abgestimmten Schätzwertes – eine Gruppe von Experten zu Rate gezogen. Die Experten sollten möglichst aus unterschiedlichen organisatorischen Richtungen kommen, um so weitgehend unabhängige Schätzaussagen zum geplanten Vorhaben zu erhalten.

Mit Hilfe einer Durchschnittsbildung der einzelnen Schätzwerte gelangt man zu einer Art *Repräsentativschätzung,* die meist der (künftigen) „Wahrheit" näherkommt als eine isolierte Einzelschätzung. Mit einer Mehrfachbefragung wird daher fast immer eine Verringerung des Vorhersagefehlers erreicht.

Für die Durchschnittsbildung bieten sich als Möglichkeiten an:

▷ Arithmetischer Mittelwert,
▷ Mittelwert aus Minimal- und Maximalwert,
▷ Arithmetischer Mittelwert ohne Extremwerte.

Im ersten Fall werden alle abgegebenen Schätzwerte gleichwertig behandelt und aus diesen der arithmetische Mittelwert gebildet. Bei der zweiten Vorgehensweise betrachtet man nur den Minimal- und den Maximalwert und ermittelt aus diesen beiden das Mittel. Im letzten Fall geht man umgekehrt vor; die Extremwerte werden beiseite gelassen und von den übrigbleibenden Werten wird der arithmetische Mittelwert gebildet.

Delphi-Methode

Die Aufwandsschätzung nach der Delphi-Methode basiert auch auf der Befragung mehrerer Experten; allerdings wird hier ein streng systematischer Weg eingeschlagen.

Man unterscheidet die Standard-Delphi-Methode und die Breitband-Delphi-Methode.

Die Delphi-Methode ist eine Mehrfachbefragung mit systematisierter Vorgehensweise

Standard-Delphi-Methode

Die Ablaufschritte bei der Standard-Delphi-Methode sind:

1. Der Koordinator erläutert jedem Experten einzeln die Entwicklungsaufgabe und händigt ihm ein Schätzformular aus.

2. Die einzelnen Experten füllen getrennt voneinander diese Schätzformulare aus. Hierbei dürfen sie mit dem Koordinator fachlich korrespondieren, aber eine Diskussion zwischen den Experten ist nicht gestattet.

3. Der Koordinator faßt die einzelnen Schätzungen mit Begründungen in einem Formular zusammen, welches den Experten erneut vorgelegt wird.

4. Jeder Experte überarbeitet daraufhin seine eigene Schätzung noch einmal, wieder anonym zu seinen Kollegen.

5. Dieser Prozeß wird solange wiederholt, bis eine ausreichende Annäherung zwischen den einzelnen Schätzungen erreicht worden ist.

6. Der Durchschnittswert der hinreichend angenäherten Schätzwerte stellt schließlich das Schätzergebnis dar.

Breitband-Delphi-Methode

Die Breitband-Delphi-Methode ist dadurch gekennzeichnet, daß zu Beginn und zwischen jeder Interaktion gemeinsame Sitzungen abgehalten werden, in denen die Schätzaufgaben und das Zwischenergebnis der vorausgegangenen Schätzrunde miteinander diskutiert werden.

Folgende Schritte werden bei der Breitband-Delphi-Methode durchlaufen:

1. Der Koordinator erläutert jedem Experten einzeln die Entwicklungsaufgabe und händigt ihm ein Schätzformular aus.

103

2. Vom Koordinator wird eine Sitzung einberufen, in der die Experten miteinander unter Moderation des Koordinators die zu erstellende Aufwandsschätzung diskutieren.

3. Anschließend füllt jeder Experte getrennt die Schätzformulare aus.

4. Der Koordinator faßt die einzelnen Schätzaussagen in einem Formular zusammen, begründet die Angaben und Unterschiede allerdings nicht. Das Formular wird wieder an alle Experten verteilt.

5. Der Koordinator arrangiert wieder eine Sitzung, in der vor allem die großen Abweichungen einzelner Schätzungen diskutiert werden.

6. Daraufhin überarbeitet jeder Experte seine eigene Schätzung wieder unabhängig von seinen Kollegen.

7. Dieser Prozeß wird solange − iterativ − durchlaufen, bis sich eine ausreichende Annäherung der (anonymen) einzelnen Schätzungen ergeben hat.

8. Der aus diesen einzelnen Schätzungen abgeleitete Durchschnittswert stellt schließlich das Schätzergebnis dar.

Nachteil bei beiden Formen der Delphi-Methode ist der große Zeitbedarf für das Durchführen der Schätzung.

Schätzklausur

Die Schätzklausur hat sich als kooperative Mehrfachbefragung bestens bewährt

Im Gegensatz zur Delphi-Methode enthält die Schätzklausur *gruppendynamische* Aspekte − die Experten schätzen nicht anonym, sondern gemeinsam in einem *Kollektiv*.

Eine Schätzklausur wird in drei nacheinander ablaufende Abschnitte gegliedert:

▷ Vorbereitung
▷ Durchführung
▷ Nachbereitung.

Vorbereitung der Schätzklausur

In der Vorbereitung werden die Produkt- und Projektstrukturpläne in ausreichender Detaillierung gemeinsam ausgearbeitet. Hierbei ist besonders auf Vollständigkeit und Konsistenz dieser Strukturpläne zu achten, da diese die Grundlage für die gesamte weitere Schätzung darstellen. Zudem werden die Aufgabenstellung sowie das gemeinsame Vorgehen in den künftigen Klausursitzungen diskutiert.

Durchführung der Schätzklausur

Der Durchführungsabschnitt umfaßt die eigentliche Schätzung. Ausgangspunkt sind die im Projektstrukturplan definierten einzelnen Arbeitspakete. Um nicht jedes einzelne Arbeitspaket einer eigenen Schätzung unterziehen zu müssen, bietet es sich an, nur einen *Referenzkomplex* einer detaillierten fachlichen Untersuchung und einer genauen Aufwandsschätzung zu unterziehen und dieses Einzelergebnis durch Analogieschluß auf die anderen Projektteile zu übertragen.

Diese *Bottom-up-Vorgehensweise* läuft in folgenden Schritten ab:

1. Das System wird in Komplexe gegliedert und nach Größe und Komplexität zu Gruppen geordnet (siehe Bild 3.15).

2. Ein ausgewählter Referenzkomplex wird mit großer Genauigkeit geschätzt.

3. Die Aufwände der anderen (acht) Komplexgruppen werden unter Bezug auf den Referenzkomplex geschätzt (Mehr- bzw. Minderaufwand).

4. Die entsprechende Multiplikation der jeweiligen Komplexanzahl mit dem zugehörigen Aufwandswert und die anschließende Addition ergeben den Gesamtaufwand des Vorhabens.

Liegen die Einzelschätzwerte sehr weit auseinander, dann müssen zwischen den betreffenden Schätzern in Rede und Gegenrede die Gründe für die abgegebenen Schätzungen dargelegt werden. So läßt sich feststellen, an welchen Punkten eventuell von unterschiedlichen Annahmen ausgegangen worden ist. Abweichend von der Delphi-Methode läuft die anschließende Überarbeitung der individuellen Schätzungen nicht anonym, sondern offen ab. Mit einer entsprechenden Durchschnittsbildung einigt man sich schließlich auf einen gemeinsamen Schätzwert.

In der Nachbereitung wird eine erste grobe Projektplanung zum Nachweis der Machbarkeit des Projekts erstellt. Hierbei gibt es folgende Schritte:

Nachbereitung der Schätzklausur

1. Die arbeitspaketorientierten Aufwandsschätzwerte werden den Funktionsbereichen und Entwicklungsphasen zugeordnet.

2. Die vorliegende Aufwandsschätzung wird mit Hilfe anderer Verfahren, wie algorithmischen Vergleichs- oder Kennzahlenverfahren plausibiliert.

Anzahl		Größe			Summierung in MT
	Aufwand in MT	klein	mittel	groß	
Komplexität	gering	4 / 8 MT	3 / 12 MT	2 / 15 MT	32 + 36 + 30 = 98
	mittel	1 / 10 MT	2 / 15 MT	2 / 20 MT	10 + 30 + 40 = 80
	hoch	0 / 15 MT	2 / 20 MT	1 / 25 MT	0 + 40 + 25 = 65
	Gesamtaufwand				243 MT ≙ 11 MM

Referenzkomplex

Bild 3.15
Referenzmatrix
für Schätzklausur

105

3. Die Arbeitspakete werden in einen Balkenplan oder einen Grob-
netzplan eingeordnet.

4. Die Einsatzmittel (Personen, Maschinen, Geldmittel) werden entsprechend eingeplant.

5. Eine Risikobewertung wird durchgeführt.

Nach einer Schätzklausur können die geschätzten Aufwandswerte mit
den entsprechenden Verrechnungssätzen bewertet werden und in eine
Projektkalkulation einfließen.

Neben dem Finden eines „treffsicheren" Schätzergebnisses hat diese
Form der Expertenbefragung aber noch einige weitere Vorteile,
die mehr unter dem *gruppendynamischen* Aspekt gesehen werden
müssen:

Die Vorteile der
Schätzklausur ba-
sieren auf ihrem
gruppendynami-
schen Aspekt

▷ Alle Produkt- und Projektprobleme werden gemeinsam herausgearbeitet.

▷ Es wird eine gemeinsame Definitionsbasis für Produkt und Projekt
erarbeitet, hinter der später alle stehen.

▷ Planaufwand und voraussichtliche Projektdauer werden gemeinsam und nachvollziehbar ermittelt, so daß man diese Planangaben
später auch gemeinsam trägt.

▷ Management und Projektteam erhalten die innere Sicherheit für
die Machbarkeit des Projekts.

3.3 Netzplantechnik

Die Netzplantechnik (NPT) als Hilfsmittel zum Analysieren, Beschreiben, Planen, Kontrollieren und Steuern von Projektabläufen
stellt eine bewährte Methode für das Projektmanagement dar. Bei
Projekten, bei denen zahlreiche Mitarbeiter mehrerer Abteilungen
über eine lange Projektdauer mit der Ausrichtung auf ein gemeinsames Projektziel koordiniert und gesteuert werden müssen, hat sich
die Netzplantechnik als die einzige Möglichkeit gezeigt, Termine,
Aufwände, Kosten und Einsatzmittel konsistent zu planen und zu
überwachen.

Netzpläne bringen
Arbeitspakete in
einen personellen,
fachlichen und
zeitlichen
Zusammenhang

3.3.1 Methodenüberblick

Die Netzplanmethoden lassen sich nach unterschiedlichen Aspekten
einteilen. Eine ablaufbezogene Unterscheidung ist die folgende:

▷ Methoden für deterministische Projektabläufe
▷ Methoden für stochastische Projektabläufe.

Bei Netzplanmethoden, die *deterministische* Projektabläufe beschreiben, sind die Abläufe vorherbestimmbar, d. h. alle im Netzplan dar-

gestellten Wege werden zur Realisierung des Projekts durchlaufen. Zu dieser Methodengruppe gehören CPM, PERT und MPM.

Die zweite Methodengruppe umfaßt Netzplanmethoden für Projekte, die über *probabilistische* bzw. stochastische Ablaufstrukturen verfügen. In diesen Strukturen können bei den Ereignissen bzw. Vorgängen − abhängig von Wahrscheinlichkeitswerten − mehrere Möglichkeiten für den weiteren Projektablauf ausgewählt werden. Bei der Projektdurchführung sind daher nicht alle Wege − wie bei einem deterministischen Projektablauf − zu durchlaufen, sondern es können einige Zweige ausgelassen werden. Einen solchen Netzplan bezeichnet man als *Entscheidungsnetzplan* (EPT).

Beispiele für solche Entscheidungsnetzplantechniken (ENPT) sind die Methoden GERT (Graphical Evaluation and Review Technique) und GAN (Generalized Activity Networks) sowie die Evaluationsnetztechnik auf Basis der Petri-Netze.

Für technische und betriebliche Abläufe haben sich die determinierten Zeitmodelle durchgesetzt.

In Bild 3.16 sind die formalen Elemente einiger dieser Netzplanformen dargestellt.

Elemente eines Netzplans

Die Elemente eines Netzplans sind:

▷ Vorgänge
▷ Ereignisse
▷ Anordnungsbeziehungen (AOB).

Ein Vorgang stellt ein „zeiterforderndes" *Geschehen* im Projektablauf dar, welches über einen definierten Anfang und über ein definiertes Ende verfügt. Ein Ereignis kennzeichnet demgegenüber einen defi-

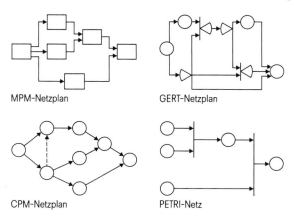

MPM-Netzplan   GERT-Netzplan

CPM-Netzplan   PETRI-Netz

Bild 3.16
Formale Elemente eines Netzplans (links: deterministische Netzpläne; rechts: Entscheidungsnetzpläne)

nierten und damit beschreibbaren *Zustand* im Projektablauf. Anordnungsbeziehungen stellen darüber hinaus die personellen, fachlichen und terminlichen Abhängigkeiten zwischen den einzelnen Vorgängen her.

Darstellungsformen deterministischer Netzpläne

Man unterscheidet bei der Netzplandarstellung drei Formen:

▷ Ereignisknoten-Netzplan   (EKN)
▷ Vorgangsknoten-Netzplan   (VKN)
▷ Vorgangspfeil-Netzplan   (VPN).

EKN:
Knoten =
  Ereignisse
Pfeile = Tätigkeiten

Bei einem Ereignisknoten-Netzplan werden vorwiegend *Ereignisse* beschrieben und als Knoten eines Netzes dargestellt. Die Verbindungspfeile dieser Knoten stellen die Tätigkeiten dar, die notwendig sind, um von dem einen Ereignis zu dem anderen zu gelangen. Die Pfeile kennzeichnen also die Zeitabstände zwischen jeweils zwei Ereignissen. Das bekannteste EKN-Verfahren ist PERT (Program Evaluation and Review Technique); es ist in Kap. 3.3.3 näher erläutert.

VKN:
Knoten =
  Vorgänge
Pfeile =
  Anordnungsbeziehungen

In einem Vorgangsknoten-Netzplan werden vorwiegend *Vorgänge* beschrieben und als *Knoten* dargestellt. Eine wesentliche Erweiterung entsteht durch Einbeziehen der logischen Abhängigkeiten, indem die Verbindungspfeile der Knoten die Anordnungsbeziehungen für die Vorgänge bestimmen. MPM (Metra Potential Method) ist in Kap. 3.3.4 beschrieben.

VPN:
Knoten =
  Ereignisse
Pfeile = Vorgänge

Beim Vorgangspfeil-Netzplan werden − wie beim VKN − vorwiegend *Vorgänge* beschrieben; diese sind aber *als Pfeile* in dem Netz dargestellt. Eine Anordnungsbeziehung zwischen Ende und Anfang von zwei aufeinanderfolgenden Vorgängen ist wegen der unmittelbaren Abhängigkeit nicht darstellbar. Die Knoten fungieren damit als Ereignisse. CPM (Critical Path Method) ist hierfür die bekannteste Methode, auf welche im Kap. 3.3.2 näher eingegangen wird.

Bild 3.17 stellt diese drei Netzplanarten in ihren Grundelementen gegenüber. DIN 69 900, Teil 2 [40], enthält einige Angaben zur graphischen und tabellarischen Darstellung der verschiedenen Netzplanarten.

Neben den Netzplanmethoden PERT, MPM und CPM gibt es noch eine große Anzahl hiervon abgeleiteter Methoden.

Entscheidungsnetzpläne

Entscheidungsnetzpläne ermöglichen unterschiedliche Abläufe

Entscheidungsnetzplantechniken wendet man an, wenn der Projektablauf nicht eindeutig festlegt, sondern das Projektziel auf mehreren unterschiedlichen Wegen erreicht werden kann. Hängt nämlich das weitere Vorgehen bei einem erreichten Projektzustand von bestimmten äußeren Einflüssen ab, so ist ein deterministischer Ablauf

108

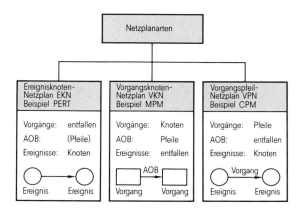

Bild 3.17 Netzplanarten (deterministisch)

nicht mehr gegeben. Dies ist z. B. der Fall, wenn wechselnde Markteinflüsse (Ergebnisse von Meinungsumfragen, politische, wirtschaftliche oder technologische Veränderungen etc.) in den Projektablauf so einbezogen werden müssen, daß z. B. aufgrund der aktuell vorliegenden Marktsituation alternative Wege zu beschreiten sind.

Entscheidungsnetzplantechniken haben gegenüber den anderen Netzplantechniken folgende zusätzliche Möglichkeiten:

▷ Logische Verknüpfung von Vorgängen,
▷ Entscheidungsweichen für alternative Abläufe,
▷ Schleifenbildung von Vorgängen,
▷ Berücksichtigung von Wahrscheinlichkeitswerten und Zufallsvariablen im Netzplanablauf.

Ein Entscheidungsnetzplan wird damit auf einem nicht vorher bestimmbaren Weg durchlaufen. Bei wiederholtem Durchlauf können sich also unterschiedliche Vorgangsabläufe ergeben.

Das bekannteste Verfahren, welches mit Entscheidungsereignissen arbeitet, ist das bereits erwähnte Verfahren GERT, bei dem die Pfeile den Vorgängen und die Knoten den Ereignissen entsprechen. Sowohl für den Eingang als auch für den Ausgang eines Knotens kann man eine Entscheidungsmöglichkeit bestimmen. Für den Ausgang ist hierbei eine deterministische oder eine probabilistische Auswahl möglich; für den Eingang sind disjunktive und konjunktive Auswahlen erlaubt.

Stochastische Projektabläufe können auch mit Vorgangsknoten-Entscheidungsnetzen dargestellt werden. Diese Netze enthalten neben normalen (deterministischen) Vorgängen auch Entscheidungsvorgänge, die aufgrund ihres eigenen Ergebnisses den weiteren Ablauf steuern. Ein Entscheidungsvorgang bestimmt also selbst, welcher Nachfolger als nächster durchgeführt werden soll.

3.3.2 Vorgangspfeil-Netzplan (CPM)

Ein CPM-Netzplan enthält eine Abfolge von Vorgängen und Ereignissen; er ist vorgangsorientiert

Die Netzplanmethode CPM (Critical Path Method) ist im angelsächsischen Bereich, besonders in den USA, sehr verbreitet; so werden z. B. alle Netzpläne in der Luft- und Raumfahrttechnik dort mit CPM-Verfahren erstellt.

Netzplanelemente

Der CPM-Netzplan stellt einen vorgangsorientierten Netzplan dar. Die Tätigkeiten sind jeweils durch einen Pfeil symbolisiert. Die Abhängigkeiten zwischen diesen Vorgangspfeilen werden nicht gesondert ausgewiesen, da Ende und Anfang eines Pfeils unmittelbar aufeinanderfolgen. Bei CPM wird vorausgesetzt, daß die Vorgänge lückenlos aufeinanderfolgen, also keine zeitlichen Überlappungen möglich sind. Der Pfeil übernimmt damit auch die Information der Anordnungsbeziehungen, die immer Ende-Anfang-Beziehungen sind. Jeder Vorgangspfeil wird von zwei Knoten eingegrenzt, welche die Funktion von Ereignissen haben.

Die Knoten kennzeichnen die Anfangs- und Endergebnisse von Tätigkeitsabläufen und haben den Charakter von Meilensteinen. Daher wird die CPM-Netzplandarstellung gerne bei Meilensteinabläufen verwendet.

Netzplandarstellung

In Bild 3.18 ist ein Beispiel für ein Vorgangspfeilnetz gezeigt. Die Benennungen der Vorgänge werden üblicherweise oberhalb der Pfeile eingetragen. Die einzelnen als Kreise dargestellten Knoten werden durchnumeriert, so daß jeder Vorgang eindeutig durch das Nummernpaar der beiden begrenzenden Knoten identifizierbar ist.

Weiterhin sind in den Knotenkreisen die Frühest- und Spätesttermine für die Vorgänge aufgenommen. Entsprechend einer *Vorwärts-* und *Rückwärtsrechnung* (siehe Kap. 3.3.5) ergeben sich die Pufferwerte. In der Vorwärtsrechnung werden alle Frühesttermine durch schrittweises Aufaddieren der Vorgangsdauern bestimmt. Ausgehend von dem dabei ermittelten Endtermin werden bei der Rückwärtsrechnung durch schrittweises Subtrahieren die Spätesttermine der einzelnen Vorgänge errechnet. Die Differenz aus Frühesttermin und Spätesttermin bildet jeweils den Zeitpuffer eines Vorgangs. Die von Projektanfang bis zum Projektende durchgehende Vorgangskette, die nur Vorgänge mit einem Puffer von Null enthält, kennzeichnet den „kritischen Pfad". Terminverschiebungen von Vorgängen, die auf dem kritischen Pfad liegen, wirken sich voll auf den Endtermin des Gesamtprojekts aus.

Einen Sonderfall stellen in einem Vorgangspfeil-Netzplan die *Scheinvorgänge* dar. Scheinvorgangspfeile – häufig als gestrichelte Pfeile gezeichnet – sind Vorgänge mit einer Dauer Null und dienen – in

110

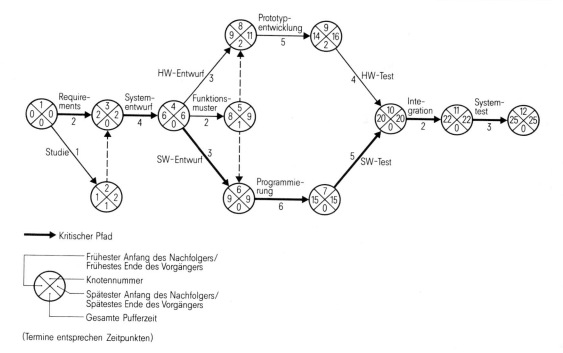

Bild 3.18 CPM-Netzplan

Ermangelung einer expliziten Darstellungsmöglichkeit von Anordnungsbeziehungen − zur Zeitsynchronisation der Anfangs- bzw. Endknoten von Vorgangspfeilen. Durch das Einführen von Scheinvorgängen (siehe Beispiel Vorgang 2 − 3 im Bild 3.18) können parallellaufende Aktivitäten in ihrem Anfang oder in ihrem Ende gleichgeschaltet werden.

3.3.3 Ereignisknoten-Netzplan (PERT)

Netzplanelemente

Bei PERT (Program Evaluation and Review Technique) stellt der Netzplan einen ereignisorientierten Netzplan dar, d. h. die Tätigkeiten ($\hat{=}$ Vorgänge) werden durch ein Vor- und ein Nachereignis bestimmt [19]. In Bild 3.19 ist beispielhaft ein solcher Netzplan dargestellt. Die Kreise bezeichnen die Ereignisse, die Pfeile die Tätigkeiten.

Die Tätigkeit bzw. der Vorgang tritt bei einem PERT-Netzplan in seiner Bedeutung stark zurück. Ausschlaggebend sind die den Vorgang begrenzenden Ereignisse: das Vorgängerereignis und das Nachfolgerereignis, die den Charakter von Meilensteinen einnehmen. Dem Pfeil wird der Zeitabstand zwischen diesen beiden Ereignissen zugeordnet.

Ein PERT-Netzplan ermöglicht die Angabe von Zeitvarianten für die einzelnen Tätigkeiten; er ist ereignisorientiert

111

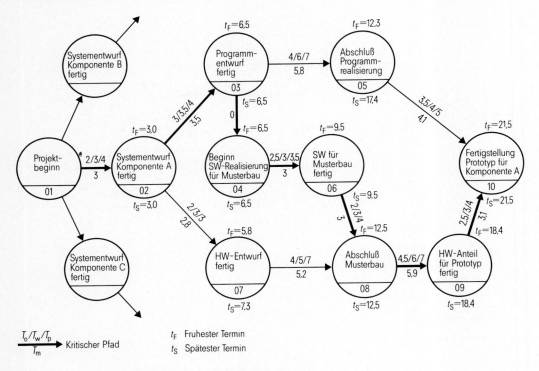

Bild 3.19 PERT-Netzplan

Drei-Zeiten-Schätzung

PERT ermöglicht
drei Zeitangaben

Das herausragende Merkmal von PERT ist die *Drei-Zeiten-Schät-zung*. Im Gegensatz zu allen anderen Netzplantechniken ist hier die Schätzung der Tätigkeitsdauer nicht mit *einem* Wert belegt, sondern mit drei Zeitangaben:

▷ Optimistische Zeit T_o
▷ Wahrscheinliche Zeit T_w
▷ Pessimistische Zeit T_p.

Die optimistische Zeit T_o bezeichnet die Schätzung der kürzestmög-lichen Zeitdauer für eine Tätigkeit, wenn alles „bestens" und mit „viel Glück" abläuft. Die Schätzung der normal üblichen Zeitdauer für eine Tätigkeit ergibt die wahrscheinliche Zeit T_w. Zum Bestimmen der pessimistischen Zeit T_p wird angenommen, daß beim Durchführen der betreffenden Tätigkeit alles „schief" läuft.

Aus diesen drei Zeitwerten wird nach einer Wahrscheinlichkeitsdich-teverteilung (Beta-Verteilung) eine mittlere erwartete Zeit T_m berech-net:

$$T_m = \frac{T_o + 4\,T_w + T_p}{6}.$$ (11)

112

Es werden also keine festen Zeitdauern für die einzelnen Tätigkeiten angenommen, sondern sie variieren in einem bestimmten Bereich.

Netzplandarstellung

Die Termindurchrechnung geschieht ähnlich wie bei CPM und MPM durch Vor- und Rückwärtskumulieren der mittleren erwarteten Zeiten. In dem Netzplanbeispiel Bild 3.19 sind die auf diese Art ermittelten Werte für die frühestmöglichen Termine t_F und die spätestmöglichen Termine t_S für die einzelnen Ereignisse angegeben. Als kritischer Pfad ist hier der Pfad zu erkennen, der die längste (aufaddierte) Zeitdauer hat und dessen Ereignisse alle eine Pufferzeit ($t_S - t_F$) von Null haben.

Die Benennung der Ereignisse wird bei einem PERT-Netzplan möglichst in den Kreis oder besser in ein Oval mit einer eindeutig identifizierenden Ereignisnummer eingetragen. Oberhalb der Verbindungspfeile gibt man die drei Werte der Zeitschätzung und unterhalb der Pfeile den berechneten mittleren Zeitwert an.

Dadurch, daß kein Zwang zu einer verpflichtenden Einzel-Zeit-Schätzung besteht, erreicht man bei einem PERT-Netzplan eine ehrlichere und realistischere Terminbeurteilung. Allerdings liegt wohl der entscheidende Nachteil von PERT in dem beachtlichen Aufwand für das Aktualisieren der (dreimal so vielen) Zeitschätzwerte.

Der Begriff PERT-Diagramm wird heutzutage häufig auch für Netzplandarstellungen verwendet, die keine Zeitwahrscheinlichkeiten enthalten.

3.3.4 Vorgangsknoten-Netzplan (MPM)

MPM (Metra-Potential-Methode) hat im europäischen Bereich die beiden anderen Netzplanmethoden CPM und PERT stark zurückgedrängt.

Netzplanelemente

Der MPM-Netzplan enthält Vorgänge, die untereinander in Anordnungsbeziehungen stehen

Bei MPM werden in einem Vorgangsknoten-Netz die Tätigkeiten bzw. Vorgänge als Kästen dargestellt, die Verbindungspfeile symbolisieren die Anordnungsbeziehungen (AOB) zwischen diesen Vorgängen. Explizite Ereignisse treten somit in einem Vorgangsknoten-Netzplan nicht auf. Meilenstein-Ereignisse müssen als eigene Vorgänge mit einer Null-Dauer deklariert werden.

Entsprechend der Ablauffolge der einzelnen Vorgänge in einem Vorgangsknoten-Netz gibt es unterschiedliche Arten von Vorgängen: Ein *Vorgänger*(-Vorgang) ist im logischen Ablauf unmittelbar *vor* einem bestimmten Vorgang, ein *Nachfolger*(-Vorgang) ist im logischen Ablauf unmittelbar *nach* diesem Vorgang angeordnet. Ein *Startvorgang* kennzeichnet den ersten Vorgang im logischen Ablauf, der selbst keinen Vorgänger hat. Der *Zielvorgang* ist der letzte Vorgang im logischen Ablauf und besitzt daher keinen eigenen Nachfolger. Der *Alleinvorgang* stellt eine Aktivität dar, die nicht in den logischen Projektablauf eingebunden ist, und verfügt weder über einen Vorgänger noch über einen Nachfolger.

Anordnungsbeziehungen

Innerhalb der MPM-Netzplanmethode ist es möglich, vier Formen einer Anordnungsbeziehung zu definieren, die sich in Art und Zeitdauer der Überlappung der Vorgänge unterscheiden (siehe Bild 3.20):

Es gibt vier Formen von Anordnungs- beziehungen

▷ Normalfolge   (NF)
▷ Anfangsfolge   (AF)
▷ Endfolge   (EF)
▷ Sprungfolge   (SF).

Die Normalfolge ist die übliche Folge zweier (serieller) Vorgänge, bei denen das Ende des ersten Vorgangs mit dem Anfang des zweiten Vorgangs verbunden ist, so daß sie sich — bei positivem Zeitabstand — nicht überlappen. Die Normalfolge ist eine Ende-Anfang-Beziehung. Bei einer Anfangsfolge sind die Anfänge der beiden Vorgänge, die damit überlappt (teilparallel) sein können, miteinander verbunden. Die Anfangsfolge ist also eine Anfang-Anfang-Beziehung. Bei einer Endfolge sind die Enden der beiden Vorgänge entsprechend verknüpft; es handelt sich um eine Ende-Ende-Beziehung. Die Sprungfolge kennzeichnet einen Spezialfall, bei dem das Ende des Nachfolger-Vorgangs mit dem Anfang des Vorgänger-Vorgangs verbunden ist. Sie ist damit eine Anfang-Ende-Beziehung und wird hauptsächlich zum Definieren von Maximalabständen verwendet.

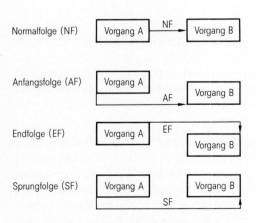

Bild 3.20   Anordnungsbeziehungen

114

Zeitabstände von Anordnungsbeziehungen

Für alle vier Anordnungsbeziehungen können die Zeitabstände auf zwei Arten angegeben werden:

▷ Minimal- bzw. Mindestabstände
▷ Maximal- bzw. Höchstabstände.

Für Zeitabstände sind Minimal- oder Maximalwerte anzugeben

Minimalabstände − auch als Mindestabstände bezeichnet − kennzeichnen z. B. bei einer Normalfolge einen Zeitwert, der mindestens vergehen muß, bevor der Nachfolger-Vorgang begonnen werden darf. *Maximalabstände* dagegen bestimmen zeitliche Abstände, die nicht überschritten werden dürfen. Bei einer Normalfolge bedeutet dies z. B., daß der Nachfolger-Vorgang niemals später als der angegebene Zeitwert begonnen werden darf. Maximalabstände bestimmen damit eine Begrenzung bei Überschreiten von Minimalabständen. In der Praxis begnügt man sich bei der Angabe von Zeitabständen meist mit Minimalwerten, da Maximalabstände mit Hilfe von Schleifenkonstruktionen (z. B. Normalfolge mit Sprungfolge) formuliert werden müssen.

Als Kennzahl für die Vernetzung eines Netzplans (Netzdichte) wird die Verflechtungszahl v angegeben:

Definition der Netzdichte

$$v = \frac{n_{\text{AOB}}}{n_{\text{Vorgang}} - 1} \qquad (12)$$

n_{AOB} Anzahl Anordnungsbeziehungen
n_{Vorgang} Anzahl Vorgänge.

Bei $v = 1$ handelt es sich um einen sequentiellen Ablauf. Die Praxis hat gezeigt, daß die Verflechtungszahl den Wert 2 nicht überschreiten sollte.

Netzplandarstellung

Bild 3.21 zeigt einen Netzplan in der MPM-Darstellung, hierbei wurde das Beispiel des Kap. 3.3.2 benutzt, welches dort in der CPM-Darstellung ausgeführt wurde. Aus jedem dort aufgeführten Vorgangspfeil wird in der MPM-Darstellung ein Vorgangskästchen, welches im wesentlichen die gleichen Daten enthält wie der Knotenkreis in dem CPM-Netzplan.

Die Frühest- und Spätesttermine sowie die Pufferzeiten sind in ähnlicher Form wie bei der CPM-Methode zu bestimmen, indem durch eine Vorwärtsrechnung die Frühesttermine und durch eine Rückwärtsrechnung die Spätesttermine ermittelt werden. Es sind allerdings die − bei der CPM-Methode nicht vorhandenen − Anordnungsbeziehungen in ihrer jeweiligen Art und ihren Zeitabständen zusätzlich zu beachten.

115

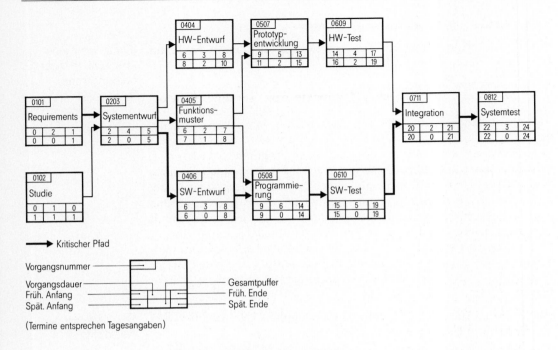

Bild 3.21 MPM-Netzplan (Beispiel)

3.3.5 Termindurchrechnung

Die Termindurch-
rechnung dient
dem zeitlichen Ein-
ordnen der Netz-
plan-Vorgänge

Mit der Termindurchrechnung eines Netzplans werden die Netzplan-
Vorgänge − unter Berücksichtigung der gegenseitigen Abhängigkeiten − zeitlich eingeordnet. Ausgangsbasis sind die jeweiligen Dauern
der Vorgänge und eventuell gesetzte Fixtermine. Neben der Festlegung der gesamten Terminlage werden noch die einzelnen *Pufferzeiten* der Vorgänge sowie die *kritischen Pfade* ermittelt.

Die Termindurchrechnung läuft in zwei Rechnungsgängen ab, der
Vorwärts- und der *Rückwärtsrechnung*. Ihr Ergebnis ist die Bestimmung der Anfangstermine und Endtermine aller Netzplan-Vorgänge.
Bei den Anfangs- und Endterminen muß zwischen frühester und
spätester Terminlage unterschieden werden, so daß ein für einen Vorgangsknoten-Netzplan signifikanter Termin-Quadrupel entsteht:

▷ Frühester Anfangszeitpunkt *(FAZ)*
▷ Spätester Anfangszeitpunkt *(SAZ)*
▷ Frühester Endzeitpunkt *(FEZ)*
▷ Spätester Endzeitpunkt *(SEZ)*.

Der Unterschied zwischen frühestem und spätestem Zeitpunkt eines
Vorgangs liegt in der Vernetzung und gegenseitigen Abhängigkeit der
Vorgänge begründet. Hierdurch kann ein Vorgang mit definierter

116

Dauer früher und später zur Ausführung kommen; der Vorgang verfügt dann über einen Zeitpuffer.

Vorwärtsrechnung

Zum Bestimmen der frühesten Zeitpunkte bzw. Termine dient der erste Rechnungsgang, die Vorwärtsrechnung, — auch *progressive Zeitrechnung* genannt. Bei der Vorwärtsrechnung wird von dem Anfangszeitpunkt des Startvorgangs ausgegangen. Durch Addition mit dessen Dauer erhält man den frühesten Endzeitpunkt für diesen Startvorgang, der gleichzeitig — unter Berücksichtigung entsprechender Zeitabstände — die frühesten Anfangszeitpunkte für die Nachfolger-Vorgänge des Startvorgangs bestimmt. Addiert zur jeweiligen Vorgangsdauer ergeben sich die zugehörigen frühesten Endzeitpunkte dieser Nachfolger-Vorgänge. Diese bestimmen wiederum die frühesten Anfangszeitpunkte von deren Nachfolger-Vorgängen usw., bis diese Durchrechnung, die aufgrund der vernetzten Struktur iterativ abläuft, zu einem frühesten Endzeitpunkt für den Zielvorgang führt. Bild 3.22 zeigt ein einfaches Beispiel für die Vorwärtsrechnung bei einem Sammelknoten, wobei mehrere Vorgänge einen gemeinsamen Nachfolger haben.

Progressive Rechnung: Bestimmung der frühesten Termine

Das Ergebnis einer derartigen iterativen Vorwärtsrechnung ist die Bestimmung aller frühesten Zeitpunkte nach folgendem Formelpaar:

Vorwärtsrechnung

$$FAZ_x = \max\ (FEZ_v) + 1$$
$$FEZ_x = FAZ_x + T_x - 1$$

(13)

v *Vorgänger von x*
T_x *Dauer von x*

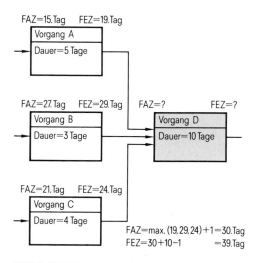

Bild 3.22   Vorwärtsrechnung

117

Rückwärtsrechnung

Retrograde Rechnung: Bestimmung der spätesten Termine

In einem zweiten Rechnungsgang, der Rückwärtsrechnung − auch *retrograde Rechnung* genannt − werden die spätesten Zeitpunkte bzw. Termine bestimmt. Bei der Rückwärtsrechnung ist von dem spätesten Endzeitpunkt des Zielvorgangs auszugehen; dieser kann entweder als Fixtermin oder durch die Projektdauer vorgegeben sein. Ist beides nicht der Fall, so wird der durch die Vorwärtsrechnung ermittelte früheste Endzeitpunkt gewählt und mit dem spätesten Endzeitpunkt gleichgesetzt. Durch Subtraktion der Dauer des Zielvorgangs vom Endzeitpunkt ergibt sich der späteste Anfangszeitpunkt dieses Vorgangs, der gleichzeitig unter Berücksichtigung eventueller Zeitabstände der Anordnungsbeziehungen die spätesten Endzeitpunkte seiner Vorgänger bestimmt. Deren späteste Anfangszeitpunkte ergeben sich wiederum durch Subtraktion der jeweiligen Vorgangsdauern von diesen Endzeitpunkten. Auch hier läuft der Rechnungsgang wegen der vernetzten Struktur iterativ ab und wird so lange durchgeführt, bis der Startvorgang erreicht, d. h. dessen spätester Anfangszeitpunkt bestimmt worden ist.

Bild 3.23 zeigt ein Beispiel für die Rückwärtsrechnung bei einem Verzweigungsknoten, bei dem mehrere Vorgänge von einem einzigen Vorgänger ausgehen.

Ergebnis der Rückwärtsrechnung (Bild 3.23) ist die Bestimmung aller spätesten Zeitpunkte nach dem folgenden Formelpaar:

Rückwärtsrechnung

$$SEZ_x = \min\ (SAZ_n) - 1 \tag{14}$$
$$SAZ_x = SEZ_x - T_x + 1$$

n Nachfolger von x
T_x Dauer von x

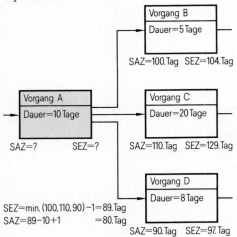

Bild 3.23   Rückwärtsrechnung

118

Konsistenz eines Netzplans

Nach Abschluß der Vorwärts- und der Rückwärtsrechnung liegt für jeden Vorgang das bereits erwähnte Termin-Quadrupel vor.

als Zeitpunkte:

FAZ, SAZ, FEZ, SEZ bzw.

als Termine:

FAT, SAT, FET, SET.

Ist der Netzplan „zeitkonsistent", treten also keine negativen Puffer auf, so muß die Terminrechnung folgende Zeitbeziehungen für alle Vorgänge ergeben haben:

Zeitkonsistenter Netzplan:

$$SAZ \geq FAZ$$
$$SEZ \geq FEZ.$$

Anderenfalls ist der Netzplan nicht zeitkonsistent, d.h. es gibt Vorgänge, deren Dauer nicht mehr in die Zeitspanne der errechneten Termine für Anfang und Ende passen. Der Netzplan muß in einem solchen Fall überarbeitet werden, sei es durch Verändern von Vorgangsdauern, durch Ändern von Anordnungsbeziehungen oder durch Ändern von Fixterminen. Negative Puffer entstehen allein durch die Vorgabe von Fixterminen. Sind solche Fixtermine nicht vorhanden, ergibt sich immer ein zeitkonsistenter Netzplan.

Gesamte und freie Pufferzeit

Als Puffer werden bei einem Netzplan die Zeitintervalle bezeichnet, in denen die Vorgänge unter bestimmten Voraussetzungen verschoben werden können.

Die *gesamte Pufferzeit* $T_{GP,x}$ eines Vorgangs wird definiert als Differenz der spätesten und frühesten Zeitpunkte (entweder Anfangs- oder Endzeitpunkte), d.h.:

$$T_{GP,x} = SAZ_x - FAZ_x = SEZ_x - FEZ_x. \qquad (15)$$

Diese Gesamtpufferzeit muß bei jedem Vorgang eines Netzplans stets größer oder gleich Null sein, sonst ist der Netzplan zeitinkonsistent. Ist die gesamte Pufferzeit eines Vorgangs gleich Null, so ist dieser *kritisch*, d.h., die tatsächlich eintretende Zeitdauer für diesen Vorgang darf auf keinen Fall die einmal geschätzte Dauer überschreiten, weil es sonst zu einem mehr oder weniger großen „Terminplatzen" im gesamten Entwicklungsablauf kommt. Eine positive gesamte Pufferzeit kennzeichnet eine Zeitreserve für die Tätigkeitsdauer eines Vorgangs, die allerdings nicht grundsätzlich voll ausschöpfbar ist, weil es bei einem vollständigen Verschieben des Vorgangs innerhalb seiner gesamten Pufferzeit zu einer Kettenreaktion von Verschiebungen seiner Vorgänger oder Nachfolger kommen kann.

> Vorwärts- und Rückwärtsrechnung bestimmen die Konsistenz des Netzplans und legen den kritischen Pfad fest

> Die gesamte Pufferzeit sollte größer Null sein

119

Dieser Sachverhalt ist in dem Bild 3.24 beispielhaft veranschaulicht. Wird hier der Vorgang A, der rechnerisch über eine T_{GP} von sechs Tagen verfügt voll auf seinen spätesten Endzeitpunkt gelegt, so kann der Vorgang C erst kurz vor seinem spätesten Anfangszeitpunkt begonnen werden; er ist damit fast zu einem kritischen Vorgang geworden. Der Vorgang A kann also unbedenklich, d. h. ohne Auswirkungen auf seine Nachfolger, nur bis zum Zeitpunkt des frühesten Anfangs einer seiner Nachfolger verschoben werden. Diese Zeitdifferenz, die als Zeitreserve für einen Vorgang frei zur Verfügung steht, wird als *freie Pufferzeit* T_{FP} bezeichnet und errechnet sich nach der Formel

Die freie Pufferzeit steht frei als Zeitreserve zur Verfügung

$$T_{FP,x} = \min(FAZ_n) - \mathrm{FEZ}_x - 1 \qquad (16)$$

n Nachfolger von x.

Da die freie Pufferzeit mit Hilfe der frühesten Zeitpunkte einer Vorwärtsrechnung bestimmt wird, findet man auch die Bezeichnung freie Vorwärtspufferzeit T_{FVP}.

Die freie Pufferzeit ist immer kleiner als die gesamte Pufferzeit. Das Ausnützen der freien Pufferzeit für einen Vorgang tangiert also nicht seine Nachfolger; dagegen zwingt das Ausnützen der gesamten Puf-

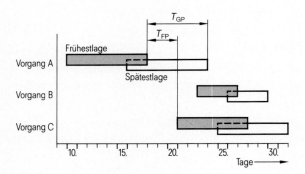

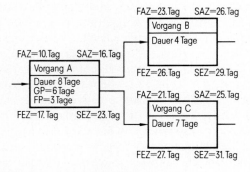

Bild 3.24   Gesamte und freie Pufferzeit

ferzeit diese teilweise in deren Spätestlage und macht sie daher „kritisch".

Kritischer Pfad

Werden keine Fixtermine gesetzt, so gibt es bei jedem Netzplan — beginnend bei einem Startvorgang und endend bei einem Zielvorgang — einen geschlossenen Weg von Vorgängen, die alle kritisch sind, bei denen also die gesamten und damit auch die freien Pufferzeiten gleich Null sind; diesen Weg bezeichnet man als kritischen Pfad.

Beim kritischen Pfad sind die gesamten Pufferzeiten gleich Null

Werden allerdings Fixtermine gesetzt, so können insgesamt drei Fälle auftreten:

▷ Nicht kritischer Pfad → Positive Puffer
▷ Kritischer Pfad → Puffer gleich Null
▷ Überkritischer Pfad → Negative Puffer

Ein überkritischer Pfad kann nur als temporärer Planungszwischenstand angesehen werden, da er irreale Planvorgaben enthält.

Es können natürlich auch mehrere kritische Pfade auftreten, auch Teilketten von kritischen Vorgängen sind möglich; man spricht dann von kritischen Unternetzen.

Weitere Pufferzeiten

Außer den beiden vorgenannten gängigen Pufferzeiten gibt es noch weitere Pufferzeiten, die zum differenzierten Beurteilen einer Netzplan-Konfiguration herangezogen werden können:

Mit weiteren Pufferzeiten läßt sich die Netzplan-Konfiguration noch differenzierter beurteilen

Die *unabhängige Pufferzeit* eines Vorgangs kennzeichnet den möglichen Verschiebungszeitraum, wenn alle Vorgänger ihre spätesten Zeitpunkte und alle Nachfolger ihre frühesten Zeitpunkte einnehmen.

Die *freie Rückwärtspufferzeit* ist die Zeitspanne, in der ein Vorgang, bezogen auf seine späteste Lage, in die späteste Lage seiner Vorgänger verschoben werden kann; sie ist das Pendant zur freien (Vorwärts-) Pufferzeit, welche sich ja aus den frühesten Lagen ergeben hat.

Die *bedingte (verfügbare)* Pufferzeit wird aus der Differenz der gesamten und der freien Pufferzeit gebildet und kennzeichnet den über den freien Puffer hinausgehenden Verschiebungszeitraum, wenn alle Nachfolger eines Vorgangs ihre späteste Lage einnehmen.

Als *bedingte Rückwärtspufferzeit* eines Vorgangs wird die Differenz zwischen gesamter Pufferzeit und der freien Rückwärtspufferzeit dieses Vorgangs bezeichnet.

121

3.4 Arbeitsplanung

3.4.1 Aufgabenplanung

Voraussetzung für jede Arbeitsplanung ist eine vollständige Aufgabenplanung, in der die durchzuführenden Aufgaben unter Berücksichtigung aller zeitlichen, personellen und fachlichen Randbedingun-
gen festgelegt und spezifiziert werden.

**Der Projektstruk-
turplan ist Basis für
die Aufgaben-
planung**

Ausgangsbasis für die Aufgabenplanung ist der *Projektstrukturplan.*
Die Aufgabenplanung selbst bildet wiederum die Grundlage für die
Ablaufplanung, welche das Ergebnis der Terminplanung erbringt.

Will man für die Terminplanung einen Netzplan einsetzen, so werden
innerhalb der Aufgabenplanung aus den Arbeitspaketen des Projektstrukturplans die Netzplanvorgänge gebildet und in einer *Vorgangs-
sammelliste* zusammengefaßt. Von diesen Vorgängen leitet man dann
die einzelnen Aufgaben für die Entwicklungsmannschaft ab. Ohne
Netzplantechnik entfällt dieser Teil, und die Aufgaben werden unmittelbar von den Arbeitspaketen des Projektstrukturplans abgeleitet.

Auch bei der Ablaufplanung gibt es dieses unterschiedliche Vorgehen
– in dem einen Fall mit Hilfe eines Netzplans und in dem anderen
Fall mit einem herkömmlichen Balkenplan. In beiden Fällen mündet
das Ergebnis allerdings in eine Terminliste, die in einer Gesamtauf-
stellung alle Aufgaben terminlich fixiert.

Projektstrukturplanung, Aufgabenplanung und Ablaufplanung bilden damit eine geschlossene Prozeßkette innerhalb der Projektplanung (Bild 3.25):

Projektstrukturplanung:

▷ Sammeln aller durchzuführenden Aktivitäten,
▷ Anordnen in einer hierarchischen Struktur,
▷ Definieren der Arbeitspakete.

Aufgabenplanung:

▷ Vollständiges Aufzählen aller Aufgaben (bzw. Vorgänge) auf Basis
   der Arbeitspakete,
▷ Ermitteln der relevanten Projektdaten dieser Aufgaben (Bearbeiter, Aufwand, Terminvorstellung),
▷ Aufzeigen der logischen Abhängigkeiten.

Ablaufplanung:

▷ Einplanen der Aufgaben (bzw. Vorgänge) in einen zeitlichen Ablauf,
▷ Bestimmen der Beginn- und Endtermine der Aufgaben (bzw. Vorgänge,
▷ Festlegen von Zäsurpunkten (z. B. Meilensteine).

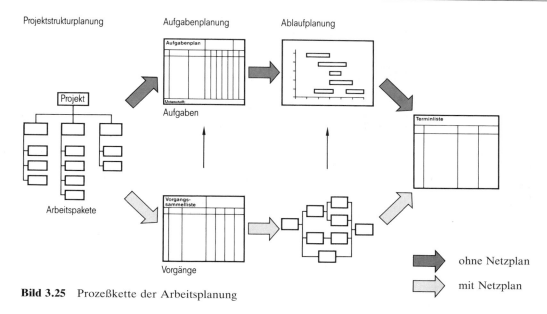

Bild 3.25 Prozeßkette der Arbeitsplanung

Aufgabenanalyse

Im Rahmen einer *Aufgabenanalyse* werden die einzelnen Aufgaben entweder von den Arbeitspaketen des Projektstrukturplans unmittelbar oder von den hieraus gebildeten Vorgängen abgeleitet. Bei kleineren Projekten und bei Projekten, die ohne Netzplanverfahren laufen, sollte man möglichst wegen der Übersichtlichkeit eine 1:1-Zuordnung zwischen Arbeitspaketen und Aufgaben einhalten.

Die Aufgaben werden aus den Arbeitspaketen des Projektstrukturplans abgeleitet

Für die Aufgabenanalyse sind folgende Fragenkomplexe zu klären:
▷ Welche Aufgaben sind durchzuführen (Ableitung aus dem Projektstrukturplan)?
▷ Wer soll diese Aufgaben im einzelnen durchführen (Mitarbeitereinsatzplanung)?
▷ Welcher Aufwand ist für die jeweiligen Aufgaben notwendig (Ergebnis der Aufwandsschätzung)?
▷ Wann sollen die einzelnen Aufgaben begonnen werden und wann beendet sein (Angabe von Wunschterminen)?
▷ Welche fachlichen Voraussetzungen erfordern die einzelnen Aufgaben und für welche nachfolgenden Aufgaben sind sie selbst fachliche Voraussetzung (prozeßimmanente Abhängigkeiten)?

Das Ergebnis einer solchen Aufgabenanalyse fließt in einen *Aufgabenplan* ein. Hierin sind in einer sachlich begründeten Folge die einzelnen Aufgaben aufgezählt mit Angabe Mitarbeiter, Zeitdauer, Terminvorstellung und logische Abhängigkeiten. Die endgültigen Termine werden erst in dem Ablaufplanungsschritt der Terminplanung festgeschrieben.

123

Regeln für die
Aufgaben-
spezifizierung

Beim Spezifizieren der Aufgaben sind einige Regeln zu beachten. Im wesentlichen sind dies:

▷ Aufgaben sollten nicht phasenüberschreitend definiert werden.

▷ Bereichsüberschreitende Aufgaben sind zu vermeiden; besser ist eine zusätzliche Aufgabenteilung.

▷ Jede Aufgabe kann wohl mehrere Bearbeiter, sollte aber immer nur einen Verantwortlichen haben.

▷ Der Realisierungsaufwand einer Aufgabe sollte nicht kleiner als 1 MW und nicht größer als 5 MM sein.

▷ Eine Aufgabenplanung sollte vollständig sein; und sei es mit Hilfe von „Platzhaltern".

▷ Jede Aufgabe muß in ihrem Arbeitsvolumen genau beschrieben werden.

▷ Allgemeine projektbegleitende Tätigkeiten, wie Projektverwaltung, Projektdokumentation, Hilfsdienste, sollte man als eigene Aufgabe definieren.

Terminbeschleunigung

Zeitliche Abfolge
der Aufgaben-
optimierung

Innerhalb einer Aufgabenplanung können bereits die ersten, gezielten Überlegungen für eine Terminbeschleunigung angestellt werden. Im einzelnen sind folgende Möglichkeiten für eine Terminbeschleunigung zu erwägen:

▷ Paralleles Durchführen von Aufgaben,
▷ optimierter Mitarbeitereinsatz,
▷ Aufstocken der vorgesehenen Personalkapazität,
▷ (zeitlich begrenztes) Ansetzen von Über- bzw. Mehrstunden,
▷ Vergabe von Aufgaben an Unterauftragnehmer
  (intern oder extern),
▷ Kaufen von Entwicklungsteilen statt Eigenentwicklung
  („make or buy"),
▷ Verbessern der Qualifikation des einzusetzenden Personals,
▷ sinnvolles Beschränken der Leistung des geplanten Produkts durch eine Wertanalyse (WA) usw.

3.4.2 Terminplanung

Der Balkenplan bzw. das Balkendiagramm (auch als Ganttsches Balkendiagramm bezeichnet) ist das älteste und verbreitetste grafische Hilfsmittel für das Einplanen von Aufgaben in einen Zeitablauf. Wegen seiner einfachen Erstellbarkeit und Übersichtlichkeit wird der Balkenplan für alle Terminplanungen eines Projekts eingesetzt.

Der Balkenplan
ordnet Aufgaben in
ihren zeitlichen
Ablauf ein

Gegenüber einer Netzplandarstellung hat ein Balkenplan vor allem den enormen Vorteil, daß er die einzelnen Aktivitäten − bezogen auf die Zeitachse − in eine zeitgerechte Anordnung bringt (Bild 3.26);

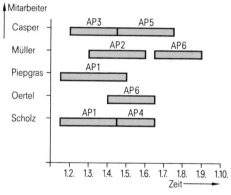

Personenbezogener Balkenplan

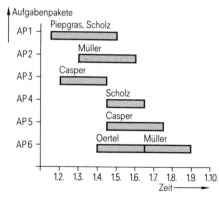

Aufgabenbezogener Balkenplan

Bild 3.26   Grundprinzip der Balkenplanung

dies vermag eine Netzplandarstellung nur in einem sehr eingeschränkten Maße. Balkenplanung und Netzplanung können sich daher bei der Terminplanung sinnvoll ergänzen.

Beim *personenbezogenen Balkenplan* sind alle Mitarbeiter (ohne Doppelaufzählung) auf der Vertikalen aufgeführt, so daß man auf einen Blick erkennt, welche (alle) Aufgaben z. B. der Mitarbeiter Scholz durchzuführen hat. Man erkennt in dieser Darstellungsform allerdings nicht so leicht, wer z. B. alles am Aufgabenpaket AP1 noch mitarbeitet. Hierfür ist dann die inverse Darstellung, nämlich der *aufgabenbezogene Balkenplan* besser geeignet; bei diesem sind auf der Vertikalen die einzelnen Aufgabenpakete aufgetragen und auf dem zugehörigen Balken die ausführenden Personen bzw. Stellen. Hier ist allerdings schwer zu erkennen, an welchen Aufgaben der Mitarbeiter Scholz insgesamt sonst noch beteiligt ist.

Personenbezogener Balkenplan

Aufgabenbezogener Balkenplan

Die Wahl der Darstellungsform hängt also davon ab, welches Kriterium das wichtigere ist: die Personenbezogenheit oder die Aufgabenbezogenheit.

In vielen Fällen bietet es sich an, den einzelnen Balken in dem Diagramm weitere Angaben beizufügen. Solche Zusatzinformationen können sein:

▷ Aufwand (z. B. in MW, MM oder MJ),
▷ Kosten (z. B. in DM, Euro),
▷ benötigte Einsatzmittel,
▷ Kontenzuordnung,
▷ zugehörige Organisationseinheit,
▷ Teilprojekt-Nr.,
▷ Einsatzort usw.

125

3.4.3 Einsatzmittelplanung

Einsatzmittel sind Geld, Personal und Betriebsmittel

Die Aktivitäten in einem Projekt beanspruchen in jedem Fall Einsatzmittel. Aufgabe der Einsatzmittelplanung ist nun, einerseits eine Bedarfsvorhersage zu geben und andererseits durch Aufzeigen von Engpässen und Leerläufen eine Einsatzoptimierung zu erreichen. Zu den Einsatzmitteln gehören im strengen Sinn Geldmittel, Personal und Betriebsmittel (Maschinen, Materialien).

Das Einsatzmittel *Geld* wird im Rahmen der Kostenplanung (Kap. 3.5) und Kostenkontrolle (Kap. 4.2) behandelt. Dieses Kapitel geht deshalb nur auf die beiden anderen Einsatzmittel Personal und Betriebsmittel näher ein.

Einsatzplanung des Personals

Innerhalb der Einsatzmittelplanung ist die Personaleinsatzplanung am wichtigsten; diese muß die Qualifikation des Personals, die verfügbare Personalkapazität, die zeitliche und örtliche Verfügbarkeit sowie die organisatorische Zuordnung einbeziehen.

Bei der Personaleinsatzplanung werden mehrere Schritte durchlaufen. Es sind dies:

▷ Ermitteln des Vorrats,
▷ Errechnen des Bedarfs,
▷ Gegenüberstellen Bedarf und Vorrat und
▷ Optimieren der Personalauslastung.

Ermitteln des Vorrats

Vorrat ist die verfügbare Personalkapazität

Beim Bestimmen der (verfügbaren) Personalkapazität, des „Vorrats", befindet man sich häufig in einer Konfliktsituation, da diese Aktivität qualifikationsgerecht, zeitgerecht oder auch pauschaliert durchgeführt werden kann.

Qualifikationsgerechte Vorratsbestimmung

qualifikationsgerecht = Zuordnung des Personals nach Eignung

Bei einer qualifikationsgerechten Vorratsbetrachtung teilt man das zur Verfügung stehende Personal in Gruppen gleicher Qualifikation (Skills) ein und ordnet es gemäß dieser Eignungsgruppierung unter Berücksichtigung der geografischen und organisatorischen Gegebenheiten den einzelnen Projektaufgaben zu.

Zeitgerechte Vorratsbestimmung

zeitgerecht = Zuordnung der Personalkapazität für die jeweilige Zeiteinheit

Bei einer rein zeitgerechten Vorratsbetrachtung wird zuerst festgestellt, welche Personalkapazität je Zeiteinheit (z. B. je Monat) überhaupt realisierbar ist. Hierbei muß selbstverständlich beachtet werden, daß die Mitarbeiter nicht die theoretische Zeit von 52 Wochen mit fünf Wochentagen je sieben oder acht Arbeitsstunden im Jahr (reduziert um die gesetzlichen Feiertage) zur Verfügung stehen, sondern der gesamte Zeitvorrat reduziert werden muß wegen:

▷ Kündigungen,
▷ Pensionierungen,
▷ Versetzungen,
▷ Teilzeitarbeit oder
▷ Arbeitszeitverkürzungen.

Als Ergebnis erhält man den *Brutto-Vorrat* je Zeiteinheit; hiervon müssen noch bestimmte Fehl- und Ausfallzeiten abgezogen werden; hierzu zählen:

▷ Krankheits- und unfallbedingte Ausfallzeiten,
▷ Mutterschutzzeiten,
▷ Tarif- bzw. Vertragsurlaube,
▷ tarifbedingte Verfügungstage,
▷ Sonder- und Jubiläumsurlaube,
▷ Bildungsurlaube,
▷ Firmenverschickungen sowie
▷ Wege- und Sozialzeiten.

Ausbildungszeiten gehören nicht in diese Gruppe der (nicht produktiven) Fehl- und Ausfallzeiten. Ausfallzeiten, die durch Krankheit oder Unfall entstehen, können naturgemäß nicht zeitbezogen sein. Hier muß ein auf die gesamte Zeit verteilter Pauschalwert in die Rechnung eingehen. Bei Abzug all dieser Zeiten von dem Brutto-Vorrat erhält man schließlich den *Netto-Vorrat* je Zeiteinheit.

Pauschalierte Vorratsbestimmung

Das Ermitteln des Netto-Vorrats ist bei einfachen Projektumwelten auch in einer pauschalierten Form möglich. Hier werden die Fehl- und Ausfallzeiten als pauschaler Wert von der theoretischen Gesamtarbeitszeit abgezogen. Bewährt hat sich bei dieser Abzugsrechnung entweder das Reduzieren der Arbeitsmonate je Jahr *(Monats-Rechnung)* oder das Reduzieren der Arbeitsstunden je Monat *(Jahres-Rechnung)*.

pauschaliert = durchschnittlicher Vorrat an Stunden je Zeiteinheit

Werden z. B. folgende Zeitabzüge im Durchschnitt angesetzt

6 Wochen   Urlaub sowie
2 Wochen   Fehl- und Ausfallzeiten,

so daß im Durchschnitt 10 Monate Arbeitszeit im Jahr übrigbleiben, dann ergibt sich bei einer 37-Stundenwoche für die durchschnittliche „projekt-produktive" Jahresleistung eines Mitarbeiters:

Abzugsrechnung 1 (Monats-Rechnung)

10 MM im Jahr
bei etwa 153 Arbeitsstunden im Monat
d. h. 153 MStd $\hat{=}$ 1 (Brutto-)MM
       1 MJ $\hat{=}$ 10 (Brutto-)MM;

Abzugsrechnung 2 (Jahres-Rechnung)

12 MM im Jahr
bei etwa 127 Arbeitsstunden im Monat
d.h.   127 MStd $\hat{=}$ 1 (Netto-)MM
         1 MJ $\hat{=}$ 12 (Netto-)MM.

Tabelle 3.5 enthält – bei Annahme von 250 Arbeitstagen im Jahr und 42 Tagen für Fehl- und Ausfallzeiten – für unterschiedliche Wochenarbeitszeiten die gesamten und die produktiven Stunden in einem Jahr, die monatlichen Brutto- und Netto-Stundenanzahlen sowie die jeweils erbringbare Anzahl von Brutto-MM (einer 35-Stunden-Woche) im Jahr. Dieser Wert ist bei Einplanung von Mitarbeitern mit unterschiedlicher Wochenarbeitszeit zu berücksichtigen. Ist eine einheitliche Umrechnung von MStd in MM erforderlich, dann muß ein anteilsbezogener Mittelwert für die mtl. Brutto-Stundenzahl abgeleitet werden (letzte Spalte der Tabelle 3.5).

Errechnen des Bedarfs

Bedarf = benötigte Personalkapazität

Im zweiten Schritt der Personaleinsatzplanung muß die benötigte Personalkapazität, d.h. der Bedarf, errechnet werden. Wie in Bild 3.27 vereinfacht gezeigt, steht die für ein bestimmtes Arbeitspaket benötigte Personalkapazität in einem unmittelbaren Verhältnis zu der Dauer, die für diese Projektaufgabe eingeplant wird. So ist z.B. – rein rechnerisch – ein Arbeitsvolumen von 80 MM mit 8 Mitarbeitern in 10 Monaten oder mit 10 Mitarbeitern in 8 Monaten zu bewältigen. Natürlich kann diese *Streckung* bzw. *Stauchung* nicht beliebig groß

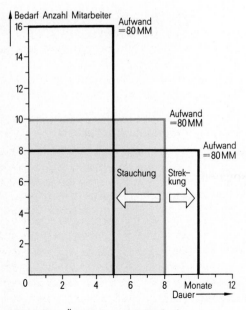

Bild 3.27 Äquivalenz des Bedarfs

128

Tabelle 3.5
Brutto- und Netto-Stundenanzahl, abhängig von der Wochenarbeitszeit
Annahme: C_{ges} = 250 Tage/Jahr, C_{fehl} = 42 Tage/Jahr, $C_{über}$ = 0

Anzahl Wochenstunden S_w Std./Woche	Anzahl Tagesstunden S_T Std./Tag	Gesamt-Jahresstunden S_{ges} Std./Jahr	Produktiv-Jahresstunden S_{prod} Std./Jahr	mtl. Bruttostundenanzahl (Brutto-MM) Std./Monat	mtl. Netto-Stundenanzahl (Netto-MM) Std./Monat	Anzahl Brutto-MM/Jahr (bez. auf 37-Std.-Wo.)
40	8,0	2000	1664	167	139	11,4
39	7,8	1950	1622	163	135	11,1
38	7,6	1900	1581	158	132	10,8
37	7,4	1850	1539	154	128	10,6
36	7,2	1800	1498	150	125	10,3
35	**7,0**	**1750**	**1456**	**146**	**121**	**10,0**
34	6,8	1700	1414	142	118	9,7
33	6,6	1650	1373	138	114	9,4
32	6,4	1600	1331	133	111	9,1
31	6,2	1550	1290	129	107	8,8
30	6,0	1500	1248	125	104	8,6
29	5,8	1450	1206	121	101	8,3
28	5,6	1400	1165	117	97	8,0
27	5,4	1350	1123	113	94	7,7
26	5,2	1300	1082	108	90	7,4
25	5,0	1250	1040	104	87	7,1
24	4,8	1200	998	100	83	6,8
23	4,6	1150	957	96	80	6,6
22	4,4	1100	915	92	76	6,3
21	4,2	1050	874	88	73	6,0
20	4,0	1000	832	83	69	5,7
19	3,8	950	790	79	66	5,4
18	3,6	900	749	75	62	5,1

gemacht werden, da es vom Aufwand her immer eine (theoretisch) optimale Personalstärke für ein Projekt gibt.

Gegenüberstellen Bedarf und Vorrat

Im nächsten Schritt der Personaleinsatzplanung wird schließlich der ermittelte Bedarf dem Vorrat gegenübergestellt. Hierbei ist die Unterteilung der Kapazitätskurven nach unterschiedlichen Gesichtspunkten möglich, nämlich

▷ projektorientiert,
▷ organisationsorientiert oder
▷ themenorientiert.

In Bild 3.28 sind diese drei Formen der Bedarfsunterteilung in einer Kapazitätsauslastungsübersicht dargestellt.

Einsatzmittelplanung bedeutet Abgleich zwischen Bedarf und Vorrat

129

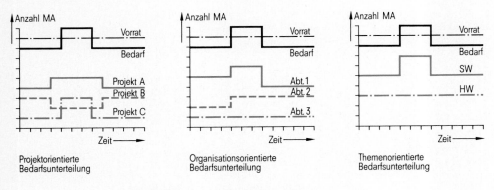

Bild 3.28 Unterteilung des Bedarfs

Eine Auslastungsbetrachtung, die sowohl qualifikations- als auch zeitgerecht ist, erfordert erheblich mehr Vorarbeiten, da die Bedarfsermittlung nicht nur zeitbezogen je Projektaufgabe, sondern auch noch gegliedert nach den einzelnen Tätigkeitsarten vorgenommen werden muß.

Einzuplanen sind auch Grundlasten; hierzu zählen:

▷ Aus- und Weiterbildungszeiten,
▷ Lehrtätigkeiten,
▷ Leitungsaktivitäten,
▷ allgemeine Verwaltungsarbeiten,
▷ „Ausleih"-Arbeiten und
▷ sonstige nicht projektbezogene Arbeiten.

Diese Grundlasten lassen sich teilweise zeitbezogen (z. B. Aus- und Weiterbildungszeiten) und teilweise nur pauschal (z. B. allgemeine Verwaltungsarbeiten) einplanen.

Optimieren der Personalauslastung

Optimierung der Auslastung ist ein entscheidender Beitrag zur Kostensenkung

Im letzten Schritt der Personaleinsatzplanung bemüht man sich um das Optimieren der ermittelten Personalauslastung. Hierbei wird versucht, nichtkritische Arbeitspakete aus Überlastbereichen in Bereiche mit geringer Auslastung zu verlegen. Dies ist natürlich nur dann möglich, wenn es der Entwicklungsablauf technisch und organisatorisch zuläßt. Ob das der Fall ist, kann allein aus dem Belastungsverlauf nicht ersehen werden, denn dazu gehört die genaue Kenntnis der einzelnen Arbeitspakete in ihren fachlichen und personellen Abhängigkeiten. Auch hier kann der Einsatz eines Netzplanverfahrens sehr hilfreich sein, da automatische Optimierungsläufe − mit Wahlmög-

130

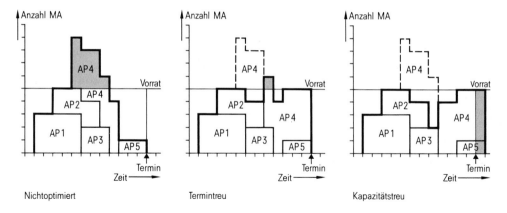

Bild 3.29 Termin- und kapazitätstreue Auslastungsoptimierung

lichkeit zwischen termin- und kapazitätstreuer Einsatzmittelbelegung
– durchgeführt werden können (Bild 3.29).

Bei der *termintreuen* Auslastungsoptimierung werden unter Einhaltung der logischen Abhängigkeiten und der gesetzten Termine die
Vorgänge so gelegt, daß ohne Überschreiten des Endtermins ein
gleichmäßiger Verlauf der Auslastungskurve erreichbar ist. Bei der
kapazitätstreuen (oder exakter „vorratstreuen") Auslastungsoptimierung wird die Summenkurve sogar – falls irgendwie möglich – unter
einen vorgegebenen Vorratswert gedrückt, wobei allerdings der Endtermin hinausgeschoben werden kann.

Liegt für die Personaleinsatzplanung kein Netzplan vor und sollen
wegen der Vereinfachung die zeitlichen Abhängigkeiten nicht berücksichtigt werden, so läßt sich mit der in Bild 3.30 dargestellten Personal-
oder Mitarbeiter-Einsatzmatrix auch eine richtige Verteilung des zur
Verfügung stehenden Personals auf die einzelnen Projektaufgaben
erreichen.

Die Mitarbeiter-Einsatzmatrix gliedert sich in zwei Felder: Das obere
Feld enthält die in den einzelnen Projektaufgaben angefallenen Stun-
den der Mitarbeiter. Von den Planwerten der Aufgaben sowie der
Vorratswerte der Mitarbeiter wird automatisch der Restplan und
Restvorrat ausgewiesen. Dieser kann dann in dem unteren Feld auf
die Projektaufgaben verteilt werden.

Durch das systematische Aufteilen der Personalkapazitäten auf die
Projektaufgaben wird durch iteratives Vorgehen eine möglichst vollständige Personalbelegung angestrebt. Das Ziel ist also, einerseits
eine möglichst 100%-Auslastung der verfügbaren Personalkapazitäten, d.h. keine Überlastung bzw. keine zu geringe Auslastung, andererseits eine möglichst 100%-Deckung im Personalbedarf bei den einzelnen Projektaufgaben zu erreichen.

Die Personalein-
satzmatrix dient
zur optimalen Ver-
teilung der Mit-
arbeiter auf die
Projektaufgaben

131

Mitarbeiter-Einsatzmatrix													
Gruppenleiter:	Oertel							Berichtsmonat:			3.95		
Dienststelle:	GSSE BS 2							Geschäftsjahr:			94/95		
Projekte	Cons		eigene Mitarbeiter					Ist (in MM)			Plan		
	Joswig		Brosig	Büttne	Krame	Silken	Sasge	fremd	eigen	gesamt	akt.	%-abs	%-ant.
Plan-Vorrat	9,6	0,0	4,5	9,0	9,0	6,0	9,0	9,6	37,5	47,1		50,0	100,0
	Istwerte (in Std)												
EPISTEL			367	350	245			0,0	6,1	6,1	**12,0**	51	101
KENIA2				320	265			0,0	3,7	3,7	**8,5**	44	87
GAZ						174	386	0,0	3,5	3,5	**10,0**	35	71
MARGI	655				85			4,1	0,5	4,7	**7,0**	67	134
PAUS						160	286	0,0	2,8	2,8	**8,5**	33	66
Verwaltung					55	46		0,0	0,6	0,6	**1,0**	64	128
Ausbildung				32	24	40	16	0,0	0,7	0,7	**1,0**	71	142
Summe Ist	4,1	0,0	2,3	4,4	4,3	2,7	4,4	4,1	18,0	22,2	48,0	46	92
Korrektur Vorrat								0,0	0,0	0,0	Std.satz eigen:		147,0
Rest-Vorrat	5,5	0,0	2,2	4,6	4,7	3,3	4,6	5,5	19,5	24,9	Std.satz fremd:		117,0
	Planwerte (in MM)										**Rest**	Diff	Kosten
EPISTEL			2,1	2,0	1,8			0,0	5,9	5,9	**5,9**	0,0	137
KENIA2				2,3	2,5			0,0	4,8	4,8	**4,8**	0,0	111
GAZ	1,8					2,2	2,5	1,8	4,7	6,5	**6,5**	0,0	142
MARGI	2,0				0,3			2,0	0,3	2,3	**2,3**	0,0	44
PAUS	1,7					0,9	2,0	1,7	2,9	4,6	**5,7**	1,1	99
Verwaltung				0,2		0,2		0,0	0,4	0,4	**0,4**	0,0	9
Ausbildung			0,1	0,1	0,1		0,1	0,0	0,4	0,4	**0,3**	–0,1	9
Rest	0,0	0,0	0,0	0,0	0,0	0,0	0,0						
	Summe							5,5	19,4	24,9	25,8	0,9	
	Summe Ist + eingeplant							9,6	37,4	47,1			
Anzahl MA								Cons	eigen	ges.	Bedarf	fehlt	
MM je MA:	9,5		8,9					1,0	4,2	5,2	5,4	0,2	

Bild 3.30 Mitarbeiter-Einsatzmatrix

3.5 Kostenplanung

Letzter wesentlicher Abschnitt der Projektplanung ist die Kostenplanung; sie ist ein sehr „kritischer" Abschnitt, weil sie sich einerseits
auf Daten aus der technischen Planung und andererseits auf Daten
aus der kaufmännischen Planung abstützt, die gemeinhin nicht dek-
kungsgleich sind.

Auch sollte man hierbei verstärkt eine ganzheitliche Kostenbetrachtung durch Einbeziehen aller Kosten des gesamten Produktlebenszyklus − von der Produktidee bis hin zur Produktstreichung − vornehmen. Diese *Lebenszykluskosten* (Life-Cycle-Cost) umfassen neben den reinen Anschaffungskosten auch die Folgekosten beim späteren Betriebseinsatz.

3.5.1 Kostenrechnung im Rechnungswesen

Da die Projektkostenüberwachung einerseits einen Großteil ihrer Daten aus dem *Rechnungswesen* erhält und andererseits auch Daten an dieses wieder weiterleitet, soll an dieser Stelle kurz auf die Schnittstellen zum Rechnungswesen eingegangen werden.

Wertefluß zwischen Rechnungswesen und Projektkostenüberwachung

Wie Bild 3.31 zeigt, werden − außer den Kosten des eigenen Personals − die Istkosten meist aus Abrechnungsverfahren des Rechnungswe-

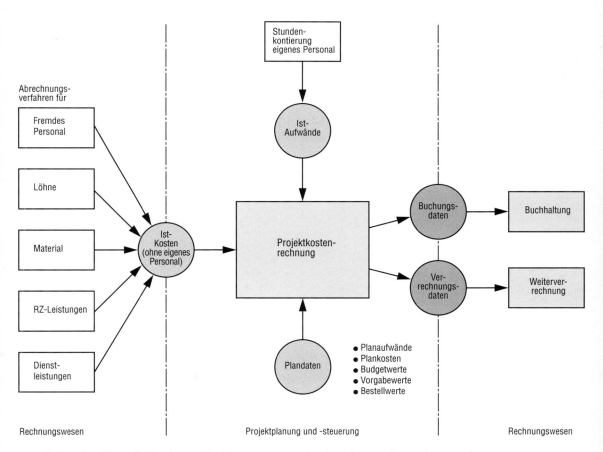

Bild 3.31 Wertefluß zwischen Rechnungswesen und Projektkostenüberwachung

133

sens übernommen. Die Kosten des eigenen Personals werden über eine vom Rechnungswesen getrennte Stundenkontierung ermittelt. Auch die Vorgabe von Planwerten findet in der Projektkostenrechnung losgelöst vom Rechnungswesen statt. An das Rechnungswesen werden demgegenüber zur Weiterverrechnung und Buchung entsprechend aufbereitete Daten weitergegeben.

Kostenrechnung im Rechnungswesen ist auf das Unternehmen ausgerichtet

Neben den Teilgebieten Finanzbuchhaltung, Planungsrechnung und betriebswirtschaftliche Statistik umfaßt das Rechnungswesen auch eine *Kostenrechnung*. Diese auf ein ganzes Unternehmen ausgerichtete RW-Kostenrechnung hat drei Betrachtungsfelder:

was?   → Kostenart
wo?   → Kostenstelle
wofür?   → Kostenträger

Kostenrechnung für Projektüberwachung ist vielschichtiger

Die Kostenrechnung für die Projektüberwachung ist dagegen primär auf Projekte ausgerichtet und hinsichtlich der Kostenbetrachtung vielschichtiger; sie hat die Fragen zu beantworten:

was?   → Kostenelement
wo?   → Kostenverursacher
wofür?   → Projektaufgabe
woher?   → Kostenherkunft
wohin?   → Kostenempfänger
wie?   → Tätigkeitsart
wann?   → Projektphase

Entsprechend den Zielkriterien Kostenart, Kostenstelle und Kostenträger unterscheidet man drei Methoden der RW-Kostenrechnung:

▷ Kostenartenrechnung
▷ Kostenstellenrechnung
▷ Kostenträgerrechnung

In Bild 3.32 ist das Zusammenwirken dieser Kostenrechnungsmethoden aufgezeigt.

Kostenartenrechnung

Kostenartenrechnung erfolgt nach einem Kostenartenkatalog

Aufgabe der Kostenartenrechnung ist das Planen künftiger Kosten sowie das Erfassen angefallener Kosten nach einem vorgegebenen Kostenartenkatalog. Kostenwerte werden gebildet durch Bewertung von zu leistenden Mengen bzw. geleisteten Mengen in Abhängigkeit der jeweiligen Kostenart:

$$K = M \times U \tag{17}$$

K Kostenwert
M Menge an Leistungseinheiten
U Preis der Leistungseinheit (Kostenart)

134

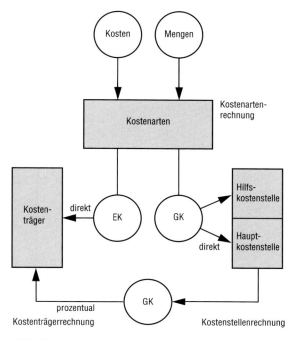

EK Einzelkosten
GK Gemeinkosten

Bild 3.32 Zusammenwirken der drei RW-Kostenrechnungsmethoden

Unabhängig davon, ob es sich dabei um die Analyse von Plankosten oder von Istkosten handelt, bezieht sich hier eine Kostenanalyse immer auf diese vier Grundkomponenten Art, Menge, Preis und Wert.

Die Gliederung der Kosten in Kostenarten geschieht nach betriebswirtschaftlichen Gesichtspunkten. Im folgenden sind die in einem *Kostenstellenblatt* enthaltenen Kostenarten aufgeführt:

– Gemeinkosten Löhne	Personalkosten
– Gemeinkosten Gehälter	
– Sozialkosten	
– Erfolgsbeteiligung	
– Instandhaltung	Sach- und Dienst-
– Energiekosten	leistungskosten
– Mehrkosten vor/nach Ablieferung	
– FuE-Kosten	
– Hilfsmaterial	
– Reisekosten Inland	
– Reisekosten Ausland	
– Bewirtung, Betreuung	

- Nachrichtenkosten
- Transport-, Umzugskosten
- Büromaterial
- Lichtpauserei, Vervielfältigung
- Werbekosten
- Abwicklung/Pflege DV-Verfahren
- Entwicklung bereichsinterner Software
- Einsatzmaterial
- Dienstleistungen von Fremden

Kapitaleinsatz-kosten

- Kalkulatorische Abschreibungen
- Kalkulatorische Zinsen
- Kalkulatorische Wagnisse
- Mieten, Pachten
- Steuern, Versicherungen

Das Erfassen der Kosten hängt von der jeweiligen Kostenart ab; so werden z. B. die Personalkosten, wie Löhne, Gehälter und Personalnebenkosten, durch die monatliche Lohn- und Gehaltsabrechnung ermittelt, Materialkosten durch den bewerteten Verbrauch mittels Materialentnahmescheinen, sowie Energie-, Instandhaltungs- und sonstige Kosten durch entsprechende Rechnungsschreibung. Das Feststellen der kalkulatorischen Kosten ist dagegen schwieriger; zu diesen zählen:

▷ kalkulatorische Abschreibungen,
▷ kalkulatorische Zinsen und
▷ kalkulatorische Wagnisse.

Mittels *kalkulatorischer Abschreibungen* wird der Werteverlust der eingesetzten Maschinen und Anlagen in der Kostenrechnung ausgedrückt. Hierbei wird nicht von der handels- und steuerbilanziellen Abschreibung ausgegangen, sondern man verteilt den Anschaffungswert eines technischen Geräts auf die tatsächlich zu erwartende Nutzungsdauer, die wegen der voranschreitenden Innovation kleiner sein kann als die technische Lebensdauer (z. B. beim PC: 3 Jahre).

Mit *kalkulatorischen Zinsen* wird der Zinsverlust des eingesetzten Kapitals berücksichtigt, welches ja anderweitig – z. B. bei einer Bank gut angelegt – beachtliche Zinserträge erbringen würde.

Die *kalkulatorischen Wagnisse* stellen einen Durchschnittsbetrag für zu erwartende, nicht durch Versicherungen abgesicherte Verluste dar, die bei Anlagen und Beständen sowie durch Gewährleistungen und sonstige betriebliche und vertriebliche Mehrkosten auftreten können.

Kostenstellenrechnung

Ein Unternehmen ist in Kostenstellen gegliedert

Die Kostenplanung und -kontrolle der Gemeinkosten in einem Unternehmen wird mit der Kostenstellenrechnung vorgenommen; hierzu ist eine Gliederung des Unternehmens in Kostenbereiche und *Kosten-*

136

stellen sowie eine verursachungsgerechte Zuordnung der Gemeinkosten auf diese notwendig. Wie später noch gezeigt wird, ist diese Form der Gemeinkostenbetrachtung Voraussetzung für die nachfolgende Kostenträgerrechnung.

Die Bildung von Kostenbereichen und Kostenstellen kann nach unterschiedlichen Gesichtspunkten vorgenommen werden:

– nach organisatorischen Gesichtspunkten,
– nach räumlichen Gesichtspunkten sowie
– nach verrechnungstechnischen Gesichtspunkten.

Anzustreben ist immer eine Kostenstellengliederung nach organisatorischen Einheiten, wie z. B. nach Verantwortungsbereichen oder Unternehmensfunktionen.

Die Überrechnung der Gemeinkosten aus der Kostenartenrechnung auf die einzelnen Kostenstellen wird mit dem *Betriebsabrechnungsbogen* (BAB) vorgenommen. Im Betriebsabrechnungsbogen sind zeilenweise die Kostenarten (nur Gemeinkosten) und spaltenweise die Kostenstellen angeordnet. Je Kostenstelle kann hieraus eine Kostenübersicht erzeugt werden, die – erweitert mit entsprechenden Vorgabe- und Auflaufwerten – das bekannte Kostenstellenblatt bildet.

Man unterscheidet zwei Arten von Kostenstellen: Hilfskostenstellen und Hauptkostenstellen.

Hilfskostenstellen dienen als „Vorkostenstellen" zur Sammlung von nicht unmittelbar zuordenbaren Kosten, wie Raumkosten, Kosten für Personalbüro usw., sie werden in einem nachfolgenden Schritt nach einem vorgegebenen Verteilungsschlüssel auf die Hauptkostenstellen verteilt. Zur Schlüsselung wird entweder ein Werteschlüssel (z. B. Gehaltssumme, Umsatzanteile) oder ein Mengenschlüssel (z. B. Kopfzahl, Raumfläche) herangezogen. Bei den Hilfskostenstellen unterscheidet man noch allgemeine und besondere Hilfskostenstellen. Allgemeine Hilfskostenstellen (z. B. Raumkosten) geben die auf ihr gesammelten Kosten an alle anderen ab, die besonderen Hilfskostenstellen (z. B. Reparaturwerkstatt) nur an einige andere Kostenstellen.

Hilfskostenstellen dienen zum vorläufigen Sammeln nicht unmittelbar zuordenbarer Kosten

Hauptkostenstellen sind die Kostenstellen, in die letztendlich alle Gemeinkosten – sowohl die direkt als auch die über Hilfskostenstellen mittelbar zuordenbaren – münden; sie sind damit „Endkostenstellen". Die auf ihnen gesammelten Gemeinkosten werden anschließend über entsprechende Bezugsgrößen auf die einzelnen Kostenträger aufgeteilt.

Hauptkostenstellen sind Endkostenstellen

Kostenträgerrechnung

Mit der Kostenträgerrechnung soll eine verursachungsgerechte Zuordnung der Kosten erreicht werden. Wie in Bild 3.32 gezeigt, werden bestimmte Kosten, die Einzelkosten, den Kostenträgern direkt, dagegen die Gemeinkosten über die Kostenstellenrechnung den Kostenträgern prozentual über geeignete Schlüssel zugeordnet. Als Einzelkosten zählen z. B. die Fertigungslöhne (Fl-Lohn) und die Fertigungsmaterialien.

Unter Kostenträgern versteht man hier die erstellten *Leistungseinheiten,* d. h. die erzeugten Produkte, die ausgeführten Aufträge bzw. die erbrachten Dienstleistungen.

Gemäß der Art der Kostenzuordnung gibt es:

▷ die Kostenträgerstückrechnung und
▷ die Kostenträgerzeitrechnung,

wobei man noch Vollkostenrechnung und Teilkostenrechnung unterscheiden muß.

Kostenträgerstückrechnung ist stückpreisbezogen

Bei der *Kostenträgerstückrechnung,* im Rechnungswesen auch kurz als Kalkulation bezeichnet, werden die Selbstkosten eines Erzeugnisses ermittelt und diese Stückkosten dann dem Stückpreis (Preis am Markt) gegenübergestellt, um dadurch Aussagen sowohl zur Preisbildung als auch zur Preisbeurteilung machen zu können. Für das Bestimmen der Selbstkosten gibt es drei Kalkulationsmethoden:

▷ Divisionskalkulation,
▷ Äquivalenzziffernkalkulation und
▷ Zuschlagskalkulation.

Die *Divisionskalkulation* bietet sich an, wenn nur eine Produktart erzeugt wird; hier ergeben sich die Stückkosten durch Division der Gesamtkosten mit der Menge der Erzeugnisse. Die *Äquivalenzziffernkalkulation* wird eingesetzt, wenn es sich um die Herstellung von ähnlichen Produkten („Sortenfertigung") handelt. Mit Äquivalenzziffern, die als Verhältniszahlen die Kostenunterschiede der einzelnen Erzeugnisgruppen („Sorten") ausdrücken, werden die Gesamtkosten auf die Erzeugnisse verteilt. Bei Fertigungen mit sehr unterschiedlichen Produkten wird die *Zuschlagskalkulation* herangezogen; bei dieser werden die zuordenbaren Kosten den einzelnen Erzeugnisgruppen direkt und die unterschiedlichen Gemeinkosten über prozentuale Zuschläge zugerechnet. Die Summe aus Materialkosten und Fertigungslohn sowie Material-(MGK) und Fertigungsgemeinkosten (FGK) bilden die Herstellkosten (HK); diese wiederum − mit den Vertriebs-(VtrGK), den Verwaltungs-(VGK) und den Entwicklungsgemeinkosten (EGK) beaufschlagt − ergeben die Selbstkosten.

Kostenträgerzeitrechnung ist umsatzbezogen

In der *Kostenträgerzeitrechnung* werden − bezogen auf einen Abrechnungszeitraum − die Gesamtkosten eines Kostenträgers den erreichten Umsätzen gegenübergestellt. Hierbei ist von Bedeutung, inwieweit die durch die vorgenannten Zuschlagssätze ermittelten Gemeinkostenarten durch die tatsächlich entstandenen Gemeinkosten abgedeckt sind; man spricht dann von einer GK-Überdeckung oder von einer GK-Unterdeckung.

138

In bestimmten Fällen (Ermitteln von Preisuntergrenzen, Optimieren von Herstellprozessen) ist es notwendig, statt einer Vollkostenrechnung eine Teilkostenrechnung vorzunehmen. Bei einer Teilkostenrechnung werden mittels einer Deckungsbeitragsrechnung einem Erzeugnis nur die Kosten zugerechnet, die von diesem unmittelbar verursacht worden sind.

3.5.2 FuE-Planung

Unter der FuE-Planung versteht man die projektbezogene Planung von Aufwand und Kosten in der Forschung und Entwicklung. Während die FuE-Budgetierung eine „Top-down"-Planvorgabe darstellt, ist die FuE-Planung am jeweiligen Bedarf orientiert und damit „bottom-up" ausgerichtet (Bild 3.33).

Die FuE-Budgetierung (top-down) erfolgt in zwei Stufen. In der ersten Stufe werden die *Budgets der Geschäftsfelder* festgelegt, in der darauffolgenden zweiten die *Projektbudgets*. Anschließend gleicht man die nach Projekten gegliederte FuE-Planung – d. h. den „bottom-up" geplanten Bedarf – den verfügbaren Projektbudgets an. Im Idealfall ist die FuE-Bedarfsplanung eines Projekts kleiner oder gleich dem verfügbaren Budget. Dieser Abgleich kann aber auch zu einer Kürzung des „bottom up" geplanten Bedarfs führen. Sofern diese Kürzungen nicht durch Rationalisierungsmaßnahmen ausgleichbar sind, werden sie teilweise zur Rücknahme der gesetzten Entwicklungsziele und/oder zu Terminverschiebungen führen.

Die FuE-Planung ist der Budgetierung anzupassen

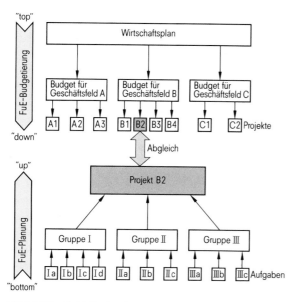

Bild 3.33 FuE-Budgetierung und FuE-Planung

139

Planungsablauf

Im Bild 3.34 ist der zeitliche Ablauf der FuE-Planung veranschaulicht. Zu erkennen ist die Wechselwirkung zwischen der Wirtschaftsplanung und den daraus abgeleiteten FuE-Budgets einerseits sowie der Projektplanung und dem ermittelten Bedarf ($\hat{=}$ FuE-Plan) andererseits.

Basis für die
Budgetausgaben
ist die Bedarfs-
ermittlung

Der FuE-Jahresplanungsablauf orientiert sich an den Terminen der Wirtschaftsplanung. Rechtzeitig vor dem Überarbeiten der Wirtschaftsplanung wird die abgestimmte Bedarfsermittlung der Entwicklung als FuE-Plan abgegeben. Der Wirtschaftsplan weist die für die Entwicklung verfügbaren Mittel in den einzelnen Planjahren aus. Damit ist die Vorgabe eines Entwicklungsbudgets für das laufende und das folgende Geschäftsjahr möglich.

Die beschlossenen Entwicklungsvorhaben werden in Projektaufträgen genauer beschrieben. Ein Projektauftrag beschreibt alle Entwicklungsarbeiten, die notwendig sind, um das Entwicklungsziel zu erreichen. Neben dieser Aufgabenbeschreibung schätzt der Projektplaner den für die Realisierung erforderlichen Personaleinsatz in Mann-Jahren und Mann-Monaten sowie die sonstigen Kosten. Diese Schätzung umfaßt den gesamten Aufwand des Entwicklungsvorhabens bis zum serienmäßigen Einsatz des Produkts bzw. Systems. Erst das Planungsverfahren „bewertet" mit Kostensätzen die angegebenen Mann-Jahre und Mann-Monate; d.h. es rechnet mit den geplanten internen und externen Verrechnungssätzen des jeweiligen Planungsjahres die Personalaufwände in Kosten um. Interne Verrechnungssätze verwendet man für Eigenpersonal; externe Verrechnungssätze gelten für Auftragnehmer außerhalb des eigenen Entwicklungsbereichs.

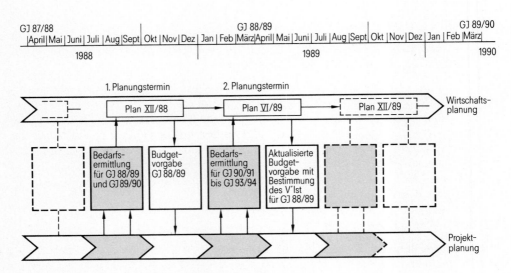

Bild 3.34 FuE-Jahresplanungsablauf

140

Die Kosten von FuE-Aufträgen werden üblicherweise nach Kostenelementen (siehe Kapitel 3.1.3) gegliedert. Der größte Anteil in einem
Entwicklungsbereich sind fast immer die Kosten für Personal. Wichtig
sind aber auch die Kosten für:

- Materialeinsatz,
- Musterbau und Montagelöhne,
- Rechnernutzung,
- Testanlagennutzung,
- Entwicklungswerkzeuge,
- Qualitätssicherung sowie
- allgemeine Dienstleistungen.

3.5.3 Lebenszykluskosten

Ausgelöst durch die intensive Diskussion der Problematik der hohen
Nachfolgekosten bei Großprojekten wurde im verstärkten Maße die
Forderung einer ganzheitlichen Lebenszykluskosten-Betrachtung erhoben. Mit Lebenszykluskosten (LZK), auch als *Lebenswegkosten*
oder *Life-Cycle-Cost* (LCC) bekannt, bezeichnet man die Summe aller Kosten, die in dem gesamten Lebenszyklus eines Produkts, eines
Systems bzw. einer Anlage anfallen [29]. Hierzu zählen also nicht nur
die reinen Anschaffungskosten, sondern auch die häufig viel größeren
Nutzungskosten, zu denen die Einführungs-, die Betriebs-, die In-
standhaltungs- und die Stillegungskosten gehören.

Mit dem Konzept
der Lebenszyklus-
kosten soll eine
Optimierung der
Gesamtkosten im
Lebensweg eines
Produkts erreicht
werden

Für einen Kunden sind daher bei seiner Kaufentscheidung nicht mehr
allein die einmaligen Kosten für die Anschaffung ausschlaggebend,
sondern auch die später anfallenden Kosten für die Nutzung; ihm
geht es vor allem um eine Gesamtwirtschaftlichkeit (user economics).

Phasen des Lebenszyklus

Der Lebenszyklus umfaßt sowohl die Erstellungsphasen, wie Definition, Entwurf, Realisierung, Erprobung und Produktion als auch die
Einsatzphasen, wie Einführung, Betrieb und Stillegung (Bild 3.35).

In Anlehnung an den im Bild 3.1 gezeigten Sachverhalt kann auch
für die Lebenszykluskosten gesagt werden, daß die Kostenfestlegung
zu einem viel früheren Zeitpunkt stattfindet als der wirklich eingetretene Kostenanfall. Deshalb muß zur effektiven Reduktion der Lebenszykluskosten schon frühzeitig − möglichst in den ersten Planungsphasen eines Entwicklungsvorhabens − eine gezielte LZK-Planung
vorgenommen werden.

Frühzeitige Pla-
nung reduziert die
Lebenszyklus-
kosten

Kostenbestandteile

Die Kostenbestandteile in diesem Lebenszyklus unterscheiden sich
je nach Sicht des Kunden und des Herstellers (siehe Bild 3.36). Mit
den Anschaffungskosten müssen alle Kosten für Planung, Entwick-

Kosten fallen beim
Hersteller und
beim Kunden an

141

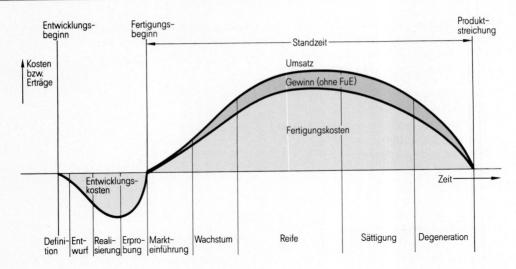

Bild 3.35 Produkt-Lebenszyklus

lung, Fertigung und Vertrieb (mit angemessenem Gewinn) abgedeckt werden; die Instandhaltung umfaßt die Kosten für Inspektion (Feststellung und Beurteilung des Istzustands), Wartung (Bewahrung des Sollzustands) und Instandsetzung (Wiederherstellung des Sollzustands). Für den Kunden kommen die Kosten für die Planung seiner Infrastruktur, für den Produktivbetrieb und für die spätere Beseitigung hinzu.

Zu differenzieren ist zwischen LZK eines Produkts und eines Exemplars

Weiterhin muß man zwischen den Lebenszykluskosten eines Produkts (als Menge von einzelnen Exemplaren) und den Lebenszykluskosten eines Exemplars eines solchen Produkts unterscheiden. Im ersten Fall sind alle Kosten zu betrachten, die mit der Planung, Entwicklung, Fertigung und Vertrieb aller voraussichtlich oder tatsächlich abgesetzten Exemplare eines Produkts anfallen; im zweiten Fall betrachtet man nur die Kosten, die bei der Erstellung und Verwendung eines einzigen Exemplars des Produkts auftreten.

Kosteneinflußgrößen

Kosteneinflußgrößen sind technologisch oder sozial

Grundlage für die Optimierung von Lebenszykluskosten ist die genaue Kenntnis der Kosteneinflußgrößen sowohl in der Erstellungsphase als auch in der Nutzungsphase eines Produkts. Zu den Kosteneinflußgrößen, auch als Kostentreiber bezeichnet, zählen neben technologischen auch soziale Einflußgrößen.

Technologische Einflußgrößen:
– Stückzahl (Lernkurve)
– Einfachheit bzw. Komplexität des Systems
– Verfügbarkeit
– Qualität der Bauteile.

142

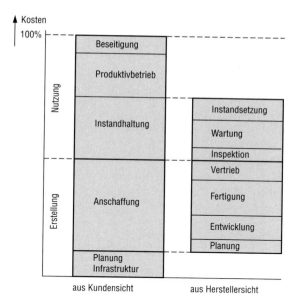

Bild 3.36 Kostenbestandteile im Lebenszyklus eines Produkts

- Mittlerer Ausfallabstand *(MTBF)*
- Mittlere Ausfalldauer *(MTTR)*
- Testaufwand (HW/SW)
- Anzahl SW-Fehler
- Eingangsprüfung der Bauteile
- Endprüfung des Produkts
- Diagnoseeinrichtungen
- Redundanz im System (aktiv, passiv)
- Montierbarkeit.

Soziale Einflußgrößen:

- Qualifikation der Entwickler
- Schulung des Bedienungspersonals
- Qualifikation des Wartungspersonals
- Verbesserungsvorschlagswesen.

LZK-Maßnahmen

Mit dem Aufzeigen der unterschiedlichen Wirkungsketten „Einfluß-größe → Kostenelement" lassen sich geeignete Maßnahmen zum Optimieren der Lebenszykluskosten ableiten; diese sollten so früh wie möglich eingeleitet werden. Hierbei kann es sogar von Vorteil sein, die Mittel für frühe Phasen zu erhöhen, um eine entsprechende Kostenreduktion in den teuren Folgephasen zu erreichen.

LZK sind früh-zeitig zu optimieren

143

LZK-Maßnahmen lassen sich nach iher Wirkungsweise in drei Gruppen unterteilen:

▷ *Deterministischer Zusammenhang*
Wirkung auf LZK als exakter Zahlenwert vorhersagbar, z. B. durch Verwenden von Baugruppen mit geringerer Ausfallrate

▷ *Stochastischer Zusammenhang*
Wirkung auf LZK als Zahlenwert nur ungefähr vorhersagbar, z. B. durch Erhöhen der Anzahl der Prototypen

▷ *Tendenzieller Zusammenhang*
Wirkung auf LZK nur qualitativ vorhersagbar, z. B. durch Verbessern der Ablauforganisation.

3.6 Projektpläne

Die gesamte Planung eines Projekts schlägt sich letztendlich in Projektplänen nieder; sie dokumentieren die Projektplanung. Da Projektpläne stets den aktuellen und gültigen Planungsstand des Projekts widerspiegln müssen, unterliegen sie einem unterschiedlich starken Änderungsgeschehen.

In Tabelle 3.6 sind die wichtigsten Projektpläne mit Angabe der jeweils betrachteten Plangrößen sowie den möglichen Darstellungsformen alphabetisch aufgeführt. (Reine *Produkt*pläne, wie Anforderungskatalog, Spezifikation, etc. sind nicht mitaufgenommen worden.)

Als Varianten der Darstellungsform werden hier gesehen:

▷ Liste (auch Tabelle)
▷ Diagramm (auch Kurvenverlauf)
▷ Balkendarstellung (bzw. Balkendiagramm)
▷ Baum(-struktur)
▷ Netz(-struktur)
▷ Matrixdarstellung
▷ Relationengitter
▷ Graph (freie grafische Darstellung)
▷ Text (verbale Beschreibung).

In [9] sind diese Projektpläne ausführlich erläutert.

Tabelle 3.6 Projektpläne

Bezeichnung	Plangrößen	Darstellung	Beschreibung
Ablaufplan			Überbegriff für Projektablaufpläne wie Balken-plan, Balkendiagramm, Netzplan etc.
Anlagenstruktur-plan	– Anlagenteile – Anzahlen	– Liste – Matrix – Baum	Enthält alle Teile einer Anlage in hierarchischer Anordnung; entspricht etwa der Produkt-struktur.
Arbeitsplan	– Mitarbeiter – Aufgaben	– Liste – Baum	Umfaßt alle Mitarbeiter in ihrer linienorganisa-torischen Einordnung mit ihren Aufgaben-verantwortlichkeiten; ähnlich einem Organi-sationsplan.
Aufgabenplan	– Aufgaben – Mitarbeiter – Aufwände – Termine	– Liste	Zählt alle Aufgaben mit den zugehörigen Projektdaten auf.
Aufwandsplan	– Aufwände – Arbeitspakete – Organisations-einheiten	– Liste – Diagramm	Enthält arbeitspaket- oder organisations-bezogen die einzelnen Planaufwände.
Ausbildungsplan	– Mitarbeiter – Kurse – Termine	– Liste – Balken	Enthält die für die einzelnen Mitarbeiter vorgesehenen Ausbildungsmaßnahmen mit Zeitangaben.
Balkenplan/ -diagramm	– Mitarbeiter – Arbeitspakete – Zeitangaben	– Diagramm	Enthält über die Zeit aufgetragen die einzelnen Mitarbeiter oder Arbeitspakete.
Bedarfsplan			(siehe Einsatzmittelplan)
Berichtsplan	– Projektberichte – Verteiler – Termine	– Liste	Legt die Informationswege der Projekt-berichterstattung fest.
Dokumentations-plan	– Dokumente – Termine – Verfasser	– Liste	Legt die geplanten Projekt- und Produkt-dokumente mit Terminangaben fest.
Einsatzmittelplan	– Mitarbeiter – Maschinen – Zeit	– Liste – Diagramm	Enthält über die Zeit aufgetragen alle für das Projekt notwendigen Einsatzmittel.
Erfahrungs-sicherungsplan	– Erfahrungen – Erfahrungsträger – Adressaten	– Liste – Text	Zeigt die zu dokumentierenden Erfahrungen mit den Erfahrungsträgern und den künftigen Adressaten auf.
Inbetriebnahme-plan	– Maßnahmen – Kümmerer – Termine	– Liste – Text	Umfaßt die Betriebsplanung und listet alle erforderlichen Maßnahmen für die Inbetrieb-nahme auf.
Inspektionsplan	– Inspektionsobjekte – Termine – Teilnehmer	– Liste – Balken	Enthält mit Angabe der Termine und der Teil-nehmer alle zu inspizierenden Objekte.
Kapazitätsplan			(siehe Einsatzmittelplan)
Katastrophenplan	– Katastrophen – Maßnahmen – Kümmerer	– Liste – Text	Ein dem Krisenplan benachbarter Projektplan, mit dem die bei Katastrophen durchzuführenden Maßnahmen untersucht werden.

Tabelle 3.6 (Fortsetzung)

Bezeichnung	Plangrößen	Darstellung	Beschreibung
Know-how-Sicherungsplan			(siehe Erfahrungssicherungsplan)
Kommunikationsplan	– Projektbeteiligte – Kommunikations-arten	– Liste – Relationen-gitter – Graph	Zeigt die Kommunikationsbeziehungen der am Projekt Beteiligten auf.
Konfigurationsmanagementplan	– KM-Methoden – KM-Verfahren – Maßnahmen	– Matrix – Text	Zeigt alle Methoden, Verfahren und Maßnahmen auf, die für das Konfigurationsmanagement geplant sind.
Kontenplan	– Konten – Unterkonten – Verantwortliche	– Liste – Baum	Enthält in geordneter Form alle Konten und Unterkonten eines Projekts oder mehrerer Projekte.
Kostenplan	– Kostenelemente – Kosten – Zeit	– Liste – Diagramm	Zeigt über die Zeit aufgetragen die geplanten Kosten für bestimmte Kostenelemente geordnet nach Arbeitspaketen, Verursachern, Organisationseinheiten etc.
Krisenplan	– Krisen – Maßnahmen	– Liste – Text	Weist bei angedachten Krisen die durchzuführenden Maßnahmen aus.
Meilensteinplan	– Meilensteine – Termine – Verantwortliche	– Liste – Balken – Netz	Enthält die Projektmeilensteine mit deren Terminen.
Mitarbeitereinsatzplan	– Mitarbeiter – Arbeitspakete	– Liste – Matrix	Zeigt den Einsatz der einzelnen Mitarbeiter bezogen auf die Arbeitspakete auf.
Netzplan	– Vorgänge – Abhängigkeiten – Termine	– Liste – Netz	Enthält alle Vorgänge und deren Abhängigkeiten im zeitlichen Ablauf.
Personaleinsatzplan	– Personal – Teilprojekte – Zeit	– Liste – Diagramm – Balken – Matrix	Zeigt – bezogen auf die Teilprojekte – den Personaleinsatz über die Projektzeit auf und ist damit ein Einsatzmittelplan.
Phasenplan			Überbegriff für alle Planungsinformationen, die zu einer bestimmten Phase vorliegen.
Produktstrukturplan	– Produktteile	– Liste – Baum	Enthält alle Teile des geplanten Produkts bzw. Systems in einer hierarchischen Anordnung.
Projektdurchführungsplan			Überbegriff für alle der Projektdurchführung dienenden Planungsinformationen.
Projektorganisationsplan	– Organisations-einheiten – Projektbeteiligte – Gremien	– Liste – Baum – Matrix	Enthält alle Projektbeteiligten bzw. am Projekt beteiligten Organisationsstellen in einer (meist) hierarchischen Anordnung.
Projektplan			Überbegriff für alle Planungsinformationen, die über das gesamte Projekt bzw. Teile des Projekts vorliegen.
Projektstrukturplan	– Arbeitspakete	– Liste – Baum	Enthält alle Arbeitspakete eines Projekts in einer hierarchischen Anordnung.

Tabelle 3.6 (Fortsetzung)

Bezeichnung	Plangrößen	Darstellung	Beschreibung
Projekt-steckbrief	– Aufwände – Kosten – Termine	– Text	Enthält alle wesentlichen Projekteckwerte mit einer Projektkurzbeschreibung.
Prozeß-organisationsplan	– Phasen – Meilensteine – Tätigkeitsarten – Baselines	– Liste – Graph	Gliedert den Entwicklungsablauf in einzelne Phasen und Prozeßschritte mit Definition von Tätigkeitsarten und Standard-Meilensteinen.
Prozeßplan			(siehe Prozeßorganisationsplan, wird teilweise auch synonym zum Ablaufplan verwendet)
Qualifikationsplan	– Personal – Qualifikationen	– Liste – Balken – Matrix	Stellt eine Erweiterung zum Personaleinsatzplan dar, der zu dem benötigten Personal noch die jeweils benötigten Qualifikationen aufzeigt.
Qualitäts-managementplan	– Organisation – Methoden – Prozesse	– Text	Beschreibt die Organisation, die Standards, Verfahren und Werkzeuge, die Prozesse und Indikatoren des Qualitätsmanagements.
Qualitäts-sicherungsplan	– Maßnahmen – Termine	– Liste	Aufstellung aller qualitätssichernden Maßnahmen mit Terminen
Reviewplan			(siehe Inspektionsplan)
Risiko-managementplan	– Risiken – Bewertung – Maßnahmen	– Liste	Auflistung aller möglichen Projektrisiken mit Nennung geeigneter Vorsorgemaßnahmen
Schulungsplan	– Anwender – Kurse – Termine – Orte	– Liste – Balken – Matrix	Enthält die für die Anwender vorgesehenen Schulungsmaßnahmen (z. B. Kurse) mit Zeitangaben.
Terminplan	– Arbeitspakete – Termine – Verantwortliche	– Liste – Balken	Enthält die durchzuführenden Arbeitspakete mit Angaben von Termin, Zeitdauer und Zuständigkeit.
Testplan	– Testfälle – Termine	– Liste – Balken	Enthält mit Angabe der Termine alle geplanten Testfälle.
Zulieferungsplan	– Leistungen – Zulieferer – Zeit	– Liste – Balken – Matrix	Zeigt über die Zeit aufgetragen alle geplanten Projektzulieferungen (z. B. Consultant-Leistungen).
Zuordnungsplan	– Objekte	– Matrix – Relationengitter	Mit ihm können beliebige Objekte in ihrer gegenseitigen Zuordnung dargestellt werden.

4 Projektkontrolle

Ziel der Projekt-
kontrolle ist das
frühzeitige Erken-
nen von Plan-
abweichungen

Im Rahmen der Projektkontrolle werden die einzelnen Projektparameter in ihren Istwerten den durch die Projektplanung vorgegebenen
Planwerten — in einem regelmäßigen Beobachtungsturnus — gegenübergestellt und unter Berücksichtigung der abgelaufenen Projektzeit
beurteilt. In die Kontrolle sind alle quantifizierbaren Projektgrößen
wie Zeit, Aufwand und Kosten (z. T. auch die Leistung) einzubeziehen. Je kleiner dabei die zu betrachtenden Arbeitseinheiten sind, desto größer wird wohl der Kontrollaufwand, aber desto gezielter —
und damit frühzeitiger — kann eine Abweichung von bestehenden
Planvorgaben erkannt werden.

Bild 4.1 veranschaulicht die Bedeutung des rechtzeitigen Erkennens
einer sich abzeichnenden Planabweichung der jeweiligen Kontroll-
größe; es zeigt: Je früher man Planabweichungen erkennt und steuernde Maßnahmen einleitet, desto größer sind die Chancen, daß diese
Maßnahmen noch rechtzeitig, d.h. ohne Plankorrekturen, wirksam
werden.

Mit der Projektplanung wurde die Plandatenbasis für alle Abschnitte
der Projektkontrolle geschaffen; adäquat hierzu muß nun die Ist-
datenbasis gestaltet werden. So ist für die Terminkontrolle ein umfas-

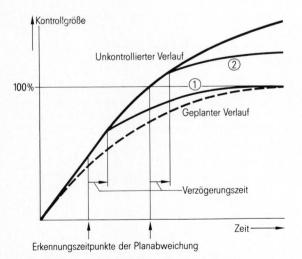

Bild 4.1 Rechtzeitiges Erkennen einer Planabweichung

① rechtzeitig, ② zu spät

148

sendes *Rückmeldewesen* und für die Aufwands- und Kostenkontrolle eine detaillierte *Stundenkontierung* und *Kostenerfassung* notwendig. Innerhalb der *Sachfortschrittskontrolle* steht das Ermitteln des Fertigstellungsgrads im Vordergrund. Das anforderungsgerechte Einhalten des technischen Inhalts einer Entwicklung erreicht man durch eine projektbegleitende *Qualitätssicherung*. Eine allgemeine Absicherung der Projektkontrolle wird durch Systematik und Durchgängigkeit der *Projektdokumentation* erreicht.

Die Analyse der durch die Projektkontrolle aufgedeckten Abweichungen bzw. erkannten Abweichungstendenzen führt zum Ausarbeiten geeigneter Maßnahmen für die Projektsteuerung; diese können sehr unterschiedlich sein. Die einfachste − für das Erreichen des Projektziels aber immer ungünstigste − Maßnahme ist das simple Anpassen der Planvorgaben an die neue Projektsituation, also z. B. Verschieben der Termine, Heraufsetzen des Budgets, Ausweiten des Mitarbeiterstandes oder Reduzieren des Aufgaben- bzw. Leistungsvolumens. Es muß aber innerhalb der Projektsteuerung dem allgemeinen Gesetz von Parkinson „Work expands to fill the available volume" entgegengewirkt werden. Anzustreben sind daher immer Steuerungsmaßnahmen, die die Planerreichung ohne Änderung der Planeckdaten sichern. Dies ist z. B. durch verbesserte Motivation der Mitarbeiter, durch Anheben der Qualifikation oder durch Ändern der Prozeßablauffolgen möglich.

Simple Plananpassung ist der schlechteste Weg einer Projektsteuerung

4.1 Terminkontrolle

Innerhalb der Projektplanung zeigt der Terminplan den gesamten Terminaufriß des Projekts; dort hat er die Aufgabe, alle Einzelaktivitäten eines Entwicklungsvorhabens im terminlichen Zusammenwirken transparent und konsistent darzustellen.

Der Terminplan hat aber auch in dem darauffolgenden Projektabschnitt, in der Projektdurchführung, eine weitere entscheidende Aufgabe, und zwar für die Terminkontrolle. Durch laufendes Beobachten der Terminsituation und Vergleichen der Planwerte mit den Istwerten wird die Entscheidungsgrundlage für eine wirksame terminliche Projektsteuerung geschaffen. Voraussetzung für eine wirkungsvolle Terminkontrolle ist aber die konsequente Aktualisierung der Plantermine.

4.1.1 Terminrückmeldung

Im Rahmen eines (Termin-)Rückmeldewesens sollen die Entwickler dem Projektmanagement den unmittelbaren, aktuellen Terminstand der laufenden Entwicklungsaktivitäten berichten. Für jedes noch

Ohne regelmäßige Rückmeldung von Zwischenterminen ist keine Terminkontrolle möglich

nicht abgeschlossene Arbeitspaket muß in einem festen Turnus angegeben werden, ob

▷ der Termin gehalten wird,
▷ der Termin nicht gehalten werden kann,
▷ der Termin vorverlegt werden kann.

Solche Aussagen dürfen natürlich noch nicht automatisch zu einer Terminkorrektur führen, sondern das Projektmanagement kann erst aufgrund der Gesamtsicht der Einzelterminaussagen aller Abeitspakete des Projekts zu einer Terminentscheidung gelangen. Meist können Terminverzögerungen *einzelner* Arbeitspakete leicht aufgefangen werden, ohne daß der Termin des gesamten Projekts gefährdet wird. Auch kann man Terminengpässe häufig noch durch zusätzliches Personal mildern, so daß die Plantermine nicht verändert werden müssen. Nur wenn alle Möglichkeiten einer *termininvarianten* Projektsteuerung ausgeschöpft sind, muß − als letztes Mittel − zu einer Terminanpassung, d. h. meist zu einer Terminverschiebung für das Gesamtprojekt, gegriffen werden.

Rückmeldeablauf

Das Rückmeldewesen muß sicherstellen, daß *alle* Tätigkeitsbereiche eines Projekts erfaßt werden und keine Lücken in der Terminberichterstattung entstehen. Als wesentliche Punkte müssen in einem Rückmeldewesen definiert sein:

▷ Wer meldet wem?
▷ In welchem Zeitrhythmus muß gemeldet werden?
▷ Welche Daten zu welchen Arbeitspaketen müssen gemeldet werden?
▷ Wie werden die gemeldeten Daten aufbereitet?

Die Rückmelde-liste vereinfacht das Berichtswesen

Es liegt nahe, das Berichtswesen − z. B. durch Formulare − zu „institutionalisieren", so daß auf persönliche und telefonische Abfragen, die nur selten vollständig sind, verzichtet werden kann. Eine solche *Rückmeldeliste* sollte folgende Angaben enthalten:

▷ Projekt- bzw. Teilprojektbezeichnung,
▷ Arbeitspakete (Benennung; Identifikation),
▷ Dienststelle und Verantwortlicher,
▷ Berichtsdatum,
▷ aufgetretene Terminänderungen,
▷ Grund der Terminänderungen,
▷ evtl. Restaufwandsschätzungen.

Es bietet sich an, in die Liste die notwendigen Fertigmeldungen und angefallenen Aufwände der Arbeitspakte aufzunehmen.

150

Aktualisierung des Netzplans

Wenn in einem Projekt die Netzplantechnik eingesetzt wird, dann darf das Projekt nicht *neben* dem Netzplan, sondern muß *mit* ihm geführt werden. Grundvoraussetzung ist hierfür, daß der Netzplan für das gesamte Projekt immer aktuell gehalten wird; d. h., möglichst in einem festen Rhythmus (z. B. monatlich) sollte man die Daten des Netzplans auf den neuesten Stand bringen. So wie es in allen Entwicklungsbereichen bereits selbstverständlich geworden ist, monatlich eine Stundenaufschreibung durchzuführen, so sollte es auch selbstverständlich sein, die Terminerfassung in einen festen Turnus einzubinden. Nicht-aktuelle Netzpläne sind Makulatur und haben keinen Wert als Führungsinstrumentarium.

Liegen alle Änderungswünsche der Entwickler zum Netzplanstand vor, so sind diese in einen Gesamtzusammenhang zu bringen und in Projektstatusbesprechungen zu diskutieren. Nicht jedem Wunsch — besonders dem nach Terminverschiebung — darf automatisch entsprochen werden, da sonst der Endtermin des gesamten Projekts schnell umgestoßen ist.

Schlüsselfrage bei Terminbesprechungen ist immer die Überlegung bzw. Entscheidung, ob ein Einzeltermin in jedem Fall gehalten werden *muß* oder aber verschoben werden *kann*. Ein gefährdeter Termin kann gehalten werden z. B. durch

▷ Einsatz von zusätzlichem Personal,
▷ temporäres Erhöhen der Arbeitszeit
  (Mehr- oder Überstunden, Urlaubsverschiebung),
▷ verbesserten Tool- und Methodeneinsatz,
▷ Optimieren der Arbeitsabläufe oder
▷ Abstriche im Leistungsumfang.

Das Verschieben eines Termins wird entweder durch Verlängern von Vorgangsdauern oder durch unmittelbares Verlegen von gesetzten Terminen erreicht und kann notwendig sein, wenn

▷ Personalmangel (Krankheit, Fluktuation) entstanden ist,   Ursachen von
▷ sich qualitative Schwächen des Entwicklungspersonals zeigen,   Termin-
▷ unvorhergesehene Schwierigkeiten bei der Lösung der   verschiebungen
  Entwicklungsaufgabe aufgetreten sind,
▷ sich die Aufwandsschätzung als unrealistisch herausgestellt hat,
▷ neue, nicht bedachte Abängigkeiten zu berücksichtigen sind oder
▷ zusätzliche Funktions- und Leistungsanforderungen zu erfüllen sind.

Ergebnis solcher regelmäßig abzuhaltenden Terminbesprechungen ist schließlich das Herausstellen derjenigen Arbeitspakete, deren Planvorgaben in irgendeiner Weise zu ändern sind. Zu derartigen Planän-

151

derungen, die eine terminliche Auswirkung haben können, zählen bei einem Netzplanvorgang die Änderung

Mögliche Änderungen im Netzplan

▷ des Beginn- und Endtermins,
▷ der Vorgangsdauer,
▷ des Personalaufwands,
▷ der Personalzuordnung,
▷ der Zuordnung von Betriebsmitteln,
▷ der Abhängigkeiten und
▷ der Zuständigkeit und Verantwortung.

Sind alle verabschiedeten Planänderungen und Vorgangsreorganisationen (Splitten, Reduzieren) in den Netzplan eingebracht, so ergibt sich aufgrund einer Netzplandurchrechnung die neue Terminsituation des Projekts. Für die weitere Terminkontrolle ist es nun sehr vorteilhaft, wenn das Netzplanverfahren einen automatischen Vergleich des alten mit dem neuen Netzplanstand ermöglicht und in einer transparenten Darstellung die relevanten Plandifferenzen ausweist.

Es hat sich für das Projektmanagement als opportun gezeigt, auch mit *negativen* Puffern zu arbeiten. Durch das Bestehenlassen von derartigen (irrealen) Negativpuffern bleibt für die betroffenen Entwicklungsgruppen ein erhöhter *Termindruck* bestehen, der die Wahrscheinlichkeit erhöht, daß ein gefährdeter Termin doch noch − zumindest teilweise − gehalten wird.

4.1.2 Terminlicher Plan/Ist-Vergleich

Grundlage jeder effizienten Terminkontrolle ist der laufende Plan/Ist-Vergleich der Termine, d. h. die Gegenüberstellung der Plantermine mit den eingetretenen bzw. mit den voraussichtlichen Fertigstellungsterminen (Fertigtermine).

Terminübersichten

Neben allgemeinen Terminübersichten sind Rückstandsübersichten empfehlenswert

Da eine detaillierte Projektstruktur zwangsläufig dazu führt, daß in einem Projekt sehr viele Einzeltermine (der einzelnen Arbeitspakete) zu überwachen sind, müssen für eine praktikable Terminkontrolle klare Terminübersichten mit den für die Projektleitung relevanten Terminen zur Verfügung stehen. Neben allgemeinen Terminübersichtslisten, die die Termine aller Arbeitspakete enthalten, sind daher *Rückstandsübersichten* bzw. *Negativlisten* sehr vorteilhaft, die nur Arbeitspakete mit kritischen Terminen enthalten. Zu diesen zählen:

▷ Termine, die bereits überschritten sind und
▷ Termine, die wahrscheinlich nicht eingehalten werden können.

Bei einer „manuellen" Terminüberwachung ist es kaum zu vermeiden, daß man kritische Terminsituationen zu spät als solche erkennt und dann nicht mehr rechtzeitig in das Projektgeschehen steuernd eingreifen kann.

Liegt kein Netzplan zur Terminkontrolle vor, so müssen zumindest in einem regelmäßigen Berichtsturnus die voraussichtlichen Fertigstellungstermine aller Arbeitspakete systematisch notiert und aufmerksam beobachtet werden. Nur auf diese Weise besteht eine Chance, sich anbahnende Terminverzüge noch so rechtzeitig zu erkennen, daß diese durch geeignete Steuerungsmaßnahmen (Personalaufstokkung, Überstunden, Funktionsabstriche etc.) wirkungsvoll eingeschränkt werden können.

Plantreue

Bekanntlich wird im Rahmen einer Entwicklungsplanung und -steuerung für die „Leistungsgrößen", d. h. für Ergebnisgrößen wie Funktionsumfang, Verfügbarkeit, Qualität etc. eine *Maximierung* angestrebt, wogegen man für die „Lastgrößen", wie Termin, Kosten und Aufwand eine *Minimierung* erreichen möchte. Für die aktuelle Planerfüllung dieser Größen während des Projektablaufs bieten sich zwei unterschiedliche Kennzahlen beim Gegenüberstellen der Ist- bzw. voraussichtlichen Istwerte zu den Planwerten an.

Bei *Leistungsgrößen* (Maximierung):

Plantreue bei Leistungsgrößen

$$PT_{\text{Leistung}} = \frac{Y_{\text{V'Ist}}}{Y_{\text{Plan}}} \times 100 \qquad (18)$$

PT_{Leistung} Plantreue einer Leistungsgröße in %
$Y_{\text{V'Ist}}$ Voraussichtlicher Istwert
Y_{Plan} Planwert;

bei *Lastgrößen* (Minimierung):

Plantreue bei Lastgrößen

$$PT_{\text{Last}} = \left(2 - \frac{Y_{\text{V'Ist}}}{Y_{\text{Plan}}}\right) \times 100 \qquad (19)$$

PT_{Last} Plantreue einer Lastgröße in %.

Erreicht wird durch diese unterschiedliche Quotientenbildung, daß angestrebte Planüberschreitungen bei zu maximierenden Leistungsgrößen und angestrebte Planunterschreitungen bei zu minimierenden Lastgrößen in beiden Fällen zu „Plantreue"-Werten von über 100 % führen; entsprechend umgekehrte Plannichterfüllungen führen zu Werten unter 100 %.

Termintreue

Als hilfreicher Kontrollindex zum Beurteilen der Terminsituation eines Projekts eignet sich daher der arithmetische Durchschnittswert der terminlichen Plantreue-Quotienten aller Aufgabenkomplexe bzw.

153

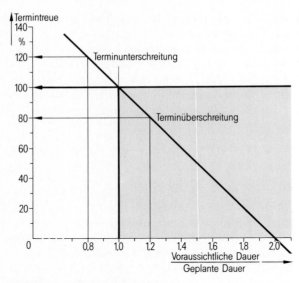

Bild 4.2   Diagramm Termintreue

Teilprojekte. Dieser Index wird als *Termintreue* des Gesamtprojekts bezeichnet und leitet sich ab wie folgt:

$$TT_{TP} = \frac{T_{Plan} - T_{\Delta}}{T_{Plan}} \times 100 \qquad (20)$$

TT_{TP} Termintreue eines Teilprojekts in %
T_{Plan} Geplante Dauer
T_{Δ} Terminverzug,

und damit

Termintreue eines Projekts

$$TT_{ges} = \frac{TT_{TP}}{n_{TP}} \qquad (21)$$

TT_{ges} Termintreue des Gesamtprojekts in %
n_{TP} Anzahl Teilprojekte;

hierbei gilt für den Terminverzug:

$$T_{\Delta} = T_{V'Ist} - T_{Plan}. \qquad (22)$$

$T_{V'Ist}$ Voraussichtliche Dauer

In Bild 4.2 ist der Verlauf der Termintreue, bezogen auf das Verhältnis der voraussichtlichen Dauer zur geplanten Dauer, aufgetragen.

4.1.3 Termintrendanalysen

Der Plan/Ist-Vergleich von Projektterminen darf besonders bei mehrjährigen Entwicklungsvorhaben nicht das alleinige Hilfsmittel zur Terminkontrolle bleiben. Das statisch betrachtete Ereignis einer einmaligen Terminverzögerung eines bestimmten Arbeitspakets ist häufig nicht sehr aussagekräftig, da bei mehrjährigen Vorhaben eine singuläre Terminverschiebung i. allg. den Gesamttermin nicht gefährden sollte. Anderenfalls ist von Anbeginn terminlich zu eng geplant und es sind zu kleine Zeitpuffer in den Terminplan eingebaut worden.

Handelt es sich dagegen um ein Arbeitspaket, das bereits häufiger in seinem Plantermin verschoben werden mußte, so ist mit Recht zu befürchten, daß weitere Terminverzögerungen folgen werden, die in ihrer Kumulierung tatsächlich zu einem Gesamtterminverzug führen können. Es ist also sehr wichtig, einen *Plan/Plan-Vergleich* einzelner Arbeitspakettermine vorzunehmen, um so zu einer allgemeinen Termintrendaussage zu gelangen.

Termintrendanalysen sind Plan/Plan-Vergleiche

Meilenstein-Trendanalyse

Trendanalysen lassen sich im Grunde für jedes mit einem Termin belegte Arbeitspaket durchführen; am besten eignen sich hierfür hervorhebenswerte und projektentscheidende Arbeitsvorgänge bzw. -ereignisse, wie z. B. die Meilensteine in einem Entwicklungsablauf. Solche „Meilenstein-Trendanalysen" (MTA) setzt man bereits in vielen Entwicklungsbereichen sehr erfolgreich ein. Als sehr übersichtliche grafische Form hat sich die in Bild 4.3 gezeigte Darstellungsart durchgesetzt.

Auf der waagerechten Achse des Dreiecksrasters wird der Berichtszeitraum von links nach rechts aufgetragen, der mindestens die Zeitspanne von Aufgabenbeginn bis einiges über den spätesten Endtermin der zu betrachtenden Arbeitspakete umfassen muß. Die senkrechte Achse enthält dieselbe Zeiteinteilung von unten nach oben als Planungszeitraum. Wie aus dem Bild zu erkennen ist, werden nun die

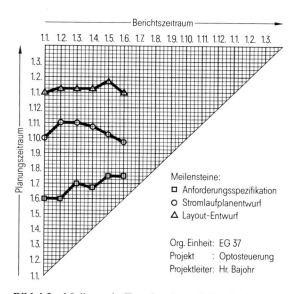

Bild 4.3 Meilenstein-Trendanalyse als Dreiecksraster

Termine für bestimmte Meilensteine, die durch Symbole unterschieden sind, laufend und möglichst in periodischer Folge aktualisiert. Jede Aktualisierung führt zu einer neuen Eintragung, so daß für jeden betrachteten Meilenstein ein Polygonzug entsteht, der so zu bewerten ist:

Waagerechter Verlauf:	Termin wird eingehalten.
Ansteigender Verlauf:	Termin wird überschritten.
Fallender Verlauf:	Termin wird unterschritten.

Jede Abweichung vom waagerechten Verlauf stellt eine Terminabweichung dar, die in einem Beiblatt näher zu erläutern und zu begründen ist.

Hat der Kurvenzug die 45°-Begrenzungslinie erreicht, so ist das Arbeitspaket abgeschlossen und der entsprechende Meilenstein damit erreicht.

Beispiele von MTA-Kurvenverläufen

Kurvenverläufe von Meilenstein-Trendananalysen charakterisieren den Projektverlauf

Im praktischen Einsatz der MTA-Diagramme können typische Kurververläufe beobachtet werden, die gewisse Grundaussagen zur Terminsituation eines Projekts zulassen. In Bild 4.4 sind einige solche markante MTA-Kurvenverläufe dargestellt:

a) *Normaler Verlauf:* Dies ist ein typischer Kurvenverlauf bei „normaler" Projektdurchführung. Geringen Terminverschiebungen nach oben stehen auch solche nach unten gegenüber. Mit großer Wahrscheinlichkeit wird der Gesamttermin gehalten.

b) *Extrem ansteigender Verlauf:* Hier wurden laufend viel zu optimistische Terminaussagen gemacht – sei es bewußt oder aufgrund einer generellen Unterschätzung des Aufgabenvolumens. Der Endtermin des Projekts wird sich ganz erheblich verzögern.

c) *Trendwende-Verlauf:* Bis kurz vor den jeweils geplanten Fertigstellungsterminen wurde bei allen Aufgaben eine Terminerfüllung prognostiziert. Erst gegen Ende werden fast schlagartig erhebliche Terminverschiebungen angekündigt. Es mangelt hier an einer frühzeitigen realistischen Terminaussage; ein rechtzeitiger Steuerungseingriff wurde damit unmöglich gemacht.

d) *Divergierender Verlauf:* Verlaufen unterschiedliche, aber fachlich voneinander abhängige Arbeitspakete in ihren Terminaussagen stark divergierend, so liegt der Verdacht nahe, daß eine der Tendenzen nicht realistisch ist. Die Trendanalyse muß daher insgesamt überarbeitet werden.

e) *Gleichmäßig fallender Verlauf:* Weisen alle Arbeitspakete laufend eine Terminvorverlegung auf, so muß angenommen werden, daß von Anbeginn mit zu großen Sicherheitspuffern geplant wurde. Die zuständigen Terminplaner müssen angehalten werden, künftig realistischere Aussagen zu machen.

156

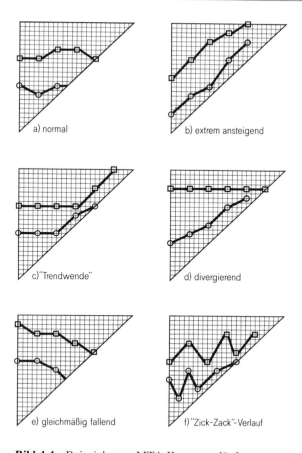

a) normal

b) extrem ansteigend

c) "Trendwende"

d) divergierend

e) gleichmäßig fallend

f) "Zick-Zack"-Verlauf

Bild 4.4   Beispiele von MTA-Kurvenverläufen

f) *Zick-Zack-Verlauf:* Verlaufen alle Kurvenzüge in einem sich wiederholenden Zick-Zack, so zeugt dies von einer erheblichen Unsicherheit in den jeweiligen Terminaussagen. Damit ist auch die Aussage zum Gesamttermin als äußerst unsicher anzusehen.

Aus dem Verlauf der MTA-Kurvenzüge kann also ein *Trend* für die weitere Terminentwicklung abgelesen werden, der im Rahmen der Terminkontrolle ein rechtzeitiges Eingreifen des Projektmanagements ermöglicht.

4.2 Aufwands- und Kostenkontrolle

Neben der Terminkontrolle ist innerhalb der Projektkontrolle das Überwachen der Personalaufwände und der Entwicklungskosten von großer Bedeutung. Hierbei richtet der Projektleiter sein Augenmerk mehr auf den Aufwand, der Entwicklungskaufmann dagegen mehr auf die Kosten. Beide Kontrollfunktionen müssen sich ergänzen. Vor-

157

aussetzung dafür ist ein gemeinsames Erfassen der Aufwände und der Kosten.

4.2.1 Aufwandserfassung

Aufwände und Kosten müssen entsprechend der Projektstruktur erfaßt werden

Voraussetzung für jede Aufwands- und Kostenkontrolle ist das „entwicklungsadäquate" Erfassen des Personalaufwands, d. h. eine regelmäßige und vollständige Stundenaufschreibung entsprechend der Produkt- und Projektstruktur und – wenn möglich – auch entsprechend der Prozeßstruktur. Wegen des großen Datenumfangs, der insgesamt bei einer Stundenkontierung anfällt, ist eine praktikable Aufwandserfassung i. allg. nur mit Hilfe eines DV-Verfahrens möglich.

Aufgabe eines jeden Stundenkontierungsverfahrens ist das Erfassen des Personalaufwands, bezogen auf ein bestimmtes Arbeitspaket. Kontieren müssen i. allg. alle Entwickler und projektzuarbeitenden Hilfskräfte, die in einem Angstelltenverhältnis stehen. Fremdkräfte, wie Consultants, Praktikanten etc., können unter gewissen Voraussetzungen und unter Berücksichtigung des Arbeitnehmerüberlassungsgesetzes (AÜG) auch in die Stundenaufschreibung einbezogen werden; sie sind allerdings getrennt auszuweisen.

Mitkalkulation erfordert eine _detaillierte_ Stundenaufschreibung

Für eine aussagekräftige _Mitkalkulation_ besteht zudem die Forderung einer Detaillierung des Personalaufwands nach

▷ Arbeitspaketen,
▷ Entwicklungsphasen (oder Meilensteinen) und
▷ Tätigkeitsarten.

Auch sollte über die Zuordnung der Arbeitspakete einerseits im Projektstrukturplan bzw. – falls ein solcher eingesetzt wird – im Netzplan und andererseits im Produktstrukturplan eine Differenzierung des Aufwands möglich sein nach

▷ Organisationseinheiten (ausführende und verantwortliche Stellen),
▷ Projekten bzw. Teilprojekten,
▷ Konten bzw. Unterkonten sowie
▷ Produktteilen.

Stundenkontierungsbeleg

Unabhängig vom verwendeten DV-Verfahren kann ein allgemeingültiger Stundenkontierungsbeleg definiert werden, der alle o. a. Anforderungen erfüllt und noch Raum für weitere Projektinformationen läßt (Bild 4.5).

Der dargestellte Beleg enthält – neben den im Kopf und Fuß enthaltenen administrativen Angaben – Kontierungsdaten in der Gruppierung:

▷ Aufgabenhierarchie,
▷ Stundenaufteilung und
▷ Statusinformationen.

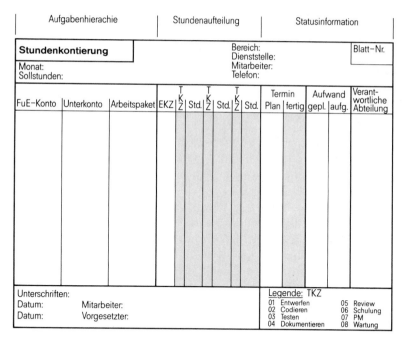

Bild 4.5 Stundenkontierungsbeleg

Die Aufgabenhierarchie umfaßt die meist monohierarchische Unterteilung der Entwicklungsobjekte in mehrere Ebenen wie z. B. in

▷ FuE-Konten,
▷ Unterkonten und
▷ Arbeitspakete.

Bezogen auf das einzelne Arbeitpaket müssen die Stunden in einem festen Berichtsrhythmus notiert werden. Hierbei ist die Stundenaufteilung nach Entwicklungsphasen (EKZ) und Tätigkeitsarten (TKZ) für eine tragfähige Erfahrungssicherung sehr vorteilhaft. Zur allgemeinen Information der einzelnen Entwickler bietet es sich schließlich an, jeder Aufgabenposition in dem Stundenkontierungsbeleg gezielt einige Projektdaten als Zusatzinformation beizugeben, z. B.:

▷ Plantermin,
▷ Planaufwand und
▷ (aufgelaufener) Istaufwand.

Dialogstundenkontierung

In Bereichen mit hoher Durchdringung an vernetzten Endgeräten (PC) bietet sich eine *dialogorientierte* Stundenkontierung an. Nicht mehr das Belegformular, sondern die Bildschirmmaske eines entsprechenden DV- bzw. PC-gestützten Verfahrens ist dann das Eingabemedium für die Aufwandserfassung (s. auch Bild 6.4).

159

Eine Dialogkontie-
rung ermöglicht
eine Sofort-
plausibilitierung

Im Gegensatz zur *Belegkontierung,* die normalerweise in einem wö-
chentlichen oder monatlichen Rhythmus abgewickelt wird, ist eine
Dialogkontierung täglich möglich. Hierbei muß allerdings durch das
Verfahren gesichert sein, daß möglichst keine fehlerhaften und unsin-
nigen Daten aufgenommen werden − eine leistungsfähige „Sofort-
plausibilitierung" ist daher für eine solche (permanente) Dialogkontierung Grundvoraussetzung.

Der Übergang von der Belegkontierung zur Dialogkontierung hat
wesentliche Vorteile:

▷ Genauere Stundenkontierung aufgrund täglicher Eingabe-
   möglichkeiten,
▷ kürzere Durchlaufzeiten und damit aktuellere Projektinformationen,
▷ weniger Rückfragen durch das Projektbüro aufgrund der Sofort-
   plausibilitierung bei der Eingabe,
▷ allgemeine Entlastung des Projektbüros aufgrund vereinfachter
   Kontierungsabläufe sowie
▷ bessere Einbindung der Entwickler in die Projektberichterstattung.

Auch in Entwicklungsbereichen, in denen − aus rechtlichen Gründen
(z. B. Preisprüfung bei öffentlichen Auftraggebern) − der *unterschriebene* Stundenbeleg unverzichtbar ist, kann man eine dialogorientierte
Stundenkontierung einführen, wenn vom Verfahren in einem festgelegten Turnus mitarbeiter- oder gruppenbezogene Stundenbelege mit
den im Dialog erfaßten Kontierungen automatisch erzeugt und den
Zuständigen zur Unterschrift vorgelegt werden können.

4.2.2 Kostenerfassung

Kosten des eigenen Personals

In einem weiteren Verfahrensschritt werden die kontierten Stunden
mit *internen Plankostensätzen* multipliziert; man nennt diesen Vorgang auch „Bewertung". Auf diese Weise werden die Kosten des
eigenen Personals gebildet.

Interner Plankostensatz

Kontierte Stunden
werden mit
Plankostensätzen
bewertet

Kostenstellen sind strukturell an die Organisation angepaßte „Ab-
rechnungsbezirke", auf denen man die Kosten des Eigenpersonals
einschließlich deren Arbeitsplatzkosten sammelt (siehe auch Kap.
3.5.1).

Kostenstellen der Entwicklung enthalten z. B. folgende Kostenarten:

▷ Personalkosten,
▷ Sozialkosten (Urlaubsgeld, Sozialbeiträge etc.),
▷ Arbeitsplatzkosten inkl. Abschreibungen für Investitionen
   (Räume, Geräte etc.),
▷ Reisekosten,

160

▷ Kommunikationskosten (Telefon, Postdienstumlage etc.) und
▷ arbeitsplatzbezogene Dienstleistungskosten (Instandhaltung, Reinigung etc.).

Diese Kosten der Kostenstellen, sie werden auch Dienststellengemeinkosten (DGK) genannt, müssen nun möglichst verursachungsgerecht den einzelnen Projekten zugeordnet werden. Als einfachste Lösung hat sich hier eine statistische *Überrechnung* mit Hilfe der geleisteten Stunden ergeben, mit der man die Kosten der Kostenstellen in die *Kostenträgerrechnung* überträgt, ohne die Kosten auf den Kostenstellen zu verändern. Für die Überrechnung ist je Kostenstelle – oder für mehrere Kostenstellen gemeinsam – ein Plankostensatz zu bilden. Manchmal bildet man auch, um unterschiedliche Personalqualifikationen vor allem beim Verkauf von Ingenieurleistungen berücksichtigen zu können, mehrere Plankostensätze.

Je Kostenstelle ist ein Plankostensatz zu bilden

Kalkulationsschema

Die mittlere Kopfzahl der kontierenden Mitarbeiter (ausgedrückt in Mann-Jahren) errechnet sich aus der geplanten durchschnittlichen Angestelltenzahl abzüglich dem Anteil von nicht kontierenden Mitarbeitern, z. B. Führungskräfte und Schreibkräfte.

Die durchschnittlich geleisteten Stunden/Jahr ohne Ausfallzeiten und allgemeine Arbeiten errechnen sich unter Berücksichtigung tarif- und arbeitsvertraglicher Regelungen aus den kalendarisch möglichen Jahresarbeitsstunden nach dem im Bild 4.6 angegebenen Kalkulationsschema.

Aufgrund der unterschiedlichen tarifvertraglichen Regelungen variieren die auf Projekte verrechenbaren Stunden/Jahr in einzelnen Ländern ganz beachtlich; so ist bei Entwicklungsaufträgen im Ausland von folgender durchschnittlicher *Produktiv-Jahresstundenanzahl* je kontierender Mitarbeiter auszugehen (Stand 1998):

▷ USA   etwa 1890 Stunden/Jahr
▷ Österreich   etwa 1720 Stunden/Jahr
▷ Schweiz   etwa 1840 Stunden/Jahr

Produktiv-Jahresstundenanzahl

zum Vergleich

▷ Deutschland   etwa 1620 Stunden/Jahr.

Tabelle 3.5 in Kap. 3.4.3 enthält in Abhängigkeit der Wochenarbeitszeit die unterschiedlichen Gesamt- und Produktiv-Jahresstundenanzahlen für Deutschland.

Kosten des fremden Personals

Kosten für fremde Mitarbeiter werden auf zwei Wegen belastet:

▷ über interne Weiterverrechnung (siehe Kapitel 4.2.3) oder
▷ durch eingehende Rechnungen.

Stand Dezember 1992	Voraussicht- liches Ist 1992	Plan 1993
Kalendertage	366 Tage	365 Tage
– Sonntage und Samstage	104 Tage	104 Tage
– Feiertage	10 Tage	10 Tage
Vertragliche Arbeitszeit	252 Tage	251 Tage
– Fehlzeiten (Urlaub)	30 Tage	30 Tage
Anwesenheitszeit netto	222 Tage	221 Tage
Anwesenheitszeit netto[1]	1643 Std.	1635 Std.
+ Überstunden/Jahr	16 Std.	14 Std.
Anwesenheitszeit brutto	1659 Std.	1649 Std.
– Ausbildung	40 Std.	38 Std.
– Weiterbildung	40 Std.	40 Std.
– Sonstiges (Krankheit, Gemeinkosten-Aufträge)	100 Std.	100 Std.
Produktivzeit/kont. Mitarbeiter	1479 Std.	1471 Std.
× durchschnittlich kontierende Mitarbeiter	1000 Ang.	1000 Ang.
Produktivzeit gesamt	1479000 Std.	1471000 Std.
Brutto-Gemeinkosten des Kalkulationsbereichs	145 Mio. DM	150 Mio. DM
– direkt verrechenbare Kosten	14 Mio. DM	17 Mio. DM
+ Risikozuschlag (3% der Netto-Gemeinkosten)	4 Mio. DM	4 Mio. DM
Im Stundensatz abzudeckende Kosten	135 Mio. DM	137 Mio. DM
$\dfrac{\text{Im Stundensatz abzudeckende Kosten}}{\text{Produktivzeit gesamt}}$	= 85 DM	93 DM
	Stundenverrechnungssätze	

[1]) Bei einer 37-Stunden-Woche

Bild 4.6 Kalkulationsschema für Stundenverrechnungssätze (Beispiel)

Die *interne Verrechnung* ist dabei im allgemeinen nicht sehr problembehaftet.

Dagegen muß bei eingehenden Rechnungen ein gewisser Aufwand getrieben werden, um diese zu prüfen. Die rechnerische bzw. kaufmännische Prüfung der Rechnungsbeträge ist eine einfache Nachrechnung, aber bei der sachlichen Prüfung müssen alle eingehenden Rechnungen vom Auftraggeber inhaltlich geprüft werden, ob die Verrechnungshöhe − verglichen mit den erbrachten Leistungen − angemessen, plausibel und auftragsgemäß ist.

Abrechnung bei externer Zuleistung

Bei externer Zuleistung wird i. allg. nach Aufwand, d. h. nach Stundenverbrauch des Auftragnehmers, so wie er durch Stundenschreibung der dortigen Mitarbeiter anfällt, abgerechnet. Reisekosten und die Kosten für die Nutzung von Rechnern sind ebenso an den Auftraggeber zu verrechnen.

Der Stand der vom Auftragnehmer erbrachten Leistungen kann dabei zu den entstandenen Kosten nicht immer in Beziehung gebracht werden; jedoch ist eine Aussage zur Plausibilität meist möglich.

Abrechnung aufgrund von Werkverträgen

Bei dieser Abrechnungsform wird eine vorher definierte Leistung zu einem Festpreis oder auch nach Aufwand im Rahmen eines *Werkvertrags* abgerechnet. Unter „Werk" versteht man in diesem Zusammenhang die zu liefernde Leistung.

Entwicklungsarbeiten kann man heute über Unternehmensgrenzen hinweg nur noch in Form von Werkverträgen vergeben, weil die max. zwölfmonatige erlaubte Beschäftigung aufgrund des Arbeitnehmerüberlassungsgesetzes (AÜG), gemessen an der Einarbeitungszeit, häufig zu kurz wäre.

Zusätzliche Entwicklungskosten

Unter den zusätzlichen Entwicklungskosten sind alle „Nicht-Personalkosten" zu verstehen; zu ihnen zählen Kosten für Maschinennutzung, Formen- und Musterbau, Materialbezüge und sonstige Dienstleistungen.

Kosten für Maschinennutzung

Für technische Entwicklungen werden zahlreiche maschinelle Einrichtungen eingesetzt, deren Nutzung man häufig mit einer entsprechenden Miete abgelten kann. Vor allem bei der Entwicklung von HW/SW-Systemen ist der intensive Einsatz von Rechnern und Testanlagen notwendig. Diese Anlagen besitzen meist bereits technische Hilfsmittel (sogenannte Account-Routinen), mit deren Hilfe die verbrauchte Rechenleistung benutzerbezogen automatisch erfaßt wird.

Kosten für Formen- und Musterbau

Der Aufwand für Formen- und Musterbau ist gerade in der Entwicklung hochwertiger Produkte zu einem wesentlichen Kostenfaktor geworden. Als Aufwand fallen vor allem Lohn- und Maschinenkosten ins Gewicht. Sie werden, wie in Werkstätten üblich, durch Lohn- und Abrechnungsbelege, die mit entsprechenden Gemeinkostenzuschlägen noch beaufschlagt sind, erfaßt.

Kosten für Materialbezüge

Bei der Entwicklung elektronischer Komponenten werden sowohl Materialien benötigt, die direkt in das Produkt eingehen, als auch

Hilfsmaterialien, damit Programme, Daten und die Dokumentation gespeichert werden können.

Kosten für sonstige Dienstleistungen

Hierzu gehören z. B. Kosten für die Nutzung von Testlabors.

Kostenherkunft

Mit den Kostenelementen (siehe Kap. 3.1.3) ist in vielen Fällen auch die Kostenherkunft bereits bekannt. Bei großen Projekten ist eine Kostenkontrolle nur möglich, wenn die am Projekt mitarbeitenden internen Stellen bzw. die Lieferanten bereits – sofern sie am Projekt mitgewirkt haben – mit Hilfe der Projektkostenübersicht identifiziert werden können. Bei der Abrechnung werden alle diese „Kostenquellen", das sind sowohl die externen Auftragnehmer als auch die internen leistenden Dienststellen bzw. Abteilungen, mit *Herkunftsbereichsnummern* versehen.

4.2.3 Weiterverrechnung von Kosten

In der Entwicklung von hochtechnologischen Produkten und Systemen ist ein hohes Maß an Arbeitsteilung erforderlich. Ingenieure und Naturwissenschaftler unterschiedlicher Fachrichtungen müssen kooperieren, damit neue Technologien und die darauf basierenden Produkte und Systeme entwickelt werden können. Um diese breitgefächerte Zusammenarbeit effizient zu gestalten, müssen die Kosten für die einzelnen Arbeitsbeiträge den Projekten verursachungs- bzw. nutzungsgerecht belastet werden. Hierzu wird in größeren Unternehmen – als Teil des Rechnungswesens – eine Weiterverrechnung von Kosten über Organisationsgrenzen vorgenommen.

Die auf einem Konto originär auflaufenden Kosten – z. B. Gehälter der Angestellten – werden durch die Weiterverrechnung entlastet und den Projekten, für die die Leistung erbracht wurde, in gleicher Höhe wieder belastet.

Als Arten der Weiterverrechnung kommen dabei die anteilige (indirekte) Weiterverrechnung und die direkte Weiterverrechnung zur Anwendung.

Anteilige (indirekte) Weiterverrechnung

Mit dem Kostenverteilungsschlüssel wird die prozentuale Kostenaufteilung auf die Auftraggeber festgelegt

Bei der anteiligen Weiterverrechnung werden die Projektkosten nach bestimmten Verteilungsschlüsseln anderer Konten belastet; hierbei ordnet man die Kosten der einzelnen Entwicklungsstellen den Projekten zu, die die Leistungen dieser Stellen nutzen. Mit solchen Verteilungsschlüsseln ist eine korrekte Zuordnung der Kosten zu den jeweiligen Kostenverursachern erreichbar.

164

Das Verwenden von Verteilungsschlüsseln vereinfacht auch die Stundenberichterstattung der Mitarbeiter in den leistungserbringenden Stellen, indem nur je Aufgabenpaket und nicht je Kostenträger die aufgewendeten Stunden kontiert werden. Anderenfalls müßten dort für alle potentiellen Nutzer entsprechend viele Konten im Stundenbericht aufgeführt sein.

Direkte Weiterverrechnung

Die direkte Weiterverrechnung wendet man an, wenn es nur einen Nutzer der Leistungen gibt. Bei diesem Vorgehen werden die Konten des Nutzers *direkt,* d. h. ohne irgendeine Aufteilung mit den anfallenden Kosten beaufschlagt. Voraussetzung für eine direkte Weiterverrechnung ist wiederum eine bilaterale Vereinbarung mit dem Anwender bez. der zu verrechnenden Kosten.

Direkte Weiterverrechnung bei einem Nutzer

Verrechnungswege

Der schematische Ablauf der Weiterverrechnung ist im Bild 4.7 dargestellt. In der Praxis ist es so, daß Kostenpositionen, die weiterzuverrechnen sind, in Form von Datensätzen in einem zentralen „Pool" (das ist ein Teil des Buchhaltungsverfahrens) abgelegt werden. Sobald der Pool von den Kosten abgebenden Stellen vollständig geladen ist, werden die Daten nach Empfängern sortiert und anschließend in einem „Belastungslauf" an die Kostenempfänger verteilt. Die Bela-

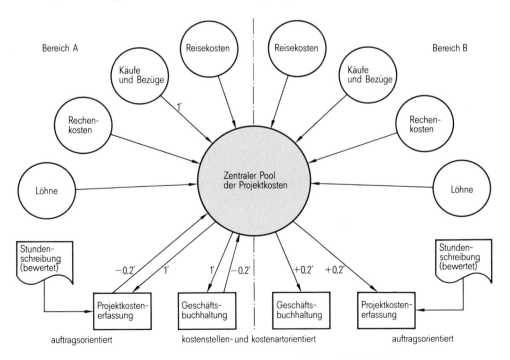

Bild 4.7 Schematischer Ablauf der Weiterverrechnung (mit Zahlenbeispiel)

165

stungsdatensätze gelangen nun in die Abrechnungsverfahren der empfangenden Bereiche. Jeder Belastungsdatensatz wird parallel

Projektkosten-
erfassung ent-
spricht einer „Pro-
jektbuchhaltung"

▷ der *Geschäftsbuchhaltung* nach Kostenarten, Geschäftszweigen und z. T. nach Kostenstellen sowie
▷ der *Projektkostenerfassung* und dort den entsprechenden Projektkonten

belastet.

Eine Geschäftsbuchhaltung ist kostenstellen- und kostenartenorientiert; dagegen ist die Projektkostenerfassung im wesentlichen auftragsorientiert und nach Kostenelementen gegliedert.

Dieser Prozeß der Weiterverrechnung im Unternehmen mit Hilfe von zentralen Pools läuft in monatlichen Abständen. Der Abrechnungszyklus fällt mit dem Abschluß der Geschäftsbuchhaltungen zusammen, so daß die beiden o. g. Buchungskreise zu diesem Zeitpunkt aufeinander abgestimmt werden können.

Im Bild 4.7 sind zwei Verrechnungsvorgänge dargestellt, die den Ablauf anhand eines Beispiels erläutern:

Im ersten Vorgang wird eine Entwicklungsleistung eines externen Auftragnehmers in Höhe von 1 Mio. Euro dem Bereich A belastet. Die Belastung kommt in diesem Fall in Form einer Rechnung, die mehrere Kostenelemente enthalten kann. Innerhalb des Unternehmens wird die Rechnung automatisch über den „Pool" belastet. Gehört der Auftragnehmer nicht dem Unternehmen an, so läuft diese „Belastung" in Form einer Rechnung ein, die nach Überprüfung zur „Zahlung angewiesen" wird.

Der zweite Verrechnungsvorgang zeigt eine Belastung von 0,2 Mio. Euro des Bereichs A an den Bereich B. Die Belastung kann beispielsweise deshalb nötig sein, weil der Bereich A für den Bereich B Entwicklungsleistungen erbracht hat, die 0,2 Mio. Euro gekostet haben. In diesem Fall erfolgt die Weiterverrechnung beleglos über den zentralen Pool. Der weiterzuverrechnende Betrag wird auf der Seite des Bereichs A sowohl innerhalb der Projektkostenerfassung als auch der Geschäftsbuchhaltung ausgebucht und auf der Seite des Bereichs B entsprechend belastet.

4.2.4 Plan/Ist-Vergleich für Aufwand/Kosten

Der Plan/Ist-
Vergleich ist das
tragende Element
der Projekt-
kontrolle

Tragendes Element einer jeden Aufwands- und Kostenkontrolle ist das Gegenüberstellen der *geplanten* Aufwands- und Kostenwerte zu dem *angefallenen* Aufwand bzw. den *aufgelaufenen* Kosten. Mit diesem Vergleich sollen die kostenkritischen Teile des Projekts aufgezeigt werden, deren nähere Untersuchung dann zu entsprechenden Steuerungsmaßnahmen durch das Projektmanagement führt (Bild 4.8).

Der Projektleiter trägt i. allg. nicht die unmittelbare Verantwortung für das (gesamte) FuE-Budget; für ihn spielt die Budgetkontrolle des-

166

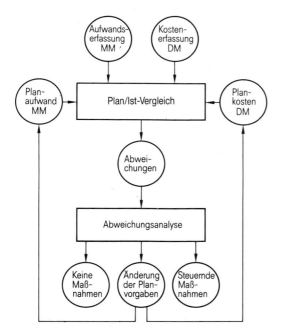

Bild 4.8 Ablauf der Aufwands- und Kostenkontrolle

halb nur eine sekundäre Rolle. Primär interessiert er sich für den Plan/Ist-Vergleich der (Personal-)Aufwände und Projektkosten auf Projektebene, weil dieser in seiner unmittelbaren Verantwortung liegt.

Vergleichsmöglichkeiten

Im Projektverlauf werden die Istwerte üblicherweise in einem gleichmäßigen Turnus registriert — nicht täglich, sondern in 14tägigem oder monatlichem Abstand; sie kennzeichnen den augenblicklichen Zustand des Projekts. Die Planwerte dagegen sind vorab festgelegt und beziehen sich auf den geplanten Endzustand des Projekts. Daraus ergibt sich eine Diskrepanz im direkten Größenvergleich des angefallenen Ist und des zu erreichenden Plans. Für den Plan/Ist-Vergleich der Aufwands- bzw. Kostenwerte bieten sich nämlich mehrere Möglichkeiten der Gegenüberstellung an:

Die Art des Plan/Ist-Vergleichs beeinflußt den Zeitpunkt des Erkennens einer Abweichung

▷ Absoluter Plan/Ist-Vergleich
▷ Linearer Plan/Ist-Vergleich
▷ Aufwandskorrelierter Plan/Ist-Vergleich
▷ Plankorrigierter Plan/Ist-Vergleich.

Beim absoluten Plan/Ist-Vergleich wird der aktuelle Istwert dem (absoluten) Endplanwert gegenübergestellt, also der aktuelle Istwert mit den 100 % des geplanten Endzustandes verglichen. Man liegt damit naturgemäß über einen längeren Zeitraum grundsätzlich unter dem

Absoluter Plan/Ist-Vergleich

167

**Linearer
Plan/Ist-Vergleich**

100%-Plan. Dieses „unter Plan" kann aber irrtümlich sein, da ein eventuelles Überschreiten der 100%-Planlinie immer erst gegen Projektende eintritt und die Planüberschreitung kurvenmäßig erst dann erkennbar wird (Bild 4.9, a).

Man kommt zu einem linearen Plan/Ist-Vergleich, wenn der anteilige Planwert in einem linearen Verlauf über die Zeit dargestellt wird (Bild 4.9, b). Dies ist dann möglich, wenn man davon ausgehen kann, daß die Kosten gleichmäßig über die Zeit verteilt anfallen werden. Treten aber die Kosten vermehrt erst in der zweiten Projekthälfte auf − wie es häufig in der Praxis wegen des verstärkten Personaleinsatzes in der Realisierungsphase und wegen der zeitverschobenen Rechnungsschreibung der Fall ist −, so sieht der Plan/Ist-Vergleich auch in dieser Form in der Anfangszeit des Projekts viel positiver aus, als er in Wirklichkeit ist.

Liegt ein Netzplan vor, so ist eine „Aufwandskorrelierung" des Plan/Ist-Vergleichs möglich. Hierbei wird − angelehnt an eine aus dem

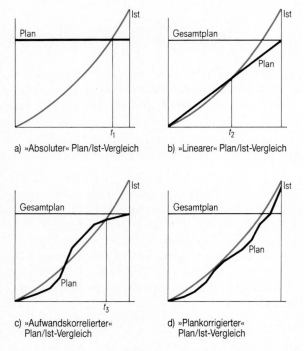

a) »Absoluter« Plan/Ist-Vergleich b) »Linearer« Plan/Ist-Vergleich

c) »Aufwandskorrelierter«
Plan/Ist-Vergleich

d) »Plankorrigierter«
Plan/Ist-Vergleich

▷ Bis zum Zeitpunkt t_1 hat man das sichere Gefühl, daß man „im Plan" ist, da man ja unter 100% liegt.
▷ Bis zum Zeitpunkt t_2 glaubt man, auch anteilig „unter Plan" zu sein − und fängt eventuell an, großzügiger zu werden.
▷ Bis zum Zeitpunkt t_3 glaubt man, daß man den Plan eingefangen hat, und übersieht den großen Nachlauf der Rechnungsstellungen.

Bild 4.9 Formen des Plan/Ist-Vergleichs

Netzplan errechenbare Aufwandsverteilung − der Gesamtplanwert über die Zeit verteilt (Bild 4.9, c). Man erhält so eine realistische Plankostenverteilung, die häufig nach einer leichten S-Kurve verläuft, da zu Projektbeginn − während der Planungsphase − noch nicht so viel Aufwand beansprucht wird, mit Projektfortschritt aber ein überproportionaler Anstieg des Aufwands zu verzeichnen ist.

Beim plankorrigierten Plan/Ist-Vergleich werden nicht nur die Istwerte laufend erfaßt, sondern auch die Planwerte durch eine laufende Restaufwands- bzw. Restkostenschätzung korrigiert (Bild 4.9, d). Zu jedem Istwert sind die geschätzten Restkosten in Differenz zu dem ursprünglichen Gesamtplan aufzutragen. Auf diese Weise erhält man den besten Überblick über die tatsächliche Kostensituation des Projekts.

Bestellwertfortschreibung

In den bestehenden Kostenüberwachungs- und -verrechnungsverfahren werden die Kosten vornehmlich aus der Stundenkontierung, der Rechnungsschreibung und der Kostenübernahme (z. B. Reisekosten, Rechenzeitkosten) aus vorgelagerten Verfahren ermittelt. Sowohl die Stundenkontierung als auch das „Accounting" der Rechenzeiten geschieht in einem relativ aktuellen Rhythmus; dagegen unterliegt die Sammlung von Kosten, die durch die Abrechnung externer Entwicklungsleistungen entstehen, häufig einer erheblichen Zeitverschiebung. Finanzielle Verpflichtungen, die bei einem Projekt bereits eingegangen worden sind, für die aber noch keine Rechnungen vorliegen, bleiben in den meisten Kostenüberwachungsverfahren bis zum endgültigen Rechnungseingang unberücksichtigt. Ergebnis dieses verspäteten Einbuchens von Rechnungen ist, daß häufig in der ersten Projekthälfte schon beachtliche Kosten durch entsprechende Auftragsvergaben verursacht werden, diese aber in den aktuellen Plan/Ist-Kostenvergleichen überhaupt nicht erscheinen. Erst gegen Projektende gehen die einzelnen Rechnungen vermehrt ein, so daß zum Schluß ein „Rattenschwanz" von Kostenbelastungen entsteht. Der Projektleitung wird zu Beginn eine zu positive Kostensituation vorgetäuscht, so daß der übliche Plan/Ist-Vergleich zu einer Farce werden kann.

Abhilfe kann eine *Bestellwertfortschreibung* − häufig auch Obligo-Fortschreibung genannt − schaffen. Bei dieser registriert man die einzelnen Aufträge kostenmäßig nicht erst nach Eingang der Rechnung, sondern notiert sie bereits zum Zeitpunkt der Vergabe als „Obligo", d. h. als Kosten, die eigentlich schon aufgetreten sind.

In Bild 4.10 ist ein Kostenverlauf mit und ohne Bestellwertfortschreibung vereinfacht dargestellt. Das gemeinsame Aufzeigen der Plan- und Istkosten mit dem Bestellwert und dem freigegebenen Budget führt dabei zu einer erheblich besseren Transparenz der Kostenkontrolle.

Marginalien:

Aufwandskorrelierter Plan/Ist-Vergleich

Plankorrigierter Plan/Ist-Vergleich

Bestellwertfortschreibung ermöglicht ein frühzeitiges Beurteilen der wahren Kostensituation

169

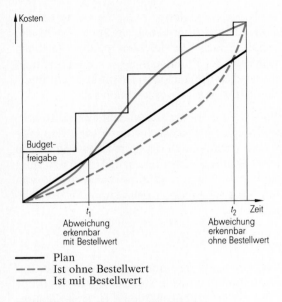

Bild 4.10   Bestellwertfortschreibung

Terminorientierte Kostenkontrolle

Eine Kostenkon-
trolle muß immer
die Terminsituation
miteinbeziehen

Der Kostenverlauf darf in einem Projekt nicht isoliert von den anderen Projektparametern betrachtet werden, d. h., er ist im Zusammenhang mit der gesamten Terminsituation und dem Fertigstellungsgrad
zu sehen. Eine von der Terminsituation losgelöste Kostenkontrolle
kann nämlich leicht zu falschen Aussagen führen, z. B. wenn eine
Kostenüberschreitung (durch einen vorgezogenen Sachfortschritt) bewußt in Kauf genommen wurde, um eine Terminunterschreitung zu
erreichen, oder wenn eine Kostenunterschreitung durch definierten
Wegfall von Leistungsmerkmalen entstanden ist. Deshalb sollte sich
die Kostenüberwachung auch an den *Terminen* und dem erreichten
Sachfortschritt orientieren.

Kosten-Termin-Diagramm

Für eine solche „kombinierte" Kostenkontrolle, die also terminorien-
tiert vorgeht, bietet sich das in Bild 4.11 dargestellte „Kosten-Termin-
Diagramm" an, welches eine *Kosten-Termin-Analyse* zu ausgewählten
Meilensteinen und damit zu definierten Sachfortschrittspunkten ermöglicht. Hierbei sind folgende „Wanderungsrichtungen" der Meilensteine denkbar:

1 Planmäßige Kosten bei Terminunterschreitung
2 Kosten über Plan bei Terminunterschreitung
3 Kosten über Plan bei Termineinhaltung
4 Kosten unter Plan bei Termineinhaltung
5 Kosten unter Plan bei Terminverzug

170

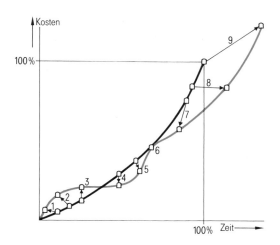

——— Plan
——— Ist
▢   Meilensteine (≙ Sachfortschritt)

Bild 4.11   Kosten-Termin-Diagramm

6 Kosten und Termin plangerecht
7 Kosten unter Plan bei Terminunterschreitung
8 Planmäßige Kosten bei Terminverzug
9 Kosten- und Terminüberschreitung.

Das Kosten-Termin-Diagramm muß normalerweise manuell auf der Basis von Daten erstellt werden, die aus den projektunterstützenden Verfahren abzuleiten sind. Wird allerdings ein integriertes Projektführungssystem eingesetzt, bei dem also Termin *und* Kostenüberwachung verfahrenstechnisch gemeinsam ablaufen, dann ist auch das automatische Erstellen einer Kosten-Termin-Analyse in der aufgezeigten Form möglich.

Sachfortschrittsorientierte Kostenkontrolle

Soll der Sachfortschritt in die Kostenkontrolle einbezogen werden, so ist eine Bewertung des jeweils erreichten Fortschrittstands erforderlich.

Der Wert einer erbrachten Arbeit wird durch den „Arbeitswert" — in Kap. 4.3.2 näher erläutert — ausgedrückt. Unter dem Arbeitswert versteht man den geplanten Kostenwert für die tatsächlich erbrachte Arbeitsleistung; d. h., definierten Arbeitsergebnissen (z. B. zu einem bestimmten Meilenstein) ordnet man die äquivalenten Plankosten zu. Wird diese Größe in den Plan/Ist-Vergleich einbezogen, so erhält man eine Bewertungsgrundlage für die jeweils angefallenen Istkosten (Bild 4.12).

Eine Kostenkontrolle sollte auch den Sachfortschritt miteinbeziehen

171

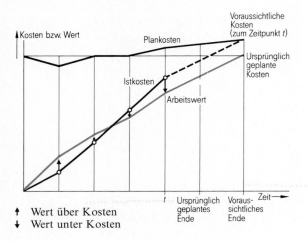

Bild 4.12 Arbeitswert-Kosten-Verlauf

Steuernde Maßnahmen und Planänderungen

Werden beim Plan/Ist-Vergleich von Aufwand und Kosten eines Projekts Abweichungen festgestellt, so kann man zunächst über steuernde Maßnahmen versuchen, die Projektsituation zu verbessern. Auf die möglichen *korrektiven Maßnahmen,* wie z. B. Erhöhen der Motivation, Beseitigen von Konflikten oder Erhöhen der Qualifikation, soll an dieser Stelle nicht näher eingegangen werden, da sie bei fast jedem Projekt anders zu gestalten sind.

Greifen korrektive Maßnahmen im Projektablauf nicht, dann besteht als letzte Möglichkeit zum Korrigieren einer Plan/Ist-Abweichung das *Ändern der Planwerte* selbst. Hierdurch können allerdings die ursächlichen Probleme, die zur Abweichung führten, nicht gelöst werden.

4.2.5 Trendanalysen für Aufwand/Kosten

Wie weiter oben erläutert, werden bei der Aufwands- und Kostenkontrolle mit Hilfe eines Plan/Ist-Vergleichs den ursprünglichen oder auch den aktualisierten Planwerten die angefallenen Istaufwände bzw. Istkosten gegenübergestellt. Ziel dieses Vergleichs ist, Rückschlüsse hinsichtlich der Aufwands- und Kostensituation des Projekts zu ziehen. Im Gegensatz zu einem solchen mehr *statischen* Vergleich stehen die Trendanalysen, die einem „Plan/Plan-Vergleich" entsprechen und damit einen mehr *dynamischen* Vergleich darstellen. Nicht die momentane Istgröße ist hier das entscheidende Vergleichskriterium, sondern aus dem wertmäßigen Verlauf der regelmäßig aktualisierten Plangrößen wird eine Extrapolation in die Projektzukunft unternommen, die Antwort auf die Frage „Wohin geht das Projekt?" geben soll.

Mit einem Plan/Plan-Vergleich kann der Trend von Abweichungen festgestellt werden

172

Daher sollte man neben einem Plan/Ist-Vergleich immer auch eine *Trendanalyse,* also einen Plan/Plan-Vergleich der relevanten Projektgrößen vornehmen. Für eine Trendanalyse sind allerdings zwei Voraussetzungen notwendig:

▷ Alle Planstände in einem Projektablauf müssen aufbewahrt und

▷ die Planwerte müssen laufend − möglichst in periodischer Folge − aktualisiert werden.

Im letzteren Fall ist also in regelmäßigen Abständen eine *Restaufwands-* bzw. *Restkostenschätzung* durchzuführen.

Da die eigentliche Analyse des Trends, d. h. die Extrapolation in die Zukunft naturgemäß der Mensch selbst übernehmen muß, ist es am besten, den Verlauf der einzelnen Planwerte grafisch darzustellen. Verbreitet ist die Matrixform nach Bild 4.13, die sowohl für eine *Aufwands-* (ATA) als auch für eine *Kostentrendanalyse* (KTA) verwendet werden kann.

Eine Trendanalyse ist am besten grafisch möglich

Wie in dem Bild zu erkennen ist, gibt es drei grundsätzliche Trendaussagen, die aus dem extrapolierten Kurvenverlauf einer Aufschreibung laufend aktualisierter Planwerte abgeleitet werden können:

Ansteigender Trend, d. h. mit einem weiteren Anstieg des Aufwands bzw. der Kosten ist im weiteren Projektverlauf zu rechnen (○),

Haltender Trend, d. h., die Aufwands- bzw. die Kostenziele werden im weiteren Projektverlauf wahrscheinlich eingehalten werden (△),

Abfallender Trend, d. h. die ursprünglich gemachten Planansätze für Aufwand bzw. Kosten werden voraussichtlich unterschritten werden (□).

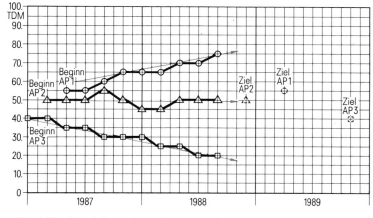

Bild 4.13 Matrixform einer Kostentrendanalyse

173

4.3 Sachfortschrittskontrolle

Im Gegensatz zur Termin-, Aufwands- und Kostenkontrolle liegen für die Sachfortschrittskontrolle keine geeigneten Meßgrößen vor. Eine Überwachung des Sachfortschritts ist daher auch nur auf *mittelbarem* Weg möglich. Kernfrage bei einer Sachfortschrittskontrolle ist immer, ob zu den aufgewendeten Kosten die äquivalente Leistung vorliegt, also ob z. B. bei 50 % Kosten- bzw. Aufwands-„Verbrauch" auch 50 % Leistung erbracht worden ist.

Bei einer Sachfortschrittskontrolle ist − strenggenommen − zu unterscheiden zwischen der Kontrolle des *Produkt*fortschritts und der Kontrolle des *Projekt*fortschritts.

4.3.1 Produktfortschritt

Das Überwachen des Produktfortschritts stellt im Gegensatz zur Projektfortschrittsüberwachung und Qualitätssicherung eine inhaltliche Kontrolle des erreichten Entwicklungsstandes dar. Das Feststellen des Produktfortschritts, d. h. des Entwicklungsfortschritts, ist damit nur auf Basis des genauen technischen Wissens der bestehenden Leistungs- und Funktionsanforderungen und der inneren Struktur des zu entwickelnden Produkts bzw. Systems möglich; sie liegt deshalb i. allg. auch nicht im direkten Aufgabenbereich des Projektmanagements, sondern in der Entwicklung selbst.

Meßbare Produktgrößen

Produktgrößen müssen meßbar sein

Wie bei jeder Sachfortschrittskontrolle ist auch beim Überwachen des Produktfortschritts die *Meßbarkeit* aussagerelevanter Produktgrößen entscheidend. Leistungsmerkmale können sich einerseits in eindeutigen physikalischen oder statistisch bestimmbaren Größen niederschlagen, wie z. B.:

- Frequenzbandbreite von Funk- und Radargeräten,
- elektrische Leistung von Motoren,
- Verlustleistung bei elektronischen Schaltungen,
- Durchsatzrate bei Schaltgeräten,
- Zugriffszeiten bei SW-Programmen,
- Verfügbarkeit von HW/SW-Systemen usw.

Andererseits drücken sich Leistungsmerkmale auch in nicht exakt bestimmbaren Eigenschaften aus, wie z. B.

- Ergonomie,
- Wartbarkeit,
- Portabilität,
- Langlebigkeit,
- Sicherheit usw.

174

Die letzteren können natürlich nicht in ihrem „Fortschritt" gemessen werden; sie sind im Rahmen der Qualitätssicherung auf ihren *Erfüllungsgrad* zu prüfen.

Leistungsmerkmale, die als Produktgrößen eindeutig meßbar sind, können also hinsichtlich ihres technischen Fortschritts projektbegleitend kontrolliert werden. Ein sehr einprägsames Beispiel kann die Raumfahrt liefern; so stellen bei der Entwicklung einer Rakete die Größen Schubkraft und Nutzlast wichtige, aber konkurrierende Leistungsmerkmale dar (Bild 4.14).

In ähnlicher Weise können auf anderen Entwicklungsgebieten technische Größen, die das Produkt „diametral" bestimmen, einer vergleichenden Fortschrittsüberwachung in Form eines *Produktfortschritt-Diagramms* unterzogen werden. Beispiele für solche gegenläufigen (meßbaren) Leistungsmerkmale sind:

Benutzeradreßraum   – Systemadreßraum
Anzahl Bauelemente   – Leiterplattenfläche
Anzahl Teilnehmer   – Antwortzeiten
Zugriffszeiten   – Speichervolumen

4.3.2 Projektfortschritt

Beim Überwachen des Projektfortschritts steht an zentraler Stelle die Frage nach dem jeweiligen *Fertigstellungsgrad* der durchzuführenden Entwicklungsarbeiten. So wichtig diese Frage für das Projektmanagement ist, so schwierig ist deren Beantwortung.

Ganz allgemein definiert sich der Fertigstellungsgrad

$$FG = \frac{A_{\text{fertig}}}{A_{\text{ges}}} \qquad (23)$$

FG Fertigstellungsgrad
A_{fertig} fertiges Arbeitsvolumen
A_{ges} gesamtes Arbeitsvolumen.

Fertigstellungsgrad: Welcher Anteil des Arbeitsvolumens ist fertig?

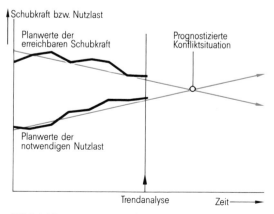

Bild 4.14   Produktfortschritt-Diagramm (Beispiel Raketenentwicklung)

175

Das Problem beim Bestimmen des Fertigstellungsgrades liegt im Fixieren des fertigen Arbeitsvolumens, dem Bestimmen also, was nun *tatsächlich* fertig ist. Allein das subjektive Beantworten durch die einzelnen Entwickler führt kaum zu brauchbaren Aussagen (Bild 4.15). Der Entwickler bewertet nämlich den erreichten Fertigstellungsgrad seiner Aufgaben oft zu hoch. Bis kurz vor Erreichen des geplanten Endtermins wird dadurch eine Planerfüllung suggeriert, obwohl in Wirklichkeit der Plan bereits überschritten ist. Nicht selten sind dann für die restlichen 10% Arbeit mehr als 40% Zeit notwendig. Die Gründe für solche Fehleinschätzungen sind vielfältig:

▷ Der Aufwand für die noch zu leistende Arbeit wird erheblich unterschätzt.
▷ Der Anteil der bereits erbrachten Leistung wird überschätzt.
▷ Schwierigkeiten in der Zukunft werden entweder nicht erkannt oder verharmlost.
▷ Bereits eingetretene (terminliche) Planüberschreitungen werden verdrängt.
▷ Drängen der Leitung beeinträchtigt die „Realitätstreue" der Entwickleraussagen.

Fertigstellungsgrad

Für das Bestimmen des Fertigstellungsgrades eines Projekts und damit für die Kontrolle des Projektfortschritts sind weitere objektivierbare Sachverhalte heranzuziehen. Hierbei gibt es mehrere Vorgehensweisen, die jeweils ihre Vor- und Nachtele haben.

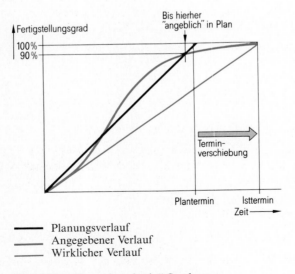

———— Planungsverlauf
———— Angegebener Verlauf
———— Wirklicher Verlauf

Bild 4.15   „Fast-schon-fertig"-Syndrom

176

Relativer Fertigstellungsgrad

Wird der Fertigstellungsgrad eines Arbeitspakets allein durch Beantworten der Frage „zu welchem Prozentsatz ist das Arbeitspaket fertig" bestimmt, so handelt es sich um einen *relativen* Fertigstellungsgrad. Setzt man die mit dieser Fragestellung ermittelten Prozentwerte der einzelnen Arbeitspakete in Relation zu deren Arbeitsvolumina, so kann hieraus ein prozentualer Gesamt-Fertigstellungsgrad des Projekts errechnet werden (Beispiel a).

relativ: Zu wieviel Prozent ist ein Arbeitspaket fertig?

Beispiel a	Arbeitspaket 1	3 MM	30 % fertig $\rightarrow$ 0,9 MM
	Arbeitspaket 2	4 MM	70 % fertig $\rightarrow$ 2,8 MM
	Arbeitspaket 3	7 MM	40 % fertig $\rightarrow$ 2,8 MM
	Projekt	14 MM	46 % fertig $\leftarrow$ 6,5 MM

Die entscheidende Unsicherheit in dieser relativen Bestimmung des Fertigstellunsgrades liegt in dem oben angeführten „Fast-schon-fertig"-Syndrom.

Absoluter Fertigstellungsgrad

Zum Bestimmen des *absoluten* Fertigstellungsgrades wird nicht mehr die „analoge" Fragestellung „wieviel Prozent", sondern die „binäre" Fragestellung „fertig oder nicht fertig" verwendet. Es gilt also nur noch die (objektive) Aussage, ob ein Arbeitspaket ganz fertig – eventuell durch ein offizielles Abnahmeverfahren bestätigt – oder noch nicht fertig ist. Ist das Projekt in genügend kleine Arbeitspakete unterteilt und verfügen diese in etwa über gleich große Arbeitsvolumina, so kann durch Gegenüberstellen der (ganz) fertigen und der noch nicht fertigen Arbeitspakete ein absoluter Fertigstellungsgrad des Projekts ermittelt werden (Beispiel b).

absolut: Ist das Arbeitspaket fertig oder nicht fertig?

Beispiel b	n Arbeitspakete insges.	20 MM	fertig $\rightarrow$ 29 %
	m Arbeitspakete insges.	50 MM	nicht fertig $\rightarrow$ 71 %
	Projekt	70 MM	29 % fertig

Liegt ein Netzplan vor, in welchem die Arbeitspakete als Vorgänge definiert sind, so kann der absolute Fertigstellungsgrad auch automatisch vom Netzplanverfahren ermittelt werden. Da ein Netzplanverfahren zwischen abgeschlossenen, in Arbeit befindlichen und noch nicht begonnenen Vorgängen unterscheiden kann, ist darüber hinaus auch eine gemischte Bestimmung des Fertigstellungsgrades möglich, wie Beispiel c zeigt.

Beispiel c	n Arbeitspakete insges.	50 MM	100 % fertig $\rightarrow$ 33 %
	m Arbeitspakete insges.	20 MM	32 % fertig $\rightarrow$ 4 %
	l Arbeitspakete insges.	80 MM	0 % fertig $\rightarrow$ 0 %
	Projekt	150 MM	37 % fertig

Hierin ist der Fertigstellungsgrad für die in Arbeit befindlichen Vorgänge relativ bestimmt und dem Prozentwert der bereits fertigen Arbeitspakete hinzugerechnet worden.

Prozeßbezogener Fertigstellungsgrad

prozeßbezogen:
Ist der Meilenstein
erreicht?

Ein *prozeßbezogener* Fertigstellungsgrad wird nicht durch einen Prozentwert ausgedrückt, sondern durch eine prozeßbezogene Aussage hinsichtlich der erreichten und offiziell abgenommenen Meilensteine. Bei dieser Vorgehensweise ist es allerdings unerläßlich, den gesamten Entwicklungsprozeß in klar definierte Standard-Meilensteine zu untergliedern.

Im Projektfortschrittsbericht ist dann nicht mehr der numerische Wert für den Fertigstellungsgrad von Bedeutung, sondern die Auflistung der erreichten (und abgenommenen) Meilensteine des Entwicklungsprozesses.

Als ein sehr praktisches und doch einfaches Hilfsmittel hat sich bei einer meilensteinorientierten Sachfortschrittskontrolle die Meilenstein-Trendanalyse erwiesen (siehe hierzu Kap. 4.1.3).

Grafische Darstellung

Für das grafische Darstellen des Fertigstellugnsgrades einzelner Arbeitspakete bietet sich das Balkendiagramm an, in dem die einzelnen Balken für die Arbeitspakete entsprechend ihrer Fertigstellung z. B. „geschwärzt" sind. So erhält man mit Orientierung an einer aktuellen Tageslinie (Stichtag, Zeitlot) einen guten Überblick über den Projektfortschritt. Solche Balkendiagramme lassen sich mit dem Projektsteuerungsverfahren MS Project (s. Kap. 6.1.4) anschaulich darstellen.

Arbeitswertbetrachtung

Der Arbeitswert
kann als Basis zur
Beurteilung des
Projektfortschritts
dienen

Der Sachfortschritt in einem Projekt läßt sich sehr gut durch die Betrachtung des „Wertes" einer geleisteten Arbeit, den *Arbeitswert* beurteilen; rechnerisch entspricht er den geplanten Kosten der bis zum Stichtag tatsächlich erbrachten Arbeitsleistung, das sind die Kosten, die z. B. beim Erreichen eines bestimmten Meilensteins laut Plan dafür hätten anfallen dürfen.

Der Verlauf des Arbeitswerts wird am besten durch das definierte Erreichen einzelner Meilensteine oder durch die Fertigstellung einer festgelegten Anzahl Arbeitspakete bestimmt. Der Schnittpunkt der Horizontalen durch die Planposition eines Meilensteins bzw. einer Arbeitspaketmenge mit der Vertikalen durch den Fertigstellungszeitpunkt des Meilensteins bzw. der Arbeitspaketmenge ergibt den zugehörigen Arbeitswert (Bild 4.16).

Hierbei sind die einzelnen Größen wie folgt definiert:

Anteilige Plankosten $K_{A'Plan}$
    Geplante Kosten für die geplante Arbeitsleistung

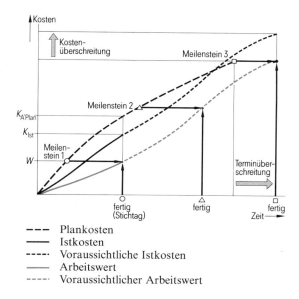

Bild 4.16 Bestimmen des Arbeitswerts

Aufgelaufene Istkosten K_{Ist}
   Angefallene Kosten für die tatsächliche Arbeitsleistung
Arbeitswert W
   Geplante Kosten für die tatsächliche Arbeitsleistung.

Beim gezeigten Kurvenverlauf des Arbeitswerts wird davon ausgegangen, daß keine neuen Aufgaben aufgrund zusätzlicher Anforderungen hinzugekommen sind und der angesetzte Gesamtplanwert realistisch erscheint. Der Arbeitswert überschreitet daher auch nicht den Wert des Gesamtplans (Budget); der Endpunkt des voraussichtlichen Arbeitswertverlaufs kann allerdings den geplanten Endtermin sowohl unter- als auch überschreiten.

Der Arbeitswert wird also allein von der terminlichen Situation, d. h. vom Fertigstellungsgrad definierter Arbeitsmengen, bestimmt.

Der in Bild 4.16 gezeigte Kurvenverlauf führt an dem eingetragenen Stichtag zu folgender Aussage: Bezogen auf den geplanten Kostenverlauf liegt eine (momentane) Kostenunterschreitung vor; bezogen auf den Arbeitswert dagegen eine Überschreitung.

4.3.3 Restschätzungen

Drei Möglichkeiten von Restschätzungen im Rahmen der Sachfortschrittskontrolle gibt es:

▷ Restaufwandsschätzung
▷ Restkostenschätzung
▷ Restzeitschätzung.

179

Restaufwands-/Restkostenschätzung

Mit einer Rest*aufwands*schätzung soll während des Projekts der am Ende des Projekts zu erwartende Gesamtaufwand prognostiziert werden. Kaum zu trennen von einer Restaufwandsschätzung ist die Rest*kosten*schätzung, da — bei sonst unveränderten Projektparametern — Aufwandsänderungen i. allg. unmittelbar in Kostenänderungen übertragbar sind; deshalb werden diese beiden Restschätzungen hier gemeinsam behandelt.

Zukunftsbezogene Aufwands- bzw. Kostenbestimmung

Bei der *zukunftsbezogenen* Bestimmung werden ohne unmittelbare Berücksichtigung der vergangenen Gegebenheiten und Vorkommnisse die Aufwände bzw. Kosten für die noch nicht erledigten, in der Zukunft liegenden Entwicklungsaufgaben ermittelt. Voraussetzung ist hierbei das klare und eindeutige Definieren des *noch abzuarbeitenden* Arbeitsvolumens; dieses ist naturgemäß am genauesten an Zäsurpunkten, wie Phasen- und Meilensteinabschlüssen einzugrenzen.

Definition des noch abzuarbeitenden Auftragsvolumens

Bei Aufwandsschätzverfahren ist es allerdings für das Bestimmen des Restaufwands meist praktischer, die Schätzung auf das Gesamtvolumen auszudehnen und von dem ermittelten Gesamtaufwand einfach den bisher aufgelaufenen Aufwand abzuziehen, als die Schätzung allein auf die noch nicht fertigen Aufgabenkomplexe anzusetzen.

Vergangenheitsbezogene Aufwands- bzw. Kostenbestimmung

Extrapolation von den bereits fertiggestellten Aufgaben

Bei der *vergangenheitsbezogenen* Bestimmung wird nicht das künftige, sondern das *vergangene* Arbeitsvolumen betrachtet und von diesem auf das noch zu bewältigende Volumen extrapoliert. Hier steht die Frage im Vordergrund: welchen „Wert" stellt die bisher erbrachte Arbeit dar?, also die Bestimmung des Arbeitswertes.

In der Praxis geht man von den in Bild 4.17 gezeigten, vereinfachten Kostenverläufen aus, d. h., sowohl für die Plan- und Istkosten als auch für den Arbeitswert wird ein linearer Anstieg angenommen.

In dem gezeigten Kosten-Zeit-Diagramm sind zum Stichtag drei kumulierte Kostenwerte eingetragen:

▷ Aufgelaufene Istkosten K_{Ist},
▷ anteilige Plankosten $K_{A'Plan}$ sowie
▷ der bisher erbrachte Arbeitswert W.

Wie leicht nachvollziehbar ist, kann für die (voraussichtlichen) Restkosten folgender Zusammenhang abgeleitet werden:

$$\frac{K_{Rest} + K_{Ist}}{K_{Ist}} = \frac{K_{Plan}}{W} \; ;$$

$$K_{Rest} = \frac{K_{Ist}}{W} \times K_{Plan} - K_{Ist};$$

180

$$K_{\text{Rest}} = I_{\text{KW}} \times (K_{\text{Plan}} - W),$$

(24)

wobei I_{KW} der *Kosten-Leistungsindex* ist:

$$I_{\text{KW}} = \frac{K_{\text{Ist}}}{W}.$$

Der Kosten-Leistungsindex dient zur Ermittlung der Restkosten

Die Differenz aus Gesamtplankosten und dem zum Stichtag vorliegenden Arbeitswert, multipliziert mit dem Kosten-Leistungsindex, ergibt somit die Restkosten. Durch weitere Addition der aufgelaufenen Istkosten erhält man die voraussichtlichen Istkosten (estimated cost at completion):

$\triangleright$ $K_{\text{V'Ist}} = K_{\text{Ist}} + K_{\text{Rest}}$

$\triangleright$ $K_{\text{V'Ist}} = K_{\text{Ist}} + I_{\text{KW}} (K_{\text{Plan}} - W)$

$\triangleright$ $K_{\text{V'Ist}} = I_{\text{KW}} \times K_{\text{Plan}}.$

Die voraussichtlichen Gesamtkosten ergeben sich damit aus den (ursprünglichen) Gesamtplankosten, multipliziert mit dem Kosten-Leistungsindex. Nimmt z. B. der Kosten-Leistungsindex Werte >1 an − sind also die Istkosten zum Stichtag größer als der zugehörige Arbeitswert −, so ist mit einer Kosten*über*schreitung zu rechnen; bei Werten <1 tritt voraussichtlich eine Kosten*unter*schreitung ein.

Restzeitschätzung

Für *Restzeitschätzungen* gilt ähnliches wie für Restaufwands- und Restkostenschätzungen, weil in den meisten Fällen beide Projektgrößen eng zusammenhängen. So führt z. B. das Nichtausschöpfen eines vorgegebenen Budgets − bei sonst unveränderten Projektparametern − zwangsläufig zu einer Terminverschiebung. Auch kann bekanntlich

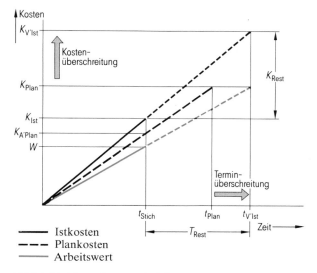

Bild 4.17 Restschätzung bei linearem Kostenverlauf

eine Terminverkürzung durch einen vermehrten Geldmitteleinsatz er-
zwungen werden. Allerdings gibt es keinen generellen Zusammenhang zwischen diesen beiden Projektgrößen. Deshalb muß man i. allg.
eine Restzeitschätzung getrennt von der Restkosten- bzw. Restauf-
wandschätzung vornehmen.

Linearer Kostenverlauf

Bei entsprechenden Annahmen der künftigen Kostenverläufe in
einem Projekt kann ein formelmäßiger Zusammenhang für die restli-
che Entwicklungszeit eines definierten Aufgabenkomplexes abgeleitet werden. Bei gleichen Annahmen, wie sie dem Bild 4.17 zugrunde
liegen, ergibt sich die voraussichtliche Restzeit T_{Rest} aus den folgenden
beiden Beziehungen

$$\frac{T_{\text{Rest}} + t_{\text{Stich}}}{t_{\text{Stich}}} = \frac{K_{\text{Plan}}}{W};$$

$$\frac{t_{\text{Plan}}}{t_{\text{Stich}}} = \frac{K_{\text{Plan}}}{K_{\text{A'Plan}}}$$

und dem *Termin-Leistungsindex*

Restzeit bei linearem Kurvenverlauf

$$I_{\text{TW}} = \frac{K_{\text{A'Plan}}}{W};$$

$$T_{\text{Rest}} = I_{\text{TW}} \times t_{\text{Plan}} - t_{\text{Stich}}. \tag{25}$$

Die voraussichtliche Restzeit T_{Rest} ist also die Differenz aus dem geplanten, mit dem Termin-Leistungsindex multiplizierten Endtermin
und dem Stichtag.

Bei Addition der bisher vergangenen Zeit erhält man den voraussichtlichen Endtermin $t_{\text{V'Ist}}$:

Voraussichtlicher Endtermin bei linearem Kurvenverlauf

$$t_{\text{V'Ist}} = t_{\text{Stich}} + T_{\text{Rest}} = I_{\text{TW}} \times t_{\text{Plan}}. \tag{26}$$

Nimmt der Termin-Leistungsindex Werte >1 an — sind also die anteiligen Plankosten zum Stichtag größer als der zugehörige Arbeitswert
—, so ist mit einem Terminverzug zu rechnen; bei Werten <1 stellt
sich wahrscheinlich eine Terminunterschreitung in entsprechender
Höhe ein.

Beliebiger Kostenverlauf

Kann man für den bisherigen Verlauf nicht von den in Bild 4.17 gemachten (linearisierenden) Voraussetzungen ausgehen, sondern liegt
ein unbekannter Verlauf der Plan- und Istkosten sowie der Arbeitswerte bis zum Stichtag vor, dann bietet sich die in Bild 4.18 dargestellte
Betrachtungsweise an.

Hier ermittelt man zum Stichtag einen Termin-Leistungsindex, ohne
eine Aussage über den bisherigen Verlauf der den Index bestimmen-
den Arbeitswerte machen zu müssen. Für den weiteren Verlauf der

182

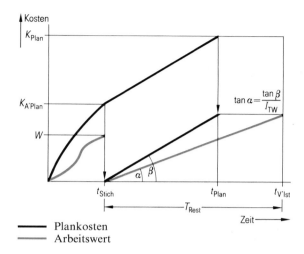

Bild 4.18   Restzeitbestimmung bei (bisher) beliebigem Kostenverlauf

anteiligen Plankosten und des Arbeitswerts wird ein linearer Verlauf mit gleichbleibendem Termin-Leistungsindex angenommen, so daß für diesen Teil derselbe formelmäßige Ansatz wie im vorangegangenen gemacht werden kann. Es ergibt sich daher:

$$T_{\text{Rest}} = I_{\text{TW}}(t_{\text{Plan}} - t_{\text{Stich}}) \qquad (27)$$

Restzeit bei beliebigem Kurvenverlauf

und für den voraussichtlichen Endtermin:

$$t_{\text{V'Ist}} = t_{\text{Stich}} + T_{\text{Rest}} = t_{\text{Stich}} + I_{\text{TW}}(t_{\text{Plan}} - t_{\text{Stich}}). \qquad (28)$$

Voraussichtlicher Endtermin bei linearem Kurvenverlauf

Im Vergleich zu den Formeln (25) und (26) bei von Anbeginn linearem Verlauf ergeben sich hier kleinere Werte für die voraussichtliche Restzeit und den Endtermin.

Restaufwands-, Restkosten- und Restzeitschätzungen greifen in ihrer Kontrollwirkung erst im fortgeschrittenen Stadium eines Projekts, sie sollten deshalb erst dann vorgenommen werden, wenn entweder bereits

▷ 50 % des Gesamtaufwands oder
▷ 50 % der Gesamtkosten oder
▷ 50 % der Projektdauer

erreicht sind. Zu einem wesentlich früheren Zeitpunkt wäre der notwendige Aufwand für eine Restschätzung im Hinblick auf die dann noch geringe Aussagekraft nicht zu rechtfertigen.

In [9] sind unterschiedliche Kontrollindizes für die Sachfortschrittskontrolle angegeben.

4.4 Qualitätssicherung

Die Effizienz der Qualitätssicherung gilt als Bewertungskriterium für die Produktqualität

Bei der Entwicklung von HW- und SW-Produkten mit hohen Zuverlässigkeitsanforderungen ist die *Sicherung der Produktqualität* über den ganzen Entwicklungsprozeß hinweg nicht mehr wegzudenken und zählt als wichtiger Bestandteil des Projektmanagements.

Jedes Produkt besitzt entsprechend seinem Verwendungszweck, seinen Anforderungen und seinem Einsatzrisiko Qualitätsmerkmale mit entsprechender Ausprägung. Für technische Produkte gelten folgende wichtige Qualitätsmerkmale:

▷ Zuverlässigkeit
▷ Funktionserfüllung
▷ Benutzungsfreundlichkeit
▷ Wartungsfreundlichkeit
▷ Umweltfreundlichkeit
▷ Übertragbarkeit
▷ Effizienz.

Diese Qualitätsmerkmale kann man zu bestimmten Ausprägungen weiter untergliedern. Z. B. kann das Qualitätsmerkmal Zuverlässigkeit unterteilt werden in

▷ Korrektheit,
▷ Robustheit,
▷ Verfügbarkeit usw.

Aus dieser Betrachtung ist ersichtlich, daß je Produkt entsprechende Qualitätsmerkmale und ihre Ausprägungen festzulegen sind. Unterstützend wirken dabei die Standarddefinitionen nach DIN 55350, Teil 11 [35], und weitere betrieblich orientierte Festlegungen.

Der Begriff Qualität bezieht sich daher nicht nur auf einsetzbare Produkte, sondern auch auf Zwischenprodukte. DIN 55350, Teil 11, definiert den Begriff Qualität wie folgt:

> Beschaffenheit einer Einheit bezüglich ihrer Eignung, festgelegte und vorausgesetzte Erfordernisse zu erfüllen.

Bild 4.19 verdeutlicht die Bestandteile der Qualitätssicherung in ihrer Gesamtheit.

4.4.1 Qualitätsplanung und -lenkung

Qualitätsplanung

Die Qualitätsplanung legt die Qualitätsmerkmale fest

Die Qualitätsplanung umfaßt das Festlegen von Qualitätsmerkmalen für das Produkt bzw. System; sie ist Voraussetzung für die Qualitätsprüfung.

Die Tätigkeit üben im allgemeinen die Produkt- bzw. Systementwickler aus. Bei der Anforderungsdefinition für ein Produkt sind die Qua-

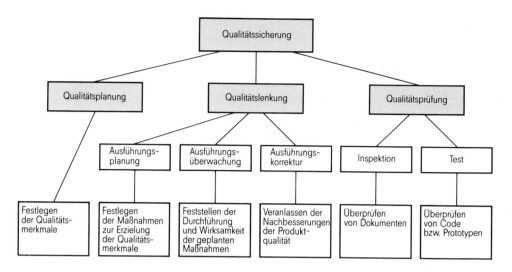

Bild 4.19 Bestandteile der Qualitätssicherung

litätsmerkmale mit ihren Ausprägungen gleichberechtigt mitzube-
trachten und im Pflichtenheft aufzuführen.

Für das Festlegen der Qualitätsziele sind zu den vorgenannten Qualitätsmerkmalen entsprechende quantitative Aussagen zu ermitteln.
Wo dies nicht exakt möglich ist, müssen qualitative Erläuterungen
gegeben werden, die eine klare Aussage über das Verhalten wieder-
geben. Die Unterschiede zwischen *qualitativen* und *quantitativen*
Qualitätsmerkmalen sollen zwei Beispiele verdeutlichen:

Quantitatives Qualitätsmerkmal, z. B. „Zuverlässigkeit"

– Verfügbarkeit: max. Ausfallzeit 30 min/Jahr
– Prozeßdauer je Aufgabe: max. 2 s
– Automatische Wiederanlaufdauer: max. 30 s.

Qualitatives Merkmal, z. B. „Übertragbarkeit"

Es ist geplant, das SW-System auf den drei Betriebsystemen A, B
und C sowie in verschiedenen Sparten einzusetzen.

– Betriebssystemspezifische Anteile sind in eigenen Modulen unter-
  zubringen.
– Die spartenorientierten Aufgaben sind herauszuarbeiten und in
  jeweils spezifischen SW-Anteilen zu realisieren.

Qualitätslenkung

Die Qualitätslenkung befaßt sich mit den organisatorischen Festlegungen für das Erreichen qualitativ hochwertiger Produkte. Es han-

Die Qualitäts-
lenkung legt die
organisatorischen
Maßnahmen zum
Erreichen der
Qualitätsziele fest

delt sich hierbei um die drei Abschnitte Ausführungsplanung, Ausführungsüberwachung und Ausführungskorrektur (Bild 4.19):

Ausführungsplanung

Unter diesem Begriff verbirgt sich eine Vielfalt von Entwicklungskonventionen, z. B. für

▷ Prozeßorganisation,
▷ Produktdokumentation,
▷ Inspektionen (Reviews),
▷ Audits,
▷ Konfigurationsmanagement,
▷ Fehlermeldungswesen,
▷ Änderungsverfahren,
▷ Qualitätsbericht-Erstellung,
▷ Werkzeuge und Entwicklungsmethoden.

Je nach Größe der Entwicklungsabteilungen und -bereiche sind dafür ausführliche Richtlinienwerke nötig. Häufig existieren für den Gesamtbereich Rahmenrichtlinien für die Qualitätssicherung, die durch spezifische Richtlinien für die einzelnen Entwicklungsprojekte zu detaillieren und zu ergänzen sind (QS- bzw. QMS-Handbuch).

Darüber hinaus sind in der Projektdokumentation alle wichtigen Festlegungen und QS-Informationen projektspezifisch zu führen.

Ausführungsüberwachung

Wie bei den übrigen Projektvorgängen ist auch für die Qualitätsprüfung eine Überwachung nach folgenden Gesichtspunkten vorzunehmen:

▷ Sind die qualitätssichernden Maßnahmen durchgeführt worden?
▷ Sind bei der Durchführung der QS-Maßnahmen Probleme entstanden, die noch eine Leitungsentscheidung erfordern?
▷ Haben sich in der Durchführung der qualitätssichernden Maßnahmen Schwächen gezeigt, die für die Zukunft beseitigt werden sollen?

Ausführungskorrektur

Als Reaktion der Überwachungsergebnisse sind bei Bedarf Korrekturen einzuleiten. Solche können z. B. sein:

▷ Es ist für die konsequentere Durchführung der QS-Maßnahmen zu sorgen bzw. sind ausstehende nachzuholen.
▷ Ausstehende Leitungsentscheidungen müssen herbeigeführt werden.
▷ Für ein bestimmtes Thema ist eine „Qualitätsgruppe" mit definierten Zielen einzurichten.

186

4.4.2 Qualitätsprüfung

Prüfung der Entwurfsdokumente

Voraussetzung für das Vermeiden von Realisierungsfehlern sind naturgemäß fehlerfreie Entwurfsunterlagen. Diese auf Richtigkeit und Vollständigkeit zu prüfen, ist die erste Aufgabe der Qualitätsprüfung. Bild 4.20 zeigt z. B. das rapide Ansteigen von SW-Fehlerkosten, wenn Fehler nicht früh genug entdeckt werden. Ein analoger Verlauf gilt naturgemäß auch bei HW-Fehlerkosten.

> Entwurfsdokumente sind auf Richtigkeit und Vollständigkeit zu prüfen

Die Wirksamkeit der Inspektionen z. B. bei einer SW-Entwicklung zeigt Bild 4.21. Es können also ⅔ der Fehler durch konsequente Inspektionen gefunden werden.

Es gibt unterschiedliche Formen der Prüfung von Entwurfsdokumenten.

Die Begriffe *Inspektion* und *Review* sind weitgehend synonym und in der Vorgehensweise gleich. Gegebenenfalls verbirgt sich hinter dem Begriff Review eine geringere Teilnehmerzahl, z. B. beim „Code Review". Ausschlaggebend ist dabei, daß die Inspektion eine offizielle Bestätigung des Inhalts des Prüfobjekts darstellt, die sowohl für den zuständigen Entwickler als auch für dessen Projektleiter gilt.

> Inspektion, Review

Structured Walk Through oder *Walk Through* sollen dem Entwickler ein Gespräch unter gleichgestellten Kollegen, womöglich auch aus anderen Dienststellen ermöglichen. Dabei wird betont, daß sich bei diesem Gespräch aus psychologischen Gründen keine Vorgesetzten beteiligen sollen.

> Structured Walk Through

Ein *Development Design Control* ist eine Vorgehensweise, in der Prüfergebnisse in Form von Kommentaren eingeholt werden; sie wird

> Development Design Control

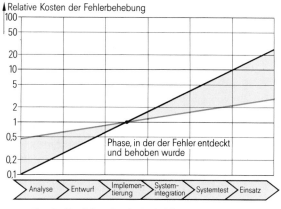

Bild 4.20 SW-Fehlerkosten, abhängig vom Entdeckungszeitpunkt (nach Boehm)

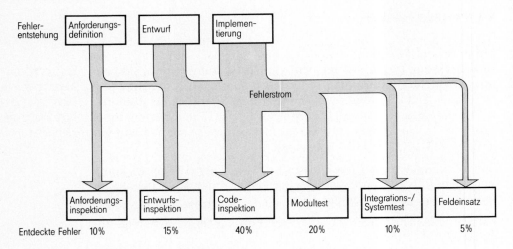

Bild 4.21 Entdeckung von Fehlern durch Inspektionen

daher auch „Inspektion in Kommentartechnik" genannt. Der Vorteil dieser Form einer Inspektion liegt in der erweiterten Teilnehmerzahl, von der Kommentare eingeholt werden können. Das Inspektionsgespräch entfällt hierbei.

Durchführen von Reviews, Inspektionen

Reviews laufen nach einem festgelegten Schema ab mit folgenden Schritten:

▷ Einladung
▷ Vorbereitungsgespräch
▷ Vorbereitungszeitraum
▷ Reviewgespräch
▷ Nachbearbeitung.

Bei einer Inspektion in Kommentartechnik ist statt dem Reviewgespräch die Auswertung der eingegangenen Kommentare durch den Entwickler und den verantwortlichen Veranstalter (Moderator) des Reviews durchzuführen.

Einladung

Der Entwickler bestimmt mit seinem Projektleiter bzw. dem zuständigen Qualitätsbeauftragten den Moderator, die Teilnehmer des Reviews sowie Ort, Zeit und das Prüfobjekt. Die zu überprüfenden Unterlagen werden dem Einladungsschreiben beigefügt.

Vorbereitungsgespräch

Bei Einladung von Reviewteilnehmern, die wenig Kenntnisse von dem Sachthema des Prüfobjekts haben, ist eine Einweisung in das Thema zu empfehlen.

Vorbereitungszeitraum

Die eingeladenen Teilnehmer untersuchen das Prüfobjekt nach den Prüfkriterien. Fehler oder mögliche Mißinterpretationen sind dabei zu kennzeichnen und mit den nötigen Anmerkungen oder Korrekturen zu versehen.

Reviewgespräch

Der Entwickler oder Moderator erläutert zu Beginn des Gesprächs kurz die wesentlichen Aspekte des Prüfobjekts und versucht, darüber mit den Teilnehmern Einverständnis herbeizuführen. Anschließend wird das zu prüfende Entwicklungsdokument Seite für Seite nach wesentlichen Anmerkungen der Teilnehmer abgefragt. Diese Anmerkungen werden bei Bedarf kurz auf Relevanz diskutiert und ggf. in das Reviewprotokoll aufgenommen.

Werden in der Reviewsitzung aufgrund besonderer Vorschläge neue Untersuchungen von Lösungen gefordert, so kann eine Wiederholung des Reviews notwendig sein.

Bei einem *Structured Walk Through* erläutert der Entwickler den Inhalt des Prüfobjekts durchgehend, und die Teilnehmer stellen dazu kritische Fragen. Ansonsten gilt das für Reviews Ausgeführte.

Bei einer *Inspektion in Kommentartechnik* sind durch den Entwickler und den Quasi-Moderator die eingegangenen Stellungnahmen auszuwerten. Dabei muß wiederum zwischen wesentlichen und unwesentlichen Kommentaren unterschieden werden. Die wesentlichen Kommentare sind in einem Protokoll niederzulegen, und es ist jeweils anzugeben, wie dieser Kommentar in das Prüfobjekt einfließt. Den Prüfern ist dieses Protokoll als Ergebnis der Inspektion zukommen zu lassen.

Nachbearbeitung

Aufgrund der im Reviewprotokoll festgehaltenen Fehler und Anmerkungen überarbeitet der Entwickler die geprüften Unterlagen. Diese Überarbeitung ist durch den Projektleiter oder einen anderen Verantwortlichen zu prüfen. Danach muß die Unterlage durch Unterschrift des Verantwortlichen freigegeben werden.

Das Bild 4.22 zeigt, daß der gesamte Entwicklungsaufwand für ein SW-Projekt bei einer systematischen Qualitätssicherung niedriger bleibt als bei fehlender. Für ein HW-Projekt gilt ein ähnlicher Sachverhalt.

Prüfen der Realisierungsergebnisse

Das dynamische Testen − Prüfen des Objekts unter Simulations- oder realer Umgebung − dient zum Aufdecken von Fehlern und zum Nachweis für das richtige Einbringen der Anforderungen in das System.

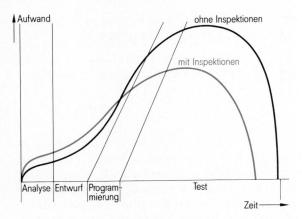

Bild 4.22 Verlauf des Entwicklungsaufwands mit und ohne Inspektionen

Bei größeren Produkt- und Systementwicklungen gibt es mehrere Testabschnitte, Bausteintest (Modultest), Integrationstest, System- test und Akzeptanztest (Abnahmetest).

Bausteintest (Modultest)

Ablauftest,
Bedingungstest,
Datentest

Im Bausteintest gilt es für Software, die Funktionen der ausgewählten Einheiten zu testen. Als Qualitätsmaße für den Modultest gelten die Grade der Testabdeckung bezüglich *Ablauftest* (Anweisungs-, Zweig-, Pfadtest), *Bedingungstest* und *Datentest* (Normal-, Grenz- und Falsch- werte).

In der Hardware umfaßt der Bausteintest meist eine Baugruppe und beim Chip-Entwurf einen Baustein. Eine solche Einheit wird bei Ein- satz von CAD/CAE in zwei Stufen getestet, nämlich durch Simulation auf dem CAD-Arbeitsplatz und später mit der realen Einheit. Für die Simulation der Baugruppe liegt der Stromlaufplan zugrunde.

Streßtest

Zum Test der Belastbarkeit werden die Bauelemente entsprechenden *Streßtests* (auch *Qualifikationstests* genannt) unterzogen, mit denen mechanische und thermische Grenzwerte des Bauteils ermittelt wer- den (Burn-In). Systematische Fehler von Bauteilen müssen dadurch mit einem i. allg. zerstörenden Qualifikationstest erkannt werden. Um zufälligen Fertigungsschwankungen bei Bauteilen vorzubeugen, müs- sen solche Tests stichprobenweise wiederholt werden.

Integrationstest

Beim Integrationstest werden die einzelnen Module, Modulgruppen und HW-Funktionseinheiten zu einem Gesamtsystem zusammenge- baut. Der Integrationstest erfolgt auf dem Zielsystem. Ist das Zielsy- stem nicht gleichzeitig Entwicklungssystem, so ist bis zu einem gewis- sen Grad eine Vorintegration auf dem „Host-System" ratsam.

190

Bei größeren Systemen empfiehlt es sich, den Integrationstest in mehreren festgelegten Schritten mit einem jeweils zugeordneten Funktionsumfang vorzunehmen.

Nach den jeweiligen *Funktionstests* der Normalfälle für einen Integrationsschritt können die Tests für den nächsten Integrationsschritt eingeleitet werden. Parallel dazu ist die Durchführung der *Regressionstests* und der Tests für die Sonderfälle möglich. Regressionstests dienen zum Funktionsnachweis nicht geänderter Funktionen.

Funktionstest

Regressionstest

Nach vollständiger Integration des Systems und mit hinreichenden Funktions- und Aufgabentests wird das System an die Systemtestmannschaft − durch *Nachweistests* über hinreichende Funktionserfüllung und Stabilität − übergeben. Solche Nachweistests gibt die Systemtestmannschaft vor und führt sie zusammen mit den Entwicklern durch. Die Software und Hardware wird dann in den Systemtest übernommen, wenn die Übernahmetests erfolgreich verlaufen sind.

Nachweistest

Systemtest

Im Systemtest wird das System vornehmlich aus Anwendersicht getestet. Die Testkonfiguration muß qualitativ der HW/SW/FW entsprechen, wie sie beim Kunden zum Einsatz gelangt.

Der Systemtest umfaßt vom Ziel her alle Leistungsmerkmale aus Anwendersicht mit den Schwerpunkten Funktionen, Leistungsmerkmale, Betreibbarkeit, Wartbarkeit, Stabilität und Dokumentation.

Das Ergebnis des Systemtests ist die hinreichende Funktionsfähigkeit des Systems für die Freigabe an den Anwender für den *Akzeptanztest*. Der Akzeptanztest kann sich aus zeitlichen Gründen mit dem fortgeschrittenen Systemtest überlappen.

Im Idealfall sollten beim Systemtest die gefundenen Fehler bei der Software auf Primärprogrammebene alle beseitigt werden. Bei der HW kann man in diesem Zeitrahmen nur vorübergehende Änderungen einbringen. Bei der SW läßt sich die Fehlerbeseitigung auf Programmebene leider in der Praxis aus zeitlichen Gründen nicht vollständig erreichen. Es muß daher eine mindestens zweistufige Fehlerqualifizierung für in jedem Fall sofort zu beseitigende und später zu beseitigende Fehler stattfinden.

Zur besonderen Prüfung von Baugruppen und Geräten über ihre Einhaltung der Spezifikation bezüglich Umweltbelastung sind zusätzliche Testaufwendungen unter Streßbedingungen (Run-In) nötig. Diese Tests können umfassen: mechanische Beanspruchungen, elektromagnetisches Verhalten (EMV), Klimatests (Verändern der Umgebungstemperatur), Verhalten bei Erdbeben u. ä.

Run-In-Test

Akzeptanztest (Abnahmetest)

Der *Akzeptanztest* liegt zeitlich in der Projektabschlußphase und wird vom Anwender verantwortet. Die Vorbereitung des Akzeptanztests unterstützt der Hersteller, der auch für eine schnelle Behebung kritischer Fehler sorgt.

Testfälle und Testdaten sind im allgemeinen vom Anwender zu erstellen. Dasselbe gilt für die Testplanung.

Nach Abschluß des Akzeptanztests ist vom Anwender ein Testbericht zu erstellen; dieser enthält auch Aussagen über die Übernahme durch den Anwender und ggf., mit welchen Auflagen für den Hersteller dies möglich ist.

4.4.3 Überprüfung der Qualitätssicherung

Das Durchführen der organisatorischen Festlegungen zur Qualitätssicherung und ihre Wirksamkeit auf die Produktqualität sind von Zeit zu Zeit durch *Qualitätsaudits* zu prüfen. Mit einem Qualitätsaudit wird das ordnungsgemäße Anwenden der eingesetzten Qualitätsverfahren überprüft; es dient also *nicht* zum Nachweis der Produktqualität, sondern allein der Überprüfung des Qualitätssicherungssystems (QSS).

Zertifizierung nach ISO 9001

Ein ISO-Zertifikat bestätigt, daß ein Lieferant die vertraglich festgelegte Qualität seiner Produkte sicherstellen kann

Im Rahmen der EU ist mit der ISO 9001 [44] eine Richtlinie erstellt worden, die eine Vorgabe für die zu prüfenden Merkmale gibt. Entspricht das Qualitätssicherungssystem eines Unternehmens diesen Vorgaben und wird dieses durch einen unabhängigen Prüfer, z. B. durch die DQS (Deutsche Gesellschaft zur Zertifizierung von Qualitätssicherungssystemen), bestätigt, erhält das betreffende Unternehmen ein entsprechendes „ISO-Zertifikat". Mit einem Zertifikat nach ISO 9001 wird bestätigt, daß ein Lieferant die vertraglich festgelegte Qualität seiner Produkte sicherstellen kann.

Für ein Unternehmen ist der Besitz eines solchen Zertifikats von größter Bedeutung. So verpflichtet eine Richtlinie der EU-Kommission die öffentlichen Auftraggeber, in bestimmten Marktsektoren von ihren Lieferanten einen solchen Nachweis zu verlangen. Da die Norm die Lieferanten verpflichtet, von ihren Zulieferern den gleichen Nachweis zu fordern, wird der Besitz eines Zertifikats zur Vorbedingung für eine Vielzahl von Aufträgen und damit zur Voraussetzung, als Anbieter am Markt tätig sein zu können.

Die Norm ISO 9001 legt Forderungen an das Qualitätssicherungssystem eines Lieferanten von Produkten fest, deren Erfüllung der Lieferant gegenüber einem Auftraggeber oder einem Dritten (z. B. Zertifizierungsstelle) nachweisen können muß. Die Forderungen sind in der Norm nach 20 Themen geordnet:

1. Verantwortung der obersten Leitung
2. Qualitätssicherungssystem
3. Vertragsprüfung

192

 4. Designlenkung
 5. Lenkung der Dokumente
 6. Beschaffung
 7. Vom Auftraggeber beigestellte Produkte
 8. Identifikation und Rückverfolgbarkeit
 9. Prozeßlenkung
10. Prüfungen
11. Prüfmittel
12. Prüfstatus
13. Lenkung fehlerhafter Einheiten
14. Korrekturmaßnahmen
15. Handhabung, Lagerung, Verpackung und Versand
16. Qualitätsaufzeichnungen
17. Interne Qualitätsaudits
18. Schulung
19. Kundendienst
20. Statistische Methoden

1. Verantwortung der obersten Leitung

Die Unternehmensleitung muß ihre Qualitätsziele und -strategien und ihre Verpflichtung zu deren Durchsetzung schriftlich festlegen. Sie muß die Ziele und Strategien auf allen Ebenen der Organisation bekanntmachen und durchsetzen. Für alle Mitarbeiter, die Tätigkeiten ausführen, durch die die Qualität der Produkte beeinflußt wird, müssen Verantwortungen, Befugnisse und Schnittstellen festgelegt werden. Für das Überwachen von Entwicklungs- und Serviceprozessen müssen Kriterien festgelegt und angemessene Ressourcen und ausgebildetes Personal bereitgestellt werden. Dieses Personal darf keine Verantwortung für die überwachten Prozesse haben. Die Unternehmensleitung muß einen Beauftragten einsetzen, der das Erfüllen der Forderungen aus ISO 9001 sicherstellt. Sie muß die Wirksamkeit des QS-Systems in regelmäßigen Abständen durch Reviews überprüfen.

2. Qualitätssicherungssystem

Der Lieferant muß ein QS-System einrichten und pflegen, das die Erfüllung der jeweils geforderten Qualität für seine Produkte sicherstellt. Dazu muß er Verfahren festlegen und dokumentieren, die die Forderungen aus ISO 9001 erfüllen, und er muß für deren Aktualität und Einhaltung sorgen.

3. Vertragsprüfung

Jeder Vertrag muß durch den Lieferanten überprüft werden, um sicherzustellen, daß

▷ die Aufgabenstellung der vorgesehenen Anwendung entspricht und sie angemessen dokumentiert ist,

▷ alle von der Ausschreibung abweichenden Forderungen geklärt sind und

▷ der Lieferant den Vertrag erfüllen kann.

Die Prüfungen müssen dokumentiert werden.

4. Designlenkung

Der Lieferant muß die Produktentwicklung planen. Die Pläne müssen die notwendigen Tätigkeiten festlegen und entsprechend dem Entwicklungsfortschritt aktualisiert werden. Die Anforderungen an ein Produkt müssen schriftlich festgelegt werden. Unvollständige, unklare oder sich widersprechende Anforderungn müssen mit denjenigen Stellen geklärt werden, die sie festgelegt haben. Entwürfe müssen dokumentiert werden, die Anforderungen an die Produkte erfüllen, gesetzlichen Regelungen entsprechen, Sicherheit und Funktionalität des künftigen Produkts sicherstellen und Kriterien für dessen Abnahme festlegen. Sie müssen von qualifiziertem Personal nach festgelegten Plänen überprüft werden. Der Lieferant muß durch sein Regelwerk die Feststellung, Dokumentation, angemessene Prüfung und Freigabe aller Änderungen sicherstellen.

5. Lenkung der Dokumente

Der Lieferant muß Verfahren zum Erstellen und Pflegen aller Dokumente festlegen, die von ISO 9001 gefordert werden. Es muß sichergestellt werden, daß Dokumente überall dort verfügbar sind, wo sie benötigt werden und daß sie zurückgezogen werden, wenn sie überholt sind. Falls nicht anders festgelegt, müssen Änderungen an Dokumenten von denselben Stellen geprüft werden, die die Erstausgaben geprüft und freigegeben haben. Änderungen müssen erkennbar sein. Der Änderungsstand muß verwaltet und angegeben werden.

6. Beschaffung (Zulieferungen und Unteraufträge)

Der Lieferant muß sicherstellen, daß die beschafften Produkte festgelegte Anforderungen erfüllen. Er muß Aufzeichnungen über die Qualitätsfähigkeit seiner Zulieferer führen und den Zulieferer für ein bestimmtes Produkt unter Verwendung dieser Aufzeichnungen auswählen. Er muß Art und Umfang der Überwachung der Vertragsausführung produktabhängig festlegen.

Der Auftrag an den Zulieferer muß eine genaue Spezifikation des beschafften Produkts enthalten. Sie ist vor Auftragserteilung zu überprüfen und freizugeben. Der Auftrag muß eine Norm der Reihe ISO 9001 bis 9003 festlegen, die bei der Vertragsausführung anzuwenden ist. Auf Verlangen des Auftraggebers des Lieferanten muß diesem das Recht eingeräumt werden, das beschaffte Produkt beim Zulieferer zu prüfen.

7. Vom Auftraggeber beigestellte Produkte

Der Lieferant muß an Produkten, die vom Auftraggeber beigestellt und Bestandteil des zu liefernden Produktes werden, eine Eingangsprüfung durchführen. Veränderungen oder Verlust eines beigestellten Produktes müssen dokumentiert und dem Auftraggeber gemeldet werden.

8. Identifikation und Rückverfolgbarkeit von Produkten

Produkte und Dokumente müssen während des gesamten Life-Cycle durch eine eindeutige Identifikation gekennzeichnet sein. Die Zugehörigkeit von Dokumenten zu Produkten muß über die Identifikation sichergestellt werden.

9. Prozeßlenkung

Die technische Realisierung muß geplant werden. Wo dies für die Qualität der Produkte notwendig ist, müssen Methoden und Tools schriftlich festgelegt und freigegeben werden. Die Realisierung muß anhand geeigneter Produkt- und Prozeßmerkmale gesteuert und überwacht werden.

10. Prüfungen

Zulieferungen dürfen nicht ohne schriftlich spezifizierte Eingangsprüfungen verwendet oder in eigene Produkte integriert werden. Die Prüfungen müssen nachweisen, daß die Zulieferungen die jeweiligen Anforderungen erfüllen. Wird eine Zulieferung aus zwingenden Gründen ohne Prüfung verwendet, muß dies dokumentiert werden, damit im Fehlerfall Widerruf und Austausch möglich sind. Zwischenprodukte müssen nach einer schriftlich festgelegten Spezifikation geprüft werden. Sie dürfen nicht verwendet werden, bevor durch einen Prüfbericht bestätigt wird, daß sie die an sie gestellten Anforderungen erfüllen. In Ausnahmefällen kann wie bei Zulieferungen angegeben verfahren werden. Fehlerhafte Zwischenprodukte müssen als solche gekennzeichnet werden. Die Endprüfung muß nach einer Spezifikation durchgeführt werden. In der Spezifikation muß festgelegt sein, daß vor der Endprüfung alle geplanten Eingangs- und Zwischenprüfungen erfolgreich durchgeführt worden sein müssen. Produkte dürfen erst ausgeliefert werden, wenn alle im Regelwerk und im Projektplan festgelegten Prüfungen erfolgreich durchgeführt wurden und die Prüfberichte vorliegen und freigegeben worden sind. Der Lieferant muß Aufzeichnungen vorschreiben und führen, die nachweisen, daß ein Produkt festgelegte Abnahmekriterien erfüllt.

11. Prüfmittel

Der Lieferant muß Prüfmittel unabhängig von ihrer Herkunft nach ihrer Eignung für die geplante Prüfung auswählen und ihrerseits auf Angemessenheit und Zuverlässigkeit prüfen. Die Ergebnisse dieser

Prüfungen müssen dokumentiert werden. Prüfmittel müssen so aufbewahrt werden, daß ihre Wiederverwendbarkeit sichergestellt ist. Die
Wiederverwendbarkeit muß vor einem erneuten Einsatz überprüft
werden.

12. Prüfstatus

Geprüfte Produkte müssen durch einen Prüfstatus gekennzeichnet
werden, aus dem hervorgeht, ob die jeweilige Prüfung erfolgreich war
oder nicht. Anhand des Prüfstatus muß sichergestellt werden, daß
nur fehlerfreie Produkte weiterverwendet oder ausgeliefert werden.
Aus Aufzeichnungen muß diejenige Stelle erkennbar sein, die das
Produkt aufgrund der Prüfung freigegeben hat.

13. Lenkung fehlerhafter Einheiten

Der Lieferant muß durch sein Regelwerk sicherstellen, daß ein fehler-
haftes Produkt nicht versehentlich weiterverwendet wird. Das Regelwerk muß Identifikation, Dokumentation und Weiterbehandlung des
fehlerhaften Produktes und die Information betroffener Stellen festlegen. Die Verantwortung für die Behandlung fehlerhafter Produkte
muß festgelegt werden. Falls vertraglich vereinbart, muß die Weiter-
verwendung eines fehlerhaften Produktes dokumentiert und dem
Auftraggeber gemeldet werden. Nach einer Korrektur muß ein Produkt erneut geprüft werden.

14. Korrekturmaßnahmen

Der Lieferant muß durch sein Regelwerk sicherstellen, daß die Ursachen von Produktfehlern untersucht und durch Korrekturmaßnahmen
abgestellt werden. Er muß Prozesse, Prüfprotokolle und Fehlermeldungen auf mögliche Fehlerursachen untersuchen und Maßnahmen
zur Fehlerverhütung festlegen. Er muß die Durchführung und Wirksamkeit von Korrekturmaßnahmen überwachen und dokumentieren.

15. Handhabung, Lagerung, Verpackung und Versand

Der Lieferant muß Methoden und Tools festlegen, die eine Beein-
trächtigung von Funktionsfähigkeit und Integrität seiner Produkte bis
zur Auslieferung verhindert. Er muß den Zugriff auf die Produkte
regeln und sie in angemessenen Abständen überprüfen, um mögliche
Beeinträchtigungen festzustellen.

16. Qualitätsaufzeichnungen

Qualitätsaufzeichnungen dienen sowohl dem Nachweis, daß die Anforderungen an ein Produkt erfüllt werden, als auch dem Nachweis,
daß das QS-System des Lieferanten wirksam ist. Der Lieferant muß
Verfahren zum Erstellen, Verwalten und Bereitstellen von Qualitätsaufzeichnungen festlegen und fortschreiben. Produktspezifische Auf-

zeichnungen müssen dem entsprechenden Produkt zugeordnet sein. Qualitätsaufzeichnungen müssen sicher aufbewahrt werden und leicht zugänglich sein. Ihre Aufbewahrungsdauer muß festgelegt sein. Falls vertraglich vereinbart, müssen sie dem Auftraggeber zugänglich gemacht werden.

17. *Interne Qualitätsaudits*

Der Lieferant muß ein umfassendes System interner Qualitätsaudits planen, durchführen und dokumentieren, um zu überprüfen, ob seine Prozesse dem gültigen Regelwerk entsprechen, und um die Wirksamkeit seines QS-Systems festzustellen. Die Audits müssen je nach Art und Bedeutung der zu auditierenden Tätigkeiten geplant werden. Sie und die aus ihnen resultierenden Maßnahmen müssen nach schriftlichen Vorgaben durchgeführt werden. Ihre Ergebnisse müssen dokumentiert und dem Management des auditierten Bereiches mitgeteilt werden. Das Management muß rechtzeitig Korrekturmaßnahmen zum Beheben aufgedeckter Mängel veranlassen.

18. *Schulung*

Der Lieferant muß Richtlinien zur Ermittlung des Schulungsbedarfs herausgeben und pflegen. Er muß dafür sorgen, daß Mitarbeiter für die ihnen übertragenen Aufgaben ausgebildet sind. Über die Schulungsmaßnahmen müssen Aufzeichnungen geführt und aufbewahrt werden.

19. *Kundendienst*

Falls Kundendienst vertraglich vereinbart ist, muß der Lieferant dafür Richtlinien erstellen, dafür sorgen, daß sie eingehalten werden und ihre Einhaltung überprüfen.

20. *Statistische Methoden*

Gegebenenfalls muß der Lieferant statistische Methoden festlegen und anwenden, um zu überprüfen, ob Produkt- und Prozeßqualität den Anforderungen genügen.

Die Norm verlangt von einem Lieferanten das Einrichten und Pflegen eines QSS. Im Rahmen des QSS hat die Unternehmensleitung des Lieferanten die Qualitätsstrategie sowie die Aufbau- und Ablauforganisation zur Erfüllung aller der Aufgaben festzulegen, die sich auf die Qualität der Produkte dieses Lieferanten auswirken. Strategie, Aufbau- und Ablauforganisation müssen schriftlich in einem Regelwerk, d. h. in einem Qualitätsmanagementhandbuch (QMH), niedergelegt sein. Die Unternehmensleitung hat dafür zu sorgen und sich davon zu überzeugen, daß bei der Produkterstellung nach diesem Regelwerk vorgegangen wird. Das QMH enthält − strukturiert nach den o. a. 20 Themen − alle Anforderungen an das eingeführte QSS.

197

Qualitätsaudits

Qualitätsaudits müssen regelmäßig wiederholt werden

Das Qualitätsaudit dient dem Beurteilen der Einhaltung organisatorischer Festlegungen zur Qualitätssicherung sowie der Wirksamkeit dieser Festlegungen anhand objektiver Nachweise. Man unterscheidet hierbei zwischen *internen* Audits und *externen* Audits.

Internes Audit

Das interne Audit ist ein Qualitätsaudit, das in Organisationseinheiten eines Betriebs für ein Prüfobjekt von Mitarbeitern anderer Organisationseinheiten vorgenommen wird; es soll den objektiven Nachweis bringen, daß nach den gültigen Richtlinien des vorliegenden QMH gearbeitet wird, und vorhandene Schwachstellen aufzeigen. Die Behebung der erkannten Mängel muß terminiert und dokumentiert werden.

Die ISO-Norm schreibt als Teil des QSS die Durchführung solcher unternehmensinterner Audits vor; sie sind daher in regelmäßigen Abständen durchzuführen.

Externes Audit

Ein externes Qualitätsaudit wird in der Regel durch einen neutralen Prüfer einer unternehmensexternen Zertifizierungsstelle vorgenommen. Die Vorgehensweise ähnelt der eines internen Audits mit dem Unterschied, daß der Prüfer die zu auditierenden Projekte stichprobenweise selbst auswählt. Der Schwerpunkt je Projekt liegt dabei auf ebenfalls von dem Auditor ausgewählten Themen der Norm. Die Arbeitsweise im Rahmen der Qualitätssicherung wird von dem Auditor im Gespräch mit Vorgesetzten und Mitarbeitern erfragt. Sie muß auf Anforderung stets durch Projektunterlagen, z. B. Pläne, Berichte, Protokolle, belegt werden können. Von Vorgesetzten und Mitarbeitern wird außerdem die Kenntnis der Qualitätsstrategie des Unternehmens, des für die jeweiligen Aufgaben relevanten Teiles des Regelwerks und der Voraussetzungen und Auswirkungen der eigenen Tätigkeit erwartet. Abweichungen und Unkenntnisse werden von den Auditoren für den Auditbericht dokumentiert und bewertet. Gravierende Mängel führen zur Verweigerung des Zertifikats.

Die Erteilung eines ISO-Zertifikats ist zeitlich begrenzt

Das ISO-Zertifikat wird i. allg. für drei Jahre erteilt. Nach Ablauf dieser Zeit ist durch ein erneutes externes Audit die Ordnungsmäßigkeit des QSS nachzuweisen.

Exakt erfaßte Qualitätskosten sind eine wichtige Grundlage für eine Schwachstellenanalyse

4.4.4 Qualitätskosten

Die Qualitätskosten werden in Fehlerverhütungskosten, Prüfkosten sowie Fehler- und Ausfallkosten unterteilt. Bild 4.23 zeigt den typischen Verlauf der einzelnen Qualitätskosten, bezogen auf den Vollkommenheitsgrad eines Produkts.

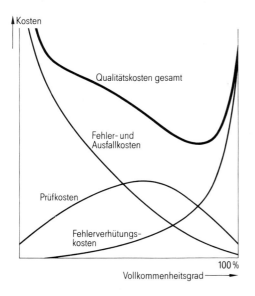

Bild 4.23 Aufteilung und Verlauf der Qualitätskosten

Fehlerverhütungskosten

Unter Fehlerverhütungskosten fallen alle *fehlerverhütenden* und *vorbeugenden* Maßnahmen zur Sicherung der Produktqualität. Die Kosten entstehen im gesamten Betrieb, angefangen von der Entwicklung über Fertigung und Vertrieb bis hin zur Inbetriebnahme. Folgende Kostenelemente können der Fehlerverhütung üblicherweise zugeordnet werden:

QS-Aufwendungen für Fehlerverhütung

▷ Qualitätsplanung,
▷ Qualitätslenkung,
▷ Reviews von Dokumenten,
▷ Prüfplanung,
▷ Lieferantenbeurteilung,
▷ Erstellung technischer Liefer- und Abnahmebedingungen,
▷ Qualitäts-Audits,
▷ Qualitätsvergleiche mit Wettbewerbern,
▷ Maßnahmen zur Qualitätsförderung.

Prüfkosten

Prüfkosten fallen beim *Durchführen von Qualitätsprüfungen* an Produkten an. Im Fertigungsbereich ist diese Zuordnung weitgehend eindeutig, anders ist dies in der Entwicklung. Hier herrscht z. T. Unsicherheit, inwieweit das Testen von HW-Prototypen oder von Software zu den Prüfkosten und damit zu den Qualitätskosten zu rechnen ist. Alle Tests, die vor dem Systemtest durchgeführt werden, zählen

QS-Aufwendungen für Qualitätsprüfungen

199

eigentlich nicht zu den Qualitätskosten. Den Prüfkosten sind somit folgende Kostenelemente zuzuordnen:

▷ Systemtests,
▷ Akzeptanztests,
▷ Wareneingangsprüfungen,
▷ Fertigungsprüfungen,
▷ Kundenabnahmeprüfungen,
▷ Qualitätsgutachten,
▷ Meß- und Prüfmittelkosten,
▷ Dauer-, Last- und Wärmetests.

Fehler- und Ausfallkosten

QS-Aufwendungen für Fehlerbeseitigung

Fehler- und Ausfallkosten entstehen durch Aufwendungen für das *Beseitigen von Fehlern,* für *Gewährleistungen* und *Erlösschmälerungen.* Neben den Aufwendungen in Entwicklung und Fertigung gehören dazu auch die zuordenbaren Aufwendungen in Vertrieb und Service. Zu den Fehler- und Ausfallkosten sind folgende Kostenelemente zu rechnen:

▷ Fehlerbeseitigungen mit Beginn der Systemtestphase,
▷ Fehleranalysen,
▷ Einbringen von Korrekturversionen,
▷ Wiederholungsprüfungen,
▷ Gewährleistungskosten,
▷ Ausschußkosten,
▷ Nacharbeitskosten,
▷ Verwürfe,
▷ qualitätsbedingte Produktionsausfallzeiten.

Bei den Fehlerbeseitigungskosten muß noch unterschieden werden zwischen der Fehlerbehebung *vor* Auslieferung und der Fehlerbehebung *nach* Auslieferung.

4.5 Projektdokumentation

Voraussetzung für ein zielorientiertes Nutzen der Projektdokumentation ist eine praktikable Dokumentationsordnung. Neben dem Führen eines *Projekttagebuchs* bieten sich hierbei für den Aufbau von *Projektakten* — je nach Projektgröße und Einsatzbreite der Dokumentation — sehr unterschiedliche Ordnungsschemata an.

4.5.1 Entwicklungsdokumentation

Das Ergebnis einer Entwicklung umfaßt neben dem Erstellen von Prinzipmustern, Funktionsmustern und Prototypen auf der HW-Seite sowie von fertig ausgetesteten Programmen und Modulen auf der SW-Seite auch die Dokumentation dieser Entwicklungsobjekte. Hierbei ist zu unterscheiden zwischen der Produktdokumentation und der Projektdokumentation.

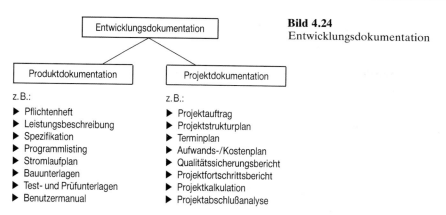

Bild 4.24
Entwicklungsdokumentation

Entwicklungsdokumentation

Produktdokumentation

Projektdokumentation

z.B.:

▶ Pflichtenheft
▶ Leistungsbeschreibung
▶ Spezifikation
▶ Programmlisting
▶ Stromlaufplan
▶ Bauunterlagen
▶ Test- und Prüfunterlagen
▶ Benutzermanual

z.B.:

▶ Projektauftrag
▶ Projektstrukturplan
▶ Terminplan
▶ Aufwands-/Kostenplan
▶ Qualitätssicherungsbericht
▶ Projektfortschrittsbericht
▶ Projektkalkulation
▶ Projektabschlußanalyse

Produktdokumentation

Die Produktdokumentation enthält alle technischen Unterlagen des herzustellenden Produkts, die zur Entwicklung und Fertigung sowie zum Einsatz und zur Betreuung des Erzeugnisses notwendig sind. Bei den technischen Unterlagen kann unterschieden werden, ob sie mehr *definierenden* oder mehr *beschreibenden* Charakter haben. Definierende technische Unterlagen dokumentieren das noch nicht existente Erzeugnis; hierzu zählen z. B. alle Entwicklungsunterlagen, die mit CAD-Verfahren erstellt worden sind. Beschreibende technische Unterlagen dokumentieren dagegen das mehr oder weniger bereits existente Erzeugnis. Zur Produktdokumentation gehören Pflichtenhefte, Leistungsbeschreibungen, Spezifikationen, Programmlistings, Stromlaufpläne, Prüfunterlagen, Bauunterlagen, Arbeitsanweisungen, Bedienungsanleitungen und ähnliche von der Entwicklung erstellte Unterlagen.

Die Produktdokumentation präsentiert die gesamten Arbeitsergebnisse einer Entwicklung

Projektdokumentation

Zur *Projektdokumentation* gehören demgegenüber Unterlagen für die Projektdefinition, für die Projektplanung, für die Projektkontrolle sowie für den Projektabschluß — also Unterlagen, die mehr das Projektgeschehen und den Projektablauf als das zu entwickelnde Produkt beschreiben. Wie in Bild 4.24 angedeutet, umfaßt die Projektdokumentation alle erstellten Projektpläne und Projektberichte.

Die Projektdokumentation spiegelt das gesamte Projektgeschehen wider

Dokumentationsnormen

Für die Entwicklungsdokumentation, besonders für den SW-Entwicklungsbereich hat der Normenausschuß Informationsverarbeitung (NI) im DIN bereits einige Dokumentationsnormen verabschiedet und herausgebracht. Hierzu zählen:

DIN 66 230   Programmdokumentation
DIN 66 231   Programmentwicklungsdokumentation
DIN 66 232   Datenkommunikation
DIN 6789   Dokumentationssystematik, Aufbau Technischer Erzeugnis-Dokumentationen.

DIN 66 230 [36] beschreibt den Inhalt der Dokumentation von SW-Programmen. In sehr ausführlicher Form werden hier die einzelnen Positionen einer Programmdokumentation definiert und durch Beispiele erläutert. Die Programmdokumentation nach dieser Norm entspricht damit einer vollständigen SW-*Produkt*dokumentation.

Demgegenüber enthält die in DIN 66 231 [37] beschriebene Programmentwicklungsdokumentation auch Teile aus einer *Projekt*dokumentation. In dieser Norm werden Aufbau und Inhalt der einzelnen Bestandteile einer Programmentwicklungsdokumentation aufgezeigt.

DIN 66 232 [38] beschreibt Aufbau und Inhalt einer Datendokumentation in Ergänzung zu den beiden vorstehenden Normen.

DIN 6789 [39] hat das Ziel, den formalen Aufbau technischer Dokumentationen für Erzeugnisse zu vereinheitlichen. Darin werden die einzelnen Teile einer Erzeugnisdokumentation definiert und ausführlich erläutert.

Die einzelnen Bestandteile einer Projektdokumentation können nach mehreren Gesichtspunkten geordnet werden. So bietet sich für die freie Beschreibung des Projektgeschehens das Führen eines „Projekttagebuchs" an; andererseits sind für die mehr formale Beschreibung in Form einer „Projektakte" zwei grundsätzlich verschiedene Ordnungsprinzipien möglich, die *hierarchische* Ordnung sowie die *Auswahl*ordnung. Bei einem hierarchischen Ordnungsschema kann das Nummernsystem entweder frei gewählt werden oder fest vorgegeben sein.

4.5.2 Projektakte

Kein Projekt ohne Projektakte!

Die Projektakte nimmt alle Projektpläne und Projektberichte in ihrem jeweils aktuellen Stand gemäß einem definierten Ordnungsschema auf. Hierbei kann die Projektakte in Form von Büroordnern vorliegen oder als Datenbank auf einem PC bzw. Großrechner gespeichert sein. Nicht die Aufbewahrungsform ist ausschlaggebend, sondern das klar vorgegebene Ordnungsschema, nach dem die einzelnen Projektdokumente eindeutig abgelegt und schnell wiederauffindbar gemacht werden können. Natürlich ist auch die leichte Reproduzierbarkeit abgelegter bzw. abgespeicherter Projektdokumente sehr wichtig.

Für das Festlegen eines Ordnungsschemas gibt es zwei Vorgehensweisen: entweder wird das Nummernsystem für die Dokumentationsordnung projektspezifisch frei gewählt oder es ist ein (hierarchisch aufgebautes) Nummernsystem vorgegeben, in das die Dokumente einzuordnen sind.

Bei einer fest vorgegebenen Dokumentationsstruktur sind die einzelnen Kapitel bzw. Register *vorab* — häufig in einer eigenen Dokumentationsrichtlinie — festgelegt und dabei auf einen theoretisch möglichen Maximalausbau ausgerichtet.

Hierbei kommt es natürlich vor, daß ein Register ($\hat{=}$ Klassifikationsnummer) keine Dokumente enthält und leer bleibt. Durch den Maximalanspruch kann ein solches Nummerngebäude leicht überladen und damit unübersichtlich werden, da viele Nummern wegen des Ordnungsprinzips „mitgeschleppt" werden müssen.

Die wesentlichen Vorteile einer fest vorgegebenen Dokumentationsstruktur sind einerseits die Möglichkeit der *unmittelbaren Anwendung* − irgendein zusätzlicher Anpassungsaufwand ist also nicht notwendig −, andererseits die Gewähr der *Vollständigkeit* in der Dokumentation. In Entwicklungsbereichen mit vielen gleichartigen und gleichgroßen Projekten ist daher eine solche Dokumentationsstruktur empfehlenswert, da bei einer gleichförmigen Projektewelt nur vereinzelt überflüssige Kapitelnummern mitgeschleppt werden müssen.

Häufig bietet es sich an, das Nummernsystem projektbezogen zu wählen, d. h., projektspezifisch nur die wirklich benötigten Dokumentationskapitel zu definieren und dann in eine eigene hierarchische Ordnung zu bringen. Für diese Vorgehensweise ist in Bild 4.25 ein Beispiel wiedergegeben.

1	**Projektdefinition**		**3**	**Projektkontrolle**
1.1	Projektsteckbrief		3.1	Aufwands- und Kostenüberwachung
1.2	Produktblatt		3.2	Terminüberwachung
1.3	Projektorganisation		3.3	Qualitätsüberwachung
1.4	Antragsunterlagen			
	1.4.1 Projektauftrag		**4**	**Projektdurchführung**
	1.4.2 Aufwandsschätzung		4.1	Projektberichte
	1.4.3 Wirtschaftlichkeitsnachweis			4.1.1 Monatsberichte
	1.4.4 Änderungsanträge			4.1.2 Projektstatusberichte
1.5	Entscheidungsunterlagen			4.1.3 Inspektions-/Testberichte
	1.5.1 El-Präsentationsunterlagen		4.2	Aufgabenbeschreibungen
	1.5.2 El-Protokolle			4.2.1 Mitarbeiterbezogene Aufgabenbeschreibungen
	1.5.3 Prioritätenliste			4.2.2 Unteraufträge
			4.3	Projektunterlagen
2	**Projektplanung**			4.3.1 Präsentationsunterlagen
2.1	Arbeitspaketplanung			4.3.2 Aufwandserfassungsbelege
	2.1.1 Projektstrukturplan			4.3.3 Rechnungen
	2.1.2 Arbeitspaketbeschreibung			4.3.4 Projekttagebuch
	2.1.3 Phasen-/Meilensteinplanung			4.3.5 Bibliotheksverzeichnis
2.2	Terminplanung			4.3.6 Verteilerkreise
2.3	Kostenplanung		4.4	Schriftwechsel
	2.3.1 Kostenstruktur			4.4.1 Entscheidungsinstanz
	2.3.2 Kostenverteilung			4.4.2 Beratungsausschuß
2.4	Personalplanung			4.4.3 Anwender
	2.4.1 Mitarbeitereinsatzplanung			4.4.4 Sonstiger Schriftwechsel
	2.4.2 Aus- und Weiterbildung			
2.5	Betriebsmittelplanung		**5**	**Projektabschluß**
	2.5.1 Investitionen		5.1	Abnahme
	2.5.2 Test-/Prüfanlagen			5.1.1 Freigabemitteilung
	2.5.3 Eingesetzte Werkzeuge/Verfahren			5.1.2 Betreuungsvereinbarung
	2.5.4 Richtlinien/Auflagen		5.2	Abweichungsanalyse
2.6	Qualitätsplanung		5.3	Erfahrungsdaten
2.7	Krisenplanung		5.4	Projektauflösung

Bild 4.25 Dokumentationsstruktur (Beispiel)

Projekttagebuch

Das Projekttage-
buch sollte als
„Logbuch" geführt
werden

Bei vielen durchgeführten Projekten hat es sich als sehr vorteilhaft
erwiesen, das gesamte Projektgeschehen in einem „Projekttagebuch"
festzuhalten. Hierbei ist das Beschreiben bestimmter Projektereignis-
se an keine Form gebunden.

Die Eintragungen in das Projekttagebuch geschehen handschriftlich.
Es sollte alles, was für das Projekt irgendwie erwähnenswert ist, enthalten. Das Projekttagebuch hat die Funktion eines „Projektlog-
buchs".

Im wesentlichen sollte eine Eintragung enthalten:

▷ Thema bzw. Ereignis als Stichwort und Überschrift,
▷ Datum (mit Wochentag),
▷ Uhrzeit (falls sinnvoll),
▷ Ortsangabe (falls sinnvoll),
▷ Namen von Beteiligten,
▷ ausführliche Beschreibung,
▷ eventuell Skizzen.

Das Projekttagebuch muß aber auch einige formale Grundvorausset-
zungen erfüllen: So sollte es gebunden (als Buch) vorliegen, um das
Herausnehmen oder spätere Einfügen von Seiten zu verhindern. Zusätzlich bietet es sich an, die Seiten durchzunumerieren. Das Projekttagebuch soll also „nicht löschbare" Informationen enthalten, auch
wenn sie sich später als wenig relevant, nicht aussagekräftig oder sogar
unzutreffend erweisen sollten.

Vieles, was zwischen Auftraggeber und Auftragnehmer abgesprochen
werden muß und seinen Niederschlag nicht in irgendwelchen formalen
Projektdokumenten und Protokollen findet, kann man in einem derartigen Projekttagebuch aufnehmen. Wenn später Unklarheiten oder
Mißverständnisse beim Beurteilen bestimmter Projektgegebenheiten
auftreten, so kann das Projekttagebuch eine gute Unterstützung bieten beim Klären früher gemachter Vereinbarungen, die z. B. nur
mündlich und telefonisch getroffen worden sind.

4.5.3 PM-Berichtswesen

PM-Berichts-
wesen = Informa-
tionsmanagement
im Projekt

Das PM-Berichtswesen regelt und sichert den nutzungsgerechten Informationsfluß während des gesamten Projektablaufs. Hierzu sind alle
Projektbeteiligten gemäß ihrer individuellen Informationsbedürfnisse
einzubeziehen. Dieses Informationsmanagement muß damit:

▷ Informationswege aufzeigen,
▷ Informationsbedürfnisse feststellen,
▷ Informationskanäle festlegen und
▷ Berichtszeiträume bestimmen.

204

Informationswege

Es gibt interne und externe Projektbeteiligte, die als Informations-empfänger auf jeweils unterschiedliche Art an den Projektinformationen partizipieren wollen.

Zu den *projektinternen* Informationsempfängern gehören die Projekt-leitung und die Projektmitarbeiter, wobei die letzteren nicht nur über ihren eigenen Projektausschnitt, sondern auch über den Gesamtpro-jektstand informiert werden sollten.

Den *projektexternen* Projektbeteiligten gegenüber besteht eine beson-dere Informationspflicht, da einerseits beim Auftraggeber und bei der Bereichsleitung die endgültige Projektentscheidung liegt und an-dererseits die Partner und Unterauftragnehmer sowie die zentralen Dienstleistungsstellen nur aufgrund ausreichender Information dem Projekt effizient zuarbeiten können.

Informationsbedürfnisse

Das Informationsbedürfnis der Empfänger unterscheidet sich entspre-chend ihrer Funktion im Projekt ganz erheblich voneinander, und zwar in der Detaillierung, Vollständigkeit, Aktualität, Häufigkeit und Darstellungsform.

Die Projektbetei-ligten haben unter-schiedliches Infor-mationsbedürfnis

Zu Projektbeginn muß für ein PM-Berichtswesen das jeweilige Infor-mationsbedürfnis in einem *Berichtsplan* untersucht und festgelegt werden. Hierbei werden folgende Fragen geklärt:

▷ Wer benötigt Informationen?
▷ Welche Informationen werden benötigt?
▷ Wann werden diese benötigt?

Anhand eines solchen Berichtsplans wird festgehalten, wer welche Projektberichte in welcher Zeitfolge erhalten soll. Ein Berichtsplan muß allerdings, wie jeder andere Verteilerkreis auch, regelmäßig ak-tualisiert werden. Das Informationsbedürfnis der einzelnen Projekt-beteiligten kann einem Wandel während der Projektabläufe unterlie-gen, sowohl hinsichtlich der Berichtsart als auch der Berichtszeit-räume.

Im Rahmen eines offiziellen PM-Berichtswesens hat es sich als vorteil-haft gezeigt, zur Information der Bereichsleitung fest vorgegebene Projektzusammenfassungen zu erstellen. Ein solches „Standardpa-ket" von Projektberichten kann z. B. folgende Berichtsteile umfassen:

Projektberichts-zusammenfassung

▷ Monatsbericht(e),
▷ Personalstand und -veränderungen,
▷ Teilprojektliste,
▷ Projektorganisation,
▷ Terminliste,
▷ Plan/Ist-Vergleich für Aufwand/Kosten,

▷ Trendanalysen,
▷ Qualitätsbericht,
▷ Zulieferungsplan,
▷ Einsatzmittelplan,
▷ Abweichungsanalyse.

Dadurch, daß die Bereichsleitung eine immer wiederkehrende, gleiche Zusammenstellung definierter Projektberichte erhält, wird eine erstrebenswerte Kontinuität in der Berichterstattung erreicht. Der Informationsnutzer kann sich in die (immer gleiche) Form und Struktur der unterschiedlichen Projektberichte mit der Zeit so gut einlesen, daß dann projektkritische Teile kaum mehr übersehen werden.

4.5.4 Projektberichte

Projektberichte dokumentieren den Projektstatus

Erst mit dem vollständigen Dokumentieren des gesamten Projektgeschehens kann die Projektleitung das Projekt im Sinn einer optimalen Zielerreichung planen, kontrollieren und steuern. Entsprechend den beiden großen Abschnitten in einem Entwicklungsprojekt, Projektplanung und Projektkontrolle, werden die zugehörigen Projektunterlagen in *Projektpläne* und *Projektberichte* unterschieden.

Im Gegensatz zu den Projektplänen, für die sich teilweise schon allgemeingültige Bezeichnungen und Ausprägungen durchgesetzt haben (siehe Kapitel 3.6), existieren für die Projektberichte zahlreiche Erscheinungsbilder mit beliebigen Aggregierungstufen der angefallenen Projektdaten. Es ist aber, wie in Bild 4.26 dargestellt, eine gewisse Systematik entsprechend ihren hauptsächlichen Betrachtungsgrößen möglich.

Plan/Ist-Vergleiche

Statusberichte sind wichtig zur Projektkontrolle

Plan/Ist-Vergleiche als *Statusberichte* sind sicher die wichtigsten Projektunterlagen zur Projektkontrolle. Plan/Ist-Vergleiche beziehen sich auf alle meßbaren Projektdaten, im wesentlichen aber auf:

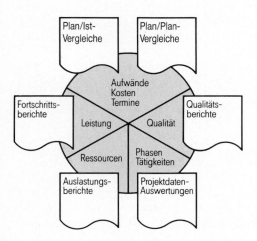

Bild 4.26
Arten von Projektberichten

206

▷ Termine   (Terminberichte),
▷ Aufwände   (Aufwandsberichte) und
▷ Kosten   (Kostenberichte).

Wie im Kapitel 4.2.4 erläutert, kann man den Plan/Ist-Vergleich

▷ absolut,
▷ linear,
▷ aufwandskorreliert oder
▷ plankorrigiert

durchführen. Beim *absoluten* Vergleich werden die anfallenden Ist-werte dem Gesamtplanwert, bei den anderen Vergleichsarten dagegen jeweils anteiligen Planwerten gegenübergestellt. Hierbei ergeben sich die anteiligen Planwerte beim *linearen* Vergleich aus der linearen Aufteilung des Gesamtplanwerts auf die Projektlaufzeit; beim *aufwandskorrelierten* Vergleich werden die anteiligen Plankosten gemäß der zeitlichen Verteilung des Planaufwands angenommen; beim *plankorrigierten* Vergleich schließlich sind regelmäßig in festen Abständen Restaufwands- und -kostenschätzungen für das Festlegen des anteiligen Plans notwendig.

Plan/Plan-Vergleiche (Trendanalysen)

Plan/Plan-Vergleiche dienen einer *Trendanalyse* ausgewählter Projektparameter, bei der die im Projektverlauf abgegebenen Plankorrekturen in einer transparenten (meist grafischen) Darstellung aufgezeigt werden. Durch Extrapolieren von Planzuständen aus der Vergangenheit in die Zukunft ist eine Trendaussage über die weitere Entwicklung der betracheteten Plangrößen möglich (siehe auch Kap. 4.1.3 und 4.2.5).

Trendanalysen ermöglichen Aussagen über die künftige Entwicklung

Wie bei den Plan/Ist-Vergleichen sind die hauptsächlichen Betrachtungsgrößen von Plan/Plan-Vergleichen:

▷ Termine   (Termintrendanalysen),
▷ Aufwände   (Aufwandstrendanalysen) und
▷ Kosten   (Kostentrendanalysen).

Fortschrittsberichte

In Fortschrittsberichten wird der allgemeine Sachfortschritt von Projekten festgehalten. In seiner einfachsten Form liegt ein Fortschrittsbericht als Monatsbericht vor; er ist in vielen Entwicklungsbereichen heute bereits Routine und umfaßt normalerweise die Rubriken:

Fortschrittsberichte dienen der regelmäßigen Information der Beteiligten

▷ Erreichte Ergebnisse
▷ Besondere Vorkommnisse
▷ Kritische Probleme
▷ Personalsituation.

Fortschrittsberichte haben − neben ihrer Hauptaufgabe der Projektberichterstattung − auch die Aufgabe der Querinformation in einem

Entwicklungsbereich, welche wiederum zum Einschränken von Parallel- und Fehlentwicklungen aufgrund mangelnden Informationsstands notwendig ist.

Qualitätsberichte

Qualitätsberichte dienen dem Nachweis der QS-Maßnahmen und der Einhaltung von Qualitätsmerkmalen

In Qualitätsberichten, auch Qualitätssicherungsberichte (QS-Bericht) genannt, werden alle durchgeführten Maßnahmen zur Qualitätsprüfung sowie die Ergebnisse zur Qualitätssicherung aufgeführt; sie enthalten einerseits eine Aufstellung aller Reviews und qualitätsorientierten Tests und Prüfungen sowie andererseits die hierbei gefundenen Erkenntnisse und die beschlossenen Abhilfen und Verbesserungen.

Qualitätsberichte dienen also dem Management und den projektbeteiligten Entwicklungsstellen zum Nachweis einer wirkungsvoll durchgeführten Qualitätssicherung und der Einhaltung von Qualitätsmerkmalen.

Auslastungsberichte

Auslastungsberichte helfen, Über- oder Unterkapazitäten frühzeitig zu erkennen

Auslastungsberichte zeigen die aktuelle und künftige Auslastung der für das Entwicklungsprojekt in Anspruch genommenen Einsatzmittel bzw. Ressourcen auf.

Unter Auslastung ist in diesem Zusammenhang das Gegenüberstellen von Bedarf und Vorrat eines bestimmten Einsatzmittels zu verstehen; dabei kann der Bedarf größer (Überlastung, -deckung) oder kleiner (Unterlastung, -deckung) als der Vorrat sein.

Mit einem im festen Turnus erstellten Auslastungsbericht will man erreichen, daß Überkapazitäten an Personal und mangelnde Auslastungen an Maschinen bzw. Überlastungen des Personals und der Maschinen frühzeitig erkannt werden.

Projektdaten-Auswertungen

Projektdaten lassen sich je nach Bedarf PM-spezifisch auswerten

Die in einer Projektdatenbasis niedergelegten Projektdaten können nach den unterschiedlichsten Gesichtspunkten ausgewertet werden. Das Aufzeigen aller Möglichkeiten würde den Umfang dieses Kapitels allerdings sprengen; deshalb seien hier nur ein paar besonders interessante Auswertungen aufgezählt, die sich auf die phasen- und tätigkeitsbezogene Aufwandsdarstellung beziehen:

▷ Personalaufwand je Entwicklungsphase,
▷ Kosten je Entwicklungsphase,
▷ Personalaufwand je Tätigkeitsart,
▷ Qualitätskosten prozeßbezogen.

Aus den Projektdaten können Kennzahlen für die prozentuale Aufwandsverteilung auf die Entwicklungsphasen abgeleitet werden, die wiederum innerhalb eines Aufwandsschätzverfahrens auf Basis der Prozentsatzmethode (siehe Kap. 3.2.3) verwendbar sind.

Grafische Informationsdarstellung

Zur Informationsdarstellung im Rahmen der Projektberichterstattung bieten sich bekanntlich zwei Formen an, die *grafische* und die *tabellarische* Darstellung. Beide Arten haben Vor- und Nachteile, so daß sie nicht konkurrieren, sondern sich ergänzen (Bild 4.27).

Projektinforma-
tionen möglichst
grafisch
darstellen

Art der Darstellung	Vorteile	Nachteile
Tabellarische Informationsdarstellung	▶ Exakte Werte ▶ Hoher Informationsinhalt ▶ Einfache Aufbereitung ▶ Leichte Änderbarkeit	▶ Unübersichtlich (»Zahlenfriedhof«) ▶ Schwere Trennung zwischen Wichtigem und Unwichtigem ▶ Abweichungen schwer erkennbar
Grafische Informationsdarstellung	▶ Transparent ▶ Informativ, aussagekräftig ▶ Geringer Aufwand bei manueller Skizzierung	▶ Ungenaue Wertangaben ▶ Probleme bei Informationskomprimierung ▶ Begrenzte Informationsmenge ▶ Großer Aufwand bei maschineller Aufbereitung

Bild 4.27 Vor- und Nachteile der beiden Informationsdarstellungen

5 Projektabschluß

Bei Abschluß eines Entwicklungsprojekts sind folgende Aktivitäten erforderlich:

▷ Übergeben des Produkts an den Auftragnehmer,
▷ Durchführen einer Projektabschlußanalyse,
▷ Absichern der gesammelten Erfahrungen sowie
▷ Auflösen der Projektorganisation.

5.1 Produktabnahme

Die Produkt-
abnahme findet im
Rahmen einer
formellen
Übergabe-
prozedur statt

Am Ende einer Entwicklung steht die Produktabnahme. Als Produkt ist das im Projektauftrag formulierte Entwicklungsergebnis zu verstehen; dieses kann z. B. sein:

▷ Ein ausgetestetes Anwender-SW-Programm,
▷ ein pilotzutestendes DV-Verfahren,
▷ eine integrierte, ausgetestete Betriebssystem-Version,
▷ ein Anlagenprogrammsystem für ein landesspezifisches Vermittlungssystem,
▷ ein fertigungsreifer HW-Prototyp,
▷ ein abgeschlossener Untersuchungsbericht,
▷ eine in Betrieb gehende Anlage,
▷ eine durchgeführte Projektierung oder
▷ ein dokumentierter Forschungsbericht.

Der erste Schritt der Produktabnahme ist der *Abnahmetest*.

Nach dem Abnahmetest wird die Übergabe durch den Auftragnehmer und die Übernahme vom Auftraggeber durch einen *Produktabnahmebericht* geregelt.

Schließlich sind Vorkehrungen und Vereinbarungen zu treffen, um eine eventuelle *technische Betreuung* des zu übergebenden Produkts während der künftigen Einsatzphase durch einzelne Entwicklungsstellen sicherzustellen.

5.1.1 Abnahmetest

Mit dem Abnahmetest stellt man fest, ob bzw. wie weit das geplante Entwicklungsziel erreicht worden ist. Entsprechend den sehr unterschiedlichen Entwicklungsvorhaben und ihrer unterschiedlichen Anbindung an Vertrieb und Fertigung kann man vier Formen des Abnahmetests unterscheiden:

Produkttest
Abnahmetest bei SW-Produktentwicklungen *ohne* anschließende Fertigung

Abschlußtest
Abnahmetest bei HW-Produktentwicklungen *mit* anschließender Fertigung

Akzeptanztest
Abnahmetest für fertig entwickelte *und* gefertigte HW/SW-Systeme bzw. Anlagen

Pilottest
Abnahmetest bei DV-Verfahrensentwicklungen

In Bild 5.1 ist − stark vereinfacht − bei den o. a. Arten von Abnahmetests die Anbindung der Entwicklung an den Vertrieb und an die Fertigung sowie den Einsatzpunkt des Abnahmetests dargestellt.

Produkttest

Bei Entwicklungen von SW-Produkten ist eine anschließende Fertigung nicht notwendig, da das Entwicklungsergebnis selbst das verkaufbare Erzeugnis darstellt. Meist ist ein vielfacher Einsatz des Produkts bei unterschiedlichen Kunden beabsichtigt − bei Kunden, deren spezifische Einsatzumgebung man oft gar nicht kennt. Daher sind für den Produkttest − als letzten Test in der langen Reihe vorausgegangener Tests (Modultest, Komponententest, Integrationstest) mit unterschiedlichen Testumgebungen − besonders strenge Maßstäbe anzusetzen. Im Produkttest müssen alle erdenklichen Kombinationen von Datentransfers und Transaktionen, die später irgendwo bei irgendeinem Anwender auftreten können, erprobt und geprüft werden.

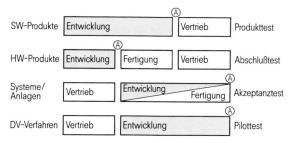

Ⓐ Einsatzpunkt Abnahmetest

Bild 5.1   Arten von Abnahmetests

211

Folgende Fehlerbereiche müssen z. B. bei einem SW-Produkttest angesprochen werden:

▷ Funktionsvollständigkeit
▷ Belastbarkeit
▷ Ausfallsicherheit
▷ Erfüllung der SW-Qualitätsmerkmale
▷ Plausibilitierungsvollständigkeit
▷ Dokumentationsvollständigkeit
▷ Datenkonsistenzsicherheit.

Abschlußtest

Abschlußtest zur Abnahme einer HW-Entwicklung

Der Abschlußtest − auch als Device Verification Test (DVT) bezeichnet − ist am Ende einer Entwicklung durchzuführen, wenn ein HW-Produkt (eventuell mit SW-Anteilen) als *Prototyp* fertig ist und in die Serienfertigung übergeleitet werden soll; er stellt den *Produkteignungstest* dar und entscheidet über die Fertigungsüberleitung, d. h. die Fertigungsfreigabe. Nachstehende Einzeltests werden dabei durchgeführt:

Leistungsmerkmaltest
Es wird geprüft, ob das Produkt die spezifizierten Leistungsmerkmale erbringt.

Geräteanschlußtest
Es wird untersucht, ob das Produkt an seinen Nahtstellen mit fremden anzuschließenden Produkten bzw. Systemen einwandfrei arbeitet.

Umwelttest
Es wird der gegenseitige Einfluß zur Umwelt auf der Basis von klimatischen, elektrischen, mechanischen, akustischen u. ä. Prüfungen untersucht und geprüft, ob die Umwelt nicht über zulässige Werte hinaus sowie umgekehrt das Produkt von der Umwelt nicht funktionsstörend beeinflußt wird.

Streßtest
Durch „Streßtest" werden die Leistungsgrenzen des Produkts ermittelt, um den Sicherheitsabstand zu den spezifizierten Werten erkennbar zu machen (Schockprüfung).

Typtest
Anhand des ersten Geräts, welches nach Serienunterlagen gefertigt wurde, wird der gesamte geplante Fertigungsprozeß überprüft.

Fertigungsfreigabetest
Es wird überprüft, ob das Produkt überhaupt in der geforderten Funktions- und Fertigungsqualität wirtschaftlich gefertigt werden kann.

Akzeptanztest

Der Akzeptanztest wird dann durchgeführt, wenn es sich um ein HW/SW-System handelt, das in seiner spezifischen Ausprägung „einmalig" ist, d. h. für einen einzelnen Kunden entwickelt und gefertigt wurde oder durch geringe Anpassungen auch bei verschiedenen Kunden eingesetzt werden kann.

Bei diesem Test handelt es sich um den Abnahmetest eines fertigen Systems bzw. einer fertigen Anlage unter *kundenspezifischen* Bedingungen; der Akzeptanztest liegt in der Verantwortung des Kunden bzw. künftigen Anwenders (Auftraggeber); er wird natürlich mit Unterstützung des Herstellers (Entwickler oder Kundendienstabteilung) vorbereitet; hierbei hat der Kundendienst die besondere Aufgabe der direkten Betreuung des Kunden und der schnellen Behebung kritischer Fehler.

Akzeptanztest zur Abnahme eines HW/SW-Systems bzw. einer Anlage

Pilottest

Unter dem Pilottest versteht man vornehmlich einen Gesamttest bei größeren DV-Verfahren unter (echten) Einsatzbedingungen, der die volle Einsatzreife des Verfahrens bestätigen soll. Der Pilottest stellt den Probebetrieb und damit den *ersten Produktivlauf* des Verfahrens dar.

Pilottest zur Abnahme eines DV-Verfahrens

Für diesen ersten Einsatz muß ein Anwender ausgewählt werden, dessen Einsatzumfeld einerseits repräsentativen Charakter hat und andererseits auch möglichst viele Funktionsteile des zu „pilotierenden" Verfahrens anspricht.

Der Pilottest dient weniger zum Aufzeigen von Programm- und Systemfehlern — diese sollten ja bereits im vorausgegangenen Systemtest eliminiert worden sein; er hat vielmehr die wichtige Aufgabe, das Verfahren in seiner künftigen Umwelt unter realistischen Bedingungen auf seine allgemeine „Performance" zu testen.

Zuständigkeit für den Abnahmetest

Der Abnahmetest für ein Entwicklungsergebnis sollte möglichst von einer *entwicklungsunabhängigen* Stelle durchgeführt werden. Nur eine solche Stelle kann — neutral genug — das Entwicklungsergebnis auf seine Zielerfüllung ausreichend prüfen.

Niemand sollte für die Abnahme seiner eigenen Arbeit zuständig sein

Zu den Aufgaben einer *Abnahmeteststelle* gehören neben dem ordnungsgemäßen Durchführen der o. a. Tests auch die daraus sich ergebenden Aktivitäten wie z. B. das systematische Dokumentieren aller aufgetretenen Fehler. Folgende Tätigkeiten müssen hierbei wahrgenommen werden:

▷ Erfassen aller Fehler,
▷ Bewerten aller Fehler bez. ihrer Funktionsbeeinflussung,
▷ ausführliches Erläutern aller Fehler,
▷ Einleiten von Maßnahmen zur Fehlerursachenbeseitigung sowie
▷ Kontrolle der Fehlerbeseitigung.

Abnahmetest-Protokoll

Nach Durchführung des Abnahmetests ist ein *Protokoll* über die durchgeführten Einzeltests und die dabei gewonnenen Ergebnisse zu erstellen. Neben der ausführlichen Beschreibung der installierten Testumwelt und der vorgenommenen Testläufe müssen die aufgezeigten Fehler mit Ursachenanalyse vollständig aufgezählt werden. Dort werden die erkannten Fehler ($\stackrel{\wedge}{=}$ Probleme) nach ihrer Bedeutung gruppiert, und zwar nach

▷ bereits korrigierten Fehlern,
▷ bestehenden Fehlern der höchsten Priorität sowie
▷ bestehenden Fehlern geringerer Priorität.

Mit dieser Klassifizierung ist ein gezielteres Abarbeiten bei der anschließenden Fehlerbehebung möglich.

5.1.2 Produktabnahmebericht

Für die Poduktabnahme ist ein Produktabnahmebericht zu erstellen; er regelt die *Übergabe* des Produkts durch den Auftragnehmer sowie die *Übernahme* durch den Auftraggeber. Im allgemeinen gliedert sich der Produktabnahmebericht daher in zwei Teile:

▷ Produktübergabe und
▷ Produktübernahme.

Mit dem *Übergabeprotokoll* übergibt der Auftragnehmer das Produkt dem Auftraggeber; dieser überprüft es daraufhin nach seinen Erfordernissen auf Auftragserfüllung in Form einer Produktbegutachtung. Bei positivem Ergebnis dokumentiert der Auftraggeber dies mit einem *Übernahmeprotokoll*. Übergabe- und Übernahmeprotokoll können dabei jeweils in getrennten Papieren oder auch in einem gemeinsamen Papier enthalten sein. So wie der Projektantrag quasi den „juristischen Anfang" des Entwicklungsvorhabens darstellt, so ist der Produktabnahmebericht als das „juristische Ende" des Projekts anzusehen (Bild 5.2).

Übergabeprotokoll

Mit dem Übergabeprotokoll werden die Inhalte und Modalitäten der Produktübergabe für beide Auftragspartner verbindlich dokumentiert.

Das Übergabeprotokoll enthält Angaben zu den Punkten:

Übergabeobjekte wie
▷ Programme, Module,
▷ Prototypen, Funktionsmuster,
▷ Baugruppen,
▷ CAD-Dateien mit
▷ Angaben zu Versionen bzw. Varianten.

214

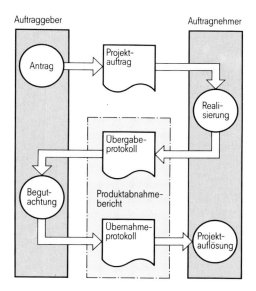

Bild 5.2 Produktübergabe

Dokumentation wie

▷ Entwurfs- und Konstruktionsunterlagen,
▷ Bau- und Fertigungsunterlagen
▷ Verfahrens- und Systembeschreibungen,
▷ Benutzerbeschreibungen sowie
▷ Wartungsunterlagen.

Leistungsmerkmale hinsichtlich

▷ Funktionsumfang,
▷ Qualitätseigenschaften,
▷ Einsatzumwelt und
▷ Prüfmöglichkeiten.

Übergabemodalitäten, d. h.

▷ Form der Produktübergabe,
▷ Verantwortlichkeiten,
▷ Abnahmefristen,
▷ Abnahmeunterstützung.

Produktbegutachtung

Mit Vorliegen des Übergabeprotokolls muß vom Auftraggeber das
entwickelte Produkt begutachtet, d. h. es muß festgestellt werden, ob
das gelieferte Produkt den im Projektauftrag formulierten Anforderungen entspricht.

Der Inhalt solcher Produktbegutachtungen hängt natürlich von der
Art des Entwicklungsobjekts ab. Bei der Prüfung von SW-Programmen sind völlig andere Kriterien von Bedeutung als bei reinen HW-

215

Produkten. So werden in Produktbegutachtungen Unersuchungsfelder einbezogen wie:

▷ Vollständigkeit des Leistungsumfangs,
▷ Zweckmäßigkeit des konstruktiven Aufbaus,
▷ Zweckmäßigkeit der Bedienoberfläche,
▷ Fragen der Wartbarkeit,
▷ Qualität der Dokumentation.

Alle nicht voll erfüllten Leistungsmerkmale werden in einer „Liste offener Mängel" festgehalten und bilden die Basis für vorzunehmende Korrekturen und Nachbesserungsarbeiten.

Auch hier zeigt es sich als sehr vorteilhaft, wenn der Auftraggeber (z. B. der Vertrieb) möglichst eng in die Produktdefinition eingebunden war und laufend die Produktrealisierung verfolgen konnte. So ist er mit dem fertiggestellten Produkt bereits vertraut, wodurch die Produktbegutachtung zügig und sachbezogen ablaufen kann.

Übernahmeprotokoll

Zeigt die Produktbegutachtung keine gravierenden Mängel (blocking points) auf, so wird vom Auftraggeber bzw. von der abnehmenden Stelle (z. B. QS-Stelle) ein gesondertes Übernahmeprotokoll erstellt, welches die Funktion eines Freigabeprotokolls hat. Das Übernahmeprotokoll sollte folgende Punkte ansprechen:

Übernahmeobjekte wie

▷ Programme, Module,
▷ Prototypen, Funktionsmuster,
▷ Baugruppen,
▷ CAD-Dateien,
▷ Bauunterlagen,
▷ allgemeine Beschreibungen usw.

Durchgeführte Prüfungen an

▷ Produktteilen und
▷ Dokumentationsteilen.

Festgestellte Mängel bei

▷ Produktteilen und
▷ Dokumentationsteilen.

Nachforderungen an den Auftragnehmer, z. B.

▷ offene Mängel,
▷ Fehlerbereinigungen,
▷ technische Änderungen,
▷ Dokumentationserweiterungen,
▷ Preiskorrekturen.

Abnahmeentscheidung mit

▷ Abnahmekommentar und
▷ Nachbesserungsfristen.

Je eindeutiger die Produktübergabe und -übernahme in den begleitenden Protokollen beschrieben ist, desto geringer ist später die Gefahr von Mißverständnissen und gegenseitigen Forderungeerhebungen.

5.1.3 Technische Betreuung

Rechtzeitig vor Projektende sind Überlegungen anzustellen, welche speziellen Vorkehrungen für die technische Betreuung des fertiggestellten Entwicklungsprodukts nach der Projektauflösung getroffen werden müssen.

Mit Abschluß der Entwicklung ist der Lebenszyklus eines Produkts nicht zu Ende

SW-Produktentwicklung

Bei Abschluß einer SW-Produktentwicklung liegt i. allg. ein ausgetestetes, weitgehend fehlerfreies SW-Produkt vor, das nun auf den Markt gebracht wird.

Die primäre Verantwortung geht daher auf eine Serviceabteilung über, die häufig über eigene SW-Fachleute verfügt. Allerdings können diese oft die technische Verantwortung nicht voll übernehmen. Deshalb wird in vielen Fällen mit der (früheren) Entwicklungsabteilung ein (kostenpflichtiger) *Wartungsvertrag* abgeschlossen. Hierin ist genau geregelt, welche Aufgaben im Vertragsfall zu übernehmen sind, also z. B.:

Für SW-Produkte empfiehlt sich ein Wartungsvertrag

▷ Fehlerbehebung nach Ablieferung,
▷ Anpassung an neue Betriebssystemversionen,
▷ Einbindung neuer Versionen von implementierter Standard- und Basissoftware,
▷ Optimierung der Benutzeroberfläche,
▷ Verbesserung der Ablaufeigenschaften.

HW-Produktentwicklung

Eine reine HW-Produktentwicklung schließt im Gegensatz zur SW-Produktentwicklung mit einem ausgereiften Prototyp ab, der nun in die *Serienfertigung* übergeleitet werden muß. Zwischen Prototypenentwicklung und Serienfertigung liegt meist noch die *Vorserienfertigung;* sie stellt den eigentlichen Übergang von Entwicklung zur Fertigung dar. In der Vorserie werden alle fertigungstechnischen Abläufe und Verfahren festgelegt und erprobt.

Der Übergang von der Entwicklung in die Fertigung kann nicht nur von Fertigungsfachleuten getragen werden; hier muß auch der Entwickler helfend miteingreifen. Für den Entwickler war das primäre Ziel das Erreichen der *Funktionsfähigkeit* des geplanten Produkts; beim Fertigungsfachmann dagegen steht die *Reproduzierbarkeit* des

An der Überleitung in die Serienfertigung ist auch der Entwickler beteiligt

Produkts im Vordergrund. Der Prototyp muß daher häufig noch in einigen Punkten geändert werden. Dabei verändert er wohl nicht seine Funktion, er wird aber „fertigungsgerechter" gestaltet. Diese (notwendige) Zuarbeit durch die Entwicklung ist ebenfalls vertraglich klar zu regeln.

System- bzw. Anlagenentwicklung

Die Feldeinführung eines Systems bzw. einer Anlage ist vorher vertraglich zu vereinbaren

Eine System- bzw. Anlagenentwicklung enthält i. allg. sowohl HW- als auch SW-Anteile und ist – bis auf bestimmte Basiskomponenten – kundenspezifisch. Besonders der SW-Teil ist in seiner Endausprägung auf einen ganz bestimmten Anwender ausgerichtet.

Gerade bei solchen anwenderspezifischen Entwicklungen sind die Entwicklungsarbeiten mit Abschluß des Projekts keineswegs zu Ende. Einerseits muß das Entwicklungspersonal die Feldeinführung intensiv unterstützen, andererseits ergeben sich nach einer gewissen Einsatzzeit weitergehende Modifikationsentwicklungen aufgrund neuer Anforderungen und Erweiterungswünsche des Anwenders.

Auch diese unerläßliche Einsatzunterstützung durch Personal der Entwicklung muß in Umfang, Aufwand und Dauer zwischen Vertrieb und Entwicklung vertraglich vor Auflösung des Projekts vereinbart werden und z. B. in einen Inbetriebnahmeplan einmünden.

DV-Verfahrensentwicklung

Interne DV-Verfahren unterliegen einem steten Wandel

Bei dieser Entwicklungsart handelt es sich um die Entwicklung von DV-Verfahren vornehmlich für den internen Einsatz im Rahmen von Rationalisierungsprojekten. Gerade die in einem Unternehmen intern eingesetzten DV-Verfahren unterliegen einem steten Wandel, der immer wieder Anpassungsentwicklungen zur Folge hat.

Bei der Verfahrensbetreuung ist zu unterscheiden zwischen

▷ Wartung,
▷ Weiterentwicklung und
▷ Anwenderunterstützung.

Zur *Wartung* eines Verfahrens – d. h. zur Verfahrenspflege – gehören im wesentlichen die Tätigkeitsfelder Fehlerbehebung und Umweltanpassung. Hierbei umfaßt die Fehlerbehebung das unmittelbare Beseitigen von Programmfehlern, Hantierungs- und Dokumentationsmängeln. Zur Umweltanpassung gehören einerseits die Verfahrensanpassung an neue Versionen des Betriebssystems sowie der implementierten Standardsoftware und andererseits geringfügige Funktionsanpassungen, die durch Veränderungen in der jeweiligen Ablauforganisation notwendig geworden sind.

Eine umfassende *Weiterentwicklung* ist durchzuführen, wenn das Verfahren insgesamt ablauftechnisch oder technologisch verbessert werden soll oder gewichtige zusätzliche Anforderungen seitens der Anwender entstanden sind.

Zur *Anwenderunterstützung* zählen sowohl eine „Hotline" oder ein „Help Desk" bei auftretenden Problemen im Verfahrenseinsatz als auch die Unterstützung „vor Ort".

Schätzung des Wartungsaufwands

Da der erforderliche Wartungsaufwand nur schwer zu schätzen ist, können häufig Wartungsverträge nur nach *Auftragsverrechnung* und nicht auf der Basis eines *Festpreises* abgeschlossen werden.

Wartungsarbeiten sollten nach Aufwand verrechnet werden

Bei repräsentativen Untersuchungen in amerikanischen Firmen verschiedener Branchen wurden für den „Wartung/Entwicklungs-Quotienten", d. h. für das Verhältnis der gesamten, im Lebenszyklus anfallenden Wartungskosten zu den ursprünglichen Entwicklungskosten die in Bild 5.3 aufgeführten Durchschnittswerte ermittelt.

5.2 Projektabschlußanalyse

Im Rahmen der Projektabschlußanalyse werden die ursprünglichen und die während des Projektablaufs aktualisierten Planvorgaben sowie die am Projektende erreichten Ergebnisse einander gegenübergestellt. Zu betrachten und zu bewerten sind hierbei im wesentlichen die folgenden Projekt- und Produktgrößen:

▷ Aufwände und Kosten,
▷ Termine und Zeiten (Dauer),
▷ technische Leistungsgrößen,
▷ Wirtschaftlichkeitszahlen,
▷ Funktionsanforderungen,
▷ Qualitätsmerkmale.

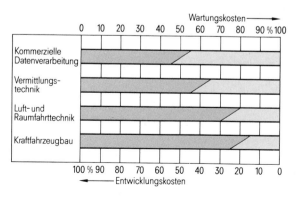

Bild 5.3 Wartung/Entwicklungs-Quotient

Alle zahlen- und mengenmäßigen Größen sind innerhalb einer *Nachkalkulation* zu behandeln, die Wirtschaftlichkeitszahlen sollten in einer *Wirtschaftlichkeitsanalyse* auf ihre Zielerreichung geprüft werden und alle technischen und kaufmännischen Ergebnisse sind in einer *Abweichungsanalyse* einem Soll/Ist-Vergleich zu unterziehen.

5.2.1 Nachkalkulation

Die Nachkalkulation dient primär zur Prüfung der Wirtschaftlichkeit

In der Nachkalkulation werden alle wesentlichen kaufmännischen Istdaten des Projekts zusammengetragen und den in der Vorkalkulation geschätzten Plandaten sowie den erreichten Produktergebnisgrößen gegenübergestellt.

Kalkulationsstruktur

Insgesamt sollte man die Nachkalkulation analog der bei der Vorkalkulation verwendeten Kalkulationsstruktur erstellen. Die Unterteilung der dem Projekt direkt zuordenbaren Kostenelemente, wie

▷ Personalaufwände (eigen/fremd),
▷ Testanlagenkosten,
▷ Musterbaukosten,
▷ Consultantkosten und
▷ sonstige Käufe/Bezüge,

sollte daher die gleiche sein. Bei den zusätzlichen Kostenelementen, besonders den durch Gemeinkosten-Umlagen hinzukommenden Kostenanteilen, kann eine abweichende Gliederung sinnvoll sein. Zu ihnen gehören

▷ Reisekosten,
▷ Fehlerbehebungskosten nach Ablieferung,
▷ Kosten für allg. Tool- und Supportentwicklung,
▷ Kosten für Grundlagenentwicklung und
▷ Verwaltungskosten.

Aufgaben der Nachkalkulation

Bild 5.4 zeigt die der Nachkalkulation vorgelagerten und nachgelagerten Aufgabenbereiche.

Die primäre Aufgabe von Nachkalkulationen liegt im Liefern von Daten für

▷ die *Projektbewertung* anhand der Plan/Ist-Vergleiche,
▷ die *Qualitätskostenauswertung* zum Bestimmen der einzelnen QS-Positionen und
▷ die *Meßdatenermittlung* zur Erfahrungssicherung.

Nachkalkulationen abgeschlossener Entwicklungsvorhaben sind vor allem für das Überprüfen der wirtschaftlichen Tragfähigkeit der entwickelten Produkte notwendig. Nur durch ein vollständiges Einbezie-

220

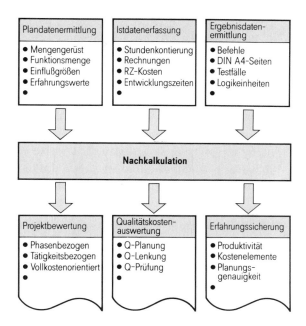

Bild 5.4   Umfeld der Nachkalkulation

hen aller Entwicklungskosten im Rahmen einer *Vollkostenrechnung* kann festgestellt werden, ob ein angebotener Produktpreis zu einer Unter- oder Überdeckung der Entwicklungskosten geführt hat.

Mit Hilfe *prozeßbezogener* Nachkalkulationen ist darüber hinaus auch leicht zu analysieren, in welchen Phasen und bei welchen Tätigkeiten der Entwicklung Ressourcen und Kapazitäten in starkem Maße gebunden sind. Die Daten der Nachkalkulation machen es dann möglich zu erkennen, an welchen Stellen durch verbesserte Werkzeuge oder durch vermehrte Geräteinvestitionen die Entwicklungsleistung gesteigert werden kann, ohne den Mitarbeitern dabei ein größeres Arbeitsvolumen aufzubürden.

5.2.2 Abweichungsanalyse

Meist ergeben sich bei jeder Projektdurchführung Abweichungen von den ursprünglichen Annahmen. Untersuchungen von Planabweichungen dürfen nicht allein unter dem Gesichtspunkt der Projektqualität gesehen werden, sondern vor allem auch als Lerneffekt, als Anregung zum „Bessermachen beim nächsten Mal".

Die Abweichungsanalyse ergibt einen Lerneffekt

Deshalb sollte jeder Projektabschluß eine umfassende *Abweichungsanalyse* enthalten; in dieser werden alle aufgetretenen Plan/Ist-Abweichungen der relevanten Projekt- und Produktparameter festgestellt, untersucht und entsprechend bewertet.

Analyseablauf

Der Ablauf einer systematischen Abweichungsanalyse gliedert sich in fünf Hauptschritte:

▷ Aufschreiben des Soll
▷ Aufschreiben des Ist
▷ Feststellen von Abweichungen
▷ Ermitteln der Ursachen
▷ Ausarbeiten von Maßnahmen.

Dabei erstreckt sich die Abweichungsanalyse im wesentlichen auf die Parameter Termine, Aufwände, Kosten, Leistungs- und Qualitätsmerkmale.

Nach Aufschreiben der Soll- und Ist-Werte der in die Abweichungsanalyse einbezogenen Projekt- und Produktparameter und nach Feststellen markanter Abweichungen muß untersucht werden, welche personellen, technischen und organisatorischen Ursachen hierfür ausschlaggebend waren. Außerdem ist zu prüfen, inwieweit die jeweilige Abweichung vermeidbar oder nicht vermeidbar gewesen wäre. Hierbei muß man unterscheiden zwischen singulär aufgetretenen Abweichungen und solchen, die aufgrund eines grundsätzlichen Mangels im Projektablauf entstanden sind. Im ersten Fall hätte der Abweichung mit einer einzigen Maßnahme begegnet werden können; im zweiten Fall wären eventuell generelle Veränderungen in der Prozeß- oder Projektorganisation notwendig gewesen.

Die Übersicht nach Bild 5.5 enthält − gegliedert nach den vorgenannten Kriterien − einige typische Ursachen für Abweichungen von Projekt- und Produktparametern.

	Personelle Ursachen	Technische Ursachen	Organisatorische Ursachen
Vermeidbar	▶ Demotivation ▶ Mangelnde Ausbildung ▶ Mißverständnisse ▶ Überlastung	▶ Planungsfehler ▶ Fehleranfälligkeit ▶ Unvollständige Testdaten ▶ Mangelnde Toolnutzung	▶ Engpässe bei RZ und Testanlagen ▶ Kompetenzgerangel ▶ Personelle Engpässe ▶ Probleme bei der Fertigungseinführung
Kaum vermeidbar	▶ »Problemfälle« ▶ Fluktuation ▶ Mangelnde Fähigkeiten	▶ Performance-Probleme ▶ Überforderte Prüftechnik ▶ Neue Anforderungen ▶ Unsichere Systembasis (z.B. Betriebssystemmängel) ▶ Fehlender Support	▶ Wechselnder Zulieferant ▶ Prioritätenveränderungen ▶ Räumliche Aufteilung ▶ Termindruck
Nicht vermeidbar	▶ Krankheit ▶ Schwangerschaft ▶ Kündigung	▶ Technologische Grenzen ▶ Fehlerhafte Fremdteile ▶ Fehlende Bauteile	▶ Umorganisation auf höherem Geheiß ▶ Änderung der Verträge ▶ Konkurs eines Lieferanten

Bild 5.5   Ursachen für Planabweichungen

Abweichungsanalysebericht

Alle bei einer Abweichungsanalyse festgestellten Abweichungn werden mit ihren Ursachen und möglichen Vermeidungsmaßnahmen in einem *Abweichungsanalysebericht* zusammengefaßt. Dieser sollte wie folgt aufgebaut sein:

Festgestellte Abweichungen, gegliedert nach

▷ projektbezogenen Parametern und
▷ produktbezogenen Parametern.

Ermittelte Ursachen, unterteilt nach

▷ personellen Ursachen,
▷ technischen Ursachen und
▷ organisatorischen Ursachen.

Abgeleitete Maßnahmen (Vorschläge), begründet durch

▷ falsche Vorgaben (d. h. Ist-Werte sind berechtigt) bzw.
▷ mangelnde Erfüllung (d. h. Soll-Werte sind berechtigt).

Der Abweichungsanalysebericht bildet ein wichtiges Beurteilungsdokument bei der Projektabschlußsitzung für die Projektauflösung; ggf. können aus diesem noch erforderliche Abschlußarbeiten abgeleitet werden.

Die Frage nach Vermeidbarkeit ist erster Ansatz für verbesserte Qualität bei künftigen Projekten

5.2.3 Wirtschaftlichkeitsanalyse

Die Wirtschaftlichkeitsbetrachtung zu Beginn eines Projekts ist in vielen Bereichen schon ein fester Bestandteil der Projektdefinition geworden. Eine Kontrolle der dort gemachten Angaben − im Rahmen einer offiziellen Wirtschaftlichkeitsanalyse bei Projektabschluß − fehlt dagegen in den meisten Fällen. Abweichungen von Wirtschaftlichkeitsprognosen haben sehr vielfältige Ursachen:

▷ Erhöhte Entwicklungskosten aufgrund zusätzlicher Änderungswünsche,
▷ unvorhergesehene Preissteigerungen bei den Investitionen,
▷ geringere Personaleinsparung als erwartet,
▷ geringer ausgefallene Materialeinsparungen,
▷ nicht erreichter Umsatz wegen erhöhten Konkurrenzdrucks,
▷ verspätete Einsatzphase und dadurch verzögerter Beginn des Finanzmittelrückflusses.

Eine Wirtschaftlichkeitsanalyse hat die Aufgabe, derartige Abweichungsursachen aufzuzeigen und diese für künftige Wirtschaftlichkeitsbetrachtungen zu dokumentieren.

Eine Wirtschaftlichkeitsanalyse zeigt Abweichungsursachen auf und verbessert künftige Wirtschaftlichkeitsbetrachtungen

Wirtschaftlichkeitsanalysen lassen sich allerdings nur dann vernünftig durchführen, wenn von Anbeginn des Projekts die entsprechenden Projektdaten zielgerichtet aufgeschrieben werden; hierbei bieten sich unterschiedliche Vorgehensweisen an, der Vergleich von Kennzahlen, die Analyse der Produktivitätssteigerung und die Nachrechnung der Wirtschaftlichkeit.

Vergleich von Kennzahlen

In welchen Kenn-
zahlen liegt das
Projekt besser
oder schlechter als
der Durchschnitt?

Können die wesentlichen Rationalisierungseffekte einer Wirtschaftlichkeitsbetrachtung in Kennzahlen ausgedrückt werden, so ist die Methode des *Kennzahlenvergleichs* für die Wirtschaftlichkeitsanalyse einfach und praktikabel zugleich. Es sollte sich hierbei allerdings um „harte" Kennzahlen handeln, d. h. die Meßdaten für die Kennzahlenbildung sollten möglichst exakt meßbar sein. Als Kennzahlen für zu analysierende Einsparungseffekte sind nachstehend einige aufgeführt:

▷ Erstellte loc je Mitarbeiter im Jahr,
▷ Aufwand für Stromlaufplanerstellung je Flachbaugruppe,
▷ Bearbeitungszyklen je Komponente,
▷ Papiermenge im RZ je Monat,
▷ Belegmenge je Zeiteinheit,
▷ Personalstand je Monat,
▷ Wartungs- und Betreuungsaufwand im GJ.

Als erstes sind zu Beginn eines Vorhabens, welches einer Wirtschaftlichkeitsprüfung unterzogen worden ist, die relevanten Kennzahlen in ihren Anfangswerten (Vorgabewerte) zu bestimmen. Mit Abschluß des Vorhabens werden diese Kennzahlen in ihren eingetretenen Werten (Ergebniswerte) bestimmt und den Anfangswerten gegenübergestellt. Aus der Differenz kann man schließlich ermitteln, inwieweit anfänglich die Wirtschaftlichkeitsprognose richtig war. Die Wertebestimmung der Kennzahlen kann natürlich auch im Laufe des Vorhabens − eventuell sogar mehrmals − geschehen, um auf diese Weise eine frühzeitige Trendaussage hinsichtlich Erfüllung des Wirtschaftlichkeitsziels machen zu können.

Analyse der Produktivitätssteigerung

Sind die geplanten
Produktivitäts-
steigerungen
erreicht worden?

Basiert eine Wirtschaftlichkeitsprognose im wesentlichen auf Steigerungseffekten der *Produktivität,* die durch die eingesetzten Mittel für Tool-, Support- oder Verfahrensentwicklungen erreicht werden sollen, so bietet sich zur Wirtschaftlichkeitskontrolle eine Vorgehensweise der *prozeßorientierten* Analyse der Produktivitätssteigerung an.

Zuerst muß für die Wirtschaftlichkeitsbetrachtung ein Analyseschema entworfen werden, in dem die prozentualen Einsparungseffekte geplanter Rationalisierungselemente auf die jeweiligen Tätigkeiten in den einzelnen Entwicklungsphasen aufgeführt sind. Bild 5.6 zeigt ein Beispiel für ein solches Analyseschema, wie es in ähnlicher Form in einigen Entwicklungsbereichen der Kommunikationstechnik verwendet wurde.

224

Rationalisierungselemente					SDL-Grafik	SDL-Analyse	Grafischer Texteditor	KM/Verwaltungs-support	Testfallsupport	Diagnosesupport für CHILL/SDL	Standard-DEBUG-Support	Testautomat für Sprachleistungs-merkmale	Einsparung	
Entwick-lungsphase	EKZ	Tätigkeit	TKZ	Ge-wicht									ge-wichtet	rela-tiv
System-entwurf 10%	SE	PD-Entwurf/Test	A	0,6	10%	10%							12%	
		KM/Verwaltung	B	0,1				20%					2%	
		Verbale Spezifikation	C	0,3				10%					3%	1,7%
Programm-entwurf 40%	PE	ZD-Entwurf/Test	D	0,6	10%	10%							10%	
		KM/Verwaltung	B	0,1				10%					1%	
		CHILL-Entwurf	E	0,3				20%					6%	
		Verbale Spezifikation	C	0,1				10%					1%	7,2%
Implemen-tierung 35%	IM	Testfallentwurf und Testrahmen	F	0,4					30%				12%	
		Fehlerkorrektur	G	0,4					10%		10%		8%	
		Testauswertung	H	0,1						10%			1%	
		KM/Verwaltung	B	0,1				10%					1%	7,7%
System-integration und -test 15%	ST	Testfallentwurf und Testrahmen	F	0,4					30%	15%			18%	
		Fehlerkorrektur	G	0,3					10%	10%	30%		15%	
		KM/Verwaltung	B	0,1				10%					1%	
		Testdurchführung	J	0,2								30%	6%	6,0%

PD Prozedurdiagramm   ZD Zustandsdiagramm

Bild 5.6   Analyseschema (Beispiel)

In diesem Beispiel handelt es sich um geplante Tool- und Support-Unterstützungen (Rationalisierungselemente) für die SW-Entwicklung von Vermittlungssystemen. Das Tätigkeitsprofil je Entwicklungsphase sollte unabhängig von der möglichen Tool- und Support-Unterstützung definiert werden. Weiterhin ist die einzelne Tätigkeitsart mit einem Gewicht entsprechend ihrem Aufwandsverhältnis zum Gesamtaufwand in der betrachteten Entwicklungsphase zu belegen.

In den Matrixfeldern werden die geplanten Aufwandseinsparungen für die jeweiligen Tätigkeiten bei Verwenden der entsprechenden neuen Entwicklungsunterstützung angegeben. Unter Berücksichtigung der Gewichtung der Tätigkeitsarten und der prozentualen Phasenaufwandsverteilung gelangt man schließlich zu einer relativen Einsparungsverteilung.

Zum Verdeutlichen sei folgendes Zahlenbeispiel aus dem Schema in Bild 5.6 herausgegriffen:

> Für den Einsatz eines grafischen Texteditors zum Spezifizieren in der Systementwurfsphase wird ein Einsparungspotential von 10% angenommen. Da die Spezifikationstätigkeit in dieser Phase im Verhältnis zu den anderen mit einem Gewicht von 0,3 belegt wird (Gesamtgewicht je Phase immer 1), ergibt sich eine gewichtete Einsparung von 3%. Diese geht mit 0,3% in die Gesamteinsparung ein, weil die Phase Systementwurf wiederum nur 10% vom Gesamtprozeß darstellt.

In einer projektbegleitenden Aufwandsanalyse muß nun seitens der Entwickler die Stundenkontierung phasen- und tätigkeitsartbezogen vorgenommen werden. Für das Kennzeichnen der Entwicklungsphasen muß ein EKZ (Entwicklungskennzeichen) und für die Tätigkeitsarten ein TKZ (Tätigkeitskennzeichen) vergeben sein. Im Vergleich zu bereits abgeschlossenen, vergleichbaren Entwicklungsvorhaben, deren Aufwände in gleicher Weise (EKZ- und TKZ-bezogen) erfaßt sein müssen, ist schließlich feststellbar, ob die prognostizierten Einsparungen auch wirklich realisiert werden konnten.

Nachrechnung der Wirtschaftlichkeit

Wie stark weicht die nochmalige Durchrechnung der Wirtschaftlichkeit von den ursprünglichen Werten ab?

Stehen zutreffende Kennzahlen nicht zur Verfügung oder ist eine prozeßorientierte Analyse der Produktivitätssteigerung nicht möglich bzw. angebracht, so sollte wenigstens versucht werden, bei Abschluß von Projekten − für die zu Projektbeginn eine Renditerechnung vorgenommen worden ist − eine *Kontrollrechnung* der Wirtschaftlichkeit durchzuführen. Darin müssen allen ursprünglich gemachten Planzahlen entsprechende Istzahlen gegenübergestellt werden. Enthält das vorliegende Berichtssystem allerdings die in der Wirtschaftlichkeitsrechnung angegebenen Parameter nicht, so ist ein objektiver Nachweis von Istzahlen nur schwer zu erbringen.

5.3 Erfahrungssicherung

5.3.1 Erfahrungsdaten

Das Sammeln von Erfahrungsdaten ist Voraussetzung für jede Erfahrungssicherung. Als Erfahrungsdaten für Produkt- und Systementwicklungen bieten sich zahlreiche produkt- und projektkennzeichnende Einzeldaten an, wobei zwischen *meßbaren* Daten (Meßdaten) und *beschreibenden* Daten (Merkmalsdaten) zu unterscheiden ist. Meßdaten werden einerseits aus den Realisierungsergebnissen (Produktmeßdaten) ermittelt und andererseits aus dem Projektgeschehen (Projektmeßdaten) abgeleitet (Bild 5.7). Merkmalsdaten stellen keine mit Maßeinheiten versehene meßbare Mengen dar, sondern sind entweder klassifizierende bzw. gewichtende Einflußgrößen − in Form

226

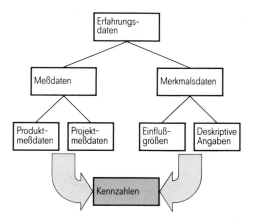

Bild 5.7 Unterteilung der Erfahrungsdaten

von Faktoren, Kategorien u. ä. − oder deskriptive Angaben, die meist verbaler Natur sind.

Kennzahlen − auch als Kenndaten bezeichnet − werden mit Hilfe entsprechender Rechenoperationen aus den produkt- und projektspezifischen Meßdaten unter Einbeziehung der Merkmalsdaten, vornehmlich der Einflußgrößen, gebildet.

Produkt- und Projektmeßdaten

In den Tabellen 5.1 und 5.2 sind die wichtigsten produkt- und projektspezifischen Meßdaten für die HW- und SW-Entwicklung mit Bezug des Anwendungsfelds aufgeführt.

Produkt- und Projektmeßdaten müssen zielorientiert gesammelt werden

Einflußgrößen

Einflußgrößen, d. h. Größen von Einflußparametern, sollen die ja meist sehr unterschiedlichen Entwicklungsvorhaben in vergleichbare Gruppen einordnen. Die Wahl der zu verwendenden Parameter hängt dabei entscheidend von den Zielen der beabsichtigten Erfahrungsdatensammlung ab, also von dem eingesetzten Aufwandsschätzverfahren, von dem verwendeten Kennzahlensystem bzw. von der Informationsstruktur der installierten Erfahrungsdatenbank.

Einflußgrößen machen Produkt- und Projektmeßdaten vergleichbar

Allgemein können die sich anbietenden Einflußgrößen wie folgt gegliedert werden:

▷ Anwendungsbezogene Einflußgrößen
▷ Produktbezogene Einflußgrößen
▷ Entwicklungsbezogene Einflußgrößen
▷ Projektbezogene Einflußgrößen
▷ Personalbezogene Einflußgrößen.

Unter *anwendungsbezogenen* Einflußgrößen sind solche zu verstehen, die den Einfluß auf die Entwicklung durch den Anwender, d. h. durch

227

Tabelle 5.1 Produktmeßdaten

	Meßgröße	Einheit	Entwicklung HW	SW	Beispiel
1	Dokumentations-seite	Anzahl DIN A4	×	×	Anzahl Dokumentationsseiten, bezogen auf eine bestimmte Dokumentationsart
2	Anweisung	Anzahl kloc		×	Anzahl Anweisungen auf logischer oder auf DV-technischer Ebene
3	Prozedur	Anzahl		×	Anzahl Prozeduren eines SW-Programms
4	Speicherbedarf	PAM-Seite		×	Benötigter Speicherbedarf eines SW-Programms
5	Gewicht	kg	×		Elektronik- oder Mechanikgewicht eines Geräts
6	Volumen	cm^3	×		Volumen eines elektronischen Geräts
7	Fläche	cm^2	×		Fläche einer Leiterplatte
8	Leistung	kW oder kVA	×		Leistung eines elektrischen Geräts bzw. einer Anlage
9	Logikeinheit	Anzahl	×		Anzahl Gatterfunktionen einer Flachbaugruppe
10	Funktion	Anzahl	×	×	Anzahl Funktionen eines Geräts bzw. Systems
11	Systemmodul	Anzahl	×	×	Anzahl Module eines Systems (z. B. SW-Programme, -Module, HW-Baugruppen, Subsysteme)
12	Schnittstelle	Anzahl	×	×	Anzahl definierter Schnittstellen in einem System

Tabelle 5.2 Projektmeßdaten

	Meßgröße	Einheit	Entwicklung HW	SW	Beispiel
1	Aufwand	MStd/MT/MW/ MM/MJ	×	×	Der für eine bestimmte Aufgabe geplante bzw. geleistete Personalaufwand
2	Kosten	DM/TDM Euro	×	×	Die für eine bestimmte Aufgabe geplanten bzw. angefallenen Kosten
3	Dauer	Stunde/Tag/Woche Monat/Quartal/ Jahr	×	×	Die für eine bestimmte Aufgabe geplante bzw. benötigte Zeit
4	Mitarbeiter	Anzahl	×	×	Anzahl der mit der Entwicklung beschäftigten Mitarbeiter
5	Fehler	Anzahl	×	×	Anzahl der in der Entwicklung gemachten SW- oder HW-Fehler
6	Testfall	Anzahl	×	×	Anzahl der in der Entwicklung definierten und durchgeführten Testfälle
7	Änderung	Anzahl	×	×	Anzahl der während einer Entwicklung durchgeführten Änderungen

228

den Auftraggeber und dessen Umfeld charakterisieren. *Produktbezogene* Einflußgrößen kennzeichnen den Einfluß aufgrund produktspezifischer Anforderungen und einsatzbezogener Restriktionen. *Entwicklungsbezogene* Einflußgrößen umfassen Einflüsse aus der Entwicklungsumwelt, die durch die Qualität der Methoden und Hilfsmittel bestimmt werden. Zu den *projektbezogenen* Einflußgrößen gehören im wesentlichen termin- und kostenrelevante sowie andere PM-spezifische Merkmale. Mit den *personalbezogenen* Einflußgrößen werden schließlich personalbeschreibende Kriterien wie Erfahrung, Fähigkeit und Motivation der Mitarbeiter angesprochen; hierbei beziehen sich die entsprechenden Faktoren i. allg. auf den jeweiligen Durchschnitt einer ganzen Entwicklungsgruppe, sind also nicht personenbezogen. Tabelle 5.3 gibt eine Übersicht der wesentlichen Einflußgrößen.

Deskriptive Angaben

Deskriptive Angaben sind vornehmlich für den *Projektevergleich* bei Erfahrungsdatenbanken wichtig, weil für diesen eine Projektähnlichkeit nicht allein aufgrund absoluter Zahlenwerte gefunden werden kann, sondern zusätzlich verbale Beschreibungsmerkmale notwendig sind. Zum Deskribieren abgeschlossener Entwicklungsvorhaben für die Erfahrungssicherung können mehrere Möglichkeiten genutzt werden:

Wo nicht „gemessen" werden kann, helfen deskriptive Angaben

Formalisierte Merkmalsleiste

In einer Indikatorenleiste sind über einen festgelegten Fragenkatalog relevante Projektmerkmale als Ja/Nein-Aussagen abgelegt. Hierdurch wird die rechnergestützte Ähnlichkeitsuntersuchung erheblich vereinfacht, besonders, wenn die einzelnen Merkmale noch mit einem Gewicht versehen sind, welches die Bedeutung des jeweiligen Merkmals ausdrückt.

Vorgegebener Deskriptorenkatalog

Basis für einen Deskriptorenkatalog kann die unter [20] aufgeführte Beschreibungssystematik sein. Das genannte Buch enthält eine Sammlung von Begriffen aus dem betriebswirtschaftlichen Bereich für das Deskribieren von Dokumentationen elektrotechnischer Entwicklungen. Die aufgeführten Deskriptoren sind in ein hierarchisch aufgebautes Identifikationssystem eingeordnet, in welches leicht weitere anwenderspezifische Begriffe eingefügt werden können.

Frei wählbare Merkmale

Neben den vorgenannten deskriptiven Merkmalen, die aus einer definierten Begriffsmenge ausgewählt werden, können auch in „freier Form" beschreibende Merkmale gewählt werden. Diese freien Merk-

Tabelle 5.3 Beispiele von Einflußgrößen

Anwendungs- bezogene Einflußgrößen	Vollständigkeit der Anforderungsdefinition Häufigkeit der Änderungswünsche Anzahl projektbeteiligte Stellen (extern, intern) Auflagen und Bedingungen des Auftraggebers Kommunikation Auftraggeber und Auftragnehmer Einsatzumgebung, Anwendungsgebiet
Produkt- bezogene Einflußgrößen	Benötigte Zuverlässigkeit, Sicherheit Komplexität des Produkts Anforderungen an die Qualität Anforderungen an die Kompatibilität Anforderungen an die Dokumentation Anzahl externer Schnittstellen Umfang der Datenbasis HW-/SW-Kategorie Modifikationsanteile, Wiederholungsfaktor Abhängigkeit von anderen Produkten Einsatzbedingungen
Entwicklungs- bezogene Einflußgrößen	Änderungshäufigkeit der Entwicklungsbasis Nutzung der Entwicklungsmethoden Vorhandensein von Entwicklungstools Bearbeitungszyklus Computer-Restriktionen Unterstützung durch Test- und Prüfverfahren QS-Durchdringung Technologiestand
Projekt- bezogene Einflußgrößen	Enge der Entwicklungszeit Enge des Entwicklungsetats Verfügbarkeit des Personals Entscheidungskraft der Leitung Arbeitsteilichkeit der Projektstruktur Qualität des Projektmanagements Einsatz von PM-Methoden und -Verfahren
Personal- bezogene Einflußgrößen	Erfahrung und Kenntnisse im Aufgabengebiet Erfahrung in der Entwicklungsumgebung Analysefähigkeit der Mitarbeiter Programmierfähigkeit der SW-Entwickler Realisierungsfähigkeit der HW-Entwickler Kommunikationsfähigkeit Durchsetzungsvermögen Grad der Motivation, Arbeitszufriedenheit Fluktuationsrate

male dienen ebenfalls zur Ähnlichkeitsbestimmung von Entwicklungsprojekten; zu ihnen gehören z. B. Angaben wie:

▷ Stichworte aus der Kurzbeschreibung,
▷ Projektklassifikation,
▷ Qualitätsangaben,
▷ Entwicklungsangaben,
▷ Dokumentationsangaben.

230

Solche freien Merkmale umfassen die wesentlichen Angaben zum Projekt; sie stellen also die Kurzbeschreibung des betreffenden Projekts in einer Erfahrungsdatenbank dar.

Kennzahlen

Kennzahlen werden durch arithmetische Operationen aus der Kombination von Produkt- und Projektmeßdaten abgeleitet, wobei die Einflußgrößen für die notwendige Klassifizierung sorgen.

Produkt- und Projektmeßdaten bilden die Basis für Kennzahlen

Das Einbeziehen projektorientierter Einflußgrößen wird als *Normalisierung* bezeichnet; berücksichtigt man zusätzlich Einflußgrößen der allgemeinen Entwicklungsumgebung, so bedeutet dies eine *Standardisierung*. Normalisierte Kennzahlen haben also eine projektspezifische Aussage, standardisierte Kennzahlen enthalten eine projektübergreifende Bedeutung (Scorecards).

Kennzahlen erfüllen im Projektablauf sehr unterschiedliche Aufgaben:

Bei der *Projektplanung* werden Kennzahlen als Basisdaten für die Aufwandsschätzung verwendet.

Bei der *Projektdurchführung* dienen Kennzahlen als Analyse- und Vergleichsdaten für die Projektkontrolle (Zeit- und Quervergleich).

Beim *Projektabschluß* werden Kennzahlen als Leitwerte für die Abschlußanalyse sowie für die Leistungs- und Produktivitätsmessung benötigt.

Die folgenden Tabellen enthalten eine Auswahl häufig formulierter Kennzahlen in der SW- und HW-Entwicklung; sie sind unterteilt in

▷ Produktorientierte Kennzahlen (Tab. 5.4)
▷ Projektorientierte Kennzahlen (Tab. 5.5)
▷ Prozeßorientierte Kennzahlen (Tab. 5.6)
▷ Netzplanorientierte Kennzahlen (Tab. 5.7)
▷ Betriebswirtschaftliche Kennzahlen (Tab. 5.8).

Echte Kennzahlen müssen über bestimmte Eigenschaften verfügen; hierzu zählen:

▷ Quantifizierbarkeit,
▷ Erhebbarkeit,
▷ Vergleichbarkeit,
▷ Relevanz und
▷ Aktualität.

Kennzahlen, für die es keinen „Maßstab" gibt, oder Kennzahlen, die nicht erhoben werden können oder keine vergleichenden Gegenüberstellungen zulassen oder keine Aussagekraft mehr besitzen, weil sie einen überholten Stand kennzeichnen, sind für eine Projektauswertung oder -beurteilung nutzlos, wenn nicht sogar schädlich.

Kennzahlen ohne „Maßstab" sind nutzlos oder gar schädlich

Tabelle 5.4 Produktorientierte Kennzahlen

Kennzahlen			Einheit (Beispiel)
A1	Komplexität	$= \dfrac{\text{Anzahl Schnittstellen}}{\text{Produktteile}}$	Anzahl/Modul
A2	Dichte	$= \dfrac{\text{Anzahl Teile oder Funktionen}}{\text{Volumen oder Fläche}}$	Anzahl/cm^2
A3	Änderungsquote	$= \dfrac{\text{Anzahl Änderungen}}{\text{Ergebnismenge}}$	Anzahl/kloc
A4	Fehlerquote	$= \dfrac{\text{Anzahl Fehler}}{\text{Ergebnismenge}}$	Anzahl/ Gatterfunktion
A5	Testdeckungsgrad	$= \dfrac{\text{Durchgeführte Testfälle}}{\text{Mögliche Testfälle}}$	dimensionslos
A6	Testanlagennutzung	$= \dfrac{\text{Testanlagenaufwand}}{\text{Gesamtanzahl Mitarbeiter}}$	MM/MA
A7	Zuverlässigkeit	$= \dfrac{\text{Ausfälle}}{\text{Zeit}}$	Anzahl/Monat
A8	Erfüllungsgrad	$= \dfrac{\text{Erfüllte Anforderungen}}{\text{Zugesagte Anforderungen}}$	dimensionslos

Tabelle 5.5 Projektorientierte Kennzahlen (1. Teil)

Kennzahlen			Einheit (Beispiel)
B1	Produktivität	$= \dfrac{\text{Ergebnismenge}}{\text{Gesamtaufwand}}$	kloc/MJ
B2	Planabweichung	$= \dfrac{\text{Istwert} - \text{Planwert}}{\text{Planwert}} \cdot 100$	%
B3	Plantreue (Leistungsgröße)	$= \dfrac{\text{Istwert}}{\text{Planwert}} \cdot 100$	%
B4	Plantreue (Lastgröße)	$= \left(2 - \dfrac{\text{Istwert}}{\text{Planwert}}\right) \cdot 100$	%
B5	Fremdanteil	$= \dfrac{\text{Fremde Mitarbeiter}}{\text{Gesamtanzahl Mitarbeiter}} \cdot 100$	%
B6	Kostenanteil	$= \dfrac{\text{Kosten eines Kostenelements}}{\text{Gesamtkosten}} \cdot 100$	% je Kosten- element
B7	Produktivanteil	$= \dfrac{\text{Produktivstunden}}{\text{Gesamtstunden}} \cdot 100$	%
B8	Betriebsmittelverbrauch	$= \dfrac{\text{Verbrauchsmenge}}{\text{Zeit}}$	GOPS/Monat
B9	Betriebsmittelkostenbedarf	$= \dfrac{\text{Betriebsmittelkosten}}{\text{Gesamtaufwand}}$	TEU/MM
B10	Fehlerbehebungslaufzeit	$= \dfrac{\text{Summe Fehlerlaufzeiten}}{\text{Gesamtanzahl Fehler}}$	MT/Fehler

Tabelle 5.5 Projektorientierte Kennzahlen (Fortsetzung)

Kennzahlen			Einheit (Beispiel)
B11	QS-Kostenanteil	$= \dfrac{\text{QS-Kosten}}{\text{Gesamtkosten}} \cdot 100$	%
B12	Overhead-Anteil	$= \dfrac{\text{Nichtprojektbezogene Kosten}}{\text{Gesamtkosten}} \cdot 100$	%
B13	PM-Anteil	$= \dfrac{\text{Mitarbeiter für Projektmanagement}}{\text{Gesamtanzahl Mitarbeiter}} \cdot 100$	%
B14	Fluktuationsquote	$= \dfrac{\text{Anzahl der Ab- und Zugänge}}{\text{Durchschnittlicher Mitarbeiterstand}} \cdot 100$	% je Jahr
B15	Erfahrungsstand	$= \dfrac{\text{Summe aller Praxiszeiten}}{\text{Gesamtanzahl Mitarbeiter}}$	Jahre/MA

Tabelle 5.6 Prozeßorientierte Kennzahlen

Kennzahlen			Einheit (Beispiel)
C1	Aufwandsmäßiger Phasenaufriß	$= \dfrac{\text{Aufwand einer Phase}}{\text{Gesamtaufwand}} \cdot 100$	% je Phase
C2	Aufwandsmäßiger Tätigkeitsaufriß	$= \dfrac{\text{Aufwand einer Tätigkeit}}{\text{Gesamtaufwand}} \cdot 100$	% je Tätigkeitsart
C3	Zeitlicher Phasenaufriß	$= \dfrac{\text{Dauer einer Phase}}{\text{Gesamtdauer}} \cdot 100$	% je Phase
C4	Zeitlicher Tätigkeitsaufriß	$= \dfrac{\text{Dauer einer Tätigkeit}}{\text{Gesamtdauer}} \cdot 100$	% je Tätigkeitsart
C5	LCC-Struktur	$= \dfrac{\text{Kosten eines LCC-Abschnitts}}{\text{Kosten eines anderen LCC-Abschnitts}}$	dimensionslos

Tabelle 5.7 Netzplanorientierte Kennzahlen

Kennzahlen			Einheit (Beispiel)
D1	Aufgliederung	$= \dfrac{\text{Anzahl Vorgänge}}{\text{Projektkosten}}$	Anzahl/TEU
D2	Netzdichte (Verflechtungszahl)	$= \dfrac{\text{Anzahl Abhängigkeiten}}{\text{Netzplanvorgänge} - 1}$	Anzahl/Vorgang
D3	Terminenge	$= \dfrac{\text{Anzahl zeitkritischer Vorgänge}}{\text{Gesamtanzahl Vorgänge}} \cdot 100$	%
		$= \dfrac{\text{Dauer zeitkritischer Vorgänge}}{\text{Gesamtdauer Vorgänge}} \cdot 100$	%
D4	Pufferweite	$= \dfrac{\text{Gesamter Puffer eines NP-Pfads}}{\text{Gesamtdauer des NP-Pfads}}$	dimensionslos

Tabelle 5.8 Betriebswirtschaftliche Kennzahlen

Kennzahlen			Einheit (Beispiel)
E1	FuE-Umsatz-Anteil	$= \dfrac{\text{FuE-Kosten}}{\text{Umsatz}} \cdot 100$	%
E2	Umsatzeinbuße	$= \dfrac{\text{Umsatzminderung}}{\text{Terminverschiebung}}$	Euro/Monat
E3	Kosten/Leistungs-Verhältnis (Kosteneinheitswert)	$= \dfrac{\text{FuE-Kosten}}{\text{Ergebnismenge}}$	Euro/kloc
E4	Kosten/Nutzer-Verhältnis	$= \dfrac{\text{Kosten}}{\text{Anzahl Nutzer}}$	Euro/kontierende
E5	Wartung/Entwicklungs-Quotient	$= \dfrac{\text{Wartungskosten}}{\text{Entwicklungskosten}}$	dimensionslos
E6	Marginalrendite (Interner Zinsfuß)		%
E7	Wirtschaftlichkeitskennzahl	$= \dfrac{\text{Umsatz}}{\text{Selbstkosten}}$	dimensionslos
E8	Billability	$= \dfrac{\text{verrechnete Leistung}}{\text{produktiv kontierte Leistung}}$	dimensionslos

In den Tabellen 5.9 und 5.10 sind für den SW-Entwicklungsbereich einige Produktivitätskennzahlen bzw. Kennzahlen des Betriebsmittel-kostenbedarfs für Rechenzeiten angegeben. Die aufgeführten Werte können nur als grobe Leitwerte dienen; im einzelnen kommt es immer auf die spezielle Entwicklungsumgebung an, die geprägt wird durch die Qualifikation der Mitarbeiter, die Durchdringung mit Methoden und Werkzeugen sowie die Komplexität der Entwicklungsvorhaben.

5.3.2 Kennzahlensysteme

Kennzahlen-systeme sind Voraussetzung für jedes FuE-Bewer-tungssystem

Um sicherzustellen, daß ermittelte Kennzahlen auch voll nutzbar sind, dürfen sie nicht willkürlich und abhängig von temporären Intentionen einzelner festgelegt und gesammelt werden. Dies erreicht man am besten dadurch, daß sie in ein definiertes und festumrissenes Kenn-zahlensystem eingeordnet werden. Man unterscheidet zwischen Kennzahlen-Netzsystemen, Kennzahlen-Hierarchiesystemen und Kennzahlen-Ordnungssystemen.

Kennzahlen-Netzsysteme

In Kennzahlennetzen sind die Kennzahlen durch Rechenvorschriften miteinander *vernetzt,* d. h. ausgehend von einer vorgegebenen Ergeb-nis- oder Leistungsmenge (exogene Variable) werden über Kennzah-len andere Größen (abhängige Variable) abgeleitet. Entsprechend definierten Rechenvorschriften für solche „Input-Output-Beziehun-gen" können dabei abhängige Variable auch von mehreren exogenen Variablen bestimmt werden.

Tabelle 5.9 Betriebsmittelkostenbedarf für Rechenzeiten

SW-Gebiet		RZ-Kosten je Mann-Jahr (Stand: 1995)	Anteil von Personalkosten
Entwicklung von	Produktsoftware	40 TDM/MJ	18 %
	Vermittlungssoftware	51 TDM/MJ	23 %
	Interne DV-Verfahren	33 TDM/MJ	15 %
Pflege von	Technische DV-Verfahren	22 TDM/MJ	10 %
	Betriebswirtsch. DV-Verfahren	26 TDM/MJ	12 %

Tabelle 5.10 Produktivitätskennzahlen (SW-Entwicklung bei 100 kloc)

Allgemeine Erfahrungswerte für	Anwenderprogramme	5,0 kloc/MJ (COBOL)
	Betriebssysteme	1,0 kloc/MJ (SPL)
	Vermittlungssysteme	1,3 kloc/MJ (CHILL)
		0,8 kloc/MJ (Assembler)
	Luft- und Raumfahrt	1,0 kloc/MJ
COCOMO (Kostentreiber → nominal)	Einfache SW-Entwicklung	2,7 kloc/MJ
	Mittelschwere SW-Entwicklung	2,1 kloc/MJ
	Komplexe SW-Entwicklung	1,5 kloc/MJ
ARON-Untersuchung (Projektdauer → mittellang)	Leichte SW-Entwicklung	6,0 kloc/MJ
	Mittelschwere SW-Entwicklung	3,0 kloc/MJ
	Schwere SW-Entwicklung	1,5 kloc/MJ

Kennzahlen-Netzsysteme sind für das Projektmanagement derzeit kaum von Bedeutung.

Kennzahlen-Hierarchiesysteme

In Kennzahlen-Hierarchiesystemen − auch als „Rechensystem" oder arithmetische Kennzahlensysteme bezeichnet − sind die Kennzahlen ebenfalls durch definierte Rechenvorschriften voneinander ableitbar; sie sind allerdings nicht in einer vernetzten Struktur, sondern als *Hierarchie* angeordnet.

In Hierarchiesystemen sind die Kennzahlen durch Rechenvorschriften voneinander ableitbar

Als eine der bekanntesten Kennzahlenhierarchien gilt das von Du Pont vorgeschlagene Kennzahlensystem (Bild 5.8). Dieses Kennzahlensystem ist für den betriebswirtschaftlichen Bereich definiert worden. Andere, wie z. B. Diebold [41] oder ZVEI [48], haben − aufsetzend auf diesem System − eigene Kennzahlenhierarchien abgeleitet.

Das Du-Pont-Kennzahlensystem geht von einer Hauptkennzahl „Eigenkapital-Rentabilität in %" aus, die als *Spitzenkennzahl* bezeichnet wird. Die untergeordneten Kennzahlenebenen werden nach festen Auflösungsregeln bestimmt. So wird die vorgenannte Spitzenkennzahl in die beiden Kennzahlen „Kapitalumschlag" und „Ertragsrentabilität" aufgelöst; umgekehrt ergibt die Multiplikation dieser beiden Kennzahlen wiederum die Spitzenkennzahl „Eigenkapital-Rentabilität in %".

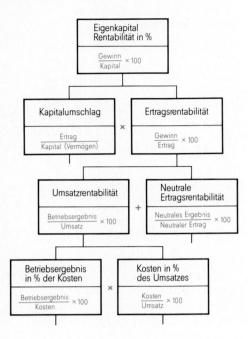

Bild 5.8
Kennzahlen-Hierarchiesystem
(Beispiel Du Pont)

Kennzahlen-Ordnungssysteme

In Kennzahlen-Ordnungssystemen sind die einzelnen Kennzahlen nicht mehr aufgrund eines geschlossenen Schemas vorgegebener Rechenvorschriften voneinander ableitbar; vielmehr sind sie hier nach einem *gemeinsamen* Aspekt zusammengestellt worden.

In einem Ordnungssystem für die FuE-Projektkalkulation können projektspezifisch und auch projektübergreifend z. B. folgende Kennzahlen abgeleitet werden:

Aufwandsverteilungen

▷ Phasenorientierte Aufteilung der Kosten bzw. Aufwände,
▷ Phasenorientierte Aufteilung der Entwicklungsdauer,
▷ Tätigkeitsorientierte Aufteilung der Aufwände.

Kostenrelationen

▷ Verhältnis RZ-Kosten zu Gesamtkosten,
▷ Verhältnis QS-Kosten zu Gesamtkosten,
▷ Verhältnis PM-Kosten zu Gesamtkosten.

Produktivitäten

▷ Aufwand bzw. Kosten je Programmbefehl,
▷ Aufwand bzw. Kosten je Dokumentationsseite,
▷ Aufwand bzw. Kosten je Fehlerbehebung,
▷ Aufwand bzw. Kosten je Testfall,
▷ Erzeugte Programmbefehle je Mitarbeiter,

In Ordnungssystemen sind die Kennzahlen nach gemeinsamen Aspekten zusammengestellt

236

▷ Erstellte Dokumentationsseiten je Mitarbeiter,
▷ Anzahl Logikfunktionen je Mitarbeiter.

Aufbau eines Kennzahlensystems

Der Aufbau eines in sich schlüssigen Kennzahlensystems ist ein nicht leichtes Unterfangen. Einerseits muß vorher geklärt sein, für wen und für was die Kennzahlen genutzt werden sollen, andererseits muß gleichzeitig auch die Erhebbarkeit der betreffenden Kennzahlen gesichert sein.

Ein Kennzahlensystem stellt ein „Wertemodell" für das Aufgabenfeld dar

Im einzelnen sind zum Aufbau eines Kennzahlensystems mehrere Arbeitsschritte zu durchlaufen; hierzu gehören:

Festlegen der Ziele des geplanten Kennzahlensystems

▷ Art des Aufgabenbereichs,
▷ Art des Nutzerkreises.

Ausarbeiten der Kennzahlenkonzeption

▷ Art der Meßgrößen und -einheiten,
▷ Art der Kennzahlensystematik,
▷ Art der Ableitungsregeln.

Realisieren des Kennzahlensystems

▷ Klären der Zuständigkeiten,
▷ Festlegen der Datenquellen,
▷ Ermitteln der Basisgrößen,
▷ Ableiten der Kennzahlen,
▷ Sicherstellen der Eindeutigkeit.

Nach Aufbau eines solchen Kennzahlensystems muß man für laufende Aktualisierung der Kennzahlen sorgen, weil diese sonst aufgrund der hohen Innovationsrate vieler Entwicklungsbereiche schnell ihre Aussagekraft verlieren.

Nutzung der Kennzahlen

Der Nutzungsgrad der Kennzahlen eines Kennzahlensystems ist naturgemäß für die einzelnen Anwender sehr unterschiedlich. Jeder spezielle Anwenderbereich hat außerdem nur ein Interesse an bestimmten Ausschnitten bzw. Untermengen des Gesamtkennzahlensystems. Bild 5.9 veranschaulicht dies am Schema eines Kennzahlen-Hierarchiesystems.

Die Bereichsleitung hat z. B. ein besonderes Interesse an „generellen" Kennzahlen (Scorecards), einschließlich der Spitzenkennzahlen des Systems; dagegen sind die ausführenden Bereiche eines Unternehmens mehr an Einzelkennzahlen der tieferen Ebenen interessiert.

237

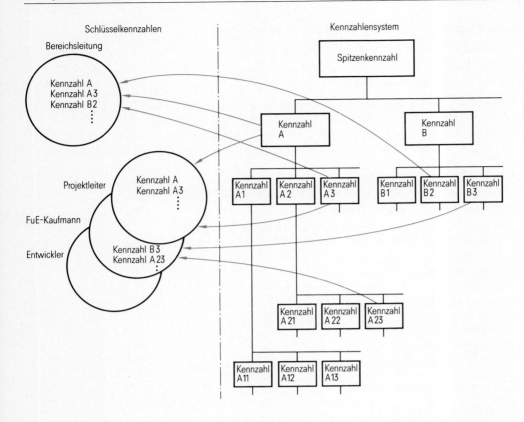

Bild 5.9   Kennzahlennutzung durch die unterschiedlichen Anwender

Diese anwenderspezifisch ausgewählten Kennzahlen werden als *Schlüsselkennzahlen* bezeichnet.

5.4 Projektauflösung

Ein Projekt endet
mit der Projekt-
auflösung

Zu einem definierten Projektabschluß gehört die „Auflösung" des Projekts. *Projektgründung* und *Projektauflösung* bestimmen damit die beiden Begrenzungszeitpunkte der Projektlebensdauer.

Zu den für eine Projektauflösung erforderlichen Aktivitäten zählen:

▷ Das Durchführen offizieller Abschlußsitzungen aller
  Projektgremien,
▷ das Verteilen des Projektabschlußberichts an die projektbeteiligten
  Stellen sowohl auf der Auftragnehmer- als auch Auftraggeberseite,
▷ das Überleiten des Projektpersonals auf neue Aufgaben sowie
▷ das Auflösen aller projekteigenen Ressourcen.

238

Abschlußsitzungen

Alle bestehenden Projektgremien, wie Entscheidungsinstanzen, Beratungsausschüsse und spezielle Arbeitskreise, sind jeweils zu *Schlußsitzungen* einzuberufen, auf denen die Entwicklungsergebnisse, eventuell mit einer Abweichungsanalyse, vorgestellt werden. Hierbei sollte man eine möglichst vollständige Teilnahme aller Mitglieder anstreben, um spätere Einsprüche von Nichtanwesenden zu vermeiden. Diese abschließende Projektpräsentation sollte folgende Tagesordnungspunkte umfassen:

Auf der Abschlußsitzung wird das offizielle Ende des Projekts beschlossen

▷ Vorstellung der Projektergebnisse,
▷ Vergleich der realisierten Leistungsmerkmale mit dem Anforderungskatalog bzw. Pflichtenheft,
▷ Gegenüberstellung der geplanten mit den erreichten Terminen,
▷ Gegenüberstellung der Plan- und Istwerte von Aufwand und Kosten,
▷ Darstellung der durchgeführten QS-Maßnahmen und des erreichten Qualitätsstands,
▷ Analyse der aufgetretenen Projektschwierigkeiten und Planabweichungen,
▷ Vorstellung projektspezifischer Kennzahlen (z. B. Produktivitäts- und Wirtschaftlichkeitsdaten),
▷ Vorlage eines Personalüberleitungs- und eines Ressourcen-Verwertungsplans.

Auch sollten in diesen Abschlußsitzungen besondere Leistungen einzelner Projektmitarbeiter entsprechend hervorgehoben und gewürdigt werden.

Schließlich sind die durchgeführten bzw. noch durchzuführenden Abschlußaktivitäten im Rahmen der Projektauflösung zu erläutern.

In der Schlußsitzung der zuständigen Entscheidungsinstanz muß das offizielle Ende des Projekts beschlossen und verkündet werden.

Projektabschlußbericht

Alle relevanten Projektabschlußdaten bezüglich
▷ Fertigstellungs- und Übergabetermin,
▷ Personalaufwand,
▷ Entwicklungskosten,
▷ Produktergebnis und
▷ Qualität

Der Projektabschlußbericht dokumentiert das endgültige Projektergebnis

müssen in einem Abschlußbericht zusammengefaßt werden; er enthält i. allg. auch einen kurzen Projekterfahrungsbericht sowie Erläuterungen zu den Aktivitäten, die dem Entwicklungsende folgen werden. Hierzu gehört z. B. das Übernehmen der Pflege eines SW-Produkts durch zuständige Entwicklungsstellen oder das Unterstützen bei der Fertigungseinführung eines HW-Produkts durch einzelne Entwickler.

Der Projektabschlußbericht muß allen (leitenden) Projektbeteiligten zukommen. Als Empfänger gelten

▷ Auftrageber,
▷ Auftragnehmer,
▷ FuE-Kaufmann,
▷ Mitglieder des Entscheidungsgremiums und
▷ Mitglieder der Beratungsgremien.

Personalüberleitung

Die Personal-
überleitung sollte
rechtzeitig geplant
werden

Handelt es sich um eine Projektgruppe, die nach Projektabschluß aufgrund der vorgegebenen Projektorganisation nicht zusammenbleiben soll, so sind die Projektmitarbeiter auf andere Projekte oder in die bestehende Linienorganisation überzuleiten.

Für eine optimale Personalüberleitung ist es empfehlenswert, rechtzeitig einen *Überleitungsplan* auszuarbeiten; dieser sollte folgende mitarbeiterbezogenen Kriterien berücksichtigen:

▷ Fähigkeiten und Qualifikationen,
▷ persönliche Wünsche und Ambitionen,
▷ gehaltliche und rangliche Einstufungen,
▷ mögliche Förderungsmaßnahmen sowie
▷ Versetzungsfristen.

In Teilpunkten – besonders bei notwendigen Versetzungen – muß ein solcher Personalüberleitungsplan sogar mit dem Betriebsrat abgesprochen und eventuell von ihm genehmigt werden.

Bei der Überleitung eines abgeschlossenen Großprojekts auf neue Tätigkeitsfelder kann es erforderlich sein, ein eigenes Change-Management einzurichten.

Ressourcenauflösung

Geplante Ressour-
cenauflösung ver-
hindert Ver-
schwendung von
Ressourcen

Zu den projekteigenen Ressourcen gehören in diesem Zusammenhang:

▷ Planungsinstrumentarien,
▷ Geräte, Terminals etc.,
▷ Arbeitsplatzrechner, -drucker,
▷ Test- und Prüfanlagen,
▷ Möbel und Arbeitsräume.

Grundlage einer gezielten Ressourcenauflösung ist die Bestandsaufnahme aller dem Projekt „zugeeigneten" Sachmittel. Die Auflösung selbst ist auf zwei Wegen möglich: der unentgeltlichen Überlassung (z. B. von Räumen) oder der geldlichen Veräußerung (z. B. von Computern zum Buchwert). In einem „Verwertungsplan" sollten alle wesentlichen Sachmittel mit ihrer geplanten Verwertung aufgeführt werden; insgesamt enthält ein solcher Plan Angaben zu:

▷ Sachmittelbezeichnung,

▷ Inventar-Nummer,
▷ Buchwert,
▷ Verwertungsform,
▷ Abnehmer,
▷ alte und neue Kostenstelle sowie
▷ alter und neuer Aufstellungsort,
▷ Übergabezeitpunkt.

Der Verwertungsplan ist sehr sorgfältig und vollständig auszuarbeiten.

6 Projektunterstützung

6.1 Projektmanagement-Verfahren

PM-Verfahren
erleichtern dem
Projektleiter seine
Arbeit ganz
erheblich

Die Anwendung der EDV zur Projektunterstützung im Rahmen des Projektmanagements ist heute selbstverständlich. Zu den PM-Verfahren gehören einerseits Konfigurationsmanagementsysteme für die *produktbezogenen* Informationen sowie andererseits Verfahren der Projektführung für die *projektbezogenen* Informationen.

Konfigurationsmanagementsysteme sollen die in einem Projekt anfallenden Entwicklungsergebnisse – auf Basis einer klaren Strukturierung und Identifikation der Produkt- bzw. Systemeinzelteile – aufnehmen und verwalten; darüber hinaus übernehmen sie das gesamte Änderungswesen für die Produkt- bzw. Systementwicklung.

Zu den PM-Verfahren für die Projektführung zählen die entwicklungsorientierten Projektplanungs- und -steuerungsverfahren sowie die mehr kaufmännisch orientierten Kostenerfassungs- und -abrechnungsverfahren.

Weiterhin gibt es eine Vielfalt von PM-Hilfen auf PC. Solche Hilfsmittel sind z. B. Textverarbeitungsprogramme, Tabellenkalkulationsprogramme und Grafikprogramme. Auch gibt es auf PC bereits sehr leistungsfähige Netzplanverfahren und andere Spezialprogramme, wie Aufwandsschätzverfahren und Programme zur Wirtschaftlichkeitsberechnung.

6.1.1 Konfigurationsmanagement

Konfigurationsmanagement (KM) ist eine zentrale Aufgabe des Projektmanagements, die die Abwicklungsschritte eines Projekts als Folge kontrollierter Änderungen auf der Basis gesicherter Arbeitsergebnisse festlegt.

Ein Konfigurationsmanagement verlangt daher Methoden, Werkzeuge und Zuständigkeiten, um

– Projektergebnisse festzulegen und zu identifizieren,

– geplante Änderungen und Verbesserungen kontrolliert zu steuern,

– unbeabsichtigte Änderungen zu verhindern
  sowie

– alle Arbeitsergebnisse zu dokumentieren und zu archivieren.

242

Konfigurationsbegriff

Gegenstand des Konfigurationsmanagements sind alle Arbeitsergebnisse, die in dokumentierter Form während des Projektablaufs entstehen. Hierunter fallen Planungs- und Entscheidungsdokumente in gleicher Weise wie Spezifikationen und Realisierungsergebnisse, aber auch alle Änderungsanforderungen.

Änderungsanforderungen können wie folgt klassifiziert werden:

▷ Funktionsanforderungen,
▷ Änderungsanträge und
▷ Fehlermeldungen.

Funktionsanforderungen bzw. Änderungsanträge beschreiben den Wunsch, neue Funktionen in ein System einzubringen bzw. bestehende Funktionen zu ändern.

Fehlermeldungen beschreiben ein erkanntes Fehlverhalten eines Systems in der Anwendungswelt bzw. im Entwicklungsablauf gegenüber seiner Beschreibung.

Der zentrale Gegenstand, durch den das Konfigurationsmanagement wirksam wird, ist die „Konfiguration"; sie

– definiert funktionale Einheiten, die aus vielen Einzelelementen bestehen können,
– beschreibt die zugehörigen Entwicklungsergebnisse versionsgenau und
– führt zu definierten Produkt- und Systemversionen.

Änderungsanforderungen dokumentieren das Änderungsgeschehen in einem Projekt

Die Konfiguration ist die Menge aller Bestandteile eines technischen Systems in einer geordneten Struktur

Grundfunktionen

Die vier relevanten Grundfunktionen eines Konfigurationsmanagements sind das Bestimmen von Konfigurationen, das Steuern von Änderungen, das Überwachen von Änderungen sowie das Verwalten von Änderungen.

Konfigurationsbestimmung

Ohne eindeutig definierte Konfigurationen kann ein Konfigurationsmanagement nicht wirken. Für ein zu entwickelndes System sind

– die Konfigurationen zu bestimmen und mit einem eindeutigen Namen zu identifizieren,
– ihr Inhalt und ihre Eigenschaften zu beschreiben sowie
– die vorhandenen oder zu erwartenden Arbeitsergebnisse aufzulisten.

Konfigurationen stehen in einem Produkt bzw. System nicht isoliert, sondern wirken in vielfältiger Weise zusammen; sie können daher selbst Bestandteil von Konfigurationen sein und bilden insgesamt eine komplexe *Konfigurationsstruktur.*

Änderungssteuerung

Die Änderungs-
steuerung ist der
Prozeß zur Annah-
me und Bewertung
der Änderungen
von Konfigura-
tionen

Die Änderungssteuerung beruht auf dem Gedanken, einen Entwicklungsprozeß als ständigen *Änderungsprozeß* aufzufassen, der in jedem Schritt auf definierten Vorgaben aufsetzt und definierte Arbeitsergebnisse liefert, die selbst wiederum Vorgaben für Nachfolgeschritte werden.

Die Änderungssteuerung des Konfigurationsmanagements bietet die notwendigen Freiheitsgrade, um die ständigen Änderungsanforderungen, mit denen ein Projekt unausweichlich konfrontiert wird, über alle Entwicklungsphasen hinweg methodisch zu beherrschen.

Änderungsüberwachung

Einen wichtigen Beitrag zur Qualitätssicherung in einem Projekt leistet die Änderungsüberwachung; sie schließt formale wie auch inhaltliche qualitätssichernde Maßnahmen ein.

Als formale Maßnahmen gelten das Feststellen der Vollständigkeit der zu behandelnden Änderungsanforderungen, der herzustellenden Konfigurationen und der zugehörigen Dokumentation.

Inhaltliche Maßnahmen umfassen den Nachweis der Übereinstimmung von Arbeitsergebnissen mit den spezifizierten Vorgaben und die Kontrolle der Genauigkeit der zu den Konfigurationen gehörenden Dokumentation.

Änderungsverwaltung

Für ein wirksames Konfigurationsmanagement ist eine möglichst DV-unterstützte Verwaltung der Änderungen unverzichtbar. Innerhalb eines Projekts hat sie die Aufgabe, nach den Prinzipien des Konfigurationsmanagements alle anfallenden Arbeitsergebnisse aufzuzeichnen und daraus die für Planungs-, Entscheidungs- und Durchführungsprozesse notwendigen Informationen abzuleiten und in geeigneter Weise darzustellen.

Zu den Grundsätzen einer ordnungsgemäßen Änderungsverwaltung gehören die eindeutige *Identifikation* und die *Unverletzlichkeit* der aufgezeichneten Daten. Daher sind Arbeitsergebnisse vom Zeitpunkt ihrer Gültigkeit an so festzuhalten, daß sie weder unabsichtlich noch absichtlich geändert werden können. Gültige Arbeitsergebnisse können somit nur durch Erzeugen einer neuen, d. h. weiteren Version der gespeicherten Daten geändert werden. Dieser Grundsatz erlaubt nicht nur, das gesamte Änderungsgeschehen jederzeit nachzuvollziehen, er sichert auch die Revisionssicherheit von Arbeitsergebnissen.

Ordnung ist bei einer komplexen Systementwicklung nur mit einem leistungsfähigen Werkzeug zum Archivieren der Arbeitsergebnisse

244

sicherzustellen. Soweit möglich sollten alle Arbeitsergebnisse in einer DV-geführten *Objektbibliothek* abgelegt werden. Arbeitsergebnisse, die sich dieser Art der Speicherung entziehen, z.B. HW-Teile, komplexe technische Zeichnungen oder Dokumente von Zulieferern sind durch einen Platzhalter mit beschreibenden Informationen in der Objektbibliothek zu vertreten.

Die Datenbank des Konfigurationsmanagements ist die Objektbibliothek

Ablauforganisation

In Bild 6.1 ist die Ablauforganisation eines Konfigurationsmanagements dargestellt. Die einzelnen KM-Funktionen sind im Entwicklungsablauf wie folgt einzuordnen:

Die *Projektleitung* steuert im Rahmen des Konfigurationsmanagements die Entwicklung mit Hilfe des Change Control Board.

Die *Systemplanung* legt im Rahmen der Konfigurationsbestimmung die Grundstrukturen für Konfigurationen fest und nimmt die Änderungssteuerung wahr.

Die *Systemrealisierung* verantwortet im Rahmen der Konfigurationsbestimmung die versionsgenauen Inhalte der Konfigurationen. Im übrigen wird die Systemrealisierung durch die Änderungssteuerung gesteuert.

Die Instanz *Systemintegration und -test* nimmt die Rolle der Änderungsüberwachung wahr.

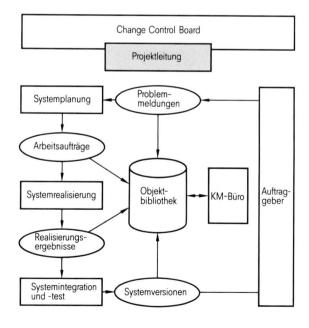

Bild 6.1 KM-Funktionen im Entwicklungsablauf

Das *KM-Büro* ist der Sachwalter des Konfigurationsmanagements und untersteht direkt der Projektleitung, um notwendige KM-Maßnahmen verbindlich verabreden zu können. Seine Schwerpunktaufgabe ist die Buchführung.

Die *Qualitätssicherung* ist kein Träger von KM-Funktionen. Sie ist jedoch Nutznießer der durch das Konfigurationsmanagement verfügbaren Informationen, die Qualitätsstände und Schwachstellen erkennen lassen.

Konfigurations-management sollte bereits mit Projektbeginn eingerichtet werden

Es ist wünschenswert, das Konfigurationsmanagement bereits mit Projektbeginn als eine der ersten Maßnahmen einzuführen, vor allem, um die Vollständigkeit der Projektinformationen sicherzustellen. Nachträgliches Einführen von KM-Maßnahmen erfordert immer einen höheren Aufwand.

6.1.2 Beispiel eines KM-Tools

Ein KM-Tool gewährleistet ein konsistentes Änderungsmeldungswesen

Das in [9] näher erläuterte Beispiel eines KM-Tools unterstützt alle Aktivitäten, die im Rahmen eines durchgehenden Konfigurationsmanagements für Projekte zur Pflege und Weiterentwicklung von DV-Verfahren erforderlich sind, und deckt die in der ISO 9001 festgelegten KM-Maßnahmen (siehe Kap. 4.4.3) ab. Es gewährleistet die Konsistenz im Änderungsmeldungswesen und sichert die Überleitung in eine konsequente Versionsplanung.

Das Tool enthält folgende Funktionskomplexe für ein Konfigurationsmanagement:

▷ Problemmeldung,
▷ Beantragung von Change Requests,
▷ Fehlermeldung,
▷ Definition und Verwaltung von Arbeitspaketen,
▷ Erstellung der Testunterlagen,
▷ Verwaltung der Review-Protokolle,
▷ Versionsplanung,
▷ Versionsfreigabe,
▷ Stammdatenverwaltung.

In Bild 6.2 ist der vom Tool unterstützte Problemmeldungsprozeß, der i. allg. mit einer Problemmeldung beginnt und mit der Überarbeitung der Versionsplanung endet, dargestellt.

Nachdem eine Problemmeldung in das KM aufgenommen worden ist und eine automatisch vergebene Registriernummer erhalten hat, muß das angemeldete Problem einer Diagnose im Rahmen der *Problemanalyse* unterzogen werden.

So wie Fehlermeldungen von den Entwicklern direkt eingegeben werden dürfen, können Change Requests auch von den Anwendern direkt beantragt werden.

246

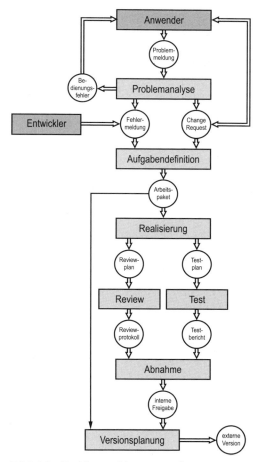

Bild 6.2 Problemmeldungsprozeß

Fehlermeldungen müssen von der Projektleitung, Change Requests von der Entwicklungsleitung zur Realisierung genehmigt werden. Im Rahmen der *Aufgabendefinition* werden zu einer freigegebenen Fehlermeldung bzw. einem genehmigten Change Request die notwendigen Arbeitspakete definiert.

Fehlermeldungen haben einen der folgenden Status: Erfaßt, genehmigt, in Arbeit oder fertig. Change Requests nehmen folgende Status ein: Vorgeschlagen, genehmigt, in Arbeit, zurückgestellt und fertig. Wie zu erkennen ist, können nur Change Requests zurückgestellt werden; Fehlermeldungen müssen naturgemäß auf jeden Fall bearbeitet werden.

Im Laufe der Arbeitspaket-*Realisierung* werden bei Erreichen einzelner Meilensteine vom KM-Tool die entsprechenden Reviews initiiert sowie ggf. eine Testplanung angestoßen. In den einzelnen *Reviews* werden die Ergebnisse der fertiggestellten Teilaufgaben (Meilen-

247

steinergebnisse) auf Fehlerfreiheit, Vollständigkeit und Konsistenz abgefragt; dabei festgestellte Abweichungen werden in den Review-Protokollen festgehalten. Geprüfte Reviewprotokolle müssen vom Projektleiter abgenommen werden; hierbei besteht die Möglichkeit der Abnahme oder der Anforderung auf Nachkorrektur. Sind Nachkorrekturen notwendig, wird vom System automatisch ein wiederholendes Review initiiert, das wieder den Zyklus Prüfung/Abnahme durchlaufen muß.

Soll das Ergebnis einer Teilaufgabe einem Test unterzogen werden, wird ein *Testplan* generiert, hierbei sind allgemeine und objektbezogene Testvorgaben für alle zu testenden Testobjekte einzutragen. Häufig verwendete Formulierungen für die allgemeinen Testvorgaben, wie z. B. Testumgebung, können über die Stammdatenverwaltung in einer Tabelle abgelegt werden. Nach Testdurchführung jedes im Testplan definierten Testobjektes muß die Beseitigung des Fehlers vom zuständigen Bearbeiter im KM-Tool bestätigt werden. Nach erfolgreichem Testabschluß wird der Testbericht erstellt.

Entscheidende Steuerungselemente im KM-Prozeß sind Reviewprotokoll und Testbericht

Reviewprotokolle und Testberichte bilden dann die Basis für die *Abnahme* der Arbeitspaket-Ergebnisse.

In der Versionsplanung wird eine neue Konfiguration verankert

Die *Versionsplanung* beginnt mit dem Planen der Arbeitspakete, dem Bestimmen der zu bearbeitenden Software-Komponenten und dem Festlegen von Meilenstein-Terminen. Nach Fertigmeldung der Arbeitspakete werden die zugehörigen Komponenten *intern* freigegeben; nach Freigabe aller betroffenen Komponenten wird die *externe* Freigabe von neuen Programm- bzw. Systemversionen vorgenommen und die entsprechende Freigabemitteilung und das Abnahmeprotokoll automatisch ausgegeben.

Auf Wunsch können Statistiken ausgegeben werden, so z. B. die Anzahl aller noch anstehenden offenen Problem- und Fehlermeldungen oder die erreichten Durchlaufzeiten, d. h. die durchschnittlichen Bearbeitungszeiten für die Problem- und Fehlermeldungen.

6.1.3 Projektkostenverfahren

Die Aufgaben eines Projektkostenverfahrens sollen am Beispiel des Verfahrens „PAUS für Windows" erläutert werden. Dieses Verfahren unterstützt das Projektmanagement im Controlling von Projektaufwänden und -kosten und deckt nutzungsadäquat das Informationsbedürfnis sowohl der entwickelnden Stellen als auch der betreuenden kaufmännischen Abteilungen ab. Auf Basis einer relationalen Datenbank ist es als Client/Server-Verfahren realisiert.

Informationsstruktur

Die drei wesentlichen Strukturierungsgesichtspunkte des Projektcontrolling

In „PAUS für Windows" können drei Informationsstrukturen, die für ein zielgerichtetes und prozeßorientiertes Projektkosten-Controlling

248

von Bedeutung sind, definiert werden: Projektstruktur, Organisationsstruktur und Kostenstruktur.

Projektstruktur

Der *Auftrag* stellt in „PAUS für Windows" das zentrale Planungs- und Kostenobjekt dar. Die einzelnen Planwerte für Personalaufwände und Kosten werden innerhalb der Projektplanung je Auftrag vorgegeben und dann während der Projektdurchführung in den jeweils anfallenden Istwerten überwacht. Mehrere Aufträge können dabei einem *Projekt* zugeordnet werden; entsprechend komprimiert können dann die Plan- und Istwerte auf Projektebene ausgewiesen werden. Auf Projektebene können Budgetwerte festgelegt werden. Die Aufträge selbst können wiederum in *Aufgaben* unterteilt werden, auf die der Istaufwand erfaßt werden kann.

Organisationsstruktur

„PAUS für Windows" unterstützt eine dreistufige Organisationsstruktur: Abteilungen, Dienststellen und Mitarbeiter. Unterste Ebene stellen die Mitarbeiter dar, die allgemeine Bezugsbasis aller Personalaufwände sind. Versetzungen von Mitarbeitern sind unter Beibehalten der Personalnummer während des Geschäftsjahres möglich, ohne daß Umbuchungen von bereits kontierten Stunden vorgenommen werden müssen. Mittels der „Versetzungsfunktion" ist sicherstellt, daß auch nachträglich kontierte Stunden organisationsgerecht zugeordnet werden.

Kostenstruktur

Die in „PAUS für Windows" verwalteten Kosten sind nach zwei aufeinander aufbauenden Ordnungskriterien ausgerichtet: *Kostenarten* fassen gleichartige Kostenelemente zu Gruppen zusammen und können in PAUS z.B. definiert sein wie: eigene und fremde Personalkosten, RZ-Kosten, Löhne, Käufe und Bezüge, Reisekosten. Des weiteren gliedern sich die Kostenarten in *Kostenherkünfte,* welche die Kostenelemente nach ihrer Herkunft unterscheiden.

Systemdarstellung

Das Verfahren gliedert sich in die in Bild 6.3 aufgeführten Teilsysteme:

Stammdatenverwaltung

Die Stammdatenverwaltung von „PAUS für Windows" umfaßt das Verwalten folgender Stammdatenbereiche:

▷ Auftragsstammdaten,
▷ Personalstammdaten,
▷ Kostenstammdaten und
▷ allgemeine Stammdaten.

Zu den *Auftragsstammdaten* gehören einerseits die Stammdaten zu den Projekten, Aufträgen und Aufgaben und andererseits die Ver-

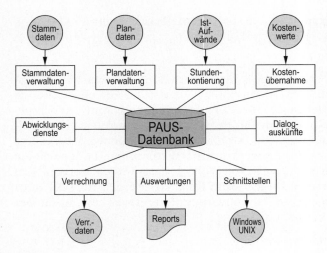

Bild 6.3 Systemdarstellung

rechnungsstammdaten. Auftragsstammdaten sind z. B. Auftragsnummern, Auftragsbezeichnungen, Ansprechpartner, Zuordnungen zu unterschiedlichen Auftragsarten, Terminangaben, Steuerungsangaben zur Stundenkontierung und Kostenerfassung.

Die *Personalstammdaten* umfassen die Stammdaten zu den Mitarbeitern und zur Organisationshierarchie, also Angaben zu den Mitarbeitern selbst, wie Name, Titel, Telefon, Sollstundenzuordnung etc. sowie Angaben zur Organisation, wie Bezeichnungen für die Dienststellen sowie Zuständigkeiten.

Zu den *Kostenstammdaten* gehören die Festlegungen zu den Kostenarten und -herkünften, die Angaben zu den Kostenstellen, die Stundensätze des eigenen und des fremden Personals sowie die Definitionen der Kostenverteilungsschlüssel mit ihren Prozentwerten und Auftraggeberkennzeichen.

Zu den *allgemeinen Stammdaten* gehören u. a. die Festlegungen zu den monatsbezogenen Sollstunden, den Meilensteinbezeichnungen, den Tätigkeitsarten und den Auftragsarten.

Plandatenverwaltung

Beplanen von Projekten, Aufträgen, Aufgaben und Vertriebsgebieten

„PAUS für Windows" ermöglicht die Aufwands- und Kostenplanung auf den unterschiedlichen Ebenen der Projektstruktur. Der Planhorizont bei der Auftragsplanung erstreckt sich in „PAUS für Windows" auf bis zu fünf Geschäfsjahre: das aktuelle Geschäftsjahr mit vier darauf folgenden Planjahren. Hierbei kann noch zwischen zwei getrennten Planhorizonten unterschieden werden, wie z. B. XII-Plan und VI-Plan oder Wirtschaftsplan und aktueller Plan.

Darüber hinaus ist eine Budgetplanung auf Projektebene und eine Planung auf Vertriebsgebieten möglich.

250

Stundenkontierung

Das Erfassen der Personalaufwände erfolgt sowohl beim eigenen als auch beim fremden Personal in Form einer personenindividuellen Dialog- oder Belegkontierung bzw. als Sammelkontierung durch eine Assistenzkraft.

Dezentrale und zentrale Stunden-kontierung

▷ Dialogkontierung

Je Monat muß der einzelne Mitarbeiter bzw. Fremdleister seine auf-gewendeten Stunden je Auftrag und bei Bedarf je Aufgabe in eine Kontierungsmaske (siehe Bild 6.4) eingeben. Hierbei kann er seine zu kontierenden Stunden noch zusätzlich nach Tätigkeitsarten differenzieren. Beim erstmaligen Aufruf ist die Kontierungsmaske mit den Aufträgen/Aufgaben/Tätigkeitsarten des Vormonats (mit Null-Stunden-werten) vorbelegt.

Gegen Ende eines Berichtsmonats muß der Mitarbeiter seine Stundenkontierung für die Kontrolle durch den Vorgesetzten und zur Übernahme in die PAUS-Datenbank freigeben. An einem von der Abwicklung bestimmten Stichtag werden alle freigegebenen Stundenkontierungen in die zentrale Datenhaltung von PAUS übernommen.

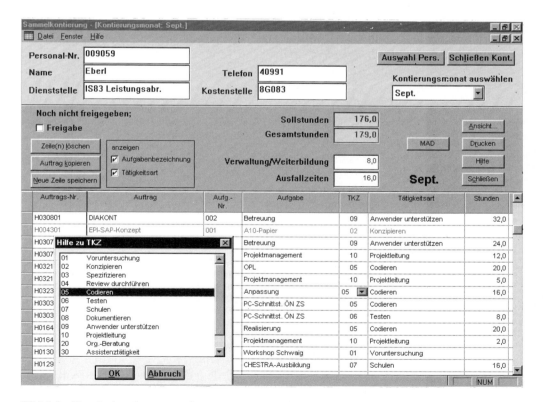

Bild 6.4 Stundenkontierungsmaske

251

▷ *Belegkontierung*

Neben einer Stundenkontierung im Dialog kann bei „PAUS für Windows" auch eine Stundenerfassung über Belege vorgenommen werden; hierzu erstellt PAUS einen persönlichen Stundenzettel mit all den Aufträgen und Aufgaben, auf die der einzelne Mitarbeiter bereits im letzten Monat kontiert hat. Die vom Mitarbeiter ausgefüllten Belege werden dann im Dialog von einer Assistenzkraft als Sammelkontierung eingegeben.

▷ *Sammelkontierung*

Die Sammelkontierung geschieht auf die gleiche Weise wie die Dialogkontierung, nur daß die Eintragungen nicht durch den einzelnen Mitarbeiter, sondern von einem dazu autorisierten Teamassistenten vorgenommen wird.

Kostenübernahme

(Ist-)Kosten werden i. allg. aus vorgelagerten Verfahren des Rechnungswesens (z. B. SAP R/3) über entsprechende anwenderspezifische Schnittstellen automatisch übernommen oder die Kostenwerte können auch manuell in PAUS eingegeben werden.

Die Istkosten des eigenen Personals werden in PAUS automatisch mit Hilfe von Stundensätzen (Kostensätze) ermittelt. Die Istkosten des fremden Personals ergeben sich demgegenüber aufgrund der eingehenden Rechnungen. Die sonstigen Istkosten für Rechnerleistungen, für Käufe und Bezüge, für Manualerstellung usw. ergeben sich ebenfalls aufgrund der eingehenden Rechnungen.

Verrechnung

Verrechnung nach Aufwand, als Festpreis oder gemäß Plan

Folgende unterschiedliche Verrechnungsarten sind in „PAUS für Windows" möglich:

▷ die Verrechnung fester Kostenbeträge
  (Einzel-, Festpreisverrechnung),
▷ die Verrechnung nach angefallenen Aufwänden
  (Aufwandsverrechnung),
▷ die Verrechnung nach anteiligen Planwerten
  (Planverrechnung).

Bei einer *Einzelverrechnung* wird ein einzelner DM-Betrag, der unabhängig vom angefallenen Aufwand ist, gezielt an einen Kostenempfänger verrechnet.

Bei einer *Aufwandsverrechnung* werden den einzelnen Kostenempfängern in einem regelmäßigen − meist monatlichen − Turnus die jeweils angefallenen Kosten (Personal- und sonstige Kosten) verrechnet. Im Rahmen einer *Saldenverrechnung* werden hierbei immer gemäß der seit dem letzten Verrechnungslauf angefallenen Aufwände verrechnet, d. h. bei der monatlichen Weiterverrechnung wird jedesmal geprüft, was der jeweilige Empfänger gemäß Kostenverteilungsschlüssel (KVS) zu diesem Zeitpunkt insgesamt zu tragen hat und wieviel ihm bereits verrechnet worden ist; nur der Differenzbetrag zu diesem Saldo – und das kann ggf. auch eine Gutschrift sein – wird dem Empfänger belastet bzw. gutgeschrieben.

Bei einer *Planverrechnung* wird nicht nach dem angefallenen Aufwand und den aufgetretenen Kosten verrechnet, sondern der jeweilige Verrechnungsbetrag wird nach einem anteiligen Planwert ermittelt. Die Planverrechnung kann sich wie bei der Aufwandsverrechnung über einen Verteilungsschlüssel auf mehrere Empfänger beziehen; auch hier wird eine Saldenverrechnung durchgeführt.

Bei einer *Festpreisverrechnung* wird den einzelnen Kostenempfängern in einem regelmäßigen – meist monatlichen – Turnus der monatliche Anteil des vereinbarten Gesamt-Festpreises verrechnet. Die Festpreisverrechnung wird als Saldenverrechnung durchgeführt.

Auskünfte und Auswertungen

„PAUS für Windows" liefert mehrere detaillierte Dialogauskünfte aus der Projektdatenbasis. Auskünfte über die verschiedenen Stammdaten stehen im Rahmen der Stammdatenverwaltung zur Verfügung. Die Dialogauskünfte aus der Projektdatenbasis unterteilen sich in folgende Gruppen:

Vielschichtige Berichterstattung im Plan und Ist

▷ Plan/Ist-Vergleiche
▷ Plan/Plan-Vergleiche
▷ Budget/Plan-Gegenüberstellungen
▷ Umsatz/Kosten-Gegenüberstellungen
▷ V'Ist-Berechnungen (Forecast)
▷ Auftragsbezogene Auswertungen
▷ Personenbezogene Auswertungen
▷ Kostenherkunftsbezogene Auswertungen
▷ Verrechnungsübersichten
▷ Terminübersichten
▷ Prozeßorientierte Auswertungen.

Auswertungen, die umfassender und zeitaufwendiger sind, werden als *Reports* erzeugt. Als Beispiel eines solchen Reports ist in Bild 6.5 die Auftragsübersicht dargestellt.

Die Auftragsübersicht enthält auf einem Blatt alle relevanten Aufwands- und Kostenwerte zu einem ausgewählten Auftrag. In einem 12-Monats-Raster werden mitarbeiterbezogen die Personalaufwände (eigen/fremd) in MStd und zu MM komprimiert ausgewiesen. Im selben Monatsraster werden die Kosten – nach Kostenarten unterschieden – sowie die Verrechnungen aufgeführt. Alle drei Projektgrößen (Personalaufwände, Projektkosten, Verrechnungen) werden in ihren aufsummierten Istwerten den zugehörigen Planwerten gegenübergestellt.

253

Auftragsübersicht

Druckdatum: 08.01.1997   Seite: 1
15:20:53

Auftrag:	**H032101**	Verantwortlich: Eberl	Termin-Anfang: 01.10.1996	**Berichtsmonat:**	**Nov.**
Bezeichnung:	**EPISTEL-Weiter**	Kostenstelle: 8G083	Termin-Ende: 30.09.1997	**Geschäftsjahr:**	**96/97**
Status:	in Durchführung	Planart: Wipla	Fertig-Datum:		

Stundenübersicht in Std	Okt	Nov	Dez	Jan	Feb	März	April	Mai	Juni	Juli	Aug	Sept	Ist Std	MM	Plan MM	%
Burghardt, Manfred	5	10											15	0,1		
Eberl, Erich	65	52											117	0,8		
Reich, Monika	36												36	0,2		
Personal eigene Kst	106	62											168	1,1	2,0	54,5
Personal fremde Kst	0	0	0	0	0	0	0	0	0	0	0	0	0	0,0		0,0
Consultants	0	0	0	0	0	0	0	0	0	0	0	0	0	0,0		0,0
Gesamtstunden: Std	106	62											168			
MM	0,7	0,4	0,0	0,0	0,0	0,0	0,0	0,0	0,0	0,0	0,0	0,0		1,1	2,0	54,5

Kostenübersicht in TDM	Okt	Nov	Dez	Jan	Feb	März	April	Mai	Juni	Juli	Aug	Sept	Ist TDM	Plan TDM	%
Personal eigene Kst	14,4	8,4	0,0	0,0	0,0	0,0	0,0	0,0	0,0	0,0	0,0	0,0	22,9	41,9	54,5
Personal fremde Kst	0,0	0,0	0,0	0,0	0,0	0,0	0,0	0,0	0,0	0,0	0,0	0,0	0,0		0,0
Consultants													0,0		0,0
Rechenkosten													0,0	4,0	0,0
Sonstige Kosten													0,0		0,0
Gesamtkosten	14,4	8,4	0,0	0,0	0,0	0,0	0,0	0,0	0,0	0,0	0,0	0,0	22,9	45,9	49,8
Verrechnungen													0,0	115,0	0,0
Ergebnis	−14,4	−8,4	0,0	0,0	0,0	0,0	0,0	0,0	0,0	0,0	0,0	0,0	−22,9	69,1	−33,1

Bild 6.5   Report Auftragsübersicht

Abwicklungsdienste

Zu den Abwicklungsdiensten gehören der Monatsabschluß mit Stundenübernahme, Kostenübernahme und Verrechnungslauf, der Geschäftsjahresabschluß, das Umbuchen von Aufwänden und Kosten sowie die Bearbeitung der Vorjahresdaten. Das Geschäftsjahr ist auf den 12-Monatszeitraum von Oktober bis September ausgerichtet.

Befugnisberechtigung

Achtstufiges
Berechtigungs-
konzept

Jeder Teilnehmer von „PAUS für Windows" bedarf einer gesonderten Zulassung durch die Verfahrensbetreuung bzw. den Verfahrensadministrator. Die zugeteilte Berechtigung ist an die Personalnummer und ein zusätzliches Paßwort gebunden. Die Personalnummer wird immer einer Organisationseinheit, d. h. einer Dienststelle zugeordnet; hierdurch ist gewährleistet, daß organisationsbezogene Auswertungen nur über Daten der eigenen Organisationseinheit erstellt werden.

Acht verschiedene Befugnisgruppen mit entsprechenden Zugriffsrechten sind definiert: Mitarbeiter ohne besondere Zusatzrechte, Dienststellenleiter, Abteilungsleiter, Projektleiter, Auftrags-Absprechpartner, Teamassistent, betriebswirtschaftliche Controller und Administrator.

6.1.4 Netzplanverfahren

Für alle gängigen PC-Betriebssysteme werden auf dem Markt Netzplanprogramme bzw. -verfahren angeboten; sie unterscheiden sich teilweise ganz erheblich in ihrem Funktionsumfang; einige stellen nur simple Programme zur Termindurchrechnung von Netzplänen dar, andere haben einen so großen Funktionsumfang, daß er bereits an Großrechner-Verfahren heranreicht. Als typisches Beispiel für ein solches PC-Netzplanverfahren sei hier das von Microsoft angebotene Verfahren MS Project vorgestellt.

Netzplanprogramme bzw. -verfahren gibt es für alle gängigen PC-Betriebssysteme

MS Project ist ein Projektsteuerungsverfahren auf Basis der Netzplanmethode; es ermöglicht die Planung und Steuerung des Arbeits- und Zeitablaufs eines Projekts, den Einsatz von Personal und Betriebsmitteln (Ressourcen) sowie die Kostenbudgetierung für große und kleine Projekte.

Ein in MS Project definiertes Projekt kann in mehrere Unterprojekte unterteilt werden, deren Teilnetzpläne miteinander verkettet werden können. Ein Netzplan kann bis zu 200 Vorgänge aufnehmen. Vorgänge können als Sammelvorgänge in weitere Vorgänge unterteilt werden. Für jeden Arbeitsvorgang können bis zu 16 Vorgänger bzw. Nachfolger bestimmt werden, wobei nur Normalfolgen als Ende-Anfang-Beziehungen mit positiven oder negativen Zeitabständen möglich sind. Auch können periodische Vorgänge, die regelmäßig (täglich, wöchentlich, monatlich, jährlich) erscheinen sollen, definiert werden.

Praktisch beliebig viele Betriebsmittel (Personal, Maschinen, Räumlichkeiten) können definiert werden. In diese Einsatzmittelplanung kann man auch eine Kostenplanung einbeziehen.

Neben drei Standardkalendern kann man benutzereigene Kalender aufbauen, die neben den üblichen Wochenenden weitere arbeitsfreie Zeiten (wie Feiertage, Betriebsschließungen, Betriebsferien) aufnehmen können. Für jedes Betriebsmittel können ebenfalls eigene Ressourcenkalender definiert werden, in denen die individuelle Verfügbarkeit (wie Urlaub, Kurse, Fremdarbeiten) festgehalten werden kann. Auch kann die tägliche Arbeitszeit ressourcenbezogen festgelegt werden.

Der Netzplan arbeitet nach der CPM-Methode; bei der Netzplandurchrechnung ist sowohl die Vorwärts- als auch die Rückwärtsrechnung möglich, mit der eine automatische Berechnung der kritischen Wege vorgenommen wird.

Projektpläne

Zentrale Planungsunterlage ist in MS Project das *Ganttsche Balkendiagramm* (siehe Bild 6.6).

Dieses Balkendiagramm kann je Vorgangsposition nur einen Balken aufnehmen; dieser kann allerdings „pausieren", d. h. beliebig unter-

Balkenplan und Netzplan sind die beiden Planungskonstrukte von MS Project

255

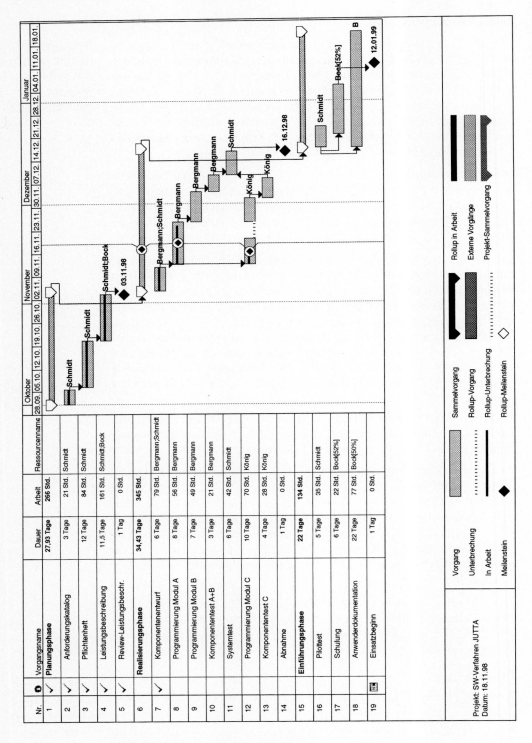

Bild 6.6 Balkendiagramm in MS Project

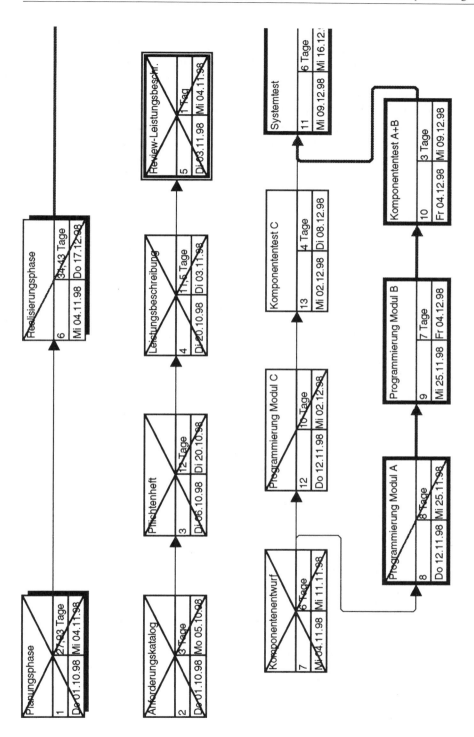

Bild 6.7 Netzplan in MS Project (Ausschnitt)

257

brochen sein. Mit der Maus kann der Balken frei verschoben werden; die daraus resultierenden Veränderungen von Dauer, Terminen und Auslastung werden von MS Project automatisch angepaßt. Bei Eingabe eines Fertigstellungsgrades wird dieses durch einen weiteren, innen liegenden Balken veranschaulicht. Anordnungsbeziehungen werden im Diagramm durch Pfeilverbindungen dargestellt. Teilvorgänge können im Dialog beliebig ein- und ausgeblendet werden. Zusätzliche Informationen wie Ressourcenname oder Fertigstellungsgrad können den Vorgangsbalken beigefügt werden. Die Zeitskala des Balkendiagramms kann sehr flexibel variieren. Folgende Unterteilungen können für die Ober- und Unterskala gewählt werden: Minuten, Stunden, Tage, Wochen, Monate, Quartale, Halbjahre, Jahre. Ebenfalls sind unterschiedliche Datumsbeschriftungen, Teilstriche und Vergrößerungen möglich.

Im Ganttschen Balkendiagramm werden die Projektaufgaben mit ihren Zeitdauern, Terminen, Ressourcen, Verknüpfungen und Fertigstellungsgraden dargestellt

Der gesamte im Balkendiagramm dargestellte Terminplan kann auch als grafischer Netzplan ausgegeben werden (siehe Bild 6.7). Die Vorgänge sind in klassischer Kästchenform dargestellt und enthalten Angaben zur Dauer und zu den Terminen. Abgeschlossene Vorgangskästchen und solche auf dem kritischen Pfad sind besonders gekennzeichnet. Die Kästchen können durch „Drag & Drop" (Ziehen mit der Maus) beliebig verschoben werden; die Verbindungspfeile richten sich entsprechend neu aus.

Planungsprozeß

MS Project unterstützt den gesamten Planungsprozeß in einem Projekt

Den klassischen Planungsprozeß in MS Project kann man in folgende sieben Arbeitsschritte gliedern:

1. Projektplan einrichten
– Projektstammdaten anlegen,
– Anfangs- und Endtermin des Projekts setzen.

2. Arbeitspakete als Vorgänge sammeln
– Arbeitspakete sammeln,
– Vorgänge der Reihe nach in das Balkendiagramm eingeben,
– Vorgänge in Sammel- und Teilvorgänge gliedern,
– Vorgangsbalken aufgrund von Arbeitspausen (Urlaub, Kurse etc.) unterteilen,
– Meilensteine einfügen.

3. Vorgänge spezifizieren
– Vorgangsdauer eingeben,
– Termineinschränkungen (so früh/spät wie möglich, Anfang/Ende nicht früher/später als) eingeben,
– Vorgangsart (feste Arbeit, feste Dauer oder feste Ressource) festlegen,
– eventuell PSP-Codes zuordnen, die die hierarchische Einordnung in einer Projektstruktur ausdrücken,
– eventuell Notizen zu den Vorgängen hinzufügen.

4. Ressourcen und Kosten zuordnen

- Ressourcen (Personen, Betriebsmittel) definieren,
- Ressourcen den Vorgängen zuordnen,
- Kosten direkt oder durch Stundensätze zuordnen.

5. Vorgänge terminlich einordnen

- Anordnungsbeziehungen zwischen den Vorgängen festlegen,
- positive bzw. negative Zeitabstände bestimmen,
- kritischen Weg ermitteln, dabei überkritische Abschnitte bereinigen,
- Auslastung von Ressourcen optimieren, dabei Überlastungen beseitigen,
- Optimieren des Projektplans durch Nutzen von Puffern und Veränderung von Anordnungsbeziehungen und Ressourcen.

6. Grafische Pläne formatieren

- Balkendiagramm formatieren (Hervorheben von einzelnen Vorgangsbalken, spezielle Informationen hinzusetzen, unterschiedliche Schriftarten verwenden),
- Vorgangsplazierung im Netzplan optimieren.

7. Arbeiten mit dem Projektplan

- Erstplanung als Basisplan abspeichern,
- Fertigstellungsgrade der Vorgänge eingeben,
- bei Bedarf neue Vorgänge aufnehmen, Anordnungsbeziehungen verändern,
- Ressourcen-Zuordnung aktualisieren,
- eventuell Zwischenpläne abspeichern,
- Übersichten mit Nutzung verschiedener Filter erzeugen,
- Projektpläne verschiedener Stände miteinander vergleichen.

Projektberichte

Folgende Berichte können bei Vorhandensein eines konsistenten Projektplans in MS Project erzeugt werden:

▷ *Übersichtsberichte*, wie Projektübersicht, Auflistungen der Vorgänge höchster Ebene, der kritischen Vorgänge, der Meilensteine oder der Arbeitstage,

▷ *Vorgangsstatusberichte* über die nicht angefangenen, die bald anzufangenden, die abgeschlossenen, die verspäteten, die verzögerten oder die in Arbeit befindlichen Vorgänge,

▷ *Kostenberichte* über Vorgangskosten, Kostenrahmen, überschrittenen Vorgangskostenrahmen, überschrittenen Ressourcenkostenrahmen oder Kostenanalyse,

▷ *Ressourcenberichte* mit der Frage Wer-macht-was, Wer-macht-was-wann oder Auflistungen der Vorgangszuordnungen oder überlasteten Ressourcen,

▷ *Arbeitsauslastungsberichte* wie Arbeitsauslastung nach Vorgängen bzw. Arbeitsauslastung nach Ressourcen,

▷ *Benutzerdefinierte Berichte,* deren Inhalt man sich aus den im Projektplan enthaltenen Informationen benutzerindividuell zusammenstellen kann.

Arbeiten mit MS Office

Mit den anderen Microsoft-Produkten ist ein vielfältiger Informationsaustausch möglich:

▷ Austauschen von Informationen zwischen MS Project und MS Excel
▷ Einfügen von Klangdateien bzw. Videodateien
▷ Einfügen von Gleichungen, Grafikobjekten (z. B. Organisationsplan), etc.

Felder, Zellen, Datensätze oder Zeilen, Excel-Diagramme oder ganze Dateien können verknüpft oder eingebettet werden. Man kann MS Excel- oder MS Access-Daten in MS Project importieren, oder umgekehrt MS Project-Daten nach MS Excel bzw. MS Access exportieren. Man kann sogar das gesamte Projekt in einem Access-Datenformat speichern.

Notizen, Folien, eine Gliederung oder die gesamte Präsentation können von MS Power Point nach MS Word exportiert und danach die ausgewählten Informationen aus MS Word in MS Project kopiert, eingebettet oder verknüpft werden. Bei einem verknüpften Objekt wird es in MS Project automatisch mitgeändert, wenn es in der Quelldatei (z. B. einer Excel-Tabelle) geändert wird. Bei einem eingebetteten Objekt bleibt es in MS Project unverändert, wenn es in der Quelldatei verändert wird.

Es können über E-Mail oder das World Wide Web (WWW) Arbeitsgruppen gebildet und mit den im Projektplan eingesetzten Ressourcen, d. h. Personen Informationen ausgetauscht werden (z. B. daß die Ressource Meier für einen Vorgang länger tätig sein muß). Darüber hinaus können MS Project-Dateien als E-Mail an andere oder an einen öffentlichen Ordner auf einem MS Exchange Server gesendet werden.

6.1.5 SAP-Projektsystem PS

Das Projektsystem PS als integrierte Komponente des SAP R/3-Systems stellt eine branchenneutrale Lösung für alle wesentlichen Projektcontrolling-Aufgaben des Projektmanagements dar und unterstützt mit unterschiedlichen Funktionen die Projektdurchführung in all ihren Phasen [54]. Wird es im Rahmen eines integrierten Einsatzes der SAP-Standardsoftware genutzt, so ist es mit den anderen SAP-Bausteinen und dadurch mit den Belangen des Rechnungswesens (SAP-Baustein FI), des Vertriebs (Baustein SD), der Materialwirtschaft (Baustein MM) und der Produktionsplanung und -steuerung (Baustein PP) voll eingebunden.

Die zentralen Strukturen des Projektsystems sind *Projektstrukturpläne* und zugehörige *Netzpläne*. Beide Strukturformen können gemeinsam oder auch getrennt eingesetzt werden. Projekte können entweder als reine „Kostenprojekte" nur mit Hilfe des Projektstrukturplans abgewickelt werden oder sie werden — wenn sie einen Bezug im Fertigungsbereich haben, bei denen Termine und Ressourcen im Vordergrund stehen — sinnvollerweise mit Netzplänen und Vorgängen abgebildet.

Projektstrukturplan

Der Projektstrukturplan bildet das zentrale Projektmodell und stellt die operative Basis im Projektsystem dar; auf seine Elemente (PSP-Elemente) werden die Aufwände, Kosten und Termine bezogen. Die PSP-Elemente enthalten damit alle für die Projektdurchführung relevanten Daten und Informationen. Entsprechend ihrer operativen Aufgabe gibt es drei Arten: *Planungselemente* sind solche, auf denen die einzelnen Kosten geplant werden, *Kontierungselemente* sind Elemente, auf denen die anfallenden Istkosten gebucht werden, und auf *Fakturierungselemente* können Erlöse gebucht werden.

Der Projektstrukturplan ist das zentrale Projektmodell von PS

Netzplan

Die wesentlichen Bestandteile der Netzpläne im Projektsystem sind die bekannten Vorgänge und Anordnungsbeziehungen. Bei den Vorgängen kann man zwischen eigenbearbeiteten Vorgängen, fremdbearbeiteten Vorgängen und Kostenvorgängen unterscheiden; eine weitere Unterteilung in Vorgangselemente ist zusätzlich möglich. Als Anordnungsbeziehungen können die gängigen vier Folgen Normal-, Anfangs-, End- und Sprungfolge genutzt werden. Über Anordnungsbeziehungen können auch benachbarte Netzpläne miteinander verbunden werden.

Der Netzplan ermöglicht die Terminüberwachung

Die Vorgänge im Netzplan stellen eine weitere Detaillierung des Projektstrukturplans dar, deshalb können die Informationen zu den Kosten, Terminen und Kapazitäten über die PSP-Elemente hinausgehend bis auf die Ebene der Vorgänge integriert ausgewertet werden. Netzpläne können einzelnen PSP-Elementen oder auch ganzen Bereichen des Projektstrukturplans zugeordnet werden (siehe Bild 6.8).

Das Projektsystem unterscheidet folgende Terminarten:

▷ Ecktermine,
▷ Prognosetermine,
▷ Isttermine,
▷ terminierte Termine.

Ecktermine sind manuell festgelegte Plantermine im Projektstrukturplan. *Prognosetermine* können für zukünftig zu erwartende Abweichungen im Netzplan und Projektstrukturplan hinterlegt werden. Mit *Istterminen* wird der aktuelle Stand in der Projektdurchführung fest-

261

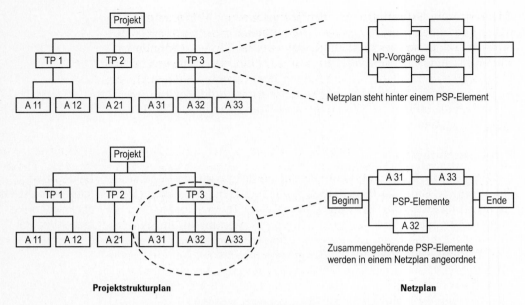

Bild 6.8 Verbindung von Projektstrukturplan und Netzplänen

gehalten. *Terminierte Termine* sind berechnete Termine aus der Netzplanterminierung der Vorgänge.

Neben den gängigen Funktionen der Termindurchrechnung, wie Vorwärts- und Rückwärtsrechnung, können weitere Terminierungsarten, z. B. Tagesdatum-Terminierung, Termineinschränkungen, Gesamtnetzterminierung durchgeführt werden.

Kostenplanung

Die Kostenplanung kann auf allen Ebenen des Projektstrukturplans aufsetzen

Je nach Planungszeitpunkt können im Projektsystem die Projektkosten nach unterschiedlichen Detaillierungsgraden geplant werden:

▷ Kostenartenunabhängige Strukturplanung,
▷ Detailplanung,
▷ Einzelkalkulation,
▷ Kostenplanung im Netzplan.

Die *kostenartenunabhängige Kostenplanung* setzt im frühen Projektstadium ein, wenn noch keine genaueren Informationen über die Einzelkostenaufteilung vorliegen; es werden die Kostenwerte pauschal auf PSP-Elemente entweder top-down oder bottom-up im Projektstrukturplan geplant.

Die *Detailplanung* umfaßt bereits eine Kostenplanung nach einzelnen Kostenarten, also z. B. die Planung nach Personal, Consultant-Leistungen, Käufe und Bezüge.

262

Liegen bereits Informationen über Bezugsquellen, Mengen und Preise vor, kann eine *Einzelkalkulation* vorgenommen werden; bei dieser werden die Kosten nicht nur auf Kostenartenebene, sondern schon auf Material und Eigen- bzw. Fremdleistung bezogen geplant.

Schließlich ist auch eine *Kostenplanung im Netzplan* auf Ebene der einzelnen Vorgänge möglich.

Budgetierung

Budgets können auf PSP-Elemente als Gesamt- oder Jahreswerte eingeplant werden, indem entweder die Kostenwerte aus der Kostenplanung übernommen oder manuell vergeben werden. Im Laufe der Projektdurchführung können die Einzelbudgets sukzessiv freigegeben werden; dabei dürfen auf einem budgettragenden PSP-Element nicht mehr Mittel freigegeben werden, als Budgetvolumen vorhanden ist.

Die Budgetierung ist unabhängig von der Kostenplanung

Es sind mehrere Budget-Aktualisierungen möglich:

▷ Budgetnachträge,
▷ Budgetrückgaben und
▷ Budgetumbuchungen.

Reichen die zur Verfügung stehenden Finanzmittel nicht aus, dann können *Budgetnachträge* vorgenommen werden; diese erfolgen topdown, d. h. die Mittel werden von übergeordneten auf untergeordnete PSP-Elemente vergeben. Sind dagegen die Mittel eines PSP-Elementes nicht ausgeschöpft, dann können auch *Rückgaben von Budgets* getätigt werden; diese erfolgen bottom-up, d. h. die Mittel werden an das übergeordnete PSP-Element gegeben. Bei *Budgetumbuchungen* werden Budgets von einem PSP-Element, auf dem vielleicht überschüssige Mittel stehen, auf ein anderes PSP-Element übertragen, weil dort die Mittel eventuell zu knapp sind.

Innerhalb des Projektsystem steht eine *Budget-Verfügbarkeitskontrolle* zur Verfügung, die abhängig von der Höhe der Budgetüberschreitung und der Einstellung der eingestellten Toleranzgrenzen entsprechende Warnungen abgibt.

Weiterverrechnung

Nach Abschluß des Projekts werden die angefallenen Kosten an einen oder mehrere Empfänger verrechnet; hierbei werden automatisch entsprechende Gegenbuchungen zur Entlastung des Projekts erzeugt. Die Kosten auf einem Projekt können an Kostenstellen, an andere Projekte, an Anlagen oder an Sachkonten abgerechnet werden; es stehen folgende Abrechnungsmöglichkeiten zur Verfügung:

▷ Abrechnen nach Beträgen,
▷ Abrechnen von Einzelposten,
▷ Abrechnen im Plan,
▷ kostenartengerechtes Abrechnen.

Integration im SAP-Gesamtsystem

Das Projektsystem ist voll in das SAP-System integriert

Durch die Integration des Projektsystems in das SAP-Gesamtsystem erhält der Projektstrukturplan eine außerordentliche zentrale Bedeutung; über ihn können nämlich entsprechende Verbindungen z. B. zu den Kundenaufträgen im Vertrieb, zu den Fertigungsaufträgen in der Produktion, zu den Materialanforderungen in der Materialwirtschaft, zu den Zahlungen in der Finanzdisposition, zu den Planungsdaten in der Kostenrechnung vorgenommen werden (siehe hierzu Bild 6.9).

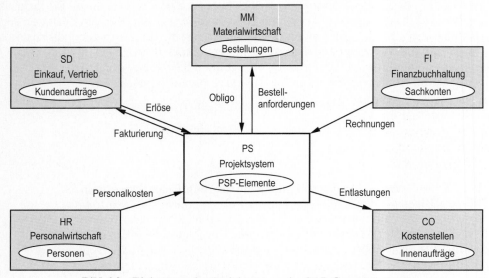

Bild 6.9 Einbettung des Projektsystems im SAP-Gesamtsystem

Das SAP-Projektsystem ermöglicht allerdings keine Aufwandsplanung und -betrachtung auf Organisationseinheiten, die von Kostenstellenstrukturen abweichen. Des weiteren besitzt das Projektsystem keine eigene Aufwandserfassung in Form einer mitarbeiterbezogenen Stundenkontierung; somit liefert das Projektsystem weder mitarbeiterbezogene noch organisationsbezogene Stundenauswertungen. Auch kann die Integration im Gesamtverband des SAP-Systems insbesondere beim Verwenden von termingeführten Netzplänen eine Fessel für ein individuelles und flexibles Projektmanagement sein; in einem vollintegrierten Verfahren sind – trotz vielfältiger Möglichkeiten eines Customizing – zwangsläufig die Freiheiten für individuelle Verfahrensabläufe sehr eingeschränkt.

6.1.6 Tabellenkalkulationsprogramme

Tabellenkalkulationsprogramme sind leistungsfähige Hilfsmittel zur Projektplanung und -steuerung

Im Rahmen der Projektplanung und -steuerung haben sich PC-Tabellenkalkulationsprogramme als sehr leistungsfähige Hilfsmittel erwiesen. Hiermit kann man komplex aufgebaute, zweidimensionale Tabellenstrukturen definieren und vom Rechner durchrechnen lassen. Jedes Planungsrechenschema oder Kalkulationsformular ist in Form einer Tabellenmatrix mit einer definierten Zeilen- und Spaltenzahl darstellbar. Die einzelnen Tabellenfelder, die durch eine Zeilen- und eine Spaltennummer zu identifizieren sind, können drei Arten von Inhalten haben:

▷ Texte (Textfelder),
▷ numerische Werte (Wertefelder) oder
▷ Formeln und Funktionen (Formelfelder).

Alle Tabellenkalkulationsprogramme haben sehr benutzerfreundliche Dialogoberflächen, so daß leichter Aufbau, aber auch schnelle Werte- und Strukturveränderung der Rechentabellen möglich sind. Es können auch unterschiedliche Planungstabellen über definierte Felder miteinander verknüpft werden.

Tabellenkalkulationsprogramme sind vielfältig einsetzbar, z. B. für

▷ Vor- und Nachkalkulation,
▷ Budgetplanung,
▷ Mitarbeitereinsatzplanung,
▷ Marginalrenditerechnung,
▷ Entwicklungsplanung.

Bild 3.30 in Kap. 3.4.3 zeigt eine MA-Einsatzmatrix, die mit EXCEL von Microsoft aufgebaut ist.

6.1.7 Aufwandsschätzverfahren

Gerade in den ersten Planungsschritten ist das Schätzen des Entwicklungsaufwands etwas sehr „persönliches"; deshalb ist der Einsatz des PC an dieser Stelle besonders vorteilhaft.

Tabelle 6.2 enthält drei bei Siemens eingesetzte Verfahren, die auf unterschiedlichen Methoden basieren.

Aufwandsschätzverfahren SCHATZ

Das Verfahren SCHATZ basiert auf der Methode Zeit-Kosten-Planung (ZKP) und stellt eine Dialogisierung dieses formulargestützten Verfahrens dar [55]. Aus Anzahl und Gewichtung der zu verarbeitenden Dateien sowie abhängig von Komplexität und Schwierigkeitsgrad des Programms wird − je SW-Baustein − ein Grundaufwand für die Dateien (Dateiaufwandswert) und für die Verarbeitung (Verarbeitungsaufwandswert) ermittelt. Zusätzlich werden Faktoren errechnet, die die Problemkenntnisse und Programmiererfahrung der Bearbeiter berücksichtigen.

Tabelle 6.2 PC-Aufwandsschätzverfahren (Auswahl)

Verfahren	Methode	Anbieter	Betriebssystem
SCHATZ	ZKP	PSE	MS-DOS, BS2000
FPM	Funktionswertmethode	Brainware GmbH	SINIX
SICOMO	COCOMO	Siemens, SNI	MS-DOS, SINIX

265

Entsprechend der ZKP-Methode errechnet das Verfahren den Entwicklungsaufwand von Beginn des DV-Grobkonzepts bis Ende des Systemtests.

Bei SCHATZ werden die einzelnen Abfragetabellen am Bildschirm angeboten, vom Schätzer entsprechend markiert und mit Mengenangaben versehen. Nach Übernahme dieser Eingabedaten laufen dann alle notwendigen Wertebestimmungen und Aufwandsberechnungen automatisch ab. Die Daten jeder einzelnen Schätzung können abgespeichert und jederzeit modifiziert werden. Eine einfache Maskenfolgesteuerung durch Funktionstasten erleichtert die Handhabung.

Die Ergebnisse der Schätzungen können von den jeweiligen Ergebnismasken aus auf Drucker ausgegeben werden. Übersichtliche Protokolle dokumentieren die Schätzungen mit Mengengerüst und allen Einflußfaktoren.

Aufwandsschätzverfahren FPM

FPM (Function Point Project Management System) ist konzipiert als Verfahren zur Aufwandsschätzung für SW-Entwicklungen; es ist auf einem SINIX-Rechner, unter Verwendung des Produkts FACET (Facility for easy window technic), implementiert. Das Verfahren baut auf der Funktionswertmethode (Kap. 3.2.1) auf und wird bei der Entwicklung von DV-Verfahren auf dem Rationalisierungsgebiet eingesetzt.

Das Verfahren FPM eignet sich gut für das Simulieren verschiedener Schätzvarianten, wobei die anfangs definierten Funktionsanzahlen oder die vorgenommenen Gewichtungen „probeweise" variiert werden. So kann man Sensitivitätsanalysen erstellen.

Aufwandsschätzverfahren SICOMO

SICOMO (Siemens Software Cost Model Tool) ist ebenfalls ein Verfahren zur Aufwandsschätzung und Kalkulation von SW-Entwicklungen; es ist dialogorientiert und auf PC unter MS-DOS oder als SICOMOX unter SINIX ablauffähig. Dem Verfahren liegt die COCOMO-Methode (Kap. 3.2.2) zugrunde.

Ausgehend von einer definierbaren Produktstruktur ist dem Verfahren lediglich die Größe der zu entwickelnden SW-Komponenten, d. h. deren Befehlsanzahl in loc zu übergeben. Weiterhin müssen die einzelnen Ausprägungen der 15 von Boehm vorgeschlagenen Kostentreiber angegeben werden − die bekanntlich die Einflußgrößen der COCOMO-Aufwandsschätzmethode darstellen.

Aus diesen Angaben leitet SICOMO folgende Schätzdaten ab:

▷ Entwicklungsaufwand in Mann-Monaten,
▷ Kosten der Entwicklung in DM,
▷ Entwicklungszeit in Monaten.

SICOMO selbst arbeitet mit einem erweiterten „Detailmodell" und nützt damit die COCOMO-Methode in ihrer umfassendsten Form.

Da der Bildschirm im SICOMO-Benutzerdialog gleichzeitig für die Eingabe und die Ausgabe genutzt wird, ergibt sich ein sehr schneller Dialog. Deshalb eignet sich SICOMO besonders zum Simulieren verschiedener Aufwandsschätzungen, so daß anschauliche Sensitivitätsanalysen möglich sind. Bei diesen Analysen wird im Rahmen der Aufwandsschätzung der jeweilige Einfluß von Veränderungen einzelner Eingabewerte auf das Schätzergebnis untersucht. In [9] ist ein Beispiel für eine SICOMO-Aufwandsschätzung aufgeführt.

6.1.8 Arbeitsrechtliches Umfeld

Beim Verarbeiten personenbezogener Daten sind die Vorschriften des *Bundesdatenschutzgesetzes* (BDSG) zu beachten [33]; bei Daten, die sich ausschließlich auf die eigenen Mitarbeiter beziehen, kommt noch das *Betriebsverfassungsgesetz* (BVG) hinzu. Weiterhin müssen die hierzu unternehmensintern erstellten Regelungen berücksichtigt werden.

Aus dem BVG heraus und aufgrund der aktuellen Rechtssprechung des *Bundesarbeitsgerichts* (BAG) ist der Einsatz technischer Einrichtungen, die personenbezogene Daten für die Leistungs- und/oder Verhaltensüberwachung von Mitarbeitern speichern, *mitbestimmungspflichtig;* in diesem Fall ist i. allg. mit dem Betriebsrat eine entsprechende Betriebsvereinbarung zu treffen. Deshalb sollten personenbezogene Daten von Mitarbeitern in rechnergestützten Verfahren – unter Berücksichtigung des Datenschutzes – nur insoweit verwendet werden, als es im Interesse einer wirtschaftlichen Unternehmensführung unerläßlich ist. Manuell erstellte Unterlagen, wie z. B. handschriftliche Notizen im Rahmen einer Projektkontrolle bleiben davon unberührt; ihre Nutzung muß aber dem BDSG genügen.

Das Verarbeiten von personenbezogenen Daten ist mitbestimmungspflichtig

Der Begriff „technische Einrichtung" wird sehr weit gefaßt, so daß auch Arbeitsplatzsysteme und Bürosysteme darunter fallen können. Die Mitbestimmungspflicht erstreckt sich also nicht nur auf Großrechnerverfahren, sondern auch auf Arbeitsplatzsysteme, die eine dezentrale eigene und selbständige Programmierungs-, Speicher- und Verarbeitungsmöglichkeit bieten (z. B. Personal Computer).

Personenbezogene Daten

Im Sinn des BDSG gelten als personenbezogene Daten Einzelangaben über persönliche oder sachliche Verhältnisse einer bestimmten oder bestimmbaren *natürlichen* Person (Betroffener). Zu den personenbezogenen Daten gehören neben den personenindividuellen Daten auch solche, die nur indirekt auf die jeweiligen Personen „beziehbar" sind und somit nur mittelbar individualisiert werden können. Ganz allgemein sind personenbezogene Daten gemäß Bild 6.10 zu unterteilen.

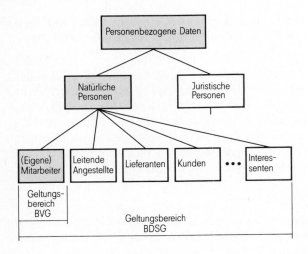

Bild 6.10
Arten
personenbezogener
Daten

Technische Überwachung

Unter technischer Überwachung ist in diesem Zusammenhang sowohl das rechnerunterstützte *Sammeln* und *Speichern* von Informationen — die eine Aussage über Leistung und/oder Verhalten einzelner Mitarbeiter implizieren — als auch das personenbezogene *Verarbeiten* bzw. *Auswerten* solcher Informationen durch ein rechnergestütztes Verfahren, besonders in Form eines namentlichen Soll/Ist-Vergleichs, zu verstehen.

Bereits die technische Fähigkeit eines Systems zum Ableiten eines Datenvergleichs ist mitbestimmungspflichtig

Dabei ist es nicht erforderlich, daß die technische Einrichtung den Soll/Ist-Vergleich *selbst* durchführt. Es reicht aus, wenn diese nur die Unterlagen für einen manuell vorzunehmenden Vergleich in anderer Weise liefert. Auch ist es nicht von Bedeutung, ob der Anwender subjektiv eine Überwachung besonders in Form eines Soll/Ist-Vergleichs tatsächlich beabsichtigt oder gar nicht daran interessiert ist. Allein ausschlaggebend ist die objektiv vorhandene technische *Fähigkeit* des Rechnerverfahrens zum Ableiten eines derartigen Datenvergleichs.

Betriebsvereinbarung

Betriebsrat beim Einsatz DV-gestützter PM-Verfahren rechtzeitig einbeziehen!

Der Betriebsrat ist wegen seines Mitbestimmungsrechts beim geplanten Einsatz von solchen Planungs- und Steuerungsverfahren, die personenbezogene Daten zur Leistungs- und/oder Verhaltenskontrolle speichern, *rechtzeitig* einzubeziehen. Hierbei muß deutlich werden, warum im konkreten Fall die Benutzung personenbezogener Daten im Verfahren notwendig ist, mit welchem Ziel dies verwendet und ggf. von welchem bzw. welchen anderen Verfahren die benötigten personenbezogenen Daten übernommen werden. Weiterhin ist es zweckmäßig, bei geringfügigen Verfahrenserweiterungen und -änderungen, die in irgendeiner Form die personenbezogenen Daten tangieren, den Betriebsrat *vorher* zu informieren und mit ihm eventuell mitbestimmungspflichtige Auswirkungen durchzusprechen. Mit dem Betriebsrat muß weiterhin festgestellt werden, auf welchem Weg ihm eine Überprüfung der erläuterten Verwendung der personenbezogenen Daten von Mitarbeitern ermöglicht wird.

Betriebsvereinbarungen über Projektplanungs- und -steuerungsverfahren enthalten Bestimmungen, die zwischen der Betriebsleitung und dem Betriebsrat vor allem zu folgenden Punkten vereinbart werden:

▷ Geltungsbereich des Verfahrens,
▷ Aufgabe des Verfahrens,
▷ Eingabe- und Stammdaten,
▷ Weiterverarbeitung und Auswertung,
▷ Schnittstellen zu anderen Verfahren,
▷ Zugriffsberechtigungen,
▷ Rechte der Vereinbarungspartner.

Der Betriebsrat ist berechtigt, jederzeit Aufklärung über die eingesetzten Rechnerverfahren zu verlangen, bei denen personenbezogene Daten von Mitarbeitern verwendet werden. Ihm ist auf Wunsch Gelegenheit zu geben, im Rahmen der betrieblichen Gegebenheiten und unter Beachtung des Datenschutzes den Verfahrensablauf mitzuverfolgen.

Für das Einhalten der im BDSG formulierten Bestimmungen ist der jeweilige Fachvorgesetzte bzw. der „Datenhalter" verantwortlich. Für ein in einem bestimmten Rechenzentrum ablaufendes Personalinformationssystem z. B. trägt also nicht der RZ-Leiter, sondern die nutzende Personalabteilung die Verantwortung. Der zuständige Bereichsbeauftragte für Datenschutz (BBDS) kann hierbei zur Beratung herangezogen werden.

Sicherungsmaßnahmen

Im Rahmen eines DV- oder PC-gestützten Verfahrens sind bei der Verarbeitung personenbezogener Daten Sicherungsmaßnahmen vorzusehen. Das BDSG gibt keine konkreten Maßnahmen vor, nennt aber zehn Kontrollbereiche, in denen Sicherungsmaßnahmen zwingend vorgeschrieben werden. Hierbei handelt es sich um:

Sicherungsmaß-
nahmen sind
zwingend
notwendig

▷ Zugangskontrolle
▷ Abgangskontrolle
▷ Speicherkontrolle
▷ Benutzerkontrolle
▷ Zugriffskontrolle
▷ Übermittlungskontrolle
▷ Eingabekontrolle
▷ Auftragskontrolle
▷ Transportkontrolle
▷ Organisationskontrolle.

Der Datenschutz-
beauftragte muß
eine „Übersicht"
führen

Das BDSG verlangt außerdem, eine *Übersicht* zu führen, in der vor allem die Art der verarbeiteten Daten, die Empfänger und die Art der eingesetzten Rechneranlagen dokumentiert sind. Das Führen dieser Übersicht ist gesetzliche Aufgabe der Datenschutzbeauftragten. Hierzu muß man jede entsprechende Verarbeitung vor Beginn dem zuständigen BBDS schriftlich melden. Außerdem ist für jedes DV-Verfahren, welches personenbezogene Daten speichert und übermittelt, ein *Zuverlässigkeitsnachweis* zu erstellen und in die Verfahrensdokumentation aufzunehmen; dieser enthält alle personenbezogenen Datenfelder mit Angabe des jeweiligen *Zulässigkeitsgrundes*.

In weiteren Bestimmungen des BDSG sind die Rechte des Betroffenen festgelegt; diese bestehen grundsätzlich in seinem Anspruch auf Auskunft über die zu seiner Person gespeicherten Daten und ggf. auf deren Berichtigung, Sperrung oder Löschung. Grundlage dafür ist die Pflicht der speichernden Stelle, den Betroffenen über die Speicherung seiner Daten zu unterrichten, wenn davon auszugehen ist, daß er nicht auf andere Weise davon Kenntnis erlangt hat.

6.2 Arbeitstechniken

Am Anfang einer Projektdurchführung liegen die Problemfeldanalyse und die Definition des Projektziels. Zum Bewältigen der hierbei zu lösenden Aufgaben sind meist schwierige Denkprozesse zu durchlaufen:

▷ Ideensammlung (kreative Phase),
▷ Istaufnahme und Problemanalyse (analytische Phase),
▷ Problemlösung und Entscheidung (synthetische Phase).

Um diese Denkprozesse möglichst effektiv zu gestalten, haben sich für die einzelnen Phasen spezielle Arbeitstechniken herausgebildet:

▷ Kreativitätstechniken
▷ Istanalysetechniken
▷ Problemlösungstechniken
▷ Entscheidungstechniken
▷ Kommunikationstechniken
▷ Zeitplanungstechniken.

6.2.1 Kreativitätstechniken

Kreativitätstechni-
ken fördern
„divergentes"
Denken

Jeder Mensch verfügt über ein gewisses Maß an Kreativität; diese zu entwickeln und zur Entfaltung zu bringen, ist das Ziel von *Kreativitätstechniken*. Folgende Kreativitätstechniken haben sich in der Praxis vielfältig bewährt:

▷ Brainstorming
▷ CNB-Methode
▷ Methode 635

270

▷ Utopiespiel
▷ Bisoziationsmethode
▷ Synektische Methode.

Brainstorming

Beim *Brainstorming* finden sich mehrere Fachleute zu einem bestimmten, vorher klar umrissenen Thema zusammen, um zu einer
gemeinsamen, sich gegenseitig befruchtenden Ideenfindung zu kommen. Wichtig ist, daß in der Gruppe ein kooperatives Klima entsteht,
um bestehende Hemmungen, eigene eventuell nicht gleich überzeu-
gende Gedanken zu äußern, abzubauen; dies wird durch den Moderator unterstützt. Das zu behandelnde Thema sollte nicht zu weit gefaßt sein, weil sonst ein „Fokussieren" der Ideen nicht mehr möglich
wird.

Ohne Hemmungen Ideen zu einem klar umrissenen Problem produzieren

Folgende Grundregeln gelten für Brainstorming-Sitzungen:

Regel 1: Möglicht viele Ideen produzieren!
Regel 2: Jegliche Kritik ist zurückzustellen!
Regel 3: Keine Grenzen der Phantasie setzen!
Regel 4: Ideen anderer aufgreifen!

Ein Brainstorming wird normalerweise in drei Abschnitten durchgeführt: Vorbereitung, Durchführung und Auswertung.

Vorbereitung

Eine Brainstorming-Sitzung sollte man nicht spontan einberufen, sondern entsprechend vorbereiten; hierzu gehört, daß einerseits das Problem klar umrissen und andererseits der teilnehmende Personenkreis
sorgfältig ausgewählt wird. Die Anzahl der Teilnehmer sollte mindestens vier betragen und nicht größer als zwölf sein, dabei sind interdisziplinäre Fachkompetenzen vielfach sehr bereichernd. Das Thema
sollte den Teilnehmern rechtzeitig vorher bekanntgegeben werden,
damit diese sich schon gedanklich einstimmen können.

Durchführung

Für das Festhalten der Ideen bieten sich mehrere Möglichkeiten an:
Flipchart, Kärtchentechnik, Tonbandaufzeichnung, Protokollierung.
Insbesondere die „Kärtchentechnik" hat sich beim Brainstorming als
sehr vorteilhaft erwiesen, da hier die Teilnehmer im ersten Schritt ihre
Ideen individuell − also ohne Hemmschwellen − auf einzelne Kärtchen schreiben, die dann vom Moderator auf einer Planungstafel
thematisch gruppiert werden. In einer anschließenden, dem besseren
Verständnis dienenden Durchsprache können die einzelnen „Ideen"
besser formuliert werden.

Auswertung

Die Auswertung selbst braucht nicht unbedingt gleich anschließend
zur Brainstorming-Sitzung erfolgen; sie kann auch später vorgenommen werden. Alle festgehaltenen Ideen werden schließlich zu The-

menkomplexen gruppiert; hierbei faßt man ähnliche Ideen zusammen und am Thema vorbeigehende Ideen sondert man aus. Das so vorliegende Brainstorming-Ergebnis wird dokumentiert.

CNB-Methode

Individuelles
Brainstorming mit
Notizbuch über
einen längeren
Zeitraum

Die CNB-Methode (collective notebook) ist eine „schriftliche" Brainstorming-Methode, ein *Brainwriting*. Diese Kreativitätstechnik kann über einen längeren Zeitraum (mehrere Wochen) laufen und funktioniert auch über Internet bzw. E-Mail. Beim Brainwriting kommen die Teilnehmer nicht in einer gemeinsamen Runde zusammen, sondern jeder legt für sich seine Ideen zu einem vorformulierten Fragenkomplex schriftlich nieder.

Als erstes bereitet ein Initiator für jeden Teilnehmer ein eigenes Notizbuch mit folgenden Aufgabenstellungen vor:

– Halten Sie alle Ideen zu dem vorgegebenen Problem fest!
– Definieren Sie das Problem genauer!
– Notieren Sie alle Ihnen bekannten Lösungsansätze!

Während eines festgelegten Zeitraums trägt dann – unabhängig voneinander – jeder Teilnehmer seine Ideen, Gedanken und Vorschläge zu dem vorgegebenen Problem in sein Notizbuch ein. Am Ende der Durchführungsphase erarbeitet schließlich jeder Teilnehmer einen Extrakt seiner Eintragungen.

Aus den eingesammelten Notizbüchern erstellt der Initiator eine Zusammenfassung aller Eintragungen. In einer anschließenden Arbeitssitzung wird diese Ausarbeitung dann noch gemeinsam diskutiert und ein Lösungskonzept erarbeitet.

Der Vorteil des Brainwritings liegt darin, daß die einzelnen Experten nicht persönlich zusammenkommen müssen. Auch sind die gefundenen Ideen deutlicher formuliert und durchdachter als beim Brainstorming. Der Nachteil beim Brainwriting liegt vor allem in der fehlenden Kommunikation während des Ideenfindungsprozesses, es mangelt daher i. allg. an originellen Ideen.

Methode 635

Aufbau einer
Ideenfolge durch
schriftliche
Kommunikation

Die Methode 635 vereinigt die Vorteile des Brainstormings mit denen des Brainwritings. Die Ideen werden von den Teilnehmern schriftlich abgegeben; es findet aber insofern eine Kommunikation statt, als die einzelnen Teilnehmer ihre Ideen untereinander niederlegen, wobei der einzelne auf die Ideenvorschläge seines Vorgängers aufbauen kann. Die Zahlenangabe 635 bedeutet:

– 6 Teilnehmer,
– 3 Ideen (abzugeben je Teilnehmer),
– 5 mal wird das Ideenformular weitergegeben.

Jeder Teilnehmer erhält ein Leerformular, wie es in Bild 6.11 dargestellt ist, und trägt in die erste Zeile seine ersten drei Ideen zu dem

Methode 635			Blatt-Nr.: 3
Problemstellung Steigerung der Effektivität in der Entwicklung			Datum: 20.11.1990 Teilnehmer: 1. Hr. Dr. Widmer 2. Hr. Joswig 3. Hr. Dr. Büttner 4. Fr. Brosig 5. Hr. Dr. Rupp 6. Hr. Dr. Fuhrmann
Ideen			Teil- nehmer
11 Projekt-management einführen	12 Qualifikation der Mitarbeiter erhöhen	13 Entwicklungs-stärken in der Produktplanung mehr berück-sichtigen	3
21 Erfahrungs-datenbank für die Entwicklung aufbauen	22 Vorhandene Linienorgani-sation »projekt-orientierter« gestalten	23 Durchgängiges CIM-Konzept von der Entwicklung bis zur Fertigung entwerfen	4
31 CAD-Methoden und Verfahren verstärkt ein-führen	32 CASE-Verfahren für die SW-Ent-wicklung ein-setzen	33 Grafikunter-stützung für die Entwurfstätig-keiten verbessern	5
41 Prozeßorgani-sationen der HW- und SW-Ent-wicklung aufein-ander abstimmen	42 Ausbildungs-kurse für Entwurfs-methodik durch-führen	43	6
51 Reviews systematisieren	52 Prämiensystem für Termin-einhaltung einführen	53 »REFA-Prin-zipien« für Ent-wicklungstätig-keiten ableiten	1
61 Entwicklungs-Control-Board einrichten	62 Produktivitäts-kennzahlen für die Entwicklung ermitteln	63	2

Bild 6.11
Formular zur
Ideensammlung
(Methode 635)

vorgestellten Problemkomplex ein. In einer festgelegten Reihenfolge werden nun die Blätter weitergereicht und jeder Teilnehmer formu-liert − aufbauend auf die eingetragenen Einfälle seines Vorgängers − drei weitere Ideen; falls ihm keine drei neuen einfallen, kann er sich natürlich auch mit weniger begnügen. Dies geschieht fünfmal, bis alle sechs Blätter ausgefüllt sind. Da bei jeder nächsten Runde

273

einerseits mehr Ideen zu verarbeiten sind und andererseits es schwerer wird, weitere Ideen zu finden, müssen die Zeitvorgaben für die einzelnen Runden entsprechend ansteigen.

Die Teilnehmeranzahl kann natürlich geringfügig differieren, auch ist man nicht an die Anzahl von drei Ideen gebunden. Die Kombination „6 Teilnehmer und 3 Ideen" hat sich allerdings in der Praxis als optimal erwiesen.

Die Methode 635 kann auch — wie das Brainwriting — ohne eine gemeinsame Sitzung stattfinden, indem die sukzessiv ausgefüllten Ideenformulare durch die Post weitergegeben werden.

Utopiespiel

Über Utopien kommt man zu neuen Realitäten

Mit einem Utopiespiel hat man eine vorzügliche Möglichkeit, einem Brainstorming, welches in eine Sackgasse geraten ist, wieder genügend kreativen Freiraum zu geben. Hierbei wird bewußt die bestehende Realitätsbasis verlassen, um mit Hilfe eines unbeschwerten Gedankenspiels in der Zukunft auf völlig neue und noch nie angedachte Ideen zu stoßen, die dem normalen Realitätsbewußtsein verschlossen sind. Typische Fragestellungen für derartige Utopiespiele sind z. B.:

– Wie sieht das Büro im Jahr 2050 aus?
– Was wäre, wenn es keine Autos mehr gäbe?
– Wie würde eine „Volkswirtschaft ohne Bargeld" ablaufen?

Am anregendsten wird ein Utopiespiel durchgeführt, wenn die Teilnehmer in kleine Gruppen von max. vier Personen mit je einem Moderator eingeteilt werden und jede Gruppe etwa 20 bis 30 Minuten Zeit hat, um ihre Utopie zu ersinnen. Nach der anschließenden Präsentation der einzelnen Zukunftsmodelle werden diese durch die Teilnehmer bewertet. Die Präsentation und Diskussion erbringt meist sehr viele unkonventionelle Denkanregungen, die zu einem horizonterweiternden Problemlösungsprozeß führen können.

Bisoziationsmethode

Durch „Verfremdung" kommt man zu einer neuen Betrachtungsweise und somit zu neuen Ideen

Mit der Bisoziationsmethode versucht man wie beim Utopiespiel, die Kreativität bei einer Ideenfindung durch Wahl eines neuen „Bezugssystems" zu bereichern. Im einzelnen werden bei der Bisoziationsmethode folgende Schritte durchlaufen:

▷ Durchsprache des Problemfeldes
▷ Sammeln aktueller Schlagworte
▷ Bilden eines neuen Bezugssystems
▷ Sammeln zugehöriger Begriffe
▷ Verknüpfen der Begriffe mit dem Problemfeld
▷ Ableiten von Lösungsideen.

Ähnlich wie die nachfolgende Methode versucht die Bisoziationsmethode, durch „Verfremden" eines Problems den Denkprozeß auf völlig neue Ideen zu lenken.

274

Synektische Methode

Mittels der Synektik wird durch eine mehrfache Verfremdung des gestellten Problems die Ideenfindung angeregt und dadurch — insbesondere bei festgefahrenen Problemen — das Finden eines Lösungsansatzes positiv beinflußt.

Die Ideenfindung läuft bei der synektischen Methode in drei Phasen ab [49]:

▷ Phase I   Vertrautmachen des Fremden
▷ Phase II Verfremden des Vertrauten
▷ Phase III Verfremdetes und Vertrautes kombinieren

Für eine Synektik-Sitzung können ähnliche Regeln wie für eine Brainstorming-Sitzung aufgestellt werden:

– Teilnehmeranzahl zwischen zwei und sechs,
– Moderation durch einen Fachmann,
– Unterschiede bezüglich Ausbildung und Position möglichst klein,
– Kenntnisse und Erfahrung möglichst verschieden.

Die Dauer einer Synektik-Sitzung hängt stark vom gestellten Problem ab und kann sehr unterschiedlich sein, wobei die Bandbreite zwischen einigen Stunden und zwei Tagen liegt.

Mehrfache Verfremdung nutzt die kreativen Denkprozesse im Unterbewußtsein

6.2.2 Istanalysetechniken

Am Anfang eines jeden Entwicklungsprozesses steht der Prozeßabschnitt der Problemanalyse, der sich im allgemeinen in die beiden Prozeßphasen *Istanalyse* und *Sollkonzept* untergliedert. Die Istanalyse soll hierbei die fachliche Basis für das geplante Entwicklungsvorhaben definieren, auf die die weitere Planung, beginnend mit dem Sollkonzept, aufsetzen soll.

Für die Untersuchung des Istzustandes hat sich — neben der Auswertung vorhandener Unterlagen — in der Praxis eine Vielzahl von Analysetechniken herausgebildet:

▷ Interview
▷ Fragebogen
▷ Dauerbeobachtung
▷ Selbstaufschreibung
▷ Multimomentaufnahme.

Istanalyse ist die Grundlage für jeden Problemlösungsprozeß

Interview

Zum transparenten Darstellen eines Istzustandes mit objektivem Aufdecken von Fehlerquellen und Mängeln hat sich die Interviewtechnik sehr gut bewährt.

In [9] ist diese Technik am Beispiel einer PM-Untersuchung ausführlich erläutert worden. Wie dort aufgezeigt ist, ist es wichtig, daß die

Ein Interview ist immer gut vorzubereiten

275

Interviews gut vorbereitet werden, sowohl hinsichtlich ihres Inhalts (z. B. mit Checklisten) als auch des zu befragenden Personenkreises. Anderenfalls läuft man Gefahr, in eine Flut von Informationen aus ungleichgewichtigen Quellen zu geraten.

Fragebogen

Der Fragebogen – schriftliches Interview mit geringem Aufwand

Können die relevanten Fragenkomplexe nicht in einzelnen Interviews behandelt werden – sei es, daß die Anzahl der Interview-Partner zu groß ist oder daß eine örtliche Zusammenkunft nicht möglich ist –, bietet es sich an, einen entsprechenden *Fragebogen* auszuarbeiten, und diesen an die zu befragenden Wissensträger zu versenden. Hierbei sind einige Regeln zu beachten:

– Die Ausfüllzeit sollte nicht länger als $1/2$ Stunde dauern.
– Die Fragen sind kurz und verständlich zu halten.
– Die Fragenkomplexe sind in Themengruppen anzuordnen.
– Das Untersuchungsfeld muß die Befragten ansprechen.
– In einem Begleitschreiben müssen Aufgabe und Ziel der Fragebogenaktion überzeugend dargestellt werden.

Vor der eigentlichen Durchführung der Fragebogenaktion sollte der fertige Fragebogen in einem kleineren Personenkreis „getestet" werden, um die Verständlichkeit und Schärfe der gestellten Fragen zu prüfen. Auch ist es notwendig, sich rechtzeitig Gedanken über eine rationelle Auswertung der ausgefüllten Fragebögen zu machen.

Der Vorteil einer Fragebogenaktion zur Istanalyse liegt sicherlich in dem relativ geringen (eigenen) Aufwand und der kurzen Untersuchungszeit. Nachteil ist allerdings die Schwierigkeit, einen das Untersuchungsfeld voll abdeckenden und nicht mißverständlichen Fragenkatalog zu erarbeiten; ein individuelles Nachfragen ist schließlich nicht möglich oder mit zusätzlichem Aufwand verbunden.

Dauerbeobachtung

Die selbstdurchgeführte Dauerbeobachtung kann sehr genaue Analysen liefern

Statt der „mittelbaren" Informationssammlung über Interview oder Fragebogen bietet sich in speziellen Fällen auch die unmittelbare, d. h. selbstdurchgeführte *Dauerbeobachtung* an. Hierzu ist es allerdings notwendig, daß das Untersuchungsfeld räumlich und funktional überschaubar ist. Durch das für einen gewissen Zeitraum ständige Beobachten z. B. eines Arbeitsplatzes kann sehr gut eine eindeutige und vollständige Analyse des Istzustandes erreicht werden.

Wichtig ist hierbei, daß alle Ablaufvorgänge, Vorkommnisse und Einflußfaktoren der Arbeitsprozesse schriftlich festgehalten werden und die Beobachtung so lange stattfindet, bis eine Konstanz der Arbeitsabläufe festzustellen ist.

Der Vorteil liegt bei der Genauigkeit der Analyseergebnisse. Nachteilig ist die nicht zu vermeidende Beeinflussung der am Arbeitsprozeß beteiligten Personen durch die Beobachtung selbst und die damit verbundene Verfälschung der Ergebnisse. Auch kann der erforderliche Zeitaufwand für den Untersuchenden recht erheblich sein.

Selbstaufschreibung

Zur Istaufnahme kann in besonderen Fällen auch eine *Selbstaufschreibung* sehr dienlich sein. Die Selbstaufschreibung bietet sich an, wenn im Rahmen von Arbeitsprozessen immer wiederkehrende Vorgänge ablaufen und über einen definierten Zeitraum die „Gleichheit" der Vorgänge statistisch ermittelt werden soll.

Formalisierte Selbstaufschreibung bietet sich bei wiederkehrenden Vorgängen an

Für diese Form der Istanalyse muß allerdings ein geeignetes Ausfüllformular zur Verfügung stehen, welches möglichst als Checkliste genutzt werden kann. Die Betroffenen müssen zudem genau in die Vorgehensweise eingewiesen und für das Untersuchungsziel entsprechend motiviert sein.

Multimomentaufnahme

Die Multimomentaufnahme ist ein *Stichprobenverfahren,* bei dem aus einer Vielzahl von Momentaufnahmen statistisch gesicherte Mengen- und Zeitangaben abgeleitet werden können.

Istanalyse durch Stichproben

Das Grundprinzip einer Multimomentaufnahme besteht darin, daß ausgewählte „Beobachtungsstationen" in einer Arbeitsprozeßkette zu unterschiedlichen Zeitpunkten in stets derselben Reihenfolge hinsichtlich der Anzahl bestimmter „Tätigkeiten" oder „Zustände" abgefragt werden. Die in einer Aufnahmeliste je Beobachtungsstation festgehaltenen Tätigkeits- bzw. Zustandsanzahlen werden abschließend arithmetisch gemittelt. Der zu erwartende statistische Fehler hängt von der Gesamtzahl der Beobachtungen, der „Rundgänge", ab. In [50] ist die mathematische Ermittlung der notwendigen Anzahl der Beobachtungen angegeben.

Die Multimomentaufnahme eignet sich sehr gut für Arbeitsplatz- und Auslastungsstudien, zur Störungsermittlung in Arbeitsabläufen sowie zum Erstellen von Tätigkeits- und Belastungsdiagrammen.

6.2.3 Problemlösungstechniken

Problemlösungstechniken werden getragen durch *diskursive* Denkprozesse, denen eine bewußt logische und systematische Vorgehensweise zugrunde liegt. Zu ihnen gehören:

▷ Morphologische Analyse
▷ Bionik
▷ Pro-und-Kontra-Spiel
▷ Delphi-Methode.

Morphologische Analyse

Der morphologische Kasten zum Systematisieren einer Lösungsfindung

Morphologie bezeichnet die Lehre von den Gestalten und Formen. Ziel einer morphologischen Analyse ist das systematische Finden aller in Frage kommenden Lösungsvarianten zu einem gestellten Problem; hierzu wird das Gesamtlösungsfeld in einem bestimmten Schema, dem „Morphologischen Kasten" dargestellt. Bild 6.12 zeigt ein Beispiel für die Lösungsfindung bei einem aufgetretenen Terminverzug in einem Projekt.

Der Morphologische Kasten ist ein Schema, in dem einer Auswahl von wesentlichen Parametern (Teilproblemen) eines gestellten Problems erfolgsbestimmende Ausprägungen (Einzellösungen) gegenübergestellt werden. Liegt eine lineare Reihe von Parametern vor, so handelt es sich beim Schema um eine Matrixdarstellung; erst bei einer zweidimensionalen Parameterschar entsteht ein wirklicher (dreidimensionaler) „Kasten". Das ausgefüllte Schema stellt das Gesamtlösungsfeld dar.

Die morphologische Analyse läuft in fünf Schritten ab:

▷ Definieren des Problems
▷ Festlegen der Parameter des Problems
▷ Bestimmen der Ausprägungen der Problemparameter
▷ Aufstellen des Morphologischen Kastens
▷ Auswählen der Lösung.

Im ersten Schritt wird das gestellte Problem dem Lösungsteam vorgestellt und eingehend diskutiert; hierbei kann es zu einer Aufteilung,

Problemfeld: Terminverzug bei einem Projekt

Parameter Teilprobleme	Ausprägungen (Einzellösungen)				
1 Personalstärke	Firmeninterne Vernetzungen	Neueinstellungen	Überstunden	Urlaubssperre	Consultant-Einstellung
2 Qualifizierung	Firmeninterne Kurse	Firmenexterne Kurse	Selbststudium	Experten einbeziehen	
3 Motivation	Beförderungen vornehmen	Prämien ankündigen	Kommunikation verbessern	Austausch von Mitarbeitern	Wechsel von Vorgesetzten
4 Leistungsumfang	Funktionen streichen	Wertanalyse durchführen	Stufenkonzept erarbeiten		
5 Qualität	Qualitäts-anforderungen reduzieren	QS-Maßnahmen verringern	QS-Maßnahmen vergrößern		
6 Prozeßablauf	Zeitreserven eliminieren	Aktivitäten parallelisieren	Optimierung mit Netzplan vornehmen	Kommunikations-fluß straffen	Entw.dienste zentralisieren
7 Entwicklungs-unterstützung	Kauf von Entwicklungsteilen	Kauf von Tools	Anschaffung von CAD-Geräten	Mehr Test- und Rechenzeiten	Konventionen definieren

Bild 6.12 Morphologischer Kasten

●——————● 1. Lösung
○— — — —○ 2. Lösung

278

zu einer Verallgemeinerung oder sogar zu einer Neudefinition des Problems kommen. Erreicht werden muß, daß alle Teilnehmer zu einem gleichen Problembewußtsein gelangen.

Im zweiten Schritt werden die wesentlichen Aspekte des Problems (Funktionen, Abläufe, Vor- und Nachteile etc.) herausgearbeitet und daraus die Parameter des Problems festgelegt. Die Parameter müssen hinsichtlich ihres Inhalts gleichgewichtig sein. Oberbegriffe z. B. sind aufzulösen. Weiterhin prüft man die Parameter auf ihre Bedeutung und auf ihre Unabhängigkeit. Die Unabhängigkeit der Parameter ist wichtig, weil sonst die freie Kombination von Lösungsmöglichkeiten eingeschränkt sein würde. Nur die relevanten Parameter werden in die vertikale Matrixspalte des Morphologischen Kastens übernommen. Man sollte möglichst nicht mehr als sechs bis sieben Parameter auswählen, weil sonst die Anzahl der Lösungsvarianten zu groß und damit die spätere Lösungsauswahl zu unübersichtlich werden würde.

Im dritten Schritt werden die unterschiedlichen Ausprägungen der Parameter bestimmt: dabei strebt man eine größtmögliche Vollständigkeit dieser an. Alternative Ausprägungen und solche, die voneinander abhängig sind, müssen beseitigt werden. Auch muß man prüfen, ob die Ausprägungen genügend konkret und aussagekräftig sind: anderenfalls muß man sie schärfer definieren. Schließlich ordnet man die Ausprägungen in die horizontalen Matrixzeilen der jeweils zutreffenden Parameter des Morphologischen Kastens ein. Je Parameter brauchen natürlich nicht immer gleich viele Ausprägungen angegeben zu werden.

Mit dem vierten Schritt werden die verschiedenen Lösungsvarianten definiert, indem eine sinnvolle Kombination von Ausprägungen (je Parameter eine Ausprägung) durch einen Linienzug ausgewählt wird. Jeder unterschiedliche Linienzug stellt eine mögliche Lösung dar. Diese Lösungen müssen nun auf ihre Praktikabilität und Realisierbarkeit untersucht werden; fallweise kann es hierbei sinnvoll sein, weniger wichtige Ausprägungen in einer Lösungsvariante auszulassen.

Der letzte Schritt führt zur *Lösungsauswahl*. Mittels eines gewichteten Kriterienkatalogs werden die in die engere Wahl gekommenen Lösungen bewertet. Die bestbewertete Lösung wird ausgewählt.

Die morphologische Analyse eignet sich besonders gut bei Problemstellungen, die bereits über eine gewisse Struktur verfügen, wie z. B. bei Problemen, die im Zusammenhang mit einer Maschine oder einem Gerät stehen. Als günstig erweist sich auch die leichte Darstellung von alternativen Lösungen in dem morphologischen Kasten. Als Nachteil ist allerdings zu nennen, daß die Vorabauswahl der Parameterausprägungen die Lösungsvielfalt einschränkt. Auch wird bei umfangreichen Problemstellungen der Kasten leicht unübersichtlich; es besteht dann sogar die Gefahr, daß die optimale Lösung übersehen wird.

279

Bionik

Lernen von der
Natur

Die Bionik stellt eine sehr moderne Problemlösungstechnik dar, die versucht, durch „Abgucken von der Natur" zu einem gestellten Problem eine Lösung zu finden.

Die Bionik-Vorgehensweise ist sehr einfach: Man versucht, im Rahmen eines interdisziplinären Teams von Fachleuten zu einem gestellten Problem systematisch ähnliche bzw. vergleichbare Probleme sowie deren Lösung in der Natur aufzuzeigen. Durch Analogieschlüsse wird versucht, diese „natürlichen" Problemlösungen auf „technische" zu übertragen. Typische solcher Bionik-Lösungsanalogien sind:

Aufbau eines Strohhalms	$\rightarrow$	Hochhaus-Konstruktion
Körperbau des Vogels	$\rightarrow$	Flugzeugbau
Menschliches Gedächtnis	$\rightarrow$	Computer-Speichertechnik
Sinnesorgane der Lebewesen	$\rightarrow$	Technische Sensoren
Soziale Verhaltensweisen	$\rightarrow$	Organisationsstrukturen

Eine unmittelbare Übertragbarkeit ist meist nicht gegeben, zu unterschiedlich sind die Realisierungsmöglichkeiten der Natur und der Technik. Man kommt allerdings mittels einer Bionik-Denkweise häufig zu außergewöhnlichen Anregungen im Problemlösungsprozeß.

Pro-und-Kontra-Spiel

Pro und Kontra
zum Bewerten von
Lösungs-
alternativen

Liegen bereits mehrere Lösungsalternativen vor, so kann man mit Hilfe eines *Pro-und-Kontra-Spiels* auf einfache Weise zu einer Priorisierung derselben kommen.

Je Lösungsalternative werden zwei Vertreter aus dem Lösungsteam ausgewählt. In einer ersten Runde von etwa zehn Minuten Länge tragen die beiden Vertreter ihre Pro-und-Kontra-Argumente in schneller Folge vor. Protokollanten halten dabei die vorgetragenen Argumente in ihrem wesentlichen Gehalt fest. In der zweiten Runde vertauschen die beiden Vertreter ihre Rolle, d. h. der Pro-Vertreter trägt jetzt Kontra-Argumente vor und der Kontra-Vertreter muß nun Pro-Argumente bringen.

Eine solche wechselseitige Pro-und-Kontra-Argumentation wird für jede Lösungsalternative einzeln durchgeführt. Zum Schluß werden die protokollierten Argumente nochmal im Plenum eingehend diskutiert, welches dann auch die letztliche Lösungsauswahl trifft.

Delphi-Methode

Wechselweises
Bearbeiten von
Lösungsansätzen

Zur Problemlösung kann man auch sehr gut die in Kap. 3.2.4 beschriebene Delphi-Methode einsetzen; dort wurde sie im Rahmen einer Expertenbefragung für die Aufwandsschätzung genutzt.

Einer ausgewählten Gruppe von Fachleuten wird das gestellte Problem vorgestellt und eingehend erläutert. Daraufhin erarbeiten die

280

Fachleute − getrennt voneinander − Lösungsansätze, die dann anonym unter dem Teilnehmerkreis verteilt werden. In der nächsten Runde beurteilt und kritisiert daraufhin jeder Experte die Vorschläge der anderen und überarbeitet ggf. seinen eigenen Vorschlag. Bei Bedarf können diese Runden wiederholt werden.

Der Vorteil der Delphi-Methode im Rahmen einer Problemlösung liegt vor allem darin, daß örtlich voneinander entfernt sitzende Fachleute für ein gemeinsames Problem Lösungsvorschläge ausarbeiten können, die dann einer systematischen gegenseitigen Beurteilung unterzogen werden. Durch die methodenbedingte Wahrung der Anonymität wird die Scheu vor unkonventionellen Gedanken genommen.

6.2.4 Entscheidungstechniken

Entscheiden heißt, zwischen mehreren Alternativen mit unterschiedlichen Auswirkungen auswählen. Für diesen „Auswahlprozeß" stehen einige in der Praxis vielfach erprobte Entscheidungstechniken zur Verfügung:

Priorisierung von Lösungsvarianten

▷ ABC-Analyse
▷ Entscheidungstabelle
▷ Entscheidungsmatrix
▷ Entscheidungsbaum
▷ Portfolio-Methode.

ABC-Analyse

Wenn man aus einer großen Anzahl von Alternativen zu wählen hat, so bietet es sich an, die Gesamtmenge durch eine ABC-Analyse auf die wichtigsten Alternativen einzuschränken. Voraussetzung für eine ABC-Analyse ist allerdings ein Bewertungskriterium als Maß für die „Wertigkeit" der Alternativen; dieses kann sich aus mehreren Einzelkriterien zusammensetzen. Als solche Einzelkriterien können dienen:

Ermitteln der Wertigkeit von Alternativen

− Anzahl Anwender
− Jahresumsatz
− Jahresverbrauch
− Entwicklungskosten
− Materialkosten
− Mitarbeiteraufwand
− Stückzahlen
− Anzahl Fertigungsstunden
− Ausfallzeiten
− Fehlerhäufigkeit
− Fehlerkosten
− usw.

Hat man die einzelnen Wertigkeiten der Alternativen bestimmt, dann werden die Alternativen gemäß ihrer Wertigkeiten in eine Rangfolge gebracht. Bild 6.13 soll dieses am Beispiel einer Absatzmarktbeurtei-

Rangfolge	Alternative	Kriterium 1 (Stand 1992)	Kriterium 2	Wertigkeit	Akkumulierte Wertigkeit	
	Absatzmarkt	Bevölkerung in 1000	Fläche in 1000 km^2	Bevölkerung × Fläche in 10^6 Personen · km^2		%
1	Frankreich	55,3	547	30249	30249	26,9
2	Deutschland	77,9	357	27810	58059	51,7
3	Spanien	38,7	505	19543	77602	69,1
4	Italien	57,2	301	17217	94819	84,4
5	Großbritannien	56,8	244	13859	108678	96,8
6	Griechenland	10,0	132	1320	109998	97,9
7	Portugal	10,3	92	948	110946	98,8
8	Niederlande	14,6	41	599	111545	99,3
9	Belgien	9,9	31	307	111852	99,6
10	Irland	3,5	70	245	112097	99,8
11	Dänemark	5,1	43	219	112316	99,9
12	Luxemburg	0,4	3	1	112317	100,0

Bild 6.13 Ermittlung der Rangfolge bei einer ABC-Analyse (Beispiel)

lung für zwölf EU-Staaten veranschaulichen. Als Beurteilungskriterium wurde die Größe „Personen-km^2" (Bevölkerung × Fläche) herangezogen.

Nachdem die Rangfolge festliegt, werden die einzelnen Wertigkeiten akkumuliert. Zur besseren Darstellung überträgt man häufig diese Werte in ein Koordinatensystem; hierzu ordnet man die Alternativen gemäß ihrer Rangfolge in äquidistanten Abständen auf der x-Achse an und trägt vertikal die entsprechenden akkumulierten Werte auf. Die einzelnen Endpunkte werden zu einem Linienzug verbunden, der in die drei Bereiche A, B und C unterteilt wird. Der A-Bereich umfaßt die „wichtigen", der B-Bereich die „weniger wichtigen" und der C-Bereich die „unwichtigen" Alternativen. In dem gezeigten Beispiel kann man nun folgende Aussagen machen:

A-Bereich: Die ersten drei Absatzmärkte machen bereits rund 70 % der gesamten „Personen-km^2" aus – hinsichtlich dieses Bewertungskriteriums sind sie die „wichtigsten" Absatzmärkte.

B-Bereich: Die beiden weiteren Absatzmärkte zählen zu den „weniger wichtigen" und müssen einer besonderen Betrachtung unterzogen werden.

C-Bereich: Die restlichen sieben Absatzmärkte sind als „unwichtige" Absatzmärkte einzuordnen und scheiden damit bei den weiteren Überlegungen aus.

Je nach Konzentration des ausgewählten Bewertungskriteriums ergeben sich sehr unterschiedliche Verläufe der ABC-Kurven (siehe Bild 6.14). Bei extrem steilem Kurvenanstieg (starke Konzentration) existiert eine allein dominante Alternative; eine Auswahl nach der ABC-Analyse ist hier nicht mehr nötig. Haben dagegen alle Alternativen die gleiche Wertigkeit (keine Konzentration), ist eine Sortierung nach

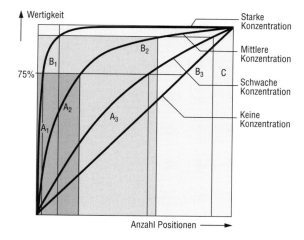

Bild 6.14 Mögliche Kurvenverläufe bei der ABC-Analyse

unterschiedlichen Wertigkeiten nicht möglich und daher eine ABC-Analyse nicht durchführbar.

Entscheidungstabelle

Die Entscheidungstabellen-Technik ist eine Methode zum Analysieren und Darstellen von komplexen Ablauf- und Entscheidungssituationen. In einer Entscheidungstabelle (ET) werden die logischen Zusammenhänge eines Entscheidungsfeldes nach einem einheitlichen Schema dargestellt; sie ist also keine Methode zur eigentlichen Entscheidungsfindung, sondern ein tabellarisches Beschreibungsmittel für formalisierbare Entscheidungsprozesse [14].

Methode zum Beschreiben formalisierbarer Entscheidungsprozesse

Aufbau einer Entscheidungstabelle

Eine Entscheidungstabelle gliedert sich in vier Quadranten (Bild 6.15). Die Zeilen der oberen Hälfte (Bedingungsteil) enthalten die Bedin-

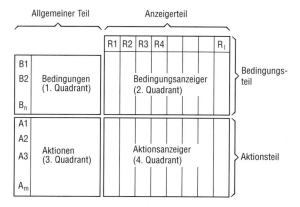

Bild 6.15 Aufbau einer Entscheidungstabelle

283

gungen, die Zeilen der unteren Hälfte (Aktionsteil) die Aktionen; in den Spalten sind die *Entscheidungsregeln,* kurz Regeln, aufgeführt. *Bedingungs- und Aktionsanzeiger* definieren − mit Bezug auf die angesprochenen Bedingungen und Aktionen − die Regeln einer Entscheidungstabelle. Ob eine Bedingung für eine bestimmte Regel zutrifft, nicht zutrifft oder irrelevant ist, wird durch die Bedingungsanzeiger „J", „N" bzw. „−" angezeigt; die auszuführenden Aktionen werden durch den Aktionsanzeiger „X" gekennzeichnet. Eine Entscheidungsregel ist wie folgt zu lesen:

Wenn Bedingung x und Bedingung y usw. zutrifft,
dann muß Aktion a und Aktion b usw. erfolgen.

Die einzelnen Bedingungen einer Regel sind durch ein logisches UND, die einzelnen Regeln der Entscheidungstabelle durch ein logisches ODER verknüpft.

Formen von Entscheidungstabellen

Begrenzte ET

Drei Formen von Entscheidungstabellen kann man unterscheiden (Bild 6.16).

Bei *begrenzten* Entscheidungstabellen sind im allgemeinen Teil die Bedingungen und Aktionen vollständig beschrieben, so daß im Anzeigerteil nur die logischen Anzeiger für ja, nein oder irrelevant enthalten sind. Man kann zudem noch unterscheiden zwischen einfachen (begrenzten) Entscheidungstabellen, die nur mit den Bedingungsanzeigern „J" und „N" belegt sind, sowie komplexen (begrenzten) Entscheidungstabellen, die darüber hinaus mindestens einen Irrelevanzanzeiger „−" enthalten.

		R1	R2	R3	R4
B1	Angestellte >100	J	J	N	N
B2	Mehrere Standorte	J	N	J	N
A1	10 Telefonanschlüsse				×
A2	20 Telefonanschlüsse			×	
A3	30 Telefonanschlüsse	×	×		
A4	10% Anrufbeantworter			×	
A5	20% Anrufbeantworter	×	×		

Einfache (begrenzte) ET

		R1	R2	R3
B1	Angestellte >100	J	N	N
B2	Mehrere Standorte	−	J	N
A1	10 Telefonanschlüsse			×
A2	20 Telefonanschlüsse		×	
A3	30 Telefonanschlüsse	×		
A4	10% Anrufbeantworter		×	
A5	20% Anrufbeantworter	×		

Komplexe (begrenzte) ET

		R1	R2	R3	R4
B1	Anzahl Angestellte	>100	>100	<100	<100
B2	Anzahl Standorte	>1	=1	>1	=1
A1	Telefonanschlüsse	30	30	20	10
A2	Anrufbeantworter	20%	20%	10%	0%

Erweiterte ET

		R1	R2	R3
B1	Anzahl Angestellte	>100	<100	<100
B2	Anzahl Standorte	−	J	N
A1	Telefonanschlüsse	30	20	10
A2	Anrufbeantworter	20%	10%	0%

Gemischte ET

Bild 6.16 Formen von Entscheidungstabellen

Dagegen sind bei *erweiterten* Entscheidungstabellen die Bedingungen und Aktionen im allgemeinen Teil nur unvollständig beschrieben; ihre Vollständigkeit erhalten sie durch erweiterte Angaben im Anzeigerteil. Die Bedingungs- und Aktionsanzeiger enthalten für den zutreffenden Fall nähere numerische Angaben, die sogar in arithmetischen Ausdrücken eingebunden sein können; bei den Bedingungsanzeigern können noch Vergleichsoperatoren hinzukommen. Eine erweiterte Entscheidungstabelle ist im allgemeinen übersichtlicher und daher besser lesbar als eine begrenzte Entscheidungstabelle.

Gemischte Entscheidungstabellen enthalten sowohl begrenzte als auch erweiterte Einträge; sie stehen damit zwischen den begrenzten und den erweiterten Entscheidungstabellen. Wie aus Bild 6.10, welches dieselbe Entscheidungstabelle in ihren unterschiedlichen Formen zeigt, zu ersehen ist, erlauben gemischte Entscheidungstabellen besonders gut den Aufbau von kompakten Entscheidungstabellen.

Bedeutsam ist auch, ob die Entscheidungstabelle *eindeutig* oder *mehrdeutig* ist. Eine formal eindeutige Entscheidungstabelle enthält für jede mögliche Bedingungskombination nur eine einzelne Regel; bei mehrdeutigen Entscheidungstabellen können auf bestimmte Kombinationen mehrere (redundante) Regeln zutreffen.

Von *offenen* bzw. *geschlossenen* Entscheidungstabellen spricht man im Zusammenhang mit Entscheidungstabellen, die miteinander vernetzt sind. Offen bedeutet, daß die letzte Aktion einer jeden Regel immer der Ansprung auf eine andere Entscheidungstabelle ist. Geschlossen ist die Entscheidungstabelle, wenn die letzte Aktion einer jeden Regel einen Rücksprung auf die „aufrufende" Entscheidungstabelle enthält.

Erstellen einer Entscheidungstabelle

Auf zwei unterschiedliche Arten kann eine Entscheidungstabelle erstellt werden. Bei der *induktiven Vorgehensweise* werden nur die problemrelevanten Bedingungskombinationen als Regeln definiert; alle anderen, probleminvarianten Kombinationen werden zu einer „Sonstige"-Regel, auch als ELSE-Regel bezeichnet, zusammengefaßt. Bei der *deduktiven Vorgehensweise* geht man demgegenüber von der theoretisch möglichen Gesamtanzahl von Bedingungskombinationen aus und versucht, durch Konsolidieren eine Einschränkung der Entscheidungstabelle zu erreichen.

Im einzelnen werden zum Erstellen einer Entscheidungstabelle mehrere Schritte durchlaufen. Bei der induktiven Vorgehensweise müssen zuerst sämtliche relevanten Bedingungen zusammengestellt werden; fehlen Bedingungen, so ist die Aussage der Entscheidungstabelle unvollständig und daher von geringem Wert. Als nächstes werden die zugehörigen Aktionen formuliert. Bedingungen und Aktionen werden dann in ein ET-Formular eingetragen. Durch Angabe der einzel-

Erweiterte ET

Gemischte ET

Induktives und deduktives Vorgehen

285

nen Bedingungs- und Aktionszeiger werden die unterschiedlichen Regeln definiert. Bei der deduktiven Vorgehensweise verwendet man ein Standard-ET-Formular, welches sämtliche Kombinationsmöglichkeiten enthält; hier gelangt man durch Wegstreichen der nicht relevanten Regeln zur Endform der Entscheidungstabelle. In beiden Fällen muß noch eine genaue Prüfung auf Redundanz- und Widerspruchsfreiheit sowie auf Vollständigkeit der Entscheidungstabelle vorgenommen werden.

Häufig ist die Reihenfolge der Bedingungen und Aktionen nicht beliebig, da einerseits sowohl Bedingungen als auch Aktionen voneinander abhängen können und andererseits es wichtige und weniger wichtige Bedingungen bzw. Aktionen gibt. So muß man bei Folgebedingungen die logische Sequenz einhalten und die wichtigsten Bedingungen und Aktionen voranstellen.

Eine Entscheidungstabelle muß redundanz- und widerspruchsfrei sein, deshalb ist das Prüfen der Entscheidungstabelle hierauf von größter Bedeutung.

Ist eine Entscheidungstabelle redundanz- und widerspruchsfrei, so muß sie auf *Vollständigkeit* geprüft werden.

In [14] sind einige Formeln für das Errechnen der Regelanzahl bei vollständigen erweiterten und gemischten ET aufgeführt.

Konsolidieren = Zusammenfassen von Regeln

Unter *Konsolidieren* einer Entscheidungstabelle versteht man das Zusammenfassen von Regeln zu komplexeren Regeln, die über identische Aktionsfolgen verfügen; es hat das Ziel, den Tabellenumfang zu verringern. Man sollte allerdings nur solche Regelpaare zusammenfassen, die inhaltlich zusammenhängen. Die in Bild 6.10 dargestellte erweiterte Entscheidungstabelle ist z. B. durch Konsolidierung der dort gezeigten begrenzten Entscheidungstabelle entstanden.

Das Konsolidieren allein reicht im allgemeinen nicht aus, ein komplexes Entscheidungsfeld in eine möglichst kleine und überschaubare Entscheidungstabelle zu überführen. Die Praxis zeigt, daß eine Entscheidungstabelle nicht mehr als 15 Bedingungen, 20 Aktionen bzw. 20 Regeln umfassen sollte. Deshalb ist es vielfach notwendig, das zu betrachtende Entscheidungsfeld in abgegrenzte Problemkomplexe zu unterteilen; dies erfordert ein *Splitten* der Gesamttabelle. Gesplittet wird eine Entscheidungstabelle dadurch, daß einige generelle Bedingungen in eine übergeordnete Entscheidungstabelle übernommen werden und diese als Aktionen nur „Ansprünge" auf die abgesplitteten Entscheidungstabellen erhält.

Entscheidungsmatrix

Entscheiden durch Gewichten von Kriterien

Eine Entscheidungsmatrix ermöglicht die systematische Auswahl von mehreren Alternativen; sie enthält auf der vertikalen Achse eine Aufzählung der Entscheidungskriterien und auf der horizontalen Achse die zur Entscheidung anstehenden Alternativen.

286

Die Entscheidungsanalyse beginnt damit, daß alle relevanten Entscheidungskriterien herausgearbeitet und anschließend gewichtet werden. Das Gewichten kann sowohl auf Basis einer linearen Rangfolge als auch mittels einer gegenseitigen Gewichtung geschehen. Vor allem sollte es von mehreren voneinander unabhängigen Personen vorgenommen werden, um durch eine Mitteilung von mehreren Werten zu einer objektiveren Aussage zu kommen. Anschließend wird jede Alternative hinsichtlich der Erfüllung eines jeden Entscheidungskriteriums bewertet, indem man den Grad der Erfüllung nach einer festgelegten Werteskala bestimmt. Durch Multiplikation dieser „Erfüllungsgrade" mit dem jeweiligen Gewicht des Entscheidungskriteriums erhält man einen Gesamtwert, den Nutzwert für die betreffende Alternative.

Entscheidungsbaum

Mit einem Entscheidungsbaum, häufig auch als *Präferenzmatrix* bezeichnet, können komplexe Entscheidungssituationen übersichtlich dargestellt werden. Bild 6.17 zeigt einen Entscheidungsbaum für die Entscheidungsfindung bei dem Beispiel „Verbesserung des Projektmanagements in einem Entwicklungsbereich". In der dargestellten Präferenzmatrix werden die möglichen Alternativen der Reihe nach aufgeführt und gegenseitig hinsichtlich ihrer wechselseitigen Präferenz abgewogen. So weist der Entscheider z.B. in dem markierten Feld aus, daß er der Alternative f die Präferenz gegenüber der Alternative b gibt. In dem gezeigten Beispiel erhält also die Alternative e die höchste Präferenz, da sie am häufigsten „präferiert" wurde. Zur Objektivierung bietet es sich an, daß mehrere Entscheider die Präferenzmatrix ausfüllen. Eine Mitteilung über alle Einzelbewertungen führt dann zur endgültigen Alternativenauswahl.

Entscheiden durch Bestimmen der wechselseitigen Präferenzen aller Alternativen

Portfolio-Methode

Die Portfolio-Methode wird vornehmlich in der Innovationsplanung als Entscheidungshilfe verwendet. In einer einfachen Matrixanordnung werden die zu betrachtenden Problemfelder (z.B. Geschäftsfelder, Produktgebiete, Technologien) in Abhängigkeit von zwei relevanten Beurteilungskriterien (z.B. Marktanteil und Marktwachstum) dargestellt. Auf Basis einer solchen Standortbestimmung können Strategien abgeleitet und damit Entscheidungen für das weitere Vor-

Portfolio zum Positionieren eigener Lösungsstrategien

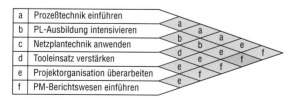

a	Prozeßtechnik einführen
b	PL-Ausbildung intensivieren
c	Netzplantechnik anwenden
d	Tooleinsatz verstärken
e	Projektorganisation überarbeiten
f	PM-Berichtswesen einführen

Bild 6.17 Präferenzmatrix

287

gehen z. B. bei der Geschäftsfeldplanung bzw. beim Marketing getroffen werden.

Ein Portfolio kann auch „mehrquadrantig" sein. So besitzt z. B. das Geschäftsfeld-Portfolio von McKinsey neun Matrixfelder. Durch die größere Anzahl von Feldern ist wohl eine feinere Unterscheidung möglich, die jeweilige richtige Einordnung der Betrachtungselemente fällt allerdings schwerer.

Die Portfolio-Methode kann natürlich auch zur Entscheidungsfindung auf anderen Gebieten eingesetzt werden – vorausgesetzt, daß das Problemfeld auf zwei voneinander unabhängige Beurteilungskriterien bezogen werden kann. Als Beispiel sei eine Tool-Untersuchung aufgeführt (Bild 6.18); hier hat man in einem Portfolio mit neun Quadranten die Toolunterstützung in den einzelnen Tätigkeitsbereichen der Verfahrensentwicklung in bezug auf ihren Erfüllungsgrad und ihr Gewicht dargestellt. Gleichzeitig hat man den kritischen, d. h. den unerwünschten Bereich sowie die „Ziellinie" eingetragen.

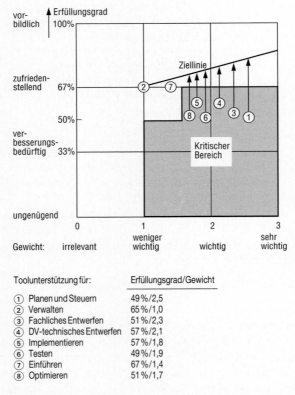

Toolunterstützung für:	Erfüllungsgrad/Gewicht
① Planen und Steuern	49%/2,5
② Verwalten	65%/1,0
③ Fachliches Entwerfen	51%/2,3
④ DV-technisches Entwerfen	57%/2,1
⑤ Implementieren	57%/1,8
⑥ Testen	49%/1,9
⑦ Einführen	67%/1,4
⑧ Optimieren	51%/1,7

Bild 6.18 Portfolio für Beurteilung der Toolunterstützung (Beispiel)

6.2.5 Kommunikationstechniken

Das Management von Projekten wird im hohen Maße getragen durch die intensive Kommunikation zwischen den im Projekt eingebundenen Menschen. In der Praxis haben sich zum Intensivieren der Kommunikation zahlreiche unterschiedliche Techniken herausgebildet:

▷ Diskussionstechniken
▷ Präsentationstechniken
▷ Bewertungstechniken.

Diskussionstechniken

Die *Diskussion* ist sicherlich die beherrschende Form der zwischenmenschlichen Kommunikation; aber gerade sie kann leicht mißlingen, da sich die Diskussionspartner häufig nicht verständigen können oder sogar nicht wollen. Deshalb sind für das Gelingen von Diskussionen, egal ob es sich um ein Teamgespräch, eine Verhandlung oder eine Konferenz handelt, Regeln notwendig, die von allen Partnern zu akzeptieren sind.

Diskussionen sollten „Spielregeln" unterliegen

Zu solchen Regeln gehören:

Moderator: Jede Diskussion sollte von einem Moderator geführt werden.

Sprechdauer: Kein Teilnehmer sollte länger als eine bestimmte Zeit ununterbrochen sprechen (z. B. 30-s-Regel).

Pausen: Bei Planungsgesprächen sollte immer spätestens nach zwei Stunden eine kurze Erholungspause eingelegt werden.

Visualisierung: Zwischenergebnisse sollten auf Flipcharts, Wandtafeln oder Folien laufend festgehalten werden.

Sitzordnung: Alle Teilnehmer sollten sich zu jeder Zeit gegenseitig im Gesichtsfeld haben.

Protokoll: Ein (vorab ernannter) Protokollführer hat das Besprechungsergebnis schriftlich zu fixieren.

Je größer die Diskussionsrunde wird, desto schwieriger und zeitaufwendiger wird eine zielgerichtete Diskussion. Als besonders effizient hat sich bei größeren Diskussionsrunden gezeigt, wenn ihre Zusammensetzung während der Sitzung systematisch zwischen *Plenum* und *Kleingruppe* wechselt. Einleitende und zusammenfassende Diskussionsabschnitte werden im Plenum, dagegen planende Diskussionsabschnitte werden in Kleingruppen behandelt. Dazu wird der gesamte Planungskomplex in Einzelthemen zerlegt, die dann jeweils in einer Kleingruppe behandelt werden. Im Plenum werden die Einzelergebnisse anschließend wieder zusammengeführt.

Dem *Moderator* kommt eine besondere Aufgabe zu; er muß dafür Sorge tragen, daß die Diskussion flüssig und zielgerichtet geführt und keiner der Teilnehmer benachteiligt wird. Zu seinen Aufgaben gehört das

- Hinlenken auf das Diskussionsziel,
- Vermeiden von Abschweifungen,
- Aufzeigen von Konflikten,
- Aufbrechen von Denkblockaden,
- Anregen neuer Gedankenansätze,
- Unterbrechen von Dauerrednern,
- Abblocken von „Killerphrasen",
- Hervorheben von guten, aber „weggedrückten" Beiträgen,
- Auflockern verhärteter Fronten,
- Visualisieren von Diskussionsbeiträgen,
- Zusammenfassen von Zwischenergebnissen.

Eine festgefahrene Diskussion kann sehr gut mit einer „schriftlichen Form" der Diskussion, der *Transparenzfrage,* aufgelockert werden. Mit dieser Abfragetechnik können die Teilnehmer der Diskussionsrunde zu jedem Zeitpunkt einer Diskussion aufgefordert werden, zu einer bestimmten Frage schriftlich eine Antwort zu geben. Die auf Kärtchen geschriebenen Antworten werden an einer Stellwand thematisch geordnet und dann im Plenum durchgesprochen; auf diese Weise kann man eine Harmonisierung der Teilnehmermeinungen oder auch eine zusätzliche Anregung für die weitere Diskussion erreichen.

Typische Beispiele für derartige Transparenzfragen sind:

Erwartungsabfrage	Was erwarten Sie von dem heutigen Tag?
Problemabfrage	Mit welchen Problemen haben wir es bei unserem Thema zu tun?
Tätigkeitsabfrage	Welche Tätigkeiten sind zur vorliegenden Problemlösung notwendig?
Stimmungsabfrage	Was stört Sie momentan am Verlauf der Diskussion?
Bewertungsabfrage	Wie bewerten Sie die vorgeschlagenen Alternativen?
Erfüllungsabfrage	In welchen Punkten hat der heutige Tag Ihre Erwartungen erfüllt und in welchen nicht?

Von großer Wichtigkeit ist bei einer Diskussionsrunde auch, daß die vorgetragenen Aussagen und erarbeiteten Zwischenergebnisse festgehalten und *visualisiert* werden. Die Gefahr, daß wichtige Aussagen untergehen oder kontroverse Sachverhalte in einer hitzigen Diskussion nicht klar genug herauskommen, ist sehr groß. Deshalb sollte ein dafür geeigneter Teilnehmer, häufig der Moderator selbst, die Aufgabe übernehmen, parallel zur Diskussion markante und relevante Aussagen auf Flipcharts, Wandtafeln oder Overhead-Folien festzuhalten. Durch dieses Sichtbarmachen haben die Teilnehmer die bisher erreichten Diskussionsergebnisse ständig vor Augen und können daher zielgerichteter in ihrer Diskussion fortschreiten.

290

Präsentationstechniken

Komplexe Sachverhalte kann man mit einer Grafik meist erheblich einfacher als mit einer langen verbalen Beschreibung oder mündlichen Erläuterung darlegen. Sowohl bei einem Referat als auch bei einer Diskussion sollte deshalb besonderes Schwergewicht auf die richtige Präsentation der vorzutragenden Information gelegt werden. Bewährte Visualisierungsmedien sind

> Eine Grafik sagt mehr als 1000 Worte

▷ Flipchart-Ständer,
▷ Overhead-Projektor,
▷ Wandtafel zum Schreiben oder Stecken bzw. Haften (Magnet),
▷ Bildschirmgerät, Notebook.

Flipcharts kann man sehr gut sowohl für die grafische Darstellung eines Sachverhaltes in einem Referat als auch für die Visualisierung eines spontanen Diskussionsbeitrags nutzen. Nachteilig ist die meistens nicht vorhandene Möglichkeit, Flipcharts zu kopieren.

Dagegen kann man *Overhead-Folien* von vornherein sehr leicht und im üblichen A4-Format kopieren. Auch ist das umgekehrte Kopieren von einer Papiervorlage, z. B. eines Schaubilds, direkt auf Folie möglich.

Wo ein komplexer Sachverhalt nur in einer großflächigen Darstellung visualisiert werden kann, ist die klassische *Wandtafel* mit Kreide oder speziellen Filzstiften immer wieder von großem Vorteil. Der Mangel der einfachen Kopierfähigkeit besteht auch hier, wenn man von einigen Spezialtafeln, die mit einer Kopierapparatur ausgestattet sind, absieht.

Für jede Form der Visualisierung sind einige Prinzipien einzuhalten:

– Einheitliches Erscheinungsbild,
– große leserliche Schrift,
– Schrift möglichst in Druckbuchstaben,
– Grafiken nicht zu überladen,
– einfache und aussagekräftige Symbole,
– keine unverständlichen Abkürzungen.

Zur Präsentation eines DV- bzw. PC-Verfahrens eignet sich vortrefflich die Vorführung an einem *Bildschirmgerät* bzw. *Notebook*. Bei einem größeren Zuschauerkreis muß allerdings ein Spezialprojektor für die großflächige Wandprojektion zur Verfügung stehen.

Sowohl für Referate als auch bei Diskussionen kann es von großem Vorteil sein, die Präsentation auf mehreren (unterschiedlichen) Medien durchzuführen, d. h. je nach Präsentationsinhalt werden ein oder mehrere Flipchart-Ständer, ein oder zwei Overhead-Projektoren sowie eine Wandtafel in Anspruch genommen.

Bewertungstechniken

Planungsgespräche führen zunächst immer zu einer Auflistung von einzelnen Anforderungen, Vorschlägen, Lösungsansätzen oder Alternativen, die dann mittels einer Bewertung in eine Prioritätenreihenfolge gebracht werden muß. Hierfür haben sich einige praktische Bewertungstechniken herausgebildet:

▷ Punkteverfahren
▷ Schiedsrichterverfahren
▷ Auswahlverfahren
▷ Beurteilungsverfahren
▷ Präferenzmatrix.

Punkteverfahren

Beim *Punkteverfahren* erhalten die Teilnehmer eine gleiche Anzahl von Klebepunkten (im allgemeinen 3 bis 5 Stück), die sie auf der vorbereiteten Auflistung der zu bewertenden Kriterien zu verteilen haben. Eine Häufelung bei ein und demselben Kriterium kann statthaft sein, muß aber vorher ausdrücklich vereinbart worden sein. Besteht eine natürliche Gruppierung in dem Teilnehmerkreis, z. B. nach Organisation, Fachgebiet etc., kann man auch unterschiedliche Farben für diese einzelnen Gruppen verwenden. Insgesamt besteht beim Punktevergeben immer die Gefahr des „Nachmachens"; dominante Teilnehmer verführen andere leicht zu einer gleichartigen Punktevergabe.

Schiedsrichter-
verfahren

Beim *Schiedsrichterverfahren* erhalten die Teilnehmer jeweils sechs Bewertungskarten, auf denen die Zahlen 0 bis 5 stehen. Nacheinander werden die zu bewertenden Kriterien aufgerufen; zu jedem Kriterium halten die Teilnehmer die Bewertungskarte ihrer Wertungswahl (0 = unwichtig, 5 = sehr wichtig) hoch. Die Summe aller Einzelwertungen zu einem Kriterium ergibt dessen Gewicht in der Gesamtbewertung.

Auswahlverfahren

Das *Auswahlverfahren* ist eine Mischung aus den beiden vorgenannten Bewertungstechniken. Jeder Teilnehmer gibt eine individuelle Reihenfolge der aufgelisteten Kriterien ab; dies kann mit einer Ziffernvergabe, mit Punkten oder mit Bewertungskarten vorgenommen werden. Eine Mittelung der einzelnen Wertevergaben führt im allgemeinen zu einer Priorisierung.

Beurteilungs-
verfahren

Beim *Beurteilungsverfahren* vergeben die Teilnehmer je Kriterium eine (fünfstufige) Plus/Minus-Beurteilung. Die jeweilige Bedeutung der fünf Beurteilungsstufen ist entsprechend des Problemfeldes festzulegen. Eine häufige Beurteilungsskala ist z. B. die folgende:

+ +   wesentliche Vorteile
+   einige Vorteile
0   keine Vor- und Nachteile
—   einige Nachteile
— —   viele Nachteile.

292

Die in Kap. 6.2.4 aufgeführte *Präferenzmatrix* kann ebenfalls als eine Bewertungstechnik angesehen werden.

Präferenzmatrix

6.2.6 Zeitplanungstechniken

Besonderes Merkmal der Zeit ist bekanntlich, daß im Gegensatz zu anderen Ressourcen − Zeit nicht *vermehrbar* ist. Deshalb ist eine optimale Zeitplanung nicht nur in der Terminplanung eines Projektes von größter Bedeutung, sondern auch bei der persönlichen Zeitplanung [25].

Jeder Projektmit-
arbeiter sollte
seine persönliche
Terminplanung
haben

Die persönliche Zeitplanung umfaßt dabei drei Zeithorizonte:

▷ Das Planen der einzelnen Arbeitstage,
▷ das Planen im laufenden Jahr sowie
▷ das Planen allgemeiner Themen.

Die persönliche Zeitplanung beginnt mit der *Tagesplanung,* dem vollständigen „Vorplanen" eines Arbeitstages. Die Tagesplanung sollte man entweder am Ende des Vortages oder gleich zu Beginn des neuen Arbeitstages erstellen; sie gliedert sich in

− Termine einplanen,
− Aktivitäten planen,
− Vormerken.

Aus dem Terminkalender werden alle anstehenden Termine (Besprechungen, Veranstaltungen) in den Tagesplan übernommen und mit tagesaktuellen Terminen (z.B. Abwesenheiten) erweitert. Des weiteren sind alle für den bevorstehenden Arbeitstag anstehenden Aktivitäten aufzuschreiben; hierzu gehören alle zu führenden Telefonate, aufzusetzende Briefe, zu erledigende Aufgaben und Tätigkeiten, wahrzunehmende Kontrollmaßnahmen usw. Die durchzuführenden Aktivitäten sind mit Prioritäten zu versehen, damit das Wichtige zuerst erledigt wird und weniger wichtige Aktivitäten eventuell aufgeschoben werden. Für zeitlich später liegende Termine und Aktivitäten sind entweder tagesgerechte Eintragungen oder an deutlich erkennbarer Stelle entsprechende Vormerkungen vorzunehmen (Wiedervorlage).

Das *Zeitplanen im Jahr* zielt − entsprechend derselben Kategorien der Tagesplanung (Termine, Aktivitäten, Vormerkungen) − auf das Planen der nächsten Wochen und Monate des laufenden Jahres. Dieser Teil der Zeitplanung wird naturgemäß kontinuierlich vorgenommen; Termine werden jeweils nach Absprache in eine entsprechende Jahresübersicht eingetragen, Aktivitäten werden − geordnet nach unterschiedlichen Gesichtspunkten (Mitarbeiter, Projekte, Gremien etc.) − laufend notiert und Vormerkungen werden je nach Notwendigkeit notiert.

Zum Planen allgemeiner Themen gehören mehr zeitraumbezogene bzw. zeitunabhängige Planungen wie die Urlaubsplanung, Kursplanung, Investitionsplanung und Anforderungsplanung.

Für das Einplanen der (persönlichen) Termine dient der bekannte Terminkalender, der in einer Gesamtübersicht alle zu planenden Termine mit Uhrzeit, Stichwort, Ort aufnimmt. Dieser Terminkalender sollte möglichst handlich sein, damit er überall mitgenommen werden kann.

Für das Planen der durchzuführenden Aktivitäten sollte ein Tageskalender genommen werden, der eine Seite je Tag oder zwei Seiten für eine Woche hat.

Für die rationelle Zeitplanung werden auf dem Markt vielfältige Zeitplanungssysteme in Form von Zeitplanungskalendern angeboten (z. B. Kombi-Planer, Time/system). Zusätzlich zum Kalender bieten sie ein Set von Standardformularen für die gängigsten Planungssegmente, ein Register für Notizen und Protokollierungen sowie ein weiteres für Telefon- und Fax-Nummern. Beispiele für solche Formulare sind:

- Tagesübersicht (für Tagesplanung)
- Wochenübersicht (für Wochenplanung)
- Monatsübersicht (für Monatsplanung)
- Jahresübersicht (für Jahresplanung)
- Jahres-Projektplaner (für Balkenplan)
- Aktivitätenliste (Telefonate, Besprechungen, Briefe, Tätigkeiten)
- Aufgabenplan (Aufgaben, Verantwortung, Termine, Aufwände)
- Wochenschema für feste Termine
- Memo-Liste (geliehen, verliehen)
- Übersicht Geburtstage, Jubiläen etc.
- Urlaubsplan
- Kontenplan
- Besprechungsplan
- Besprechungsprotokoll
- Offene-Punkte-Liste
- Informationsblätter (Postgebühren, Vorwahlnummern, Schulferien, Landkarte)
- Checklisten (z. B. PM-Merkblätter).

Neben diesen Standardformularen werden meist auch noch neutrale Leerformulare wie Listen für allgemeine Notizen und Berichte, Balkenpläne für Aufgaben-, Urlaubs-, Meilensteinpläne sowie Tabellen für Kostenübersichten und Mitarbeiter-Einsatzmatrizen angeboten. Da die Blätter, sowohl die Kalenderblätter als auch die Formulare, stets in einem Ringbinder zusammengefaßt sind, können sehr leicht und zu jeder Zeit weitere eigene Planübersichten, PC-Listen u. ä. eingeheftet werden. Bei einem Tageskalendarium sind im Binder im allgemeinen immer nur die Blätter des laufenden Monats enthalten; die anderen Tagesblätter − sowohl die alten als auch die künftigen −

sind in einer separaten „Datenbox" aufbewahrt. Am Ende eines Jahres hat man so eine gute Archivierung der einzelnen Tagesabläufe des abgelaufenen Jahres.

Für das Festhalten von Ideen und Überlegungen sollte man den Kalender oder ein (evtl. elektronisches) Notizbuch bei sich haben; im Auto, in der Bahn, unterwegs, zu Hause, im Verkehrsstau lassen sich diese unproduktiven Leerzeiten ausgezeichnet für die individuelle Zeit- und Aufgabenplanung nutzen.

Inzwischen werden auch spezielle PC-Programme für die Kalenderführung angeboten; ihre Praktikabilität steht den „papierenen" Zeitplanungssystemen aber noch sehr nach, da sie fest an einen PC gebunden sind. Elektronische Organizer, wie Palm III von 3Com, sind für die Führung eines Terminkalenders und einer persönlichen Aufgabenplanung schon besser geeignet, da diese Taschengeräte über einen Schnittstellenadapter für den Datenaustausch z. B. mit einem Sekretariats-PC verfügen.

6.3 Arbeiten im Team

Komplexe Problemlösungen, technologisch schwierige Konzipierungen, innovative Planungen werden in der Regel in einem interdisziplinär zusammengestellten Projektteam durchgeführt. In einem solchen Team finden sich Mitarbeiter zu einer einmaligen Aufgabe mit unterschiedlichem Wissen, unterschiedlicher Erfahrung und unterschiedlicher Sichtweise zusammen. Häufig kennen sich die Mitglieder nur sehr wenig oder gar nicht, da sie meist aus unterschiedlichen Abteilungen und Standorten stammen. Da jedes Teammitglied seine speziellen Stärken hat und seine eigenen Ideen einbringt, kommt man auf bessere Lösungen. Zudem zeigt die Erfahrung, daß Entscheidungen, die im Team getroffen werden, von den einzelnen überzeugter getragen werden. Von einem Team getroffene Entscheidungen werden auch von Außenstehenden viel eher akzeptiert, weil hinter diesen eben eine ganze Gruppe steht; sie lassen sich damit wirkungsvoller durchsetzen.

Ein Team ermöglicht die Bündelung von Know-how und Kompetenz

Die Vorzüge einer Teamarbeit zeigen sich in:

- Breitere Wissensbasis (Know-how-Vorteil),
- Nutzung von Synergien,
- gesicherter Informationsfluß,
- stärkere Leistungsbereitschaft (Motivation),
- bessere Durchsetzungsfähigkeit,
- tragfähigere Entscheidungen.

Voraussetzung für ein effektives Arbeiten in einem Team ist das Schaffen einer gemeinsamen Beziehungswelt. Bevor Menschen zum Team werden, müssen sie Erfahrungen im Umgang miteinander machen: Das Team muß erst „zusammenwachsen". Das erfordert eine gewisse Zeit; aber diese Zeit ist nicht verloren, sondern eine notwendige Entwicklungsphase.

Ein Team muß zusammenwachsen.

Das Zusammenwachsen eines Teams verläuft im wesentlichen in vier typischen Phasen (siehe Bild 6.19):

▷ Abtastphase (Forming)
▷ Konfrontationsphase (Storming)
▷ Organisationsphase (Norming)
▷ Arbeitsphase (Performing).

In der *Abtastphase* tasten sich die Teammitglieder erst einmal gegenseitig ab; man ist höflich zueinander, vorsichtig beim Argumentieren, aber auch sehr gespannt auf die Meinungen der neuen Partner. In dieser ersten Phase sollten das Aufgabenziel klar definiert und die eigenen Aufgaben einvernehmlich festgelegt werden, außerdem ist die Zusammenarbeit (Termine, Örtlichkeiten, Kommunikation etc.) untereinander abzusprechen. In der Abtastphase werden die Beziehungen zwischen den Teilnehmern aufgebaut; hierbei ist es wichtig, daß jeder seinen Platz innerhalb der Gruppe findet. In dieser Phase ist meist ein hoher Grad an Begeisterung und Kreativität des Teams vorhanden.

Nach den ersten Diskussionen und Durchsprachen treten im allgemeinen die ersten unterschwelligen Konflikte auf und können sich zu offenen Konfrontationen aufbauen. Das Team befindet sich jetzt in der *Konfrontationsphase.* Die unterschiedlichen Sicht- und Vorgehensweisen der Mitglieder prallen mehr oder weniger hart aufeinander. Häufig probieren einige Mitglieder sogar aus, wie weit sie gehen können; so schafft sich der einzelne seinen Raum in der Gruppe. In der Konfrontationsphase werden die Rollen im Team geklärt. Es ist wichtig, daß die zwangsläufig bestehenden Unterschiede in den Einstellungen und Meinungen der Teilnehmer klar hervortreten und Kontroversen − ohne falsche Kompromisse − ausdiskutiert werden können. Große Gefahr besteht, daß die Teammitglieder ihre anfängliche Begeisterung verlieren und sich ein allgemeiner Frust breit macht und die Erreichbarkeit des gesteckten Ziels angezweifelt wird.

In der anschließenden *Organisationsphase* entwickelt die Gruppe zur gestellten Aufgabe gemeinsam akzeptierte Standpunkte, Betrachtungsweisen und Begriffswelten; sie legt weiterhin allgemeine Umgangsformen, Sprachregeln und Informationswege für das weitere Arbeiten im Team fest. In der Organisationsphase werden die Gruppenregeln festgelegt und eine gemeinsame Arbeitsbasis verabredet. Jetzt wird erkennbar, wie gut und zielorientiert das Team zusammenarbeiten wird. Werden vereinbarte Gruppenregeln − z.B. durch äußere Einflüsse − in Frage gestellt, dann tritt die Gruppe eventuell wieder in die Vorphase, die Konfrontationsphase ein. Auf jeden Fall muß vermieden werden, daß es zu einer Cliquenbildung kommt.

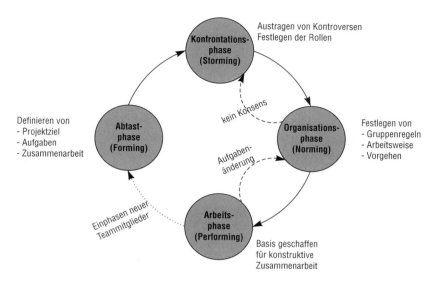

Austragen von Kontroversen
Festlegen der Rollen

Definieren von
- Projektziel
- Aufgaben
- Zusammenarbeit

Festlegen von
- Gruppenregeln
- Arbeitsweise
- Vorgehen

Basis geschaffen
für konstruktive
Zusammenarbeit

Bild 6.19 „Phasenkreis" einer Teamarbeit

Ist schließlich ein allgemeiner Konsens hinsichtlich des Arbeitsziels und der Vorgehensweise erreicht worden, beginnt die *Arbeitsphase*. Man hat inzwischen Erfahrungen gesammelt, wie man am besten miteinander umgeht, so daß eine gute Basis für eine konstruktive Zusammenarbeit geschaffen worden ist. Im Idealfall ist das Team *offen* gegenüber neuen Gedanken und Ideen, *flexibel* gegenüber auftretenden Schwierigkeiten, *leistungsfähig* in Hinblick auf das gesteckte Ziel und *solidarisch* in der Zusammenarbeit. Treten neue Mitglieder in das Team ein oder ändert sich die Aufgabenstellung, so kann es erforderlich werden, die Organisationsphase (oder sogar auch die Konfrontationsphase) noch einmal zu durchlaufen. Im allgemeinen hat das Team mit Eintritt in diese Phase einen hohen Grad der Reife und Produktivität erreicht.

Für eine konstruktive Teamarbeit gelten folgende acht Grundregeln:

1. Anerkennung geben!
2. Beiträge fordern!
3. Gemeinsam handeln!
4. Eigene Meinung offen äußern!
5. Ziel im Auge behalten!
6. Konflikte ausdiskutieren!
7. Aufmerksam zuhören!
8. Kritik akzeptieren!

Als Anregungen sind hierzu im einzelnen zu nennen:

Man sollte öfters mal seine Anerkennung gegenüber einem Teamkollegen zum Ausdruck bringen; derartige Wertschätzungen verbessern das Klima ganz entscheidend.

Der Erfolg eines Teams ist abhängig von der „Teamfähigkeit" der Teammitglieder

297

Schweigsame Teammitglieder sollten gezielt angesprochen werden; häufig haben die Ruhigen die besten Ideen und können einen wichtigen Beitrag zur Teamarbeit leisten.

Vor allem sollte eine Cliquenbildung bzw. eine Gruppenspaltung innerhalb des Teams verhindert werden; dies führt meist nur zu unnötigen und unproduktiven Auseinandersetzungen.

Jedes Teammitglied sollte seine Meinung klar und direkt vertreten können; ein Taktieren sollte unbedingt vermieden werden.

Jedes Teammitglied sollte bestrebt sein, sich voll auf das Ziel der Arbeitsgruppe zu konzentrieren und davon ablenkende Beiträge zu vermeiden.

Über alle Themen ist ein Konsens zu erzielen; ist kein Konsens möglich, ist ein Externer (Berater oder Vorgesetzter) hinzuzuziehen.

Genaues Zuhören ist die beste Grundlage für eine erfolgreiche Teamarbeit; alle Teilnehmer sollen sich äußern können, aber eben nicht alle auf einmal.

Kritik sollte nicht als Angriff, sondern als etwas Positives angesehen werden; konstruktive Kritik ist schließlich der direkte Weg zum Besseren.

Eine erfolgsorientierte Arbeitsweise des Projektteams ist wegen des Nichtvorhandenseins einer hierarchischen Ordnung nur dann zu erwarten, wenn die Teammitglieder ein stark ausgeprägtes kooperatives Verhalten zeigen. Erfahrungen, Einstellungen und Engagement des einzelnen sind entscheidende Erfolgsfaktoren.

Kein Team ohne einen Teamsprecher

In jedem Fall empfiehlt es sich, einen Teamsprecher (Primus inter pares) auszuwählen, der als Moderator kraft seiner Persönlichkeit und Fachkompetenz eine Führung des Teams schafft. Zu seinen Aufgaben gehört es, das gesteckte Ziel nicht aus den Augen zu verlieren und das Team entsprechend zu lenken; er muß in der Lage sein, die Mitarbeiter zu motivieren und zu inspirieren. Von seinen Führungsqualitäten hängt es im entscheidenen Maße ab, wie gut die Gruppe zu einem Team geformt wird.

298

Literaturverzeichnis

[1] Aron, J. D.: Estimating resources for large programming systems; in Buxton and Randell (Hrsg.), Software Engineering Techniques, Brüssel

[2] Asam, R.; Drenkard, N.; Maier, H.-H.: Qualitätsprüfung von Softwareprodukten – Definieren und Prüfen von Benutzungsfreundlichkeit, Wartungsfreundlichkeit, Zuverlässigkeit; Siemens AG (1986)

[3] Boehm, B. W.: Software Engineering Economics; Prentice-Hall, Inc. (1981)

[4] Boehm, B. W.: Verifying and Validating Software Requirements and Design Specifications; IEEE Software (January 1984)

[5] Boehm, B. W.: Wirtschaftliche Software-Produktion; Schriftenreihe „Integrierte Datenverarbeitung in der Praxis", hrsg. v. W. Heilmann, Band 37, deutsche Übersetzung von [3]; Forkel Verlag (1986)

[6] Bohrer, B.; Kargl, H.: SIPLAN – Aus der Reihe „Lernen mit SINIX"; Oldenbourg Verlag (1991)

[7] Burghardt, M.: Planung von DV-Verfahren – Der Weg zur Leistungsbeschreibung; data praxis, Siemens Nixdorf Informationssysteme AG (1991)

[8] Burghardt, M.: Projektplanung und -steuerung mit dem Verfahren PAUS – Verfahrensbeschreibung; data praxis; Siemens Nixdorf Informationssysteme AG (1993)

[9] Burghardt, M.: Projektmanagement – Leitfaden für die Planung, Überwachung und Steuerung von Entwicklungsprojekten, 4. Auflage; Publicis MCD (1997)

[10] Dilg, P.: Praktisches Qualitätsmanagement in der Informationstechnologie – Von der ISO 9000 zum TQM; Carl Hanser Verlag (1995)

[11] Eiselt, H. P.: Verfahren zur Programmzeitschätzung; 5. Jahrbuch der EDV, Hrsg. Heilmann H. (1976)

[12] Frajer, H. v.: Zur Beschreibung und Steuerung beliebiger Projektabläufe mit der um Makro-Strukturelemente erweiterten Evaluationsnetztechnik; Angewandte Systemanalyse Band 5/Heft 1, S. 19 – 28 (1984)

[13] Gantt, H. L.: Organisation der Arbeit; Deutsche Übersetzung von Meyenburg; Berlin (1922)

[14] Geiger, D.; Mokler, A.: Entscheidungstabellentechnik für Organisation und Programmierung; data praxis, Siemens AG

[15] Hackl, H.: Praxis des Selbstmanagements; Techniken und Hilfsmittel für systematisches Arbeiten im Büro und unterwegs; Publicis MCD (1998)

[16] Kepner, Ch.; Tregoe, B.: Management-Entscheidungen vorbereiten und richtig treffen; Verlag Moderne Industrie (1992)

[17] Litke, H.-D.: Projektmanagement – Methoden, Techniken, Verhaltensweisen; Carl Hanser Verlag (1995)

[18] Madauss, B. J.: Handbuch Projektmanagement; Poeschel Verlag (1994)

[19] Miller, R. W.: Zeit-Planung und Kosten-Kontrolle durch PERT. Ein Leitfaden für die Anwendung in Entwicklung und Fertigung; R. V. Decker's Verlag (1965)

[20] Mokler, A.; Wense, E. v. d.: Beschreibungsregeln für Software, Anfertigen von Kurzbeschreibungen, Deskriptorenkatalog; Siemens AG (1985)

[21] Mulert, K.; Walkhoff, H.: Aufwandsschätzung und -verfolgung für Softwareprodukte, Verfahren Zeit-Kosten-Planung; data praxis, Bestell-Nr. U576-J-Z53-1; Siemens AG (1985)

[22] Prell, E. M.; Sheng, A. P.: Building Quality and Productivity into a large Software System; IEEE Software (Juli 1984)

[23] Putnam, L. H.: SLIM System Description, Quantitative Software Management Inc., McLean, V. A. (1980)

[24] Schmied, W.-St.; Winkler, H.: Software-Qualität – Ausgewählte Methoden und Werkzeuge der Softwareprüfung; data praxis, Siemens Nixdorf Informationssysteme AG (1989)

[25] Siegert, W.: Zeitmanagement ist Zeitgewinn; Publicis MCD (1991)

[26] Sneed, H. M.: Die Data-Point-Methode, online (5/90)

[27] Walston, C. E.; Felix, C. P.: A method of programming measurement and estimation; IBM Syst. I, No. 1, S. 54 – 73 (1977)

[28] Wolverton, R. W.: The Cost of Developing Large-Scale Software; IEEE Transactions on Computers, Vol. C-23, No. 6, S. 615 – 636 (1974)

[29] Wübbenhorst, K.: Konzept der Lebenszykluskosten – Grundlagen, Problemstellungen und technologische Zusammenhänge; Verlag für Fachliteratur (1984)

[30] Zahrnt, Ch.: Vertragsrecht für Datenverarbeiter; Hüthig-Verlag (1999)

[31] Zielasek, G.: Projektmanagement – Erfolgreich durch Aktivierung aller Unternehmensebenen; Springer-Verlag (1995)

[32] Zink, K. J.: TQM als integratives Managementkonzept – Das europäische Qualitätsmodell und seine Umsetzung; Carl Hanser Verlag (1995)

Veröffentlichungen von Autorenkollektiven:

[33] BDSG Bundesdatenschutzgesetz, Gesetz zum Schutz vor Mißbrauch personenbezogener Daten bei der Datenverarbeitung; Bundesgesetzblatt Teil I (1977)

[34] DIN 31 623 Indexierung zur inhaltlichen Erschließung von Dokumenten, Teil 1 und Teil 2, Sepotember 1988

[35] DIN 55 350 Begriffe des Qualitätsmanagements und der Statistik
Teil 11 Begriffe des Qualitätsmanagements
Teil 12 Merkmalsbezogene Begriffe
Teil 13 Begriffe der Genauigkeit von Ermittlungsergebnissen
Teil 14 Begriffe der Probenahme
Teil 15 Begriffe zu Mustern
Teil 16 Begriffe zu Qualitätssicherungssystemen
Teil 17 Begriffe der Qualitätsprüfungsarten
Teil 18 Qualitätsprüfzertifikate
Teil 31 Begriffe der Annahmestichprobenprüfung

[36] DIN 66 230 Programmdokumentation, Januar 1981

[37] DIN 66 231 Programmentwicklungsdokumentation, Oktober 1982

[38] DIN 66 232 Datendokumentation, August 1985

[39] DIN 6789 Dokumentationssystematik Aufbau Technischer Erzeugnis-Dokumentation, Teil 1, September 1990

[40] DIN 69 900 Netzplantechnik. Teil 1 Begriffe, August 1987, Teil 2 Darstellungstechnik, August 1987

[41] DIN 69 901 Projektmanagement. Begriffe, August 1987

[42] DIN ISO 900-3 Qualitätsmanagement- und Qualitätssicherungsnormen; Leitfaden für die Anwendung von ISO 9001 auf die Entwicklung, Lieferung und Wartung von Software (06/1992)

[43] DIN ISO 9000 Leitfaden zur Auswahl und Anwendung der Normen zu Qualitätsmanagement, Elementen eines Qualitätssicherungssystems und zu Qualitätssicherungs-Nachweisstufen, Mai 1990

[44] DIN EN ISO 9001 Qualitätsmanagementsysteme, Modell zur Qualitätssicherung/QM-Darlegung in Design, Entwicklung, Produktion, Montage und Wartung, August 1994

[45] DIN ISO 9004 Qualitätsmanagement und Elemente eines Qualitätssicherungssystems, Leitfaden, Mai 1990

[46] Function Point Methode, eine Schätzmethode für IS-Anwendungs-Projekte; IBM (1985)

[47] Kennzahlen Systementwicklung, Arbeitsbericht der deutschsprachigen Gruppe im DIEBOLD-Forschungsprogramm (1984)

[48] ZVEI-Kennzahlensystem − Ein Instrument zur Unternehmenssteuerung, herausgegeben vom Betriebswirtschaftlichen Ausschuß des Zentralverbandes der Elektrotechnischen Industrie e.V.; ZVEI Frankfurt am Main (1976)

[49] Methodenlehre der Organisation, REFA-Verband
Band 1 Grundlagen
Band 2 Ablauforganisation
Band 3 Aufbauorganisation;
Carl Hanser Verlag (1985)

[50] Organisationsplanung – Leitfaden für die innerbetriebliche
Durchführung von Organisationsänderungen. Siemens AG
(1992)

[51] PRICE H Reference Manual; RCA Corporation (1985)

[52] PRICE M Reference Manual; RCA Corporation (1986)

[53] PRICE S Reference Manual; RCA Corporation (1984)

[54] SAP-System R/3, Projektsystem – Funktionen im Detail; Funktionsbeschreibung; SAP AG (1999)

[55] SCHATZ Aufwandsschätzung von Softwareprojekten; Benutzerhandbuch; PSE Siemens AG Österreich (1987)

[56] SINET System für interaktive Netzplantechnik Verfahrensbeschreibung, Bestell-Nr. U1513-J-Z87-5; Siemens AG (1989)

[57] SIPRO System für interaktive Projektplanung; Benutzerhandbuch SIPRO-X, Bestell-Nr. U2299-J-Z97-3; Benutzerhandbuch
SIPRO-D, Bestell-Nr. U3629-J-Z97-1; Siemens AG (1988)

Stichwortverzeichnis

ABC-Analyse 281
Ablauforganisation 60
Ablaufplanung 122
Abnahmetest 191, 210
Abschlußanalyse 219
Abschlußtest 212
Abweichungsanalyse 221
Änderungsanforderung 36
Änderungsverfahren 36
Änderungsverwaltung 244
Akzeptanztest 191, 212
Algorithmische Schätz-
  methoden 79
Amortisationszeit 39
Analogiemethoden 84
Anforderungskatalog 30
Anlagenstrukturplan 71
Annuitätenrechnung 39
Anordnungsbeziehung 108, 114
Anwendergremium 55
Arbeitspaket 123
Arbeitsplanung 122
Arbeitsrecht 267
Arbeitstechniken 270
Arbeitswertbetrachtung 178
Aron-Aufwandsschätz-
  methode 90
Audit 198
Aufbauorganisation 49
Aufgabenplanung 122
Auftrags-Projektorgani-
  sation 52
Aufwandserfassung 158
Aufwandskontrolle 157
Aufwandsschätzmethode
–, Aron- 90
–, Boeing- 90
–, COCOMO- 81, 93
–, Data-Point- 86
–, Funktionswert- 85
–, IBM-Faktoren- 83
–, Jensen- 82
–, PRICE- 81
–, Prozentsatz- 91, 97
–, SLIM- 81
–, Surböck- 83
–, Walston-Felix- 90
–, Wolverton- 88

–, ZKP- 84
Aufwandsschätzung 79
Aufwandsschätzverfahren
  265
Aufwandstrendanalyse 172
Aufwandsverteilungen,
  phasenorientiert 98
Ausbildungsplan 145
Ausfallkosten 200
Auslastungsbericht 206
Autonome Projekt-
  organisation 50

Balkendiagramm → Balkenplan
Balkenplan 125, 256
Baseline 62
Bausteintest 190
Bedarfsplanung 128
Bedingte Pufferzeit 121
Beistellungen 195
Belegkontierung 252
Beratungsgremium 56
Berichtswesen 204
Beschaffung 194
Bestellwertfortschreibung 169
Betreuung 217
Betreuungsaufwand 219
Betreuungsprojekt 22
Betriebe-Organisation 49
Betriebsvereinbarung 268
Betriebsverfassungsgesetz
  267
Bewertungstechniken 282
Billability 234
Bionik 280
Bisoziationsmethode 274
Boeing-Aufwandsschätz-
  methode 90
Brainstorming 271
Budgetierung 262
Bundesarbeitsgericht 267
Bundesdatenschutzgesetz 267

Change Control Board 50
Change-Management 240
CNB-Methode 272
COCOMO 81, 93, 266
CPM-Netzplanmethode 110

Data-Point-Methode 86
Datenschutzbeauftragter 269
Delphi-Methode 103, 280
Designlenkung 194
Development Design
  Control 187
Dialogkontierung 251
Diebold-Kennzahlensystem 235
Dienststellengemeinkosten 137
Diskussionstechniken 289
Dokumentationsnormen 201
Dokumentenlenkung 194
Drei-Zeiten-Schätzung 112
Du-Pont-Kennzahlen-
  system 236

Einflußgrößen 230
Einfluß-Projektorganisation
  50
Einsatzmatrix 132
Einsatzmittelplanung 126
Einzelauftragsorganisation 53
Entscheidungsbaum 287
Entscheidungsgremium 57
Entscheidungsmatrix 286
Entscheidungsnetzplan-
  technik 108
Entscheidungstabelle 283
Entscheidungstechniken 281
Entwicklungsablauf 60
Entwicklungsaufwand, phasen-
  orientierte Aufteilung 98
Entwicklungsdauer, phasen-
  orientierte Aufteilung 99
Entwicklungsdokumen-
  tation 200
Entwicklungsmanagement 10
Entwicklungsprozeß 60
Ereignisknoten-Netzplan 111
Erfahrungsdaten 226
Erfahrungsdatenbank 79
Erfahrungssicherung 226
Erfassung
– der Aufwände 158, 180
– der Kosten 160, 180
– des Sachfortschritts 176,
  180
– der Termine 149, 181

Expertenbefragung 93, 101
–, Delphi-Methode 103
–, Einzelschätzung 102
–, Mehrfachschätzung 102
–, Schätzklausur 104

Fachausschuß 56
Faktorenmethoden 82
Fehlerbehebungskosten 200
Fehlerkosten 200
Fehlermeldung 36
Fehlerverhütungskosten 199
Feinkonzept, fachliches 33
Fertigstellungsgrad 176
Fertigungseinführung 212
Finanzmittelbedarf 43
Finanzmittelrückfluß 43
Forschungsprojekt 20
Fortschrittskontrolle 174, 207
Freie Pufferzeit 119
FuE-Planung 139
FuE-Projektdeckungs-
    rechnung 38
Function Point Method → Funk-
    tionswertmethode
Funktionsstrukturplan 71
Funktionswertmethode 85, 266

Gantt-Balkenplan 125, 256
Gemeinkosten 135
Generalunternehmer-
    organisation 54
GERT-Netzplanmethode 107
Gesamte Pufferzeit 119
Geschäftswertbeitrag 40
Grobkonzept, technisches 34

Hauptkostenstelle 137
Hilfskostenstelle 137
HW-Kostenschätzung 81
Hysteresis der Entwicklungs-
    kosten 69

Informationsbedürfnisse 205
Inspektion 188
Integrationstest 190
Integrierte Prozeß-
    organisation 66
Interviewtechnik 275
ISO-Zertifizierung 192
Istanalysetechniken 275

Jahresstundenanzahl 161
Jensen-Methode 82

Kalkulation 162
Kalkulationsschema 162
Kapazitätsplanung 126

Kapazitätstreue Bedarfs-
    optimierung 131
Kapitalwertmethode 39
Katastrophenplan 145
Kennzahlen 231
Kennzahlenmethode 87
Kennzahlensystem 234
Kennzahlenvergleich 224
Kommunikationstechniken 289
Konfigurationsbestimmung 243
Konfigurationsmanagement 242
Konsortialorganisation 54
Kontenstruktur 76
Kontierungsbeleg 159, 251
Kontrolle
–, der Kosten 157, 170
–, der Qualität 187
–, des Sachfortschritts 171, 174
–, der Termine 149
Kontrollinstanz 56
Korrekturmaßnahmen 196
Kostenarten 77
Kostenartenrechnung 134
Kostenelemente 78
Kostenerfassung 160
Kostenkontrolle 157, 170
Kostenplanung 132
Kostenrechnung 133
Kostenstelle 135
Kostenstellenrechnung 136
Kosten-Termin-Diagramm 171
Kostenträgerrechnung 137
Kostentreiber (Cocomo) 96
Kostentrendanalyse 172
Kreativitätstechniken 270
Kritischer Pfad 121

Lastgröße 23
Lebenszykluskosten 141
Leistungsbeschreibung 32
Leistungsgröße 23
Linienorganisation 49

Marginalrenditerechnung 42
Matrix-Projektorganisation 52
Meilenstein 63
Meilenstein-Trendanalyse 155
Meßdaten 228
Methode-635 272
Mitarbeitereinsatzplan 132
Modultest 190
Morphologische Analyse 278
MPM-Netzplanmethode 113
MS Project 255
MTA → Meilenstein-
    Trendanalyse
Multimomentaufnahme 277
Multiplikatormethoden 88

Nachkalkulation 220
Negativer Puffer 119
Netto-Stundenanzahl 129
Netzplan 107
Netzplanaktualisierung 151
Netzplanmethoden 106
Netzplantechnik 106
Netzplanverfahren 255
Nutzwertanalyse 45

Objektstrukturplan 71
Obligo-Fortschreibung
    → Bestellwertfortschreibung
Optimistische Dauer 112
Organisation 48
Organisationsplan 49

PC-Programme für
–, Aufwandsschätzung 265
–, Netzplanung 255
–, Tabellenkalkulation 264
Parametrische Schätz-
    methoden 80
Personalauslastung 130
Personalbedarf 128
Personaleinsatzplanung 126
Personalüberleitung 240
Personalvorrat 126
PERT-Netzplanmethode 111
Pessimistische Dauer 112
Pflichtenheft 31
Phasenentscheidung 61
Phasenorganisation → Prozeß-
    organisation
Phasenverantwortlicher 61
Pilottest 213
Plankostensatz 160
Plantreue 153
Planung
– von Aufgaben 122
– von Aufwänden 79
– von Einsatzmitteln 126
– von Kosten 132
– von Personal 126
– von Terminen 124
Planungsgremien 55
Planungsteam 55
Plan/Ist-Vergleich 152, 166, 206
Plan/Plan-Vergleich 207
PM-Berichtswesen 204
PM-Dreieck 23
Portfolio-Methode 287
Präsentationstechniken 291
Probebetrieb 213
Problemlösungstechniken 277
Problemmeldungsprozeß 247
Produktabnahme 210
Produktabnahmebericht 214

Produktbegutachtung 215
Produktdefinition 30
Produktdokumentation 201
Produkt-Ergebnisrechnung 41
Produktfortschritt 174
Produktfortschritts-
  Diagramm 175
Produktivität 235
Produktivitätsanalysen 224
Produktivitätsmethoden 89
Produktlebenszyklus 142
Produktmeßdaten 227
Produktstruktur 70
Produkttest 211
Projektablauf 11
Projektabschluß 16, 210, 239
Projektabschlußanalyse 219, 239
Projektakte 202
Projektantrag, -auftrag 27
Projektarten 20
Projektauflösung 238
Projektberichte 206
Projektberichterstattung 204
Projektbeschreibung 27
Projektdefinition 13
Projektdokumentation 200
Projektfortschrittskontrolle 175
Projektgremien 54
Projektgründung 27
Projektierungsprojekt 21
Projektkoordinator 50
Projektkontrolle 14, 148
Projektkostenverfahren 248
Projektleiter 58
Projektmeßdaten 227
Projektorganisation 48
Projektphasen 12
Projektplanung 13, 68
Projektpläne 144
Projektsteuerung → Projekt-
  kontrolle
Projektstruktur 72
Projektstrukturplan 72
Projektsystem PS 260
Projekttagebuch 204
Projektüberwachung → Projekt-
  kontrolle
Protokoll
–, Abnahmetest- 214
–, Produktabnahme- 214
–, Projektabschluß- 239
–, Übergabe- 214
–, Übernahme- 216
Pro-und-Kontra-Spiel 280
Prozentsatzmethoden 91, 97
Prozeßlenkung 195
Prozeßorganisation 60
Prozeßphasen 62

Prozeßplan 60
Prüfkosten 199
Prüfmittel 195
Prüfstatus 196
Prüfung
– der Produktivitäts-
  steigerung 224
– der Qualität 184
– der Qualitätssicherung 192
– der Wirtschaftlichkeit 38
– von Entwurfsdokumenten
  187
– von Realisierungs-
  ergebnissen 189
Pufferweite (Kennzahl) 227
Pufferzeit 119, 121

QS-Handbuch 186, 192
Qualität 25
Qualitäts-Audit 197, 198
Qualitätsaufzeichnungen 196
Qualitätsbericht 208
Qualitätskosten 198
Qualitätslenkung 185
Qualitätsplanung 184
Qualitätsprüfung 187
Qualitätssicherung 184
Qualitätssicherungskosten 198
Qualitätssicherungs-
  Richtlinie 192
Qualitätssicherungssystem 187,
  193

Rationalsierungsprojekt 21
Rechnungswesen 133
Reine Projektorganisation
  50
Relationsmethode 87
Rentabilitätsrechnung 39
Ressourcenauflösung 240
Ressourcenplanung 126
Restaufwandsschätzung 180
Restkostenschätzung 180
Restzeitschätzung 181
Review 188
Risikomanagement 28
Rückmeldewesen 150
Rückwärtsrechnung 118

Sachfortschrittskontrolle 15,
  171, 174
Sammelkontierung 252
Schätzklausur 104
Schätzmethoden 79
Schlüsselkennzahl 238
Schulungsplan 147
Scorecards → Kennzahlen
Sicherungsmaßnahmen 269

SLIM-Aufwandsschätz-
  methode 81
Steuerungsgremien 56
Stillegungskosten 141
Structured Walk Through 187
Strukturplanung 68
Stundenkontierung 158
Stundenkontierungsmaske 251
Surböck-Aufwandsschätz-
  methode 83
Synektische Methode 275
Systemstrukturplan 70
Systemtest 191

Tabellenkalkulation 264
Teamarbeit 295
Teamleiter 298
Teamphasen 296
Technische Betreuung 217
Terminbeschleunigung 124
Termindurchrechnung 116
Terminkontrolle 149
Termin-Kosten-Diagramm
  171
Terminplanung 124
Terminrückmeldung 149
Termintrendanalyse 154
Termintreue 153
Trendanalyse 201
–, Aufwands- 172
–, Kosten- 172
–, Meilenstein- 155
–, Termin- 154

Übergabeprotokoll 214
Übernahmeprotokoll 216
Überprüfung
– der Qualitätssicherung
  192
–, Entwurfs- 187
–, Realisierungs- 189
–, Wirtschaftlichkeit 223
Unterauftrag 28
Utopiespiel 274

Verfahren für PM 242
Vergleichsmethode 84
Verrechnung 164
Vertragsprüfung 193
Vertriebsprojekt 21
Verwertungsplan 240
Vorgangsknoten-Netzplan
  113
Vorgangspfeil-Netzplan 110
Vorleistungsprojekt 22

Vorratsermittlung 126
Vorwärtsrechnung 117

Wahrscheinliche Dauer 112
Walk Through 187
Walston-Felix-Aufwandsschätz-
    methode 90
Wartung 217
Weiterverrechnung 164

Werke-Organisation 49
Wirtschaftliche Produkt-
    planung 41
Wirtschaftlichkeitsanalyse 38,
    223
Wirtschaftlichkeits-
    berechnung 42
Wolverton-Aufwandsschätz-
    methode 88

Work Breakdown Structure
    → Projektstruktur

Zeitplanung 124
Zeitplanungstechniken 293
Zeitrechnung 116
Zertifizierung 192
ZKP-Aufwandsschätz-
    methode 84

Wenn Sie noch mehr über Projektmanagement wissen wollen – das Buch für den PM-Profi:

Burghardt, Manfred

Projektmanagement

Leitfaden für die Planung, Überwachung und Steuerung von Entwicklungsprojekten

4. Auflage, 1997
596 Seiten, 48 Seiten Beiheft,
330 Abbildungen, 77 Tabellen,
17 × 24,5 cm,
laminierter Pappband
ISBN 3-89578-069-3
DM 240,– / € 122,71

Das umfassende Standardwerk beschreibt ausführlich alle Verfahren und Methoden, die in der „Einführung" in Kurzform dargestellt sind. Erläuternde Beispiele sowie rund 300 weitere Bilder und Tabellen vertiefen das Verständnis zusätzlich und helfen dabei, die Strukturen des PM noch deutlicher zu erfassen und auftretende Probleme leichter zu lösen.

Das ergänzende Beiheft unterstützt Sie beim optimalen Erstellen PM-spezifischer Checklisten.

Quella, Ferdinand (Hrsg.)

Umweltverträgliche Produktgestaltung

Planung, Werkzeuge, Umsetzung, Beispiele

1998,
213 Seiten,
15 Abbildungen, 15 Tabellen
ISBN 3-89578-090-1
DM 128,00 / € 65,45

Umweltverträgliche Produktgestaltung bedeutet
grundlegende Gestaltung des Produktkreislaufs von der
Idee bis zum Recycling. Umweltschutz ist dabei kein
Kostenfaktor, sondern in erster Linie Treiber für bessere
Wettbewerbsfähigkeit.

In Anlehnung an die Phasen nach dem Kreislaufwirtschafts-
und Abfallgesetz stellt das Buch grundlegende Konzepte
für die einzelnen Produktlebensphasen dar, beschreibt die
gesetzlichen und organisatorischen Rahmenbedingungen und
stellt aus-gewählte Beispiele vor. Es richtet sich an alle
Gruppen, die auf Herstellerseite am Produktlebenszyklus
beteiligt sind: Manager, Techniker, Ingenieure und Kaufleute
aus Verwaltung, Entwicklung, Einkauf, Produktion und Vertrieb.